(8×165)

P-

£80

15ᴱ

Hannah Arendt et
Martin Heidegger

Antonia Grunenberg

Hannah Arendt et Martin Heidegger

Histoire d'un amour

Traduit de l'allemand
par Cédric Cohen Skalli

PAYOT

Retrouvez l'ensemble des parutions
des Éditions Payot & Rivages sur

www.payot-rivages.fr

À Lotte Köhler et Jerome Kohn

AVANT-PROPOS

À la fin de son livre *Les Origines du totalitarisme*, Hannah Arendt évoque les ravages internes que produit la domination totalitaire, celle-ci créant par « les liens de fer de la terreur » une atmosphère de solitude autour de chaque individu et en chaque individu. Tout se passe comme si, écrit-elle, « on avait trouvé le moyen de mettre en mouvement le désert lui-même, de déclencher une tempête de sable qui s'abattrait sur chaque pan de terre habitée ».

Mon livre porte sur cette tempête de sable et sur ce qu'elle a produit chez les hommes et par les hommes qui ont voulu renouveler le monde par l'engagement et la conscience.

À l'automne 1924, une jeune fille de Königsberg, Hannah Arendt, arrive à Marburg-sur-le-Lahn avec un groupe d'amis qui partagent les mêmes aspirations. Elle est venue attirée par la rumeur selon laquelle on pouvait dans cette université, auprès d'un jeune philosophe, apprendre à penser. C'est une étudiante avide de connaissances, lui un philosophe rebelle. Elle a dix-huit ans, c'est un esprit libre. Il a trente-cinq ans, il est marié. Ce qui les lie, c'est la passion de l'amour et la fascination pour la pensée philosophique.

Ils s'embarquent dans une liaison dangereuse marquant le début d'un cheminement intellectuel aventureux qui les fera sans cesse se séparer et se retrouver. Heidegger accède à la notoriété internationale grâce à son livre *Être et Temps*. Mais il doit aussi les envolées de son livre à l'amour d'Hannah. À la même époque, Hannah Arendt se tourne vers le sionisme. Elle veut lutter de façon active contre l'antisémitisme meurtrier. La prise du pouvoir par les nazis sépare brutalement ces deux voies. Elle et ses amis sont contraints à la fuite. Il attend du national-socialisme l'éveil de la nation et pour lui-même un rôle éminent dans l'éducation. La « mission » de Heidegger détruit son amour tout comme son amitié pour ses maîtres, ses collègues et ses élèves.

Les deux amants deviennent des ennemis. Et pourtant, lors de leur rencontre dix-sept ans plus tard, les vieux sentiments d'intimité resurgissent. Une amitié de plus de vingt ans commence, souvent interrompue par des crises.

La postérité a du mal avec cette histoire. Bien des contemporains la considèrent encore comme un scandale. Hannah Arendt et Martin Heidegger ! Comment cette juive pouvait-elle se compromettre avec un nazi en devenir ? Comment a-t-elle pu, après la guerre, chercher à reprendre cette relation alors qu'il était clair qu'un gouffre les séparait ?

Qui se contente de la position du voyeur ne peut comprendre que cette relation entremêle sans cesse deux thèmes : l'amour et la pensée. Un thème transparaît à travers les méandres de cette histoire et de ses deux personnages, c'est l'amour dans toute la gamme de ses variations : *eros* et *agapè*, fidélité et trahison, passion et routine, réconciliation, oubli et souvenirs. L'*amor mundi* transparaît aussi dans cette relation, cet « amour du monde » qui n'est bien sûr pas une simple affaire sentimentale. Il s'agit de savoir comment un nouveau commencement est possible après l'autodestruction de l'Europe par la guerre et le génocide. La pensée devient alors elle-même un thème de réflexion et de préoccupation. À l'origine de cette relation, il y a la question : qu'est-ce que la pensée philosophique ? Et est-ce qu'une philosophie de l'existence bien comprise peut s'appliquer au monde de l'agir humain ?

Heidegger échoua dans son projet de devenir l'éducateur

de la nation. Lorsqu'il s'en rendit compte, il fit le choix de l'isolement et se retira dans la philosophie.

Hannah Arendt fut jetée violemment vers les mêmes interrogations par l'arrivée de ses ennemis au pouvoir en 1933. Elle en tira une conclusion radicalement différente : la pensée doit s'efforcer d'atteindre le monde, elle doit s'exposer plus profondément aux hommes, à leurs expériences, à leurs fractures et à leurs catastrophes.

Arendt et Heidegger ont compris, dans la douleur et avant toute autre expérience, qu'ils étaient les témoins d'une rupture irrémédiable de la tradition. Ils se sont risqués tous les deux, chacun à sa manière, à proposer un nouveau commencement : une « pensée sans filet », sans appui dans la tradition. De leur antagonisme politique naît et se développe un des débats philosophiques les plus fertiles du XXᵉ siècle, entre d'une part la pensée du monde politique (Arendt) et d'autre part un discours philosophique de la sérénité (Heidegger). Il s'agit d'un débat marqué par son siècle, qui se répète jusqu'à nos jours dans des variations infinies.

Sur fond d'un siècle passé, de ses ruptures, de ses catastrophes et de ses drames personnels, nous allons raconter la double relation d'Hannah Arendt et de Martin Heidegger comme amants et penseurs. Plus leur histoire se confond avec celle du siècle, plus apparaissent d'autres figures. Karl Jaspers et Martin Heidegger : un jeune médecin et psychiatre du nord de l'Allemagne et un jeune philosophe du sud du pays de Bade se rencontrent dans le projet de renouveler radicalement la philosophie et avec elle l'Université. Leur amitié commence. Tous deux partagent le même constat : la philosophie ne saisit plus les questions existentielles du présent. Ils se rebellent contre les cadres bien établis de la philosophie universitaire. Ils deviennent les hérauts d'une nouvelle pensée, la philosophie existentielle. Leur amitié se brise en 1933. Karl Jaspers méprise les nouveaux maîtres du pouvoir et leur antisémitisme. Il est chassé par la suite de l'Université.

Vers la fin de la guerre, il doit même craindre pour sa vie et pour celle de sa femme. Après la guerre, il s'oppose à Heidegger et se montre un détracteur incisif de sa pensée. Il fait en même temps appel à leur ancienne proximité, mais la voie de l'amitié est désormais barrée.

Pour Hannah Arendt, Karl Jaspers, son ancien directeur de thèse, devient après 1945 le confident vers lequel elle se tourne lors de ses rencontres avec une Allemagne qu'elle ne reconnaît quasiment plus. Dans sa relation après guerre avec Martin Heidegger, Jaspers est toujours là comme le tiers absent. Heidegger souffre également de cette amitié détruite avec Jaspers, mais Arendt ne parvient pas à les réconcilier.

Apparaît également la figure d'Heinrich Blücher, le second mari d'Arendt, dont les stimulations furent si importantes pour la poursuite de son œuvre. Il y a aussi Gertrud Jaspers à qui son mari doit son sens de « l'humanité » et dont on ne peut que pressentir la participation aux discussions qui avaient lieu chez les Jaspers. Et pour finir, Elfride Heidegger. Elle s'était engagée dans la voie du mariage en femme émancipée, puis avait rejoint de bonne heure le camp du national-socialisme. Elle ne parvint jamais à se départir de son engagement pour le nazisme. Toute sa vie, elle lutta contre les relations d'Heidegger avec ses élèves juifs. L'obstination de son mari à vivre une vie d'*eros* la remplissait d'amertume.

Les élèves entrent en scène : Karl Löwith qui, très tôt, critiqua son maître avec talent, Elisabeth Blochmann, excellente étudiante et pédagogue de vocation, Hans Jonas, ce sioniste versé dans les études juives qui suivait l'enseignement d'Heidegger, Herbert Marcuse, qui fut d'abord fasciné par Heidegger et se tourna ensuite vers un autre objet de fascination, le marxisme, le brillant Günther Anders, le premier mari d'Arendt...

Ce qui semble si clair aux générations de l'après-guerre, à savoir qu'Heidegger était le coupable et ses collègues et ses élèves les victimes, était à l'époque un monde complexe dans lequel des traditions communistes et messianiques, juives et chrétiennes, sionistes, nationalistes et racistes agissaient l'une contre l'autre, l'une avec l'autre et l'une dans l'autre, se repoussant et s'influençant réciproquement. Il sera donc question implicitement dans ce livre de la violence qui a séparé la pensée « allemande » de la pensée « juive » à un moment de l'histoire intellectuelle allemande.

Comme s'il n'y avait pas suffisamment de complications, la vie des deux personnages principaux de cette histoire se déroule depuis les années 1940 sur deux continents. Hannah Arendt a trouvé aux États-Unis un nouveau champ d'action et avec ses amis là-bas une nouvelle patrie. Elle se mêle aux débats politiques sur l'avenir d'Israël et travaille à la refondation d'une pensée politique. Ses amis, Mary McCarthy, Alfred Kazin, Waldemar Gurian, Hermann Broch, Dwight Macdonald et beaucoup d'autres l'initient au monde américain et se disputent avec elle sur l'avenir de l'Europe.

Martin Heidegger voit dans l'Amérique l'incarnation d'un âge technique fatal. Hannah Arendt veut de son côté introduire la « perspective américaine » dans la pensée européenne. Les conversations critiques qu'ils ont eues tout au long de leur vie tournent également autour de la question de savoir comment la volonté politique du peuple peut s'exprimer autrement que dans un État-nation de type européen. On peut donc parler à juste titre d'une « relation transatlantique ».

Comment sortent de ce livre ces deux personnages ? Démasqués, abîmés, réhabilités ? Si ce livre réussit à rendre inopérantes de telles images, il aura sûrement atteint un but important.

CHAPITRE PREMIER

Un monde hors de ses gonds ou comment la révolution a-t-elle commencé dans la philosophie ?

Le XXᵉ siècle a commencé par une révolution rampante dans la politique, la culture, les arts, la littérature, l'industrie, la technique et la science. Tout le monde parlait de nouveautés et de bouleversements.

Cette « fin de siècle » était donc un monde de contraires dans lequel tout tourbillonnait et ballottait de façon chaotique, à la fois carnaval et jeudi des cendres, renaissance en pleine affirmation et décadence épuisée et pessimiste, désir de puissance impérialiste et nostalgie de la paix à tout prix, une époque « d'agitation et d'excitation », mais aussi d'un besoin profond de paix et d'un sentiment de saturation face aux charmes de l'excitation, une période où l'on se perd dans la distraction du monde extérieur et où l'on aspire à regagner son intériorité et son unité. Et les hommes de cette époque, d'un côté, empreints d'une admiration exagérée pour l'intellectualité, malades dès le plus jeune âge de cette pâleur de la pensée, et, du fait de cette nervosité, animés d'états d'âme inavoués et inavouables, de l'autre, pratiques, utilitaristes, pleins d'une volonté et d'une énergie tournées vers l'extérieur et l'intérieur. Pessimistes, blasés, fatigués et mous, mais aussi fouettés et gonflés de volonté de vivre, de pulsion vitale et de joie de vivre, aspirant puissamment à aller de l'avant et pleins d'ambition d'ascension. Des hommes libres de tout préjugé, incrédules, critiques, froids jusque dans leur cœur, et pourtant entichés de n'importe quelle mystique ou du moins jouant avec elle de façon ultra-émotive, remplis de curiosité et d'intérêt pour tout ce qui est mystérieux et secret, pour toutes les profondeurs insondées et pour tous les mondes cachés, prêts à rabaisser la science au service des superstitions ou du moins de parer celles-ci des vêtements de la science occulte [1].

Ce portrait moral de la fin du siècle peint à grands et puissants traits par Théobald Ziegler illustre bien les contradictions de cette époque si riche. *Les Courants intellectuels et sociaux au XIXe et au XXe siècle* furent publiés pour la première fois en 1899. Ziegler était un fin observateur des bouleversements de ce changement de siècle. Il avait saisi qu'un monde antithétique était né, théâtre de frictions entre forces d'époques différentes – les sciences de la nature contre les sciences de l'esprit, le marxisme contre le racisme, la révolution industrielle contre le traditionalisme, les mythes modernes contre les mythes anti-modernes. Un monde où l'on ne percevait pas encore quels étaient les nouveaux facteurs dominants.

En 1920, un recueil de poèmes parut, il portait le titre *Le Crépuscule de l'humanité – une symphonie de jeunes poètes*. Ce recueil rassemblait des poèmes écrits dans les années 1910-1919. Il se présentait comme une anti-anthologie imprégnée d'un rejet passionnel de la domination des sciences de la nature et de la rationalité mathématique sur les sciences de l'esprit et la culture. L'auteur de ce recueil, Kurt Pinthus, écrit dans sa préface :

Les sciences de l'esprit du XIXe siècle qui se meurt – appliquant de façon irresponsable les lois des sciences de la nature aux événements de l'histoire de l'esprit – se contentaient, selon les principes et les lois d'influences de l'histoire évolutionelle, de ne constater dans l'art que la succession. On regardait tout de façon causale et verticale. Ce livre propose une autre forme de recueil. Écoutons la poésie de notre temps […], écoutons-la de part en part, regardons autour de nous, […] non pas de façon verticale ou successive, mais de façon horizontale. Ne séparons pas ce qui précède de ce qui suit. Écoutons le concert des voix contemporaines et simultanées [...]. L'homme en tant que tel, non pas ses affaires et sentiments privés, mais l'humanité, tel est le sujet véritable et infini. Ces poètes ont pressenti de bonne heure que l'homme s'enfonce dans son crépuscule [...], il sombre dans la nuit du déclin [...], pour resurgir dans l'aube naissante du jour nouveau [...]. Les poètes de ce livre le savent comme moi : notre jeunesse recèle une vie détruite, commencée dans la joie, puis vite ensevelie sous les décombres [...] [2].

La préface de Kurt Pinthus comme d'ailleurs l'ensemble du recueil est un manifeste contre la tradition et pour un nouveau commencement. Il s'agit d'un cri, mis en scène avec art, de la jeunesse contre les anciens, de la vie contre la mort et l'ennui, de l'avenir contre le passé, de la conscience sûre d'elle-même contre l'esprit servile, du désir anarchique contre les conventions qui ligotent l'individu.

Les éruptions dans l'art, la littérature, l'industrie, la science et la vie quotidienne avaient lieu sur des scènes publiques, dans le discours public, dans la pensée scientifique et dans les fantasmes des artistes. Les états d'esprit révolutionnaires se superposaient, se dynamisaient réciproquement, comme s'ils rebondissaient les uns sur les autres. Ils participaient tous à un grand événement en gestation qui fermentait dans le dos des acteurs, les happait et les emportait dans le flot de leurs passions, de leurs désirs de destruction, de leur créativité, de leurs espoirs, de leurs craintes et de leur hubris. Au milieu de ce courant flottait la nostalgie d'un grand chambardement dont Georg Heym, dévoré d'impatience et de langueur, n'était pas le seul à souhaiter la venue.

Würzburg, le 30 mai (1907)
Moi aussi je peux dire : si seulement il y avait une guerre, je me sentirais sain. Un jour ressemble à l'autre. Pas de grandes joies, pas de grandes peines [...]. Tout est si ennuyeux [3].

Détours vers la philosophie :
Karl Jaspers

Il sera question ici d'une révolution dans la philosophie. Elle s'annonçait dans la conscience d'une mission qui s'éveillait chez certains jeunes hommes. Elle chuchotait dans les maisons de famille, dans les classes des bonnes écoles, dans les dortoirs des internats laïcs et des séminaires catholiques pour se faire entendre ensuite dans les universités et dans la vie publique. Les tavernes d'érudits, les randonnées, les salles de cours, les journaux, les manuscrits de livres et les lettres étaient autant de scènes de cette révolution en gestation. Des amitiés se faisaient et se brisaient en son nom.

La révolution philosophique se propageait comme une avalanche. Elle mobilisait toujours plus de monde, les amis, les ennemis et la jeune génération dont les esprits les plus brillants – y compris des femmes ! – aspiraient déjà à cette révolution dès les bancs de l'école.

Deux amis déclenchent une tempête dans le monde des savants : Martin Heidegger et Karl Jaspers. Il n'y avait pas plus différents que ces deux jeunes hommes. L'un était petit, sportif, sensible, maladroit, arrogant et modeste jusqu'à l'humilité. L'autre était grand, élégant, sûr de lui, porté à l'autocritique et souffreteux. Ils voulaient tous deux fonder une nouvelle pensée qui exprimerait ce qu'est l'*être* de l'homme à l'époque moderne. Mais seul l'un des deux s'est élevé à la gloire universelle. C'est à lui que la postérité a attribué le mérite d'avoir découvert quelque chose de réellement nouveau, à savoir que la pensée ne provient pas de la pensée, mais de l'être.

Ces deux jeunes hommes venaient de deux horizons sociaux opposés. Martin Heidegger naquit en 1889. Son père était tonnelier du domaine viticole épiscopal de Messkirch. Le foyer était catholique, conservateur et peu fortuné.

Karl Jaspers vint au monde l'année 1883. Son père était

banquier, il devint plus tard le directeur de la Caisse d'épargne et de crédit d'Oldenbourg. Il fut élu député au parlement régional et président du conseil municipal de la ville et du comté d'Oldenbourg. C'était un libéral-national à l'esprit tolérant[4]. Avant le début de ses études, les médecins avaient diagnostiqué chez le jeune Jaspers une insuffisance cardiaque et une ectasie des bronches. Cette infirmité allait le limiter et le contraindre considérablement toute sa vie durant. Mais, grâce aux conseils du médecin Albert Fraenkel et à une autodiscipline sévère, il réussit à trouver un *modus vivendi* qui lui permit d'étudier[5]. Son intellect bouillonne. Il ne sait au début dans quelle direction se lancer tant ses intérêts sont vastes. Les institutions scolaires tout comme, au fond, toute forme d'autorité lui sont étrangères, voire même détestables. Il opte pour le droit, mais trouve les enseignants trop médiocres.

Une vieille photographie le montre, lors d'un séjour de repos à Sils Maria en août 1902, en compagnie du physiologiste Fano de Florence et de l'historien de l'art Carl Cornelius de Fribourg. L'étudiant Jaspers au milieu, l'air souverain, dominant les deux autres personnages, tient un grand livre tout en souriant timidement au spectateur. Les professeurs Fano et Cornelius à genoux à sa droite et à sa gauche posent leur main droite chacun sur l'une des pages du livre ouvert : « Serment au nom de l'esprit de la science », tel est le titre donné à cette photographie. Les deux savants trouvent visiblement amusant de s'agenouiller devant un étudiant et de lui donner le rôle du vicaire de la science. À cette époque, Jaspers ne sait toujours pas vraiment vers où le pousse son désir. Au cours de longues discussions, des camarades plus âgés lui conseillent de se tourner vers la médecine ou du moins vers les sciences de la nature. La chose n'est pas si facile. Il lui faut expliquer à ses parents les raisons de ce changement. En août 1902, il écrit un *memorandum* dans lequel il leur explique la voie qu'il a choisie :

Cela fait maintenant un mois que j'ai la certitude que je veux abandonner le droit et étudier la médecine [...]. Si j'étais un esprit éminemment doué, j'étudierais d'abord les sciences de la nature et la philosophie pour m'engager directement dans la vraie voie académique. Je ferai ma thèse de doctorat en philosophie tout en étudiant de façon approfondie la médecine comme l'un des fondements de la psychologie et de la philosophie [...]. Mais comme je ne remplis pas les conditions préalables à de telles études, j'étudierai donc la médecine [6].

Il n'envoie pas le *memorandum*, mais réussit tout de même à convaincre son père lors d'une conversation qu'ils ont tous les deux à Oldenbourg. Il étudie donc la médecine à Berlin, à Göttingen et à Heidelberg, mais il s'intéresse également à toutes les autres sciences et lit des livres de philosophie dans ses moments libres. En 1908, il passe l'examen d'État et obtient la mention « bien ». Après avoir soutenu sa thèse durant son année de stage avec un mémoire sur « Mal du pays et crime » couronné de la mention *summa cum laude*, il obtient en 1909 à Heidelberg son diplôme de médecin, se marie (voir p. 65) et se spécialise dans la psychiatrie. Il veut comprendre les malades et les maladies. Pour cela, il lui faut apprendre la psychologie et la psychiatrie. Ces deux domaines sont des disciplines universitaires reconnues depuis longtemps. La révolution des sciences de la nature des années 1860 et 1870 leur avait ouvert la voie des universités. En 1894, Sigmund Freud emploie pour la première fois les concepts d'« analyse hypnotique » et d'« analyse clinico-psychologique » [7]. La psychanalyse n'influe que marginalement sur cette évolution, mais elle s'affirme au fil des années comme une percée intellectuelle de première importance. Pourtant, c'est la psychologie et non la psychanalyse qui devient la science paradigmatique pour bon nombre de savants venant des sciences de la nature tout comme des sciences de l'esprit.

Pendant six ans, Karl Jaspers travaille comme assistant psychiatre à Heidelberg. Ses expériences avec les patients, l'étude des histoires et des images de maladies et de leur relation à la personnalité des malades, tout comme la lecture de la littérature psychiatrique le captivent et le mobilisent toujours plus. Au grand désarroi de ses collègues qui considèrent la médecine comme une pure science de la nature, il prend part aux discussions psychiatriques « avec des postulats toujours plus étranges : il serait grand temps, selon lui, que l'on étudie de façon systématique la littérature psychiatrique des décennies et des siècles passés pour empêcher la constante rechute dans l'oubli. Il faudrait en tirer la conséquence que les maladies mentales sont bien des maladies de l'esprit, des maladies de l'âme et des maladies de la personnalité et qu'il faut donc diriger l'attention des psychiatres vers les sciences de l'esprit, la psychologie et l'anthropologie. Il faudrait, selon lui, trouver un langage qui permette de décrire les symptômes de façon claire et reconnaissable. En plus de tout cela, il faudrait savoir ce qu'est une théorie, une science, une méthode, ce que signifie "comprendre", or pour cela, nous aurions besoin, selon lui, de la philosophie. Qui fait de la psychopathologie devrait donc d'abord apprendre à penser[8] ».

Ses collègues ne peuvent comprendre sa recherche d'un fondement herméneutique commun aux sciences de l'homme et de l'esprit. Ils la considèrent comme une perte de temps et voient en Jaspers un individu dérangeant. Mais celui-ci s'est depuis longtemps engagé dans un cheminement de pensée philosophique dont il ne peut plus se détacher. Un autre facteur décisif explique ce tournant vers une psychologie de la compréhension : Jaspers ne se sent finalement pas fait pour le travail physique difficile du psychiatre. La frustration que ce sentiment d'incapacité provoque en lui ne dure pas bien longtemps.

Rétrospectivement, cela paraît étrange. Ce qui fut fait alors à contrecœur et sous la contrainte de la maladie, à savoir le choix définitif de la carrière philosophique universitaire, était en fait le retour à ma voie innée. Dès le plus jeune âge, je philosophais. Je suis entré en médecine et dans la psychopathologie poussé par des raisons philosophiques. Une certaine crainte devant l'ampleur de la tâche m'avait retenu des années de faire de la philosophie ma vocation et mon métier[9].

On pourrait encore ajouter une autre raison. À cette certitude définitive à l'égard de la philosophie s'ajoute aussi le fait qu'il n'est pas dépendant financièrement de son travail de clinicien. C'est toujours son père qui lui assure son train de vie. Il n'a donc pas à s'inquiéter du jugement de ses collègues et peut poursuivre son cheminement intellectuel en toute liberté. Pourtant, il entre dans la philosophie d'une façon bien différente de la plupart de ses contemporains. Ceux-ci tiennent la philosophie pour un monde de certitudes transcendantes auxquelles il faut seulement se rattacher. La philosophie n'est-elle pas une évidence en elle-même ? Il suffit juste de lire les doctrines des grands philosophes et de les interpréter selon les besoins de l'époque. Jaspers, par contre, se jette dans la philosophie de tout son être et attend d'elle des réponses. Selon l'hypothèse de son biographe Hans Saner :

> Cet attrait pour la philosophie était né de la solitude des années de lycée et d'université et de la conscience de la menace constante de la maladie. Quel sens peut-il y avoir à une existence nécessairement détachée des autres hommes ? Quel sens y avait-il aux efforts de la vie active quand en raison d'une mort précoce très probable, on ne pouvait en espérer aucun résultat tangible ? À cette question, les sciences n'ont pas de réponse[10].

Seul Karl Jaspers pouvait trouver cette réponse : « Il ne restait plus qu'une voie : la philosophie devait révéler la vérité, le sens et le but de notre vie[11]. » Jaspers cherchait un accès existentiel – au sens vrai du terme – à la philosophie. La maladie y a sans doute contribué, mais elle n'en est sûrement pas l'unique raison. Les expériences liminales liées à l'étude de l'histoire des patients tout comme l'inquiétude et l'agitation de cette jeunesse alors en pleine recherche ont également joué un rôle. De nombreux étudiants éprouvaient un sentiment d'insatisfaction à l'égard des philosophies d'école. Ils sentaient que l'ancien avait fait son temps et devait céder la place au nouveau. Mais que devait être cette nouveauté ? Jaspers ne savait qu'une chose : l'existence vécue et ressentie et la pensée qui en émerge s'opposent radicalement à la philosophie d'école.

Jaspers est entré en philosophie par une voie de traverse. Il n'a jamais dû subir le dressage de la philosophie d'école. Il avait lu dès l'adolescence les classiques : Spinoza, Lucrèce, Schopenhauer, Nietzsche et, plus tard, Kierkegaard et Hegel. C'était cette lecture solitaire qui l'avait conduit à la difficile question : comment penser l'être ? Comment apparaît-il ?

Il n'avait jamais reçu d'éducation systématique à la pensée philosophique. Médecin et philosophe dilettante, il voulait inverser ses titres. Certains lui en voulaient de cette décision, particulièrement le philosophe le plus connu de l'époque : Heinrich Rickert. Celui-ci avait été nommé en 1916 à la chaire principale de philosophie de l'université de Heidelberg. Il venait de Fribourg où il s'était occupé de Heidegger jusqu'à son habilitation.

Heidelberg était à l'époque un des hauts lieux de la philosophie. Y vivaient et y enseignaient Emil Lask, Moritz Geiger, Max Scheler, Georg Simmel. C'était là que les deux amis Ernst Bloch et Georg Lukács faisaient parler d'eux. L'esprit de Max Weber flottait sur toutes ces figures intellectuelles. Weber, le grand sociologue de la culture, l'économiste, l'historien de l'économie, le penseur politique et l'homme politique sans succès, avait cherché des réponses aux questions de son temps et était devenu le guide et l'inspirateur de toute une génération de penseurs. Tous le respectaient, quand ils ne le craignaient pas. Son influence se poursuivit bien après sa mort en 1920.

Max Weber eut durant ces années une énorme influence sur Karl Jaspers. « Il [Max Weber] devint pour moi l'incarnation du philosophe de notre époque [12]. » Cette catégorisation déconcertante – Max Weber philosophe – est typique du jeune Jaspers. Pour lui était philosophe celui qu'il voyait penser et dont les œuvres de pensée le fascinaient. Était philosophe qui pensait à travers les siècles sans se soucier des frontières entre disciplines et considérait la philosophie comme une science du penser éternellement jeune et sans cesse en plein recommencement.

Jaspers admirait en Weber la personne, le politicien responsable, l'historien, l'économiste et le sociologue. Mais au-delà de ses recherches, qui embrassaient plusieurs disciplines et domaines, le jeune Jaspers appréciait surtout en lui le penseur authentique au regard qui perce le secret des époques, qui, par-delà les descriptions empiriques, cherche à comprendre les contextes historiques et sociaux tout comme leurs transformations. Il incarnait pour lui le penseur capable de dire quelque chose sur l'esprit et la typologie de l'époque présente, celui qui ne répond pas au questionnement sur le sens par des positions de principe.

> Ce ne fut qu'après sa mort que je pris progressivement conscience de tout ce qu'il [Max Weber] représentait. Il est souvent présent dans mes écrits philosophiques [...]. Son influence se faisait déjà sentir dans mon ébauche d'une « psychopathologie », et plus encore dans ma *Psychologie des conceptions du monde* où j'insistais dans l'introduction sur l'importance de ses constructions typologiques religieuses et sociales pour mon travail [13].

Weber avait perçu dans le jeune Jaspers une certaine force et lui avait permis, ainsi qu'à son chef, le psychopathologue

Franz Nissel, et au philosophe munichois Oswald Külpe, de passer en 1913 l'habilitation de psychologie dans la faculté de philosophie, et non dans la faculté de médecine !

Weber est donc bien plus qu'un modèle universitaire. Il est la personne et la figure intellectuelle à laquelle Jaspers se sent redevable de son cheminement et de sa carrière philosophiques. Weber lui a montré la voie de la pensée autonome [14]. C'est pourquoi Jaspers le définit comme un philosophe, définition qui ne serait jamais venue à l'esprit de ses contemporains, ni de ceux qui vinrent par la suite.

Cette admiration transparaît dans une discussion en 1916 entre Jaspers et Marianne Weber dont elle rend compte peu de temps après à son mari qui se trouve à Berlin.

> K. Jaspers était chez moi avant-hier. Nous avons parlé beaucoup de toi comme toujours. Il t'admire avec des yeux « gros comme ça » et voit en toi le nouveau type d'intellectuel qui a la force nécessaire pour tenir dans une certaine cohésion les énormes tensions du moi et les contradictions de la vie au-dehors, et les fait même se superposer sans la moindre illusion. Un tel intellectuel peut se permettre d'être malade et parfois même d'être ridicule. Cette conversation m'a donné l'impression que Jaspers, qui tient bien sûr le désir de connaissance et de vérité pour la valeur suprême de la vie, me disait : « dommage pour chaque jour que Max Weber gâche dans des affaires politiques au lieu de chercher à s'objectiver lui-même [15] ».

Est-il possible que le lien entre ces deux penseurs tienne à la maladie ? Génie et dépression étaient si étroitement liés chez Max Weber. Karl Jaspers luttait contre la maladie par la pensée. Deux hommes seuls liés par la souffrance ? Ils avaient tous deux appris de la maladie à distinguer l'important du futile, l'agitation vide de la recherche sérieuse, les lubies de l'éthos de la pensée.

Juste après son habilitation, Jaspers enseigna la psychologie sociale, la psychologie des peuples, l'éthique, la psychologie morale, la psychologie de la religion et la psychologie des conceptions du monde [16]. Il concevait encore à cette époque la psychologie comme la science paradigmatique. C'est pourquoi il existait pour lui une psychologie de la connaissance et du sujet connaissant.

Mais sa psychologie échoua malgré un poste de professeur sans chaire et la publication en 1919 de son ouvrage *Psychologie des conceptions du monde*. Jaspers était trop philosophe pour les psychologues, et bien sûr pour les médecins. Il s'en rendit compte de lui-même. Il était donc conséquent de sa part d'essayer de se faire une place et un nom en philosophie. Il chercha à entrer en contact avec les philosophes d'Heidelberg, et particulièrement avec Heinrich Rickert qui, depuis 1916, était la figure phare de la faculté de philosophie. Mais Rickert s'opposa fermement à la prétention du médecin psychologue à entrer en philosophie. Il considérait une telle demande inacceptable et voyait en Jaspers un écervelé qu'il fallait remettre en place. Quand Max Weber mourut en 1920 à l'âge de cinquante-six ans, Jaspers dut apprendre à se débrouiller sans ce modèle qui n'avait que dix-neuf ans de plus que lui. Ses collègues lui rendirent la tâche aussi difficile qu'ils le purent. Ce fut le cas particulièrement d'Heinrich Rickert qui considérait Max Weber comme son élève et s'insurgeait contre cette grossière erreur de Jaspers qui élevait Weber au rang de philosophe. Comment Jaspers osait-il, lui qui à l'époque avait trente-sept ans et était à l'orée d'une carrière universitaire, faire du sociologue et de l'économiste vénéré un philosophe ? C'était là pour Rickert une nouvelle preuve que ce jeune ne maîtrisait pas son outil.

Plusieurs dizaines d'années après, Jaspers nous refait vivre les disputes qu'il eut avec Rickert :

> « Que voulez-vous enfin ? » dit-il [Rickert] dès notre première rencontre, « vous êtes assis entre deux chaises, vous avez abandonné la psychiatrie et vous n'êtes pas un

philosophe ! » Je lui répondis : « J'obtiendrai une chaire de philosophie. Ce que j'en ferai sera mon affaire conformément à la liberté de l'enseignant à l'égard de cette construction informe que l'on nomme philosophie à l'Université [17]. »

En effet que voulait Jaspers ? Il voulait, à l'encontre de la philosophie d'école, mettre en branle une pensée philosophique qui soit plus proche de la vie, mais aussi plus proche de l'être qu'aucun système scientifique. C'est sur ce point qu'il se disputait constamment avec Rickert :

> Cela devint le thème récurrent des discussions que j'eus avec Rickert. J'attaquais sa philosophie, particulièrement sa prétention à être une science [...]. J'ai développé ainsi une idée de la philosophie entièrement différente de la science. La philosophie doit satisfaire une exigence de vérité que la science ne connaît pas, elle repose sur une responsabilité qui lui est étrangère, et elle accomplit une œuvre qui lui reste inaccessible. Sur la base de cette idée, j'affirmais contre l'esprit de sa pensée qu'il n'était absolument pas un philosophe, mais qu'au contraire, il faisait de la philosophie comme un physicien. La seule différence était qu'il développait des arguments logiques raffinés qui n'étaient rien d'autre que des bulles de savon, alors que le physicien, lui, aboutissait à une connaissance factuelle parce qu'il mettait à l'épreuve empiriquement ses spéculations [18].

Le vieux Rickert n'en démordait pas pour autant. En « néokantien », il essaya jusqu'au bout d'être en accord avec son temps en opposant à l'éclatement des certitudes qui marquait l'ère industrielle un système de normes et de valeurs d'autant plus solides. Il fallait de nouveau dresser un rempart contre la puissance de destruction du monde moderne. Le « vieux » savait, lui aussi, qu'il vivait un tournant dans l'histoire.

Ce qui rendait furieux ce vieux professeur, c'était la mise en question souvent ostentatoire de son autorité par les jeunes.

Karl Jaspers explique son passage à la philosophie et sa critique de la philosophie conçue comme conception du monde dans son ouvrage sur « la psychologie des conceptions du monde ». Le livre souleva beaucoup d'intérêt lors de sa publication. Heinrich Rickert en écrivit une recension dévastatrice qui se termine par une note paternaliste : « nous saluons cordialement cet auteur encore en gestation dans sa chrysalide [19] ». Cette note signifiait que le jeune Jaspers était encore dans son cocon qui le serrait et l'entravait. Il fallait attendre tranquillement de voir s'il allait être capable de sortir de cette chrysalide.

Rickert intrigua contre Jaspers lorsqu'il fut nommé en 1922 candidat à la seconde chaire de philosophie à Heidelberg. Jaspers avait déjà reçu deux propositions pour une chaire de philosophie, une de l'université de Kiel et l'autre de l'université de Greifswald. Mais il voulait rester à Heidelberg. La candidature de Jaspers fut finalement imposée par la faculté et par le ministère contre l'avis du défenseur local de « la philosophie ». Ce fut une défaite pour la philosophie traditionnelle, une remontrance pour Rickert, mais aussi un succès pour une nouvelle ligne intellectuelle et un signe politique de la part de la bureaucratie culturelle de la République de Weimar. Pourtant Rickert ne cessa jusqu'à la fin de sa vie de critiquer et d'ironiser sur la remise en question de la philosophie par Jaspers.

Alors qu'il recevait la charge de la seconde chaire de philosophie à Heidelberg, Jaspers ne se considérait aucunement comme un philosophe confirmé. Rétrospectivement, il écrit :

> Lorsque le 1er avril 1922, je pris la charge de la chaire ordinaire de philosophie à Heidelberg, je n'étais pas un philosophe accompli selon mes propres critères. Je me mis donc à étudier la philosophie d'une façon nouvelle et plus approfondie [...]. La philosophie des professeurs n'était pas à mon sens une véritable philosophie. En raison de sa prétention à

être une science, elle était devenue une simple discussion sur des choses qui ont peu à voir avec les questions fondamentales de notre existence[20].

Ce n'est pas le sentiment de la victoire, pas plus que le sentiment de la revanche prise sur le vieux professeur, qui parle ici, mais la satisfaction et le sentiment d'une lourde responsabilité. Un étrange personnage ce Jaspers quand en 1922, à l'âge de trente-neuf ans, il devient titulaire de la deuxième chaire de philosophie de la prestigieuse *Alma Mater Heidelbergiensis*. Son état d'esprit : confiance en sa propre valeur, modestie, impression d'être un outsider, courage de se battre, expérience de la maladie et désir de vivre.

L'entrée dans une nouvelle philosophie : Martin Heidegger

Le père de Martin Heidegger était tonnelier des domaines viticoles épiscopaux du diocèse de Fribourg. Les tonneliers fabriquaient les fûts et en même temps goûtaient le vin. Ils faisaient même partie dans certaines régions de l'administration locale. Ils devaient vérifier avant l'achat du vin si le producteur avait bien payé tous ses impôts et toutes ses taxes.

L'atelier du père se trouvait dans une des ailes de ce qu'on appelait « l'église du refuge » que l'évêché de Fribourg avait fait construire dans les années 1870 pour les fidèles de Messkirch dans l'espoir d'affirmer son autorité contre le groupe des vieux-catholiques. Durant cette guerre de culture entre catholiques et vieux-catholiques, les autorités de la région de Bade avaient tout d'abord permis aux vieux-catholiques de faire leurs offices dans la Martinskirche. À la suite de cette autorisation, les catholiques quittèrent la Martinskirche. C'est dans cette « église du refuge » dont les fresques avaient été peintes par les moines du cloître Beuron que Martin fut baptisé en 1889. Il s'y rendait dans son enfance presque chaque jour. Il y retrouvait son père, qui était le sacristain de l'église et pourvoyait au service de l'autel pendant la messe [21]. Plus tard dans une lettre où il se décrit à sa fiancée, il dépeint son enfance de la façon suivante :

> Mais peut-être avec ton âme pleine d'intuition m'as-tu déjà vu en simple gamin chez de braves gens pieux à la campagne, en gamin qui a encore vu la cloche de verre dont la lumière éclairait le grand-père assis sur un tabouret, plantant les clous dans les chaussures à coups de marteau, en gamin qui aidait son père à fabriquer les tonneaux et à fixer les cercles autour des barriques, tant et si bien que les coups de marteau résonnaient à travers les petites rues tortueuses ; gamin qui savourait la grande poésie merveilleuse d'un fils de sacristain, qui passait des heures allongé dans le clocher à suivre du regard les martinets et rêvait le regard perdu au-dessus des sombres forêts de sapin, qui, au grenier de l'église, farfouillait dans les vieux livres poussiéreux et se prenait pour un roi en compagnie de nombreux livres qu'il ne comprenait pas, mais qu'il connaissait un par un et qu'il aimait d'un amour respectueux.
>
> Et quand le gamin qui reçut de son père la clé pour monter dans la tour et put décider lequel, parmi tous les autres garçons, aurait droit de monter avec lui et qui pour cette raison était respecté et qui, chaque fois qu'on jouait aux voleurs ou aux soldats, était toujours le chef qui seul avait le droit de porter le sabre en *fer* [...] [22].

Le célèbre prédicateur et écrivain Abraham a Santa Clara était l'un des aïeux de la famille Heidegger. Il y avait donc déjà chez les ancêtres de cette famille un talent rhétorique, un sentiment missionnaire et une fibre guerrière et éducatrice. Abraham a Santa Clara, ou Johann Ulrich Megerle de son nom d'état civil, était moine [23]. Il devint après 1677 prédicateur à la cour de l'empereur Léopold Ier à Vienne. Il prêchait l'unité nationale, admirait les Allemands et haïssait les Juifs et les étrangers. C'était un critique farouche de son époque. Il interpréta l'épidémie de peste de l'année 1679 comme une punition de Dieu pour la dégradation des mœurs, l'immoralité et l'impiété croissantes à la cour. Quand les troupes turques arrivèrent aux portes de Vienne, il se mit à faire des prêches patriotiques. Aujourd'hui, on définirait Abraham a Santa Clara comme un populiste talentueux.

Il naquit en 1644 à Kreenheinstetten près de Messkirch. En 1910, un monument en son honneur fut inauguré à Kreenheinstetten. Une partie de l'argent provenait de la paroisse de Vienne qui se sentait un attachement tout particulier à ce moine. Ce don fut fait à l'initiative du maire de Vienne de l'époque, Karl Lueger. L'étudiant Heidegger écrivit un article sur cette inauguration dans le journal *Allgemeine Rundschau* [24].

Ce qui importe dans cette participation du jeune Heidegger – il avait alors vingt et un ans – à cette inauguration en 1910, tout comme dans son article pour *Allgemeine Rundschau*, c'est uniquement ceci : le descendant loue l'attachement patriotique de son ancêtre. *Allgemeine Rundschau* était par ailleurs un journal profondément catholique, sa rédaction était antisémite, mais pas nazie, comme l'avenir allait le montrer.

Visiblement, le fait que le Père Abraham ait été actif en Autriche ne posait pas le moindre problème à Heidegger. Il présupposait comme allant de soi ce lien intime entre l'Allemagne du Sud et l'Autriche qui remontait à plusieurs siècles et s'était maintenu jusqu'au XXᵉ siècle. Le socle de ce lien intime était l'amour de la patrie, l'amour des forêts et des montagnes, qui ne se mesurent pas aux lignes de frontières que l'histoire a placées ici ou là.

Les prétendues personnes simples qui habitaient ce vaste territoire vivaient et pensaient dans la foi. Elles acceptaient leur destin comme elles acceptaient le cycle des saisons. La mort était pour elles l'ange qui met un terme à la vie. À leurs yeux, Abraham a Santa Clara n'était pas un ancêtre poussiéreux, mais un homme pieux qui avait donné une réponse intemporelle à une question importante, celle de la vie en présence de la mort. Dans son histoire de la peste à Vienne, le Père Abraham dépeint les lignes mouvantes qui séparent la vie de la mort dans une langue riche en jeux de mots :

> Ce n'est pas un hasard si le mot « Leben » [vie] se lit à l'envers « Nebel » [brouillard, brume]. À peine le brouillard est-il né, ce fils vagabond de la terre marécageuse, que déjà les rayons du soleil menacent de lui donner le coup de grâce. Ainsi, le brouillard ressemble à bien des égards à notre vie : *vix orimur morimur*. Notre premier souffle de vie est déjà un soupir de mort. Le premier instant de la vie humaine tombe déjà sous l'empire de la Faucheuse. Dès le premier lait bu au sein de la nourrice, l'enfant est conduit vers le veilleur décharné du monde, l'inconstance de la vie montre partout les plateaux de la balance de la vie et de la mort penchant d'un côté et de l'autre [25].

Peut-on déjà pressentir ici les racines de la future philosophie de l'existence ? L'insistance sur l'« être-pour-la-mort » ne serait donc pas simplement le résultat d'une critique à la mode de la civilisation et de la technique, mais renverrait à la présence continue de la mort qu'aucun progrès et qu'aucune technique ne peuvent occulter. Le frère de Martin Heidegger, Fritz, était considéré par ses contemporains comme le vrai descendant d'Abraham a Santa Clara. Il avait en effet l'habitude d'adopter pour ses prêches du Mardi gras un style semblable à celui de son ancêtre, et il devint célèbre à Messkirch pour cela [26].

Les gens de Messkirch et de la région étaient extrêmement méfiants à l'égard des transformations révolutionnaires des temps modernes. Ils rejetaient la technique moderne. Ils méprisaient le mode de vie citadin. Leur antisémitisme était d'inspiration conservatrice et antilibérale.

Martin Heidegger était lui aussi un enfant du pays et le Père Abraham faisait partie de son monde affectif. C'est pourquoi il écrit : « Il faut connaître le milieu de Kreenheinstetten et s'être pronfondément imprégné du mode de pensée et de vie des habitants du Heuberg pour comprendre jusqu'au bout ce personnage étrangement fascinant qu'est Père Abraham[27]. »

Ce moine augustinien qui tempêtait dans ses prêches contre la dégradation des mœurs fut élevé *post mortem* par le jeune étudiant Heidegger au rang de témoin de la nouvelle autoguérison de la culture allemande : « Des personnalités exemplaires comme Abraham a Santa Clara doivent subsister dans l'âme du peuple. Plaise à Dieu que ses écrits circulent encore davantage parmi nous, que son esprit [...] devienne un ferment puissant pour la conservation de la santé et, là où la nécessité se fait pressante, pour la guérison de l'âme du peuple[28]. »

On dresse l'oreille : « guérison de l'âme du peuple », « conservation de la santé » ? D'où venait au jeune Heidegger la certitude que le peuple était malade ? Les gens le disaient, le prêtre en parlait dans ses prêches, l'archevêque aussi, c'était écrit dans les journaux...

Dans cet article, Martin Heidegger apparaît comme un jeune érudit qui se jette soudain dans la vie publique. Il savait pourtant très bien quelle démarche il convenait d'adopter. Quand il avait un article à écrire sur un événement, il décrivait l'événement et les personnes qui y participaient tout d'abord d'une façon neutre, polie et correcte, et seulement ensuite, il écrivait ouvertement ce qu'il en pensait, c'est-à-dire comment il s'intègre dans son monde de pensée et d'expérience et comment il faut, selon lui, l'interpréter. Dans cet article, il fait entendre sa conviction que les temps ont encore empiré depuis le Père Abraham et qu'ils menacent maintenant la patrie, les montagnes et les hommes. Ce jeune homme particulièrement agile de la parole, sûr de son jugement et de son expression, attira très vite l'attention des gens de la région. La presse locale parlait de lui [29].

Il convient de mentionner un autre ancêtre de Heidegger, le compositeur, chef d'orchestre et pianiste, Conradin Kreutzer, né à Thalmüle près de Messkirch. Sa carrière le conduisit également à Vienne, la capitale impériale, où il devint chef d'orchestre du *Josefstädter Theater*. Leon Tolstoï l'a immortalisé dans sa nouvelle *La Sonate à Kreutzer*. Heidegger avait-il lu la nouvelle de Tolstoï ? Appréciait-il la musique de son ancêtre ? Ce point de sa biographie reste obscur.

Le jeune Heidegger devait devenir prêtre, tel était le souhait de ses parents. Il y avait une raison terrestre à cette vocation de prêtre : les parents n'avaient pas les moyens de payer les études de leur fils. Il fallait donc compter sur une bourse de l'Église pour lui permettre d'accéder à une éducation scolaire et universitaire. Une autre raison de ce choix : l'ascension sociale. Les parents n'y étaient pas moins intéressés que leur fils.

Le prêtre de la ville de Messkirch, Camillo Brandhuber, prit le jeune Martin sous sa coupe [30]. Il le fit passer l'année 1903 au Lycée humaniste de Constance où il devint pensionnaire du foyer Saint-Conrad de l'archevêché. Les frais de scolarité et de pensionnat étaient payés par la fondation Weiss [31].

Le lycée et le foyer étaient catholiques, mais les enseignants étaient pour une part des protestants ou des esprits humanistes. Dans une lettre à sa fiancée, Heidegger parle de ses années de lycée :

> Le petit pensif dut aller « faire des études » et eut le droit d'aller au lycée près du lac de Constance, il fut même cité dans le journal local quand, en dernière année, il ramena à la maison le premier prix, un « Schiller » complet ; à dater de ce moment-là, pendant les vacances, on ne le vit plus sans un livre à la main, à en croire les gens encore aujourd'hui. Et il creusait et cherchait et devenait de plus en plus taciturne,

et il portait déjà un sombre idéal – celui de savant – dans son âme – et sa mère, brave et pieuse, espérait, elle, dans le « prêtre » –, ce fut un combat jusqu'à ce qu'il ait gagné le droit de vivre uniquement pour la connaissance, jusqu'à ce que sa mère soit convaincue que le philosophe aussi peut faire pour les hommes de grandes choses et leur apporter un bonheur éternel – combien de fois a-t-elle demandé à son fils : « dis-moi, qu'est-ce donc que la philosophie ? », et lui-même n'avait aucune réponse [32].

Des hommes d'Église ou plutôt de théologie veillaient sur le jeune Heidegger. Le prêtre Brandhuber en fit son protégé à Messkirch. Conrad Gröber, le recteur du Séminaire de Constance qui était un parent éloigné du jeune collégien, l'encouragea [33] et se préoccupa de lui trouver une autre bourse lors de son passage, à l'automne 1906, au lycée Berthold de Fribourg. Dans cette ville aussi, il vécut dans un internat catholique [34]. Il obtint brillamment son baccalauréat à l'été 1909. Il se décida ensuite à entrer dans la congrégation *Jesu in Tisis* à Feldkirch (dans la région de Vorarlberg). En septembre, il entra au noviciat, mais, le 13 octobre de la même année, il quittait cette institution [35]. Sa condition physique ne lui permettait pas de suivre le cursus. Les règles de l'ordre des jésuites exigeaient des recrues en bonne santé [36].

Y avait-il d'autres raisons à ce départ ? S'agissait-il d'une façon diplomatique de cacher un acte qui aurait éveillé l'attention – l'exclusion ou plutôt le départ de Heidegger – par un problème de santé irréfutable ? Ou bien le soupçon des supérieurs coïncidait-il avec le sentiment avoué de l'intéressé, à savoir qu'il ne se sentait pas capable d'engager toutes ses forces dans l'accomplissement de sa mission ?

Il y avait en lui quelque chose qui le poussait dans une autre direction. Il se rendit compte peu à peu que prêtre n'était pas la seule, ni peut-être la vraie vocation de celui qui veut faire de la pensée sa profession. Cette décision de renoncer à la carrière de prêtre provoqua bien sûr la déception de ses parents et de ses mentors. Il est possible qu'il éprouvât à leur égard un sentiment de culpabilité. Avait-il failli à l'espoir qu'on avait mis en lui ?

Mais la théologie et ses bienfaiteurs ne le lâchaient pas encore. Au semestre d'hiver de la même année 1909, Heidegger commençait à l'université de Fribourg des études de théologie. Il intégrait également le séminaire théologique qui portait le nom de « Collegium Borromaeum [37] ». Il remplissait ses journées de cours et de séminaires sur l'histoire de l'Église, la théorie de la religion, l'exégèse biblique et la philosophie. À nouveau, il rencontra un professeur qui l'encouragea et le stimula intellectuellement. Il s'agissait de Carl Braig qui enseignait la philosophie à la faculté de théologie. C'était avant tout « sa façon pénétrante de penser » qui impressionnait Heidegger. Braig qui donna au semestre d'hiver de l'année 1910-1911 un cours d'introduction aux dogmes catholiques l'initia à la « tension entre l'ontologie et la théologie spéculative ». Il le mit sur la voie d'Aristote et de l'étymologie des concepts fondamentaux.

C'est à cette époque que Heidegger commença à lire des textes d'Edmund Husserl. Il avait bien du mal à les comprendre. Il éprouvait à leur lecture un sentiment d'échec. Il lui était maintenant de plus en plus clair que son cheminement intellectuel l'éloignait de la théologie. La pensée husserlienne resta de nombreuses années un défi intellectuel auquel il se soumettait régulièrement. Heinrich Rickert auquel Heidegger était lié l'aida à combler l'écart intellectuel qui le séparait de la pensée husserlienne, notamment grâce à son livre *L'Objet de la connaissance. Introduction à la philosophie transcendantale*, qui à l'origine était sa thèse d'habilitation. La lecture de deux ouvrages d'Emil Lask – un élève de Rickert –, *La Logique de la philosophie et la doctrine des catégories* (1911) et *La Doctrine du jugement* (1912), initia Heidegger aux secrets de la philosophie contemporaine.

Ce qui fascinait Heidegger chez Husserl, c'était le fait

qu'il parvenait à limiter la prétention de vérité de la psychologie. Cette prétention était devenue omniprésente à
la fin du XIXᵉ siècle, à tel point que ses tenants avaient
réussi à mettre la philosophie entièrement sous tutelle
psychologique. Chaque nouveau philosophe devait payer
son tribut. Edmund Husserl joignit ainsi au titre de sa
thèse d'habilitation *Le concept de nombre* (1887) le sous-
titre *Analyses psychologiques*. Paul Natorp auquel il avait
repris la question de l'être publia lui aussi en 1912 un
ouvrage portant le titre de *Psychologie générale*. Heidegger
écrivit sa thèse sur *La doctrine du jugement dans le psychologisme* (1913). En 1919, Jaspers publiait sa *Psychologie des
conceptions du monde*. La science du fonctionnement de la
psyché remettait en cause la théorie philosophique de la
connaissance et réclamait le rôle de science paradigmatique. Cette montée en puissance de la psychologie
cachait un débat de fond entre les sciences de la nature et
les sciences de l'esprit sur la valeur des faits ou plutôt sur
la suprématie de la conscience. Sur le terrain de la psychologie comprise comme connaissance de l'essence des
actes de l'esprit, scientifiques de la nature et de l'esprit se
disputaient pour savoir quelle est la méthode qui assure
un véritable accès à ce type de connaissance. Tout philosophe qui se respecte devait donc réfléchir et publier ses
réflexions sur les répercussions de la psychologie sur la
théorie de la connaissance.

Husserl rejetait, cependant, expressément la prétention
de la psychologie à être la science paradigmatique. Il
avançait l'argument suivant : « la doctrine de la pensée et
de la connaissance ne peut se fonder sur la psychologie[38] ». Heidegger luttait pour se frayer un chemin vers
la phénoménologie. La publication en 1913 de l'ouvrage
programmatique de Husserl *Idées directrices pour une phénoménologie et une philosophie phénoménologique pures* fut
une véritable percée intellectuelle, celle justement que
recherchait l'étudiant Heidegger[39].

Pourquoi était-il important de comprendre cette nouvelle

tendance phénoménologique dans la philosophie ? Heidegger désirait contribuer à ce nouveau courant de pensée. Mais il ne savait pas encore comment. Il devait tout d'abord s'efforcer de comprendre la pensée des autres. Edmund Husserl était la figure qui dominait le courant phénoménologique, quand Heidegger en était encore à peiner à la lecture de ses écrits. Le fait qu'il n'était pas un simple exégète de l'histoire de la philosophie et qu'il philosophait à partir de son existence tout entière impressionnait le jeune Heidegger.

Il apprit ainsi que la pensée de Husserl est un adieu à l'idéalisme et une prise de distance à l'égard du néokantisme. Ce qui était censé les remplacer était tout d'abord la pensée elle-même, le processus de pensée et ses catégories.

Les tenants de la philosophie transcendantale postkantienne étaient fort bien implantés à cette époque dans les chaires de philosophie. À Baden, ils s'étaient même regroupés en une école et menaient naturellement une politique de cooptation. Leur objectif était de repousser les attaques des sciences de la nature, du positivisme et de la psychologie et de poursuivre l'œuvre de la philosophie transcendantale.

La lecture de Natorp éveilla Heidegger à la tension entre pensée, connaissance et être – que l'on appelait également « vie » à cette époque. Ce qui était décisif pour la pensée chez Natorp, c'est qu'elle devait s'exposer à cette tension vers l'être ou vers la vie.

Durant toute cette époque, Heidegger était encore sous la coupe des théologiens. Il était conscient de son origine, c'est ce qu'il soutient du moins rétrospectivement. « Sans cette provenance théologique, je ne serais jamais arrivé sur le chemin de la pensée. Provenance est toujours avenir[40] », telle est son appréciation rétrospective. Heidegger commence à publier des poèmes. La revue *Der Akademiker* lui ouvrait ses pages[41]. Il y était en bonne compagnie. Il fit la connaissance de Romano Guardini[42] et du jésuite Oswald von Nell-Breuning[43]. En 1923, la lycéenne Hannah Arendt vint écouter en auditrice libre le jeune professeur Romano Guardini à l'université de Berlin.

Heidegger ne venait pas seulement de la théologie, c'était aussi un catholique croyant. Mais ses études l'éloignèrent de la théologie et de la foi. Certains des théologiens auxquels Heidegger était lié contribuèrent à cette évolution. Ils avaient initié à la philosophie ce jeune étudiant passionné de théologie spéculative. Ce fut le cas de Carl Braig.

> C'est de sa bouche que j'entendis parler pour la première fois, lors d'une des rares promenades où je fus autorisé à l'accompagner, de la signification de Schelling et de Hegel pour la théologie spéculative comparée au système doctrinaire de la scholastique. C'est ainsi que la tension entre l'ontologie et la théologie spéculative en tant que structure de l'édifice de la métaphysique entra dans le champ de mes recherches [44].

Heidegger n'a pas vécu cette transformation de la façon froide et définitive qu'il décrit dans ce passage. Une nouvelle crise se préparait. La collision entre philosophie et théologie tout comme celle avec le devoir filial prenaient la forme d'un malaise physique. Les souffrances revinrent. Il interrompit ses études et passa tout le semestre d'été de l'année 1911 à Messkirch, sa ville natale. Il invoqua l'air sain de la campagne, mais, en fait, il ne voulait pas importuner le donateur de sa bourse d'études avec sa maladie. La crise n'éclata vraiment qu'à l'été. Heidegger voulait abandonner ses études de théologie. Ses parents tombèrent des nues quand ils apprirent les nouvelles dispositions de leur fils. Son frère Fritz rapporte de la façon suivante la déception des parents : « Ils avaient placé de grands espoirs dans leur fils Martin [...]. Ils pensaient que même s'il ne devenait pas archevêque, il serait au moins évêque coadjuteur et, de ce fait, un homme célèbre. L'abandon des études de théologie leur ôtait cette brillante perspective [45]. »

Une question inévitable se posait alors : quelles autres options d'études et de carrière lui restait-il ? Fallait-il, comme le lui avait conseillé son ami Laslowski, poursuivre malgré tout les études de théologie avec en perspective un poste de curé qui lui permettrait de « mûrir » intellectuellement ? Cette voie semblait pour l'instant la plus sûre d'un point vue économique. Ou bien fallait-il changer et s'engager dans la philosophie ? Mais qui paierait alors les études du jeune Heidegger ? Il s'inscrivit finalement au semestre d'hiver 1911-1912 à la faculté de mathématiques et de physique. Il avait déjà fait quatre semestres de théologie. Il se jeta avec la même passion dans l'étude des mathématiques et de la physique tout en allant écouter parallèlement certains cours importants de philosophie [46].

À partir du semestre d'été de l'année 1912, il commença à percevoir une bourse de 400 marks de l'université de Fribourg [47]. Son ami Laslowski lui arrangea plus tard un prêt qui lui garantissait un minimum pour vivre [48].

Ces années furent celles d'une évolution pleine de tensions. Bien qu'il eût tourné le dos à la théologie, Heidegger devait continuer à entretenir de bonnes relations avec certains professeurs de théologie et certains anciens camarades d'étude, notamment l'historien et Geheimrat [49] Heinrich Finke, qui était professeur d'histoire de l'art et d'archéologie chrétienne, Engelbert Krebs, le maître de conférence en dogmatique à la faculté de théologie, Arthur Schneider, le philosophe catholique sous la direction duquel il écrivit plus tard sa thèse, Carl Braig, son mentor, Conrad Gröber et Josef Geyser, un théologien de la cathédrale. La tension montait. Heidegger se sentait relativement sûr de ses choix et de ses idées, mais il n'avait pas de poste et était donc dépendant de ses mentors et des personnes qui le soutenaient. À cette époque, la pratique était que chaque étudiant qui aspirait

à une carrière universitaire progressait grâce au soutien
personnel d'un professeur et recevait de lui l'information
sur des financements possibles et sur d'autres types
d'aide. Les moyens financiers très précaires de Heidegger
lui permettaient tout juste de survivre. Cela ne l'empêchait pas d'être convaincu de sa valeur. Il se considérait
comme *appelé*, même s'il ne semblait appelé en apparence
à aucune vocation professionnelle. Il ressentait en lui une
nécessité qui l'élevait bien au-dessus de la moyenne. Mais
son entourage n'était fait que de gens médiocres et il
dépendait d'eux pour vivre et progresser. Ce conflit intérieur a dû créer en lui une tension existentielle dont il ne
pouvait plus se libérer.

Ce conflit se manifestait particulièrement dans ses rapports avec ses mentors. Une lettre datée du 17 mai 1912
au théologien de Fribourg et éditeur du *Literarische
Rundschau für das Katholische Deutschland*, Josef Sauer,
nous en donne un bon exemple [50] :

> Très honoré Professeur,
> Permettez-moi, très cher professeur, de vous souhaiter du
> fond du cœur mes meilleurs vœux à l'occasion de votre fête,
> toute proche.
> Puisse Dieu vous donner force et grâce pour pouvoir
> continuer encore longtemps, par vos recherches scienti-
> fiques, à contribuer sans réserve, dans la seule vraie direc-
> tion, à l'évolution religieuse et culturelle de notre Église [51].

Après ces préliminaires suit l'exposé d'un programme
de recherche sur le concept d'espace et de temps du point
de vue des sciences de la nature et des mathématiques.
Cet exposé est bien loin d'avoir le ton qui convient à un
étudiant venant quémander le soutien de ses professeurs.
Il s'agit d'un résumé d'une étude qu'il utilisera plus tard
pour la leçon de son habilitation : « Le concept de temps
dans la science historique. »

Cette lettre fut écrite en 1912, c'est-à-dire à une époque

où Heidegger travaillait déjà depuis longtemps à sa thèse. La rupture avec la théologie n'était toujours pas consommée et la dépendance à l'égard de ses bienfaiteurs restait encore intacte. Il faisait donc ses courbettes et envoyait ses vœux les plus distingués à son maître, mais, dans le paragraphe suivant, il lui faisait comprendre qu'il était depuis longtemps devenu son égal.

Quand il écrivait au célèbre Heinrich Rickert, il employait également ce même ton humble et poli qu'à l'époque tous les étudiants et assistants se devaient d'adopter jusqu'à leur nomination. C'est l'hiver 1912, Heidegger est entre-temps devenu l'assistant de Rickert. Il souffre à nouveau de cet état maladif récurrent. « Je vais souffrir d'insomnies encore plus fortes, c'est pourquoi le médecin m'a interdit tout effort intellectuel pour une période de temps plus longue [52]. » Il ne peut de ce fait pas faire l'exposé pour lequel il s'était engagé. « Je me permets de vous demander, à vous Monsieur le Geheimrat, de me dispenser des exercices jusqu'à mon rétablissement [53]. » Heidegger était pris d'une sorte de manie qui le travaillait jusqu'à le détruire. Il étudiait à la maison et devenait de plus en plus sûr de lui-même.

Dans son premier travail scientifique indépendant, sa thèse, il débat avec la nouvelle psychologie scientifique en adoptant un point de vue philosophique.

Il remit sa thèse sur « La doctrine du jugement dans le psychologisme » à son directeur Arthur Schneider qui occupait la chaire de philosophie catholique. Le rapporteur était Heinrich Rickert. Heidegger défendit sa thèse et obtint la note la plus élevée, *summa cum laude.*

Deux ans plus tard, Heidegger, qui vient de se fiancer, jette un regard en arrière sur son titre de docteur :

Et son père, dont il a hérité le tempérament renfermé et pensif, son père était fier et l'est aujourd'hui encore, si étranger et incompréhensible soit pour lui tout le travail de son fils et comment il est devenu docteur *summa cum laude,* le journal local en parla, et pour la petite ville ce fut une fête, de mémoire d'homme ce n'était jamais arrivé, et la vieille marraine de dire : « moi, je l'ai toujours su, son arrière-grand-père était déjà comme ça, toujours plongé dans les livres, et dans la vallée du Danube, dans sa propriété au milieu des grands châteaux des seigneurs Zimmern, il passait ses dimanches assis avec les livres qu'il s'était achetés à la foire d'Ulm » – Tu te demandes comment ils vinrent dans la vallée du Danube les gens de Zimbern [Zimmern ?] ? Leur trace mène jusqu'au Sud-Tyrol d'où la famille partit pour prospérer en Suisse – elle comptait à l'époque un théologien célèbre (Joh. Henricus Heideggerus), dont les nombreux livres sont répertoriés aujourd'hui encore, dans le catalogue de la bibliothèque universitaire de Fribourg, et profondément enfouie au milieu se trouve la thèse médiocre de son descendant [54].

Il se considérait maintenant capable d'assumer la charge de professeur et était à la recherche d'une position dans une université. Il raconte dans une lettre à sa fiancée comment il en est arrivé là :

Comment a-t-il pu [...] avancer dans sa carrière et réussir à entrer à l'université sans bénéficier de la richesse et des avantages d'une éducation intellectuelle de haut niveau, sans recourir à l'aide puissante et fréquemment utilisée d'un protecteur, comment cela fut possible – même pour lui c'est un miracle et un motif de profonde reconnaissance et d'humilité enfantine ; peut-être éprouve-t-il précisément ce sacerdoce dans sa profondeur parce que pendant de longues années cette idée était présente au fond de son âme comme un idéal lointain auquel il ne vit longtemps aucune possibilité d'accéder, parce que pour lui il s'agit de beaucoup, beaucoup plus que d'une fonction, d'une situation sociale, d'une carrière – parce que c'est pour lui un sacerdoce où ne peuvent entrer que des « consacrés », et parce que cette consécration ne grandit qu'au terme d'une lutte – d'un abandon douloureux et d'une totale abnégation à son idéal – et celui qui a reçu cette consécration – celui-là ne peut jamais en tirer orgueil, il ne fait que rapporter chaque événement de sa vie à sa mission la plus intime, et tout ce qui est extérieur n'est pour lui que parabole [55].

La conscience que Heidegger avait de sa mission et de son « sacerdoce » tout comme la volonté de l'accomplir ne le libéraient pas des soucis et des tensions de ce monde. Ainsi, il se trouva soudain en 1913 à concourir contre son ami Engelbert Krebs pour la chaire vacante de philosophie chrétienne [56]. Krebs, qui était son aîné de huit ans, avait déjà reçu son habilitation. Heidegger venait juste de soutenir sa thèse. Krebs obtint le poste.

Heidegger devait donc se réorienter. Il continuait à suivre des cours, surtout de philosophie, notamment ceux d'Heinrich Finke et d'Heinrich Rickert. Face à Rickert, il s'affirmait de plus en plus clairement comme un penseur indépendant.

> Très honoré Monsieur le Geheimrat !
> Je ne peux malheureusement vous exprimer qu'aujourd'hui ma profonde gratitude pour la puissante stimulation et la leçon philosophique que j'ai retirées de vos cours et particulièrement du séminaire. Certes, mes intuitions philosophiques de base sont différentes des vôtres, mais je suis bien le dernier à accepter cette misérable méthode qui n'attribue à la philosophie moderne qu'une suite « d'erreurs », qui ne voit en elle que le produit de l'athéisme, etc. Je suis plutôt convaincu qu'il est possible de trouver un terrain d'entente et que cela devrait se faire par l'abandon des vieilles intuitions dogmatiques [57].

Le remerciement de Heidegger se réfère au cours et au séminaire « Exercices sur la doctrine du sujet ». Dans la suite de la lettre, le ton de Heidegger devient plus clair et plus ferme. Il associe le « très honoré Monsieur le Geheimrat » au nous de l'auteur de la lettre : « Il faudrait tout d'abord faire un effort de notre côté avant de nous jeter dans une critique trop rapide, et nous atteler à l'élaboration d'une compréhension plus profonde qui est souvent bien difficile et demande presque toute une vie [58]. »

Ici, Heidegger sort du cadre des rapports disciple – professeur et fait entendre sa voix. Il est bien sûr reconnaissant à Rickert, mais il lui indique qu'il ne partage pas son point de vue. Il défie en un certain sens son professeur. Néanmoins, il passe la même année l'épreuve orale de son doctorat et obtient la mention *summa cum laude*. Rickert en tant que rapporteur avait approuvé cette mention.

Son « examen », comme l'écrit Heidegger d'une façon quelque peu condescendante, n'était finalement que le début des véritables études. C'est pourquoi il demande une « petite place » au séminaire de Rickert. Il s'était déjà renseigné en vain auprès du théologien Josef Geyser pour savoir s'il y avait une « petite place » libre pour lui.

Plus loin dans la lettre, il adresse un compliment à Rickert du genre de ceux que l'on ne fait qu'à quelqu'un que l'on considère comme son égal. Il dit avoir lu la deuxième édition de l'ouvrage de Rickert *Les Limites de la construction conceptuelle des sciences de la nature* et fait part de son admiration non seulement pour le contenu, mais surtout pour « la précision et la force de pénétration avec laquelle la *dimension logique* s'affirme par rapport à la première édition [59] ». Ici transparaît une certaine condescendance à l'égard du professeur. Il ne faut pas se laisser tromper par les formules de politesse et d'humilité de l'époque. Heidegger exigeait une certaine reconnaissance et un certain respect à son égard. Il n'avait que vingt-quatre ans, Rickert en avait cinquante.

Rickert se faisait prier. Tout à la fois sceptique et encourageant, il protégeait sa position de professeur face à un jeune docteur qui visait haut. En 1915, Heidegger présentait à Rickert sa thèse d'habilitation sur « La doctrine des catégories et de la signification chez Duns Scot ». L'appréciation de Rickert fut critique. Il mettait en doute le fondement historique de cette recherche, mais il donna un avis favorable à l'admission de Heidegger et à l'autorisation de celui-ci à enseigner à l'Université[60]. Dès cette même année, il pouvait pour la première fois donner ses propres cours et séminaires.

À l'époque, dans les cercles universitaires, la coutume voulait que les professeurs titulaires de chaire ouvrent leur maison et organisent des soirées de discussion auxquelles leurs collègues, leurs femmes et leurs étudiants étaient invités. Pour les étudiants, la coutume était de rendre visite à leurs professeurs et de s'annoncer par courrier. Heidegger respectait tous ces us et coutumes. Le style emphatique de sa correspondance, qui sonne aujourd'hui comme un acte de soumission calculé, a conduit certains biographes à accuser à tort le jeune Heidegger d'opportunisme. On est facilement tenté par de telles interprétations, mais elles ne nous apprennent que très peu de chose sur les forces motrices de la personnalité de Heidegger. Il faut tout d'abord discerner la tension constitutive de sa personnalité dans sa dimension de conflit intérieur. Mais cela n'est possible que si l'on prend en compte les manières et les usages de l'époque. Heidegger venait d'un environnement social fortement hiérarchisé. Les hiérarchies exigent tout particulièrement la soumission de ceux qui désirent s'élever bien au-delà de ce qui est permis par leur origine sociale. Les lettres de Heidegger nous renseignent sur ce point.

En 1914, le ton de Heidegger dans ses lettres à Rickert devient plus clair. Il rend compte de l'avancement de sa recherche sur Duns Scot et lui envoie le plan de sa thèse. Il voulait s'assurer que les critiques qu'il adressait à Rickert dans son mémoire étaient perçues comme des critiques scientifiques légitimes et non pas comme des critiques personnelles. La confiance en soi de Heidegger s'appuyait également sur le fait qu'il avait entre-temps été mobilisé à la guerre. Appelé dès le début de la guerre en 1914, il ne fut pas envoyé au front pour cause de « neurasthénie et de maladie cardiaque ». Il fut affecté tout d'abord à la surveillance du courrier qui était une des missions du bureau de la censure. Finalement, on l'envoya dans différentes stations météorologiques, dont celle de Fribourg en dernier. C'est là qu'il servit jusqu'à sa démobilisation en novembre 1918.

Les révolutionnaires de l'esprit partaient à la guerre dans l'allégresse. Ils attendaient d'elle l'élan nécessaire au renouvellement spirituel de l'Allemagne et de l'Europe qu'ils désiraient si ardemment. Max Scheler publia en 1915 *Le Génie de la guerre et la guerre de l'Allemagne.* Paul Natorp sortit la même année *Le Jour des Allemands* et présenta en 1918 un ouvrage en deux tomes intitulé *La Vocation mondiale de l'Allemagne. Lignes directrices pour une philosophie de l'histoire* (tome 1 : *Les Âges de l'esprit,* tome 2 : *L'Âme des Allemands*). Pour Heidegger comme pour la plupart des Allemands, la guerre allait de soi. Même s'il ne participait pas directement aux combats, il servait dans les rangs de l'armée. Il ne voulait pas se voir reprocher d'être une mauviette.

Comme de nombreux artistes, poètes et penseurs de cette époque, il attendait des suites de cette guerre une transformation profonde de l'existence humaine et sociale. La philosophie elle aussi devait être affectée par ce changement. « Quel que soit le sentiment d'inutilité que l'on ressent à l'égard de la philosophie au moment où une guerre éclate, elle n'en deviendra que plus essentielle à l'avenir, particulièrement comme philosophie de la culture et comme système des valeurs[61] », écrivait-il à Rickert. Ayant eu la chance d'avoir été muté à Fribourg, Heidegger pouvait poursuivre ses recherches philosophiques. À partir du semestre d'hiver de 1915-1916, il se mit de nouveau à donner des cours et des séminaires.

Il est intéressant de noter à quel point toutes les personnes mentionnées ici, y compris Heidegger, séparaient la vie réelle du monde de la pensée, notamment en affichant un désintérêt complet pour la sphère du politique. Cependant, il n'est pas moins intéressant de noter à quel point ils désiraient pour les mêmes raisons soumettre la vie réelle et la vie politique au monde de la pensée. La guerre devint ainsi un événement abstrait, pour ne pas dire un événement envoyé par la providence divine. Pour en faire un objet de leur science, ces beaux esprits devaient l'élever au rang de source de l'esprit allemand. Mais ils furent rattrapés par la réalité des massacres atroces : l'un avait perdu un fils, l'autre, disait-on, était allé à la mort dans l'allégresse, un autre encore se plaignait qu'à ses cours, il n'y avait plus que des femmes (qui n'étaient bien sûr pas les vrais destinataires d'un tel enseignement) et que, dans l'ensemble, les amphis se vidaient. Où tout cela allait-il nous mener ?

Il est presque impossible de faire comprendre à un lecteur de l'après-Seconde Guerre mondiale cette doctrine de la guerre idéologisante mâtinée de philosophie. On comprend en l'étudiant que de nombreux philosophes se retrouvèrent désarmés intellectuellement lorsqu'ils furent brusquement soumis aux feux de la propagande nationaliste. Ils n'avaient pas développé une capacité de jugement indépendante. Ils prenaient pour une vocation ce qui n'était qu'ânonnement de la propagande nationaliste. Ils pensaient vraiment que cette guerre était un moyen d'éduquer la nation et qu'ils étaient les éducateurs. Ils se mirent alors à appliquer leurs grandes constructions philosophiques à la réalité vécue. La Grande Guerre devint ainsi une émanation des mouvements de la conscience. On a envie de crier à « la schizophrénie », mais il s'agit là de l'attitude normale de presque deux générations d'érudits dont le professionnalisme a pour ainsi dire obstrué leur regard sur le monde réel.

Heidegger ne pouvait empêcher que la réalité de la guerre, qu'il vécut pourtant bien à l'abri, ne vînt le dégriser de ses illusions. Le 17 octobre 1918, c'est-à-dire un peu moins d'un mois avant sa démobilisation, Martin Heidegger, alors âgé de vingt-neuf ans, écrit du « front » à sa jeune femme :

Seule encore la jeunesse nous sauvera – et laissera un Esprit Nouveau prendre forme dans le monde de manière créatrice – Quoi qu'il advienne, la foi en l'esprit doit être en nous vivante avec une certitude et une confiance telles que nous soyons capables de construire – construire peut-être dans une misère et un dénuement extrêmes – en connaissant bien des obstacles – mais toujours, c'est seulement en de telles périodes que s'éveillèrent des heures de naissance de l'esprit – nous nous sommes égarés dans une culture et une vie terrifiantes de fausseté – toutes les racines nous reliant aux sources fondamentales d'une vie véritable se sont sclérosées chez la plupart des hommes – ce qui domine, c'est une existence superficielle, mais elle n'en est que plus hardie, pressante et ambitieuse – il nous manque le grand enthousiasme de l'âme et de l'esprit pour une vie véritable et l'expérience véritable des mondes précieux – et par conséquent aux hommes qui sont au front aujourd'hui la conscience d'un but à atteindre qui les ébranle véritablement – après quatre ans de souffrance il faut là faire preuve d'une très grande maturité d'esprit et connaître une révélation radicale qui pousse au sacrifice pour des biens véritables. Au lieu de cela, les hommes sont systématiquement dégoûtés des lubies pangermaniques et comme, de surcroît, les moyens de les réaliser échouent à présent, ils se trouvent confrontés à un manque béant d'objectifs – ils ne sont pas dominés par la conscience d'appartenir à un peuple, par la conscience d'un amour et d'une serviabilité véritables – mais par l'idée qu'ils sont trompés et abusés pour satisfaire aux ambitions égoïstes de groupes d'influence intellectuellement égarés, voire totalement arriérés et étrangers aux choses de l'esprit. Lors des dernières décennies, et même pendant tout le siècle dernier, nous nous sommes trop peu et plus guère préoccupés de l'être humain qui vit en nous et en notre prochain. Des valeurs comme l'âme ou l'esprit n'existaient pas, on ne pouvait plus éprouver le contenu de leur signification – un objet de dissection parfait tout au plus pour des analyses scientifiques rigoureuses (aussi bien dans les sciences de la nat. que les sc. « histor. ») – le manque d'objectif, tout le vide et toute l'étrangeté aux valeurs dominaient la vie de l'État et plus généralement la conception de ce dernier. Seuls peuvent ici nous venir en aide des hommes neufs qui portent en eux une parenté originelle avec l'esprit et les exigences de ce dernier, et je reconnais moi-même de manière de plus en plus pressante la nécessité de guides – seul l'individu est créatif (même en tant que guide), la masse jamais [...] [62].

Un homme qui entre dans l'âge mûr est assis loin du front, dans le baraquement du service météorologique. Il s'ennuie, il sait que la guerre touche bientôt à sa fin. Il voit au travers des discours de soutien et des paroles d'encouragement. Il ressent peut-être une angoisse diffuse et médite sur le commencement après la fin. Il veut impressionner son épouse. On trouve dans cette lettre toutes les affirmations typiques du jeune universitaire de l'époque. Critique de la culture, vision du monde, préjugés, expérience personnelle, conscience d'une mission, jugement politique, rien n'y manque. Heidegger pense sur un mode national, mais il ne tombe pas dans un nationalisme borné. Les images qu'il associe à ces idées lui viennent spontanément sous la plume : les sources profondes, la jeunesse, la naissance du nouvel esprit, la culture et la vie fausses, l'enthousiasme de l'âme et de l'esprit, l'éveil radical, le vide absurde, l'appartenance au peuple, l'homme intérieur, la disparition des valeurs, la nécessité d'un leader, la bêtise des masses... Les éléments d'une critique conservatrice révolutionnaire de la modernité sont tous réunis ici. Chez les esprits créatifs, les valeurs des mouvements de jeunesse, la culture avant-gardiste, la critique de la société, la conscience nationale, l'appartenance au peuple et l'idéal du *Führer* forment un amalgame typique de l'époque. Sur les lignes d'approvisionnement, au front, dans les cabinets de travail et dans les lettres aux amis, l'idée du *Führer* prenait une teinte métaphysique qui ne fut projetée sur le national-socialisme et sur son *Führer*, Hitler, qu'à partir de 1933. La guerre avait en effet créé une rupture dans la vie de ces jeunes soldats, même si ce n'était pas celle qu'ils avaient espérée. Il leur était maintenant impossible de revenir au point de départ. Il en allait de même pour la philosophie. Hans-Georg Gadamer, un disciple et plus tard un ami de Heidegger, évoque près de soixante ans plus tard l'état d'esprit de cette génération :

> Dans le domaine de la philosophie également, la simple continuation de l'œuvre des générations précédentes n'était plus possible pour ceux comme nous qui appartenaient à la jeune génération. Le néokantisme qui jouissait jusque lors d'un véritable renom mondial, même s'il était contesté, sombra dans les combats d'artillerie de la guerre des tranchées, et avec lui la fière conscience culturelle de l'âge libéral et sa croyance dans le progrès fondé sur la science. Nous, jeunes à l'époque, nous étions à la recherche d'une nouvelle orientation dans un monde désorienté[63].

Karl Jaspers ne participa pas directement à la guerre en raison de ses troubles respiratoires. Dans son autobiographie philosophique écrite presque quarante ans plus tard, il explique ce que la Première Guerre mondiale a changé pour lui. Comme presque toute l'élite intellectuelle, il méprisait la politique réelle et se consacrait essentiellement à ses recherches :

> Mais en 1914, lorsque la guerre éclata (j'avais alors 31 ans), les choses changèrent. Le socle de l'histoire fut ébranlé. Tout ce qui semblait sûr se retrouvait tout d'un coup menacé. Nous avions le sentiment d'avoir été projetés dans un processus irrésistible et impénétrable. Nous nous savons depuis ce temps-là portés par un flot d'événements catastrophiques. Depuis 1914, cela n'a pas cessé. Le processus suit son cours à un rythme effréné. Je me mis alors à essayer de comprendre ce destin humain qui nous était imparti non pas comme une nécessité reconnaissable déterminée par un processus historique obscur et transcendant, mais comme une situation dont les résultats – qui forment à la base des points reconnaissables

toujours particuliers – sont toujours déterminés de façon décisive par notre liberté humaine.

La pensée politique que je développais à partir du début de la guerre en 1914 était marquée de l'emprise de la pensée de Max Weber. La pensée nationale m'était jusqu'alors restée étrangère. J'appris ainsi grâce à Max Weber à penser de façon nationale et j'adoptai dès lors ce mode de pensée[64].

Il est donc clair : Jaspers se mit à penser sur un mode national, mais pas sur un mode nationaliste. À la différence de Heidegger, il s'intéressait par le biais de Weber à la politique, à tel point que même rétrospectivement, il adopte encore la conception de Weber qui voit l'avenir de l'Allemagne dans un rôle de médiateur entre le monde de l'Orient et le monde l'Occident : « Notre tâche et notre chance, c'est d'être la voie du milieu, l'esprit de la libéralité, de la liberté et de la diversité de la vie personnelle, tout comme celui de la grandeur de la tradition occidentale. Telle était la conception de Max Weber à laquelle je me rattachais dès lors[65]. »

Jaspers se positionnait donc du côté national. Heidegger pensait lui aussi sur un mode national. Tous deux voyaient dans la guerre une sorte de justification à leur malaise et à leur prise de distance à l'égard de la philosophie transcendantale. La question du sens de la vie montait des champs de bataille et exigeait de nouvelles réponses. Le sentiment qu'éprouvaient ces deux jeunes penseurs à propos du détachement du discours philosophique face aux problèmes existentiels de l'homme n'avait pas attendu la guerre pour poindre, mais l'importance de cette intuition avait trouvé dans la guerre une puissante confirmation. Par la suite, Jaspers et Heidegger menèrent chacun dans son domaine une guerre dans la guerre : la guerre de la philosophie de la vie ou de la philosophie de l'existence contre le néo-kantisme et la philosophie transcendantale. Ils en vinrent finalement à s'opposer à toute forme de métaphysique traditionnelle, y compris la théologie.

En 1915, Heidegger rencontra Elfride Petri qui étudiait alors l'économie. Elfride venait d'une famille luthérienne évangélique qui comptait de nombreux officiers. Son père avait servi dans l'armée de Saxe. C'était une jeune femme indépendante et intelligente qui parlait le français et avait voyagé seule en Angleterre dans le but d'apprendre l'anglais. Elle avait obtenu en 1914 son diplôme d'enseignant. Elle servit pendant la guerre dans le cadre du service national féminin. Elfride était une admiratrice de Gertrud Bäumer. Elle obtint à Kassel son baccalauréat et s'inscrivit en économie à l'université de Fribourg pour le semestre d'hiver 1915-1916. Elfride aimait la nature. C'était une folle de ski. Elle portait en elle quelque chose qui la reliait fortement à son futur mari [66].

Quand elle épousa Martin Heidegger, elle abandonna ses études d'économie. Ce n'était pas pour autant une épouse conventionnelle. Elle avait une forte capacité de jugement. Elle poursuivit même après son mariage une relation d'amitié avec un ami de jeunesse. Comme nous le verrons par la suite, Heidegger appréciait les femmes qui combinaient féminité et esprit. Il confiait donc à Elfride son sentiment d'être investi d'une « mission » :

> Et cette haute mission, grandiose, intemporelle, la voilà désormais déposée dans les mains d'ange de la « Sainte », et tous les flots du plus profond vécu encerclent la lutte acharnée – la petite âme sème les roses sur le sentier de montagne escarpé qui mène aux neiges éternelles de la pure connaissance et de l'expérience la plus sainte en ces deux enfants des hommes dont Dieu a mené les voies, sa voie insondable, jusqu'à ce que, traversés soudain des frissons de l'urgence sacrée, ils se trouvent ; tous deux se bâtiront un nid de bonheur au sein duquel l'esprit, la pureté, la bonté se rassemblent et tumultueusement se répandent sur les âmes languissantes de ceux qui ont soif [...].
>
> Petite âme, joins tes mains pures et pose-les dans les

miennes – prends mon âme, elle est tienne – toi la Sainte – et que les flammes et les braises s'effondrent ensemble et en se ranimant se consument dans la nostalgie du [...] « divin lui-même en son immuable beauté[67] ».

L'amour de Heidegger pour Elfride souleva à nouveau dans toute son acuité la question de son rapport problématique à l'Église catholique. Il ne pouvait pas blesser ses parents en leur imposant un mariage non catholique. Il leur était déjà assez pénible que leur fils ait choisi une protestante. Ils firent donc un premier mariage catholique à la chapelle universitaire de la cathédrale de Fribourg sous l'office d'Engelbert Krebs, l'ami de Heidegger, et cinq jours plus tard, ils firent un mariage évangélique à Wiesbaden où habitaient les parents d'Elfride[68].

Ce conflit avec l'Église catholique devint encore plus vif et plus profond quand Heidegger se vit refuser en 1916 un poste de professeur de théologie catholique. Le processus de sélection lui révéla de façon humiliante à quel point son appréciation de sa situation était éloignée du regard que portaient sur lui ses anciens collègues. Rickert, son ancien mentor, ne bougea pas le petit doigt pour lui. Edmund Husserl qu'il avait sollicité peu auparavant n'avait pas l'intention de se battre pour lui. La commission le jugea apte à être maître de conférence en Théologie dans l'éventualité où Geyser, l'unique théologien de la cathédrale titulaire d'une chaire, devrait renoncer à ses cours[69]. Mais on lui fit comprendre qu'il n'avait pas encore la stature d'un professeur. Ce refus était donc une véritable remise en place. Il éveilla sans doute chez ce jeune chercheur plein d'ambition une rage qui dut le dévorer de l'intérieur.

Dans une lettre programmatique du début de l'année 1919, il confirme à son ami le prêtre Engelbert Krebs ses adieux à la théologie catholique. Il lui raconte tout d'abord les pensées qu'il a ruminées ces deux dernières années et prend ensuite position : « Des vues sur la théorie de la connaissance dont les implications s'étendent à la théorie de la connaissance historique m'ont amené à considérer le *système* du catholicisme comme problématique et même inacceptable, je n'entends pas par là le christianisme ni la métaphysique, qui d'ailleurs doivent être compris d'une façon nouvelle [70]. »

Il assure bien évidemment son ami « que la refonte de mes positions fondamentales ne m'a pas entraîné à substituer à un jugement digne et objectif et à la profonde considération que m'inspire l'univers catholique, une aigre et stérile polémique d'apostat [71] ».

Son rejet du catholicisme porte donc sur « le *système* du catholicisme ». Heidegger désigne par là les réseaux catholiques qui pénètrent aussi bien la vie universitaire que la vie privée. Il s'agit d'un complexe qui comprend des doctrines dogmatiques, un réseau social et des intrigues de personnes. Plus d'un fidèle a vu ses désirs et ses rêves se briser à cause de ce *système*.

Comment se fait-il qu'il ait pu placer ses espoirs dans une position de professeur de théologie alors qu'il avait souvent souligné à quel point la philosophie scholastique lui semblait douteuse ? Il se considérait visiblement comme suffisamment mûr pour assurer la charge d'une chaire de théologie, tout en étant par ailleurs un opposant du « système catholique ». Cette attitude ne doit pas nécessairement être comprise comme une marque d'hubris, elle peut être également l'expression d'une très grande objectivité. Heidegger se consacrait à la pensée philosophique d'une manière si exigeante qu'il avait déjà repéré les sauts logiques de la philosophie catholique. Il ne rejetait pas pour autant la scholastique en bloc. Selon lui, la politique des nominations à l'Université devait être guidée par les véritables mérites philosophiques des candidats, et pas par leur supposé prestige ou par l'opinion de la majorité (ou de ceux qui ont le pouvoir). Plus tard dans sa carrière universitaire, Heidegger agira comme ceux qu'il critiquait par le passé, en intervenant de façon plus ou moins marquée dans la politique des nominations de son entourage.

L'absence de soutien de la part de Rickert n'avait pas dû moins l'humilier que le rejet de sa candidature par le réseau catholique. Ce mentor acceptait toutes les marques d'admiration, mais donnait très peu en retour.

Le ton des lettres de Heidegger à Rickert ne changeait pas bien évidemment. Il continuait à exprimer sa reconnaissance, à manifester auprès de l'ancien son respect pour ses prestations philosophiques et à se présenter comme un partenaire philosophique sérieux. Mais son ressentiment s'était fortement accru au point de devenir une passion négative et froide, comme cela se manifestera quelques années plus tard dans sa correspondance avec Jaspers. Rickert ne se rendit compte de rien. Il s'était entre-temps habitué au jugement de Heidegger et commençait justement à le considérer comme un adversaire philosophique sérieux. L'attention que Rickert porta ces années-là à la philosophie de la vie en est probablement un signe. Le livre que Rickert lui consacra le conduisit à la rupture intellectuelle avec Heidegger (et avec Jaspers). Mais leur correspondance ne s'arrêta qu'en 1933.

Durant cette même période, les relations avec Husserl s'améliorèrent. Après avoir réussi à ce que le nouveau titulaire de la chaire de théologie ne soit pas un sérieux concurrent pour lui, Husserl pouvait maintenant s'intéresser à ce penseur en pleine éclosion, Heidegger, que son prédécesseur, Rickert, lui avait laissé comme assistant. En 1917, Heidegger était à nouveau en lice pour un poste de professeur d'histoire de la philosophie du Moyen Âge à l'université de Marbourg. Paul Natorp, le patron de la philosophie à l'université de Marbourg, qui était devenu après son habilitation maître de conférence, demanda à Husserl si Heidegger était un enseignant de valeur et si – ironie de l'histoire ! – « il était véritablement affranchi de toute étroitesse d'esprit due à sa confession[72] ».

Husserl répondit que Heidegger était certes attaché à sa confession catholique, mais qu'il avait épousé une protestante qui ne s'était pas convertie. Selon Husserl, Heidegger avait peu d'expérience de l'enseignement et les jugements sur ses cours étaient partagés. Ancien élève de Rickert, il essayait, selon lui, d'entrer en discussion avec la phénoménologie[73]. Heidegger fut classé troisième pour le poste à l'université de Marbourg. Deux ans et demi plus tard, le même poste était de nouveau à pourvoir. Cette fois-ci, Husserl s'empressa de soutenir sans ambiguïté Heidegger auquel il s'était entre-temps attaché. Il disait dans sa lettre de recommandation qu'il s'était auparavant exprimé de manière quelque peu ambiguë à son sujet parce qu'il ne le connaissait pas suffisamment. Il pouvait maintenant certifier que ce candidat n'avait rien à voir avec un philosophe catholique :

> Il a été ces deux dernières années mon meilleur collaborateur d'un point de vue philosophique. J'ai de lui en tant qu'enseignant universitaire et penseur philosophique la meilleure opinion et je place en lui de grands espoirs. Ses séminaires sont aussi fréquentés que les miens et il sait captiver aussi bien les débutants que les étudiants avancés. Ses cours sont très appréciés, ils sont parfaits formellement et pourtant profonds. Ils sont également très fréquentés (environ 100 auditeurs). Avec beaucoup d'énergie et de travail, il s'est frayé son chemin dans la phénoménologie. Il vise à fonder sa pensée philosophique sur un fondement certain. Son érudition est très vaste et il est doué d'une forte personnalité[74].

Toutes les objections et les ambivalences de la lettre de 1917 sont maintenant levées. On ne peut imaginer meilleure recommandation que celle-ci. Le changement d'attitude d'Husserl était complet, on y entrevoit même une part d'admiration. Bien mieux soutenu qu'en 1917, Heidegger ne fut classé que troisième. C'est Nicolai Hartmann qui obtint la première place et le poste.

La situation se répéta à nouveau lorsque Natorp se mit en 1922 à chercher un phénoménologue pour prendre son poste à l'université de Marbourg devenu vacant après sa promotion comme professeur émérite. Les vieilles objections contre Heidegger refirent surface. Natorp craignait particulièrement que Heidegger fût plus un épigone qu'un penseur indépendant, plutôt quelqu'un qui « s'adaptait et reprenait avec intelligence l'impulsion qu'il avait reçue d'ailleurs que quelqu'un qui créait à partir de sa propre réflexion originale [75] ». Ce jugement surprend quelque peu après l'éloge fait en 1919 par Husserl. Il n'en révélait pas moins que la candidature de Heidegger était incontournable. La raison était tout à fait banale et en dit long sur la situation des universités sous la République de Weimar. Natorp aurait préféré présenter une liste de trois candidats, Nicolai Hartmann, Moritz Geiger et Richard Kroner.

> Mais la faculté se serait insurgée contre la présence de *trois* juifs sur la liste. Qui s'en tient à la plus stricte objectivité peut pourtant douter et se demander si par l'apparence – ô combien fausse – d'un parti pris pour l'autre camp, il risque de renforcer l'opposition même envers les juifs de valeur (ou les descendants de juifs) et ainsi nuire à la cause qu'il voudrait servir [76].

Ainsi, c'est parce que Natorp cherchait de façon énergique et tortueuse un bon candidat non juif que le nom de Heidegger refit surface.

Husserl écarte vigoureusement le soupçon soulevé par Natorp selon lequel Heidegger serait son épigone. Non, écrit-il dans sa lettre, il s'agit d'une personnalité indépendante et « originale » aussi bien comme enseignant que comme penseur philosophique. Il serait bon, dit Husserl, pour la suite du développement de Heidegger, qu'il vienne à Marbourg. De même, « sa nomination à Marbourg serait une grande chose *pour Marbourg également*[77] ». Si Hartmann reprenait le poste de Natorp, Heidegger pourrait alors reprendre le poste de professeur sans chaire occupé par celui-là. Husserl ajoute encore que pour lui, l'éventuel départ de Heidegger serait « une perte irremplaçable[78] ». On procéda ainsi : Nicolai Hartmann reçut le poste de professeur titulaire d'une chaire et le poste vacant de professeur sans chaire revint à Heidegger après que celui-ci eut envoyé en toute hâte à Marbourg un manuscrit rédigé à partir de ses notes de cours – il s'agit de ce que l'on appelle le « manuscrit sur Aristote ». Hartmann le lut avec enthousiasme, il y appréciait avant tout « l'originalité peu courante, la profondeur et la rigueur qui rompent, à notre plus grand profit, avec tant d'écrits de second ordre, pour les meilleurs d'entre eux[79] ». « Un accueil des plus chaleureux » attendait Heidegger à Marbourg.

La rencontre de Heidegger et de Jaspers

Karl Jaspers et Martin Heidegger se rencontrèrent pour la première fois le 8 avril 1920 lors de la réception en l'honneur du soixante et unième anniversaire d'Edmund Husserl. Jaspers se souvient que, ce jour-là, il avait « éprouvé la solidarité des deux plus jeunes contre l'autorité des ordres abstraits[80] ». Leur correspondance débuta juste après leur rencontre. Jaspers fit une visite à son collègue dans sa « hutte ». Il s'agissait d'une maison de bois récemment construite sur le mont Todtnauberg dans la Forêt-Noire. Sa femme Elfride l'avait achetée pour que son mari puisse travailler tranquillement durant le semestre d'été. C'était une maison très simple : une grande pièce, une cuisine et une chambre à coucher, il n'y avait pas de chambre pour les enfants. La première visite de Heidegger dans la maison de Jaspers à Heidelberg eut sans doute lieu peu de temps après.

Jaspers était déjà à cette époque un homme connu. En

1919, sa *Psychologie des conceptions du monde* était sortie. Rétrospectivement, le titre suggère une fausse parenté avec la littérature de la *Weltanschauung* de l'époque. On pense notamment au premier tome publié en 1918 de l'œuvre maîtresse d'Osvald Spengler *Le Déclin de l'Occident*. Mais l'ouvrage de Jaspers ne porte pas sur une doctrine des conceptions politiques du monde, mais sur les conceptions du monde, *Welt-Anschauungen*, à proprement parler. Il traite des conditions, des possibilités et des différentes façons de saisir par la pensée le monde dans sa « totalité », comme le disent les hégéliens. Ce livre marque le passage de Jaspers de la psychologie à la philosophie ou plus exactement sa recherche d'une troisième voie entre la psychologie et la philosophie. Jaspers baptise cette approche des conceptions du monde du terme de « psychologie compréhensive ». Elle lui semblait constituer « un vaste champ au contenu très riche[81] ». Jaspers se démarquait ainsi de la psychologie qui croit pouvoir remplacer la philosophie. Il voyait en elle notamment tout ce que nous appelons aujourd'hui la théorie psychanalytique : Sigmund Freud, Alfred Adler, Carl Gustav Jung et d'autres.

Ce qui constituait l'objet de *La Psychologie des conceptions du monde* n'était pas « le choix des conceptions du monde, mais ce qui en elles renvoie à l'insaisissable tout de l'être-vrai dans l'être humain[82] ». Jaspers entreprend dans cet ouvrage une sorte de systématisation des positions intellectuelles, des visions du monde et des stades de l'esprit. Ce qui frappe notre regard d'aujourd'hui dans ce livre, c'est de voir à quel point Jaspers est novateur dans l'utilisation qu'il fait des catégories pour penser la zone conceptuelle liminale qui sépare la psychologie de la philosophie. Bien évidemment, il ne se fit pas beaucoup d'amis parmi les penseurs systématiques qui exigent en toute chose des réponses claires. On peut dire aujourd'hui de façon rétrospective que ce livre de Jaspers marque à sa manière le début de la philosophie de l'existence, tout comme le fera huit ans plus tard *Être et Temps*. Ces deux auteurs pensent à partir de pôles opposés : l'un à partir de la psychologie philosophante de son temps, l'autre à partir d'un questionnement qui revient sur le fondement des concepts fondamentaux de la philosophie. Le style de leur argumentation diffère également. Jaspers pèse chacun de ses mots, il avance, puis recule, argumentant à la façon d'un danseur. Heidegger le bûcheron se fraie avec pesanteur son chemin dans la forêt de la pensée. On peut se demander aujourd'hui ce qui a fait que deux hommes aussi différents ont ainsi convergé l'un vers l'autre. Était-ce dû à la pression externe, au manque de reconnaissance ou aux dures critiques auxquels tous deux étaient soumis ? Ils se sentaient proches l'un de l'autre. L'un attendait avec impatience d'être nommé professeur, l'autre luttait pour être reconnu dans le petit monde de la philosophie. Ils travaillaient tous les deux à établir une nouvelle relation entre pensée et être.

Par la suite, une relation presque symbiotique se développa entre eux, à laquelle Jaspers tenait tout particulièrement. Ils rejetaient tous deux avec passion la philosophie allemande des écoles et leurs protagonistes (avant tout Heinrich Rickert et l'école néokantienne de Marbourg alors en déclin). Ils étaient animés par le désir de renouveler l'Université.

Le 27 juin 1922, Heidegger écrit à son collègue plus âgé que lui de six ans, Karl Jaspers :

> Votre travail m'a fait voir encore plus clairement que ma critique de la *Psychologie des conceptions du monde* situait malgré tout les études que vous y faisiez dans la perspective où il convient de poser les problèmes.
>
> Et cela renforce en moi la conscience d'une communauté de lutte (ou communauté de combat) rare et indépendante que – pas même aujourd'hui – je ne trouve nulle part ailleurs [83].

Jaspers fut touché par cet aveu : « Je vous remercie surtout des sentiments amicaux que vous exprimez et de la conscience que vous avez d'une "communauté de lutte" – avec toute votre prudence à attaquer et porter des coups, cela m'a fait du bien[84]. »

Ces deux hommes se sentaient une grande affinité spirituelle dans leur passion commune pour le renouveau de la pensée philosophique en Allemagne. Ils étaient d'accord sur la nécessité de réformer de fond en comble les universités allemandes. Ils se moquaient dans leurs lettres de cette clique de vieux professeurs qui remâchaient sans cesse le même néokantisme – cette confuse religion de la raison aux yeux de Heidegger et de Jaspers –, qui étaient de véritables poltrons de la pensée et qui, de plus, empêchaient les jeunes de progresser. « Même les nègres n'ont pas des représentations de l'existence semblables à celles qui circulent aujourd'hui dans la philosophie scientifique », s'écriait Heidegger, jouant le désespéré, dans une lettre à Jaspers datée du 27 juin 1922. Dans la même lettre, il formulait l'exigence suivante : la philosophie doit être radicale, le vrai philosophe doit « s'engager jusqu'au bout avec ses écrits dans cette lutte qu'est le débat fondamental [...] ». Qui ne va pas aussi loin ne fait pas vraiment de la science. Il faut, dit-il, « en faire voir de toutes les couleurs » aux vieux[85]. Il dévoile ces intentions après avoir enfin reçu sa nomination à Marbourg. Heidegger emmena avec lui à Marbourg seize de ses étudiants de Fribourg (parmi eux Karl Löwith, son ami Walther Marseille et Walter Bröcker[86]). Il voulait en faire « un groupe de choc » de la pensée nouvelle[87]. Pour ses adieux à Fribourg, nous raconte Hans-Georg Gadamer son étudiant, Heidegger fit vers la fin de l'été une fête sur le mont Stubenwasen près de sa hutte. On empila une grande pile de bois, on y mit le feu « et Heidegger fit un discours qui nous impressionna tous. Il commençait par ces mots "veiller auprès du feu de la nuit" et la parole qui suivit fut "les Grecs..." Bien sûr, il y avait là quelque chose du romantisme des mouvements de jeunesse. Mais il y avait plus que cela. Il y avait la résolution d'un penseur qui saisit l'unité d'aujourd'hui et d'hier, de l'avenir et de la philosophie grecque[88] ».

Gadamer formule ici ce que Heidegger lui-même considérait comme sa mission, à savoir la reprise d'une tâche restée inachevée depuis l'époque de Platon. Il se sentait investi de la mission de refonder philosophiquement la pensée. Il voulait l'accomplir dans le cadre d'une réforme radicale de l'Université qui ferait de l'éducation de la jeunesse sa préoccupation centrale[89].

Un demi-siècle plus tard, Hannah Arendt qualifiera son ami, Karl Jaspers, de véritable éducateur sur les traces de Goethe, elle ne qualifiera Heidegger que du titre de professeur[90].

La correspondance entre ces deux amis prenait de temps en temps un ton martial. Ils exprimaient souvent des sentiments forts de passion, de rejet, de résolution ou de supériorité. Heidegger était le plus zélé en la matière. Son art de la polémique nous rappelle aujourd'hui le ton national ou populiste de l'époque, mais il était alors sur les lèvres de tous les poètes, de Stefan Georg jusqu'aux futuristes. Jaspers se mit au diapason du discours combattant de son ami, mais plutôt de façon passive.

Leurs marques d'affection réciproques prenaient souvent des tournures dramatiques. Heidegger dans une lettre à Jaspers du 17 avril 1924 : « Depuis septembre 1923, je vis mes relation avec vous à partir de cette donnée que vous êtes mon ami. Telle est dans l'amour la foi dont dépend tout le reste[91]. » Il ne s'agit plus ici du ton de la conversation, mais d'un sentiment fort d'affinité dont on peut pressentir l'origine dans les mouvements de jeunesse de l'époque. Ce sentiment est aussi probablement l'origine de cette parole rapportée par Paul Hühnerfeld que Heidegger aurait dite à l'un de ses étudiants : « Jaspers a une beauté qui est propre à son cheminement[92]. »

Jaspers répondait à ces marques d'affection. Il manifestait

souvent ses sentiments lors des visites que lui rendait Heidegger. Celles-ci furent le point de départ d'une intimité de pensée qui leur était chère à tous deux. Les discussions dans la demeure des Jaspers à Heidelberg sont devenues mondialement célèbres. Ce qui les rendait si particulières, c'était l'absence totale, voire le bannissement, de toute forme de politesse et de convention. Qui ne se conformait pas à cette règle était rappelé à l'ordre de façon plus ou moins directe.

Deux couples

Une autre originalité de ces discussions était la présence de Gertrud Jaspers qui y prenaient part à égalité avec les hommes – à l'image de ce qu'elle faisait dans la correspondance de son mari, où elle rajoutait ses propres remarques après la signature de Jaspers. En juin 1923, c'est elle qui veut prêter à Heidegger un million de Reichsmarks. Celui-ci s'était plaint de pas avoir l'argent pour payer son voyage à Berlin où il souhaitait suivre de près les pourparlers sur sa nomination à l'université de Marbourg. Ce million de marks, à l'apogée de l'inflation qui frappait le pays, aurait tout juste suffi à couvrir les frais de voyage et de séjour à Berlin. Il devait régner une grande franchise et une grande confiance entre Karl Jaspers, Gertrud Jaspers et Martin Heidegger. Elfride Heidegger restait quant à elle dans la position de l'épouse et de la mère qui parfois ajoute quelques paroles amicales à la fin des lettres de son mari. Heidegger n'essaya jamais de la présenter comme une véritable partenaire de discussion.

Gertrud Jaspers, née Mayer, fut dès le début plus une compagne qu'une épouse « fidèle » et retirée. Gertrud était la sœur de son camarade d'études, Ernst Mayer, et c'est comme ça qu'il a fait sa connaissance. Gertrud et Ernst venaient d'une famille juive orthodoxe. Ils étaient tous les deux éduqués, sûrs d'eux-mêmes et pensaient en dehors des préjugés de l'époque. La jeune femme préparait son baccalauréat. Elle était cultivée et maîtrisait le grec et le latin. Elle avait connu, très jeune, de grandes souffrances : une de ses sœurs était morte et un proche ami s'était suicidé. Ernst Mayer était comme Jaspers un étudiant en médecine. Une relation d'amitié intense se développa entre eux.

> Cette communauté de pensée philosophique allait si loin que mon œuvre principale (*Philosophie*[93]) eût été impensable sans la contribution d'Ernst Mayer. Il y a participé. Certaines trouvailles viennent de lui. La mise en forme, le désir de mieux écrire les choses, de les saisir plus précisément, et de les formuler d'une façon littérairement irréprochable sont à mettre à son crédit. Dans ce livre [...] nous avons atteint une identité que je ne pourrai jamais oublier[94].

Jaspers cherche les relations symbiotiques, il ne se contente pas de sa relation avec Heidegger. « Symbiotique » signifie ici : être uni par le travail à une chose commune, ce qui implique bien sûr disputes et contradictions.

La relation de Jaspers avec Gertrud a dû se construire de la même façon. Jaspers dépeint avec une franchise remarquable la transformation que Gertrud a accomplie en lui :

> Jusqu'alors, j'étais – malgré l'insatisfaction et le manque – un homme froid qui veut savoir et recherche la vérité. Je suis devenu maintenant un être humain rappelé quotidiennement au fait qu'il est un être humain. Et cela non seulement par les paroles, mais par la présence physique de l'épouse qui exprime silencieusement l'exigence suivante : tu ne dois pas croire que tu peux te contenter de ton simple travail intellectuel[95] !

Le secret de cette harmonie relevait, sans doute, plus de l'affection de deux âmes sœurs que d'un mariage bourgeois conventionnel, comme le suggère pudiquement le biographe de Jaspers, Hans Saner [96]. Gertrud Jaspers était donc bien plus que la femme du professeur qui « laisse à son mari les coudées franches ». Ce dernier la considérait au contraire comme sa compagne de vie et de pensée. Une photographie du couple datant de l'année 1911 montre Karl Jaspers assis et Gertrud debout les mains derrière le dos, une pose qui laisse pressentir l'autorité naturelle qui l'habitait. Il est impressionant de voir à quel point la physionomie de Gertrud est semblable à celle d'une autre femme à laquelle Jaspers vouera plus tard une tendre admiration : Hannah Arendt.

Il était donc question entre Jaspers et Heidegger d'une « communauté de combat », d'une parenté d'esprit et d'un objectif commun : déclencher une « révolution » au sein de l'Université allemande. De cette révolution devait renaître l'académie platonicienne. Une « université aristocratique » devait émerger, une véritable *Reichsuniversität*, une université de l'Empire où seuls les meilleurs étudieraient. Cette correspondance nous éclaire grandement sur ces deux jeunes penseurs en pleine ascension cherchant leur place et la trouvant dans une attitude d'opposition et dans la représentation d'une tout autre philosophie et d'un tout autre cursus universitaire. Dans une lettre de 1922 où il remercie Heidegger pour sa première visite dans sa maison à Heidelberg, Jaspers dépeint leur situation comme un paradoxe : « Et ni l'un ni l'autre ne savons nous-mêmes ce que nous voulons ; c'est-à-dire, nous sommes l'un et l'autre portés par un savoir qui n'existe pas encore explicitement [97]. »

Jaspers projette ici sur son ami son insatisfaction et son sentiment d'avoir encore et toujours à apprendre. Heidegger aurait sans doute souscrit à cette humilité à un niveau personnel, mais pas pour ce qui concernait l'objet de son travail intellectuel, la philosophie, dans laquelle il se mouvait avec beaucoup plus d'aisance et de sûreté que Jaspers. Jaspers se sentait pourtant profondément lié à

Heidegger parce qu'ils étaient tous les deux des hommes de vocation.

Jaspers, Heidegger, deux étranges amis que les vents contraires ont poussés l'un vers l'autre. Arnold von Buggenhagen, un étudiant de Heidegger, nous décrit quelques décennies plus tard l'apparition de Jaspers et de Heidegger dans le paysage universitaire du début des années 1920 alors que la philosophie de l'existence avait encore à lutter pour sa reconnaissance. « Elle [la philosophie de l'existence] existait bien comme matière d'enseignement à l'université, mais Jaspers et Heidegger étaient encore *homines novi* [des nouveaux venus de la philosophie ou des jeunes professeurs] [98]. »

L'effet produit par ces deux révolutionnaires de la philosophie fut très certainement considérable.

> Qui avait des yeux pour voir et des oreilles pour entendre avait nécessairement dû se rendre compte que deux hommes avaient commencé à régner non comme les héritiers légitimes d'une charge, mais du simple fait d'être des hommes, non en raison d'un quelconque titre de la raison, mais parce qu'ils *étaient*. Mais qui, dans les années 1920, avait des yeux pour voir et des oreilles pour entendre que dans le domaine de la pensée philosophique, le sceptre et la couronne avaient été arrachés à la raison et que le commandement des pensées avait été remis à une instance irrationnelle ? La philosophie prenait désormais racine dans la violence et dans sa force normative ! Personne quasiment n'avait compris que Jaspers, cet être sympathique et malade contraint de rester sur son divan, n'était point du tout une douce colombe qui picore des grains de maïs, mais plutôt un faucon. Même si déjà à l'époque plusieurs personnes avaient pu déceler en Heidegger l'aigle volant majestueusement dans les airs, la dose considérable de violence que recelait cet homme furieux leur avait échappé. Quelle est la légitimité de la philosophie de l'existence ? Le droit du fait accompli de la conquête [99].

Ces remarques critiques d'Arnold von Buggenhagen sont formulées un demi-siècle plus tard. L'expérience de la catastrophe se superpose donc à la fascination d'origine. Il surimpose dans le cours de son récit ce qui s'est révélé après à ce qui a d'abord été. Il en ressort pourtant clairement que Karl Jaspers et Martin Heidegger poursuivaient leur projet de pensée avec chacun la même rigueur.

Quand il fut nommé professeur sans chaire à l'université de Marbourg, Heidegger loua immédiatement une chambre dans cette ville. L'échange d'appartements sur lequel il avait compté n'avait pas abouti. Il écrit à son ami qu'il avait perdu tout espoir en une quelconque nomination. Il parle comme quelqu'un qui veut faire croire que les rancunes de la politique des nominations ne l'affectent pas. Mais dans une lettre datée du 14 juillet 1923, il laisse entrevoir à quel point les humiliations de ces dernières années l'ont profondément marqué. Il aurait préféré être à l'université d'Heidelberg, écrit-il à son ami, mais ce n'était pas possible. Il expose ensuite de façon programmatique ce qu'il vise véritablement à travers cette nomination :

> La transformation fondamentale de ce qu'est la philosophie à l'Université, c'est-à-dire dans et avec les sciences, n'a jamais réussi en écrivant simplement des livres. Qui ne le remarque aujourd'hui et mène une existence illusoire dans la routine de l'affairement actuel ne sait pas où il se trouve. Et plus le renversement s'accomplira de façon organisée, concrète et discrète, plus il sera durable et sûr. Cela exige une *communauté* invisible – à proprement parler, c'est déjà trop et ça a l'air d'une « ligue », d'un « cercle » ou d'un « courant ». Beaucoup d'idolâtrie doit être détruite – c'est-à-dire que les différents sorciers de la philosophie actuelle doivent voir mise au jour leur affreuse et lamentable activité – de leur vivant, pour qu'ils ne croient pas que le royaume de Dieu est apparu avec eux aujourd'hui [100].

L'aveu de sa vocation suinte ici à chaque ligne. « Je me félicite, écrit Heidegger à Jaspers le 16 décembre 1925, que le destin m'ait préservé de me gâter Kant et Hegel par quelqu'une des lunettes qu'on trouve aujourd'hui sur le marché[101]. »

Martin Heidegger et Karl Jaspers n'adoptaient pas une attitude de surplomb sur les choses, ils cherchaient à faire pénétrer l'existence dans la philosophie. Ils voulaient forcer toutes les philosophies existantes à déclarer faillite pour commencer ensuite leur réélaboration. Il s'agissait là pour eux d'une mission nationale.

Jaspers n'employait pas à cette fin le langage martial de la guerre et de la nation dans lequel baignait Heidegger. Mais il se considérait également engagé dans une lutte sans compromis contre la superficialité, la fausseté et le mensonge de la vie intellectuelle et culturelle allemande de l'époque.

L'état d'esprit de Heidegger au début des années 1920 apparaît également dans une lettre à son élève Karl Löwith. Löwith, même lorsqu'il n'était encore qu'un étudiant, montrait déjà une nature indépendante. Il se servait de la capacité de penser qu'il avait développée en suivant l'enseignement de Heidegger pour critiquer le maître lui-même. Heidegger devait se sentir provoqué par les critiques de Löwith quand dans sa lettre du 19 août 1921, il écrivit ce passage en forme de confession :

Il me faut maintenant parler de moi. Tout d'abord, le débat repose sur une erreur de base, à savoir que vous et Becker[102] me jugez à l'aune de Nietzsche, Kierkegaard, Scheler ou de quelque autre philosophe profond et créatif de ce genre. Cela n'est pas interdit, mais alors, il faut dire que je ne suis pas un philosophe. Je ne m'imagine pas faire quelque chose de comparable à eux. Telle n'est d'ailleurs pas mon intention. Je fais en définitive ce que je dois et ce que je considère comme nécessaire, et je le fais comme je peux. Je n'apprête pas mon travail philosophique aux tâches

culturelles de l'« aujourd'hui universel ». Je n'ai pas non
plus la tendance de Kierkegaard. Je travaille de façon
concrète et factuelle à partir de mon « je suis » – à partir de
mon origine spirituelle, de mon milieu, de mon contexte de
vie –, à partir de ce qui m'est accessible comme expérience
vivante de ce dans quoi je vis. Cette facticité n'est pas en
tant que facticité existentielle une simple « existence
(*Dasein*) aveugle ». Elle fait partie de l'existence elle-même.
Je vis ce « je dois nécessairement » dont on ne parle pas.
C'est dans cette facticité de l'être-ainsi, dans cette dimension historique, que l'exister se déchaîne. Mais cela signifie
que je vis les obligations intérieures de ma facticité aussi
radicalement que je les comprends. À cette facticité appartient le fait que je suis, pour le dire brièvement, un « théologien chrétien ». Cela implique une certaine préoccupation de
soi radicale, une certaine scientificité radicale – il y a dans
la *facticité* une objectivité rigoureuse. Cela implique la
conscience historique « d'une histoire de l'esprit ». Je suis
tout cela dans le contexte de vie de l'*Université*. Le « philosopher » n'est relié que de façon factuelle et existentielle à
l'Université. Cela signifie que je ne prétends pas qu'il n'y ait
de philosophie qu'*à l'Université*, mais que le philosopher en
raison même de son sens existentiel fondamental a dans
l'Université la facticité de son propre accomplissement, et
par là même y trouve ses limites. Cela n'exclut pas la possibilité qu'un « grand philosophe », qu'un philosophe créatif
puisse sortir de l'Université ni non plus que le philosopher
dans les universités ne soit qu'une *pseudoscience*, c'est-à-dire
ni une philosophie ni une science. On ne peut montrer qu'à
travers sa propre vie ce qu'est la philosophie de l'Université [103].

C'est avec cette conscience d'être différent, avec ce sentiment de la nécessité qui lie de façon existentielle la
vocation à la personne, avec cette impression de vivre la
mission de la pensée que Heidegger prit sa première
charge de professeur. Du point de vue de ceux qui le fré-
quentaient, le rencontraient, se liaient avec lui d'amitié,
ou se montraient froids ou même hostiles à son égard,

cela signifiait avant tout que Heidegger les obligeait à entrer dans cette tension entre son projet de vie existentiel et les conventions sociales, tout comme dans son conflit avec la philosophie.

Même aujourd'hui, à bien des décennies de cette époque, on peut encore ressentir cette *furor teutonicus* qui animait Heidegger et le portait de l'avant. Il avait écrit entre-temps la première partie d'*Être et Temps* dont on parlait beaucoup avant même sa publication en 1927.

Avril 1924, la fureur s'était apaisée et avait laissé la place à la solitude :

> L'expression « communauté de lutte », c'est à partir de ma solitude que je l'ai écrite. Il y était fait en même temps allusion au débat explicatif avec l'époque. Mais précisément depuis ces journées, je suis devenu de plus en plus « apolémique » ; non au sens où j'admettrais les choses, mais parce que je comprends de mieux en mieux que c'est le travail positif, s'il est bien conduit, qui fait la décision. Et cela, vous l'avez suscité en moi [104].

Il est très instructif de lire que Jaspers parle dans ses lettres d'un dépassement de la solitude dans la conversation, alors que Heidegger, lui, s'ancre toujours dans sa solitude même dans la discussion. C'est là un thème qui reviendra dans leur correspondance après 1945.

Il y avait pourtant une source de colère qui ne tarissait pas, c'était l'opposition persistante de Rickert et son pendant, l'opposition de Heidegger à Rickert. En 1920, Rickert publiait son livre *La Philosophie de la vie*. Il se posait dans cet ouvrage en critique polémique de la nouvelle philosophie de l'existence. Il y attaquait dans une langue acerbe ses représentants. Rickert se moquait, il qualifiait cette nouvelle tendance – qui entre-temps avait obtenu la bénédiction ministérielle de Berlin – de « mode » et prédisait son futur déclin [105]. Dans l'introduction de la deuxième édition du livre, il ajoute qu'il a l'intention de fonder lui-même une philosophie de la vie créatrice de sens et non pas nihiliste comme celle de son époque. Il veut combattre ceux qui glorifient ou renient la vie elle-même : « je considère la vie en elle-même comme n'ayant aucun sens [106] ». La mort de la philosophie comme science est à craindre si la « philosophie misologique de la vie qui de nos jours est à la mode » parvient à une position de domination [107].

Il dépeint à grands traits les courants de la philosophie de la vie qui, à son avis, sombrent dans l'irrationnel : le jeune Goethe et Schelling en sont les précurseurs, Friedrich Nietzsche en est le héraut, Henri Bergson le vulgarisateur, William James, le fondateur du pragmatisme, joue le rôle du cousin d'Amérique, Georg Simmel, Wilhelm Dilthey, Max Scheler, et presque toute la nouvelle philosophie des années 1920 en font partie. Même Husserl est présenté comme apparenté à ce courant philosophique. Osvald Spengler, le penseur assoiffé de déclin, en fait bien sûr partie [108].

Rickert attaque le livre de son jeune concurrent, Jaspers, *La Psychologie des conceptions du monde*. Il l'accuse de ne pas être systématique et de tomber dans l'erreur du biologisme [109]. Jaspers rapporte lui-même que Rickert l'avait qualifié une fois de « corrupteur de la jeunesse [110] ». Rickert remet également en question de façon sarcastique la conception de Heidegger de l'être comme temporel, tout comme son rejet fondamental de la métaphysique traditionnelle [111].

Rickert avait percé de son regard perspicace la faiblesse de certains aspects de la nouvelle philosophie de la vie. Il avait saisi le basculement vers l'irrationalisme politique, il avait remarqué le côté anti-Lumière tout comme le côté atavique de cette philosophie. Mais fallait-il vraiment mettre Jaspers et Heidegger sur le même plan que Gertrud Bäumer, cette adepte de la langue nationale-populiste de l'époque qui se posait en défenseur de la vie contre la philosophie [112] ? N'était-ce pas là une fausse accusation ?

La réaction de Heidegger aux attaques de Rickert oscillait entre le mépris hautain et la colère froide[113]. Cependant Heidegger continuait d'assurer Rickert de son admiration, mais il devenait de plus en plus clair que cette admiration était celle d'un rival qui s'opposait à sa philosophie[114]. Il remercie ainsi Rickert d'avoir permis la dissolution de la philosophie des écoles. Éloge ambigu, s'il en est.

Dans le post-scriptum d'une lettre à Jaspers de l'année 1931, il s'exprime tout autrement à propos de Rickert : « Avec son impudente *Tradition de Heidelberg* (qui est une pitié), Rickert veut prendre très ouvertement position pour la prochaine politique de nomination[115]. » Mais Heidegger était devenu une personnalité tellement en vue du monde philosophique que Rickert lui-même le priait de lui rendre visite. Il était quelque peu froissé par le débat de Davos de 1929 où Heidegger s'en était pris également à lui (voir plus loin, p. 133 et suiv.).

Les frictions et les marques d'hostilité que Heidegger et Jaspers avaient à endurer les rapprochaient à chaque fois plus l'un de l'autre. Pourtant le premier test de leur amitié avait montré que la symbiose – recherchée par Jaspers – était fragile. Jaspers espérait que son ami reconnaîtrait ses efforts en direction d'une nouvelle philosophie et qu'il ferait une critique positive de son livre, *La Psychologie des conceptions du monde*. Il lui avait d'ailleurs donné son accord[116]. Heidegger envoya en juin 1921 sa recension du livre de Jaspers. Celui-ci lui renvoyait son commentaire déçu de cette recension au début du mois d'août. Il certifiait à Heidegger qu'il s'agissait bien de la recension la plus profonde qu'il avait pu lire. « Cependant, ce que je ne trouve pas encore [...] c'est la méthode positive[117]. » Il trouvait certaines critiques de Heidegger injustes. Il se consolait par avance de leur prochaine discussion, mais celle-ci n'eut tout d'abord pas lieu.

Heidegger avait une certaine peine à voir que son ami n'acceptait pas sa critique[118]. Mais il était certain de la justesse de celle-ci. L'année précédente, il avait résumé dans une lettre à Heinrich Rickert ses reproches à l'égard de cette première tentative philosophique de Jaspers : l'appareil conceptuel et méthodique de cet ouvrage est bien trop vague. « Peut-être que toute critique philosophique fait un tort au livre de Jaspers, car celui-ci ne parvient pas à s'élever à cette dimension [119]. »

Heidegger avait depuis bien longtemps dépassé la distinction entre pensée et intuition qu'utilise Jaspers. On peut lire cette lettre comme la trahison d'un ami. De toute façon, Jaspers et Heidegger voyaient toujours en Rickert leur ennemi commun. On peut aussi lire cette lettre comme la marque d'un dévouement total à la philosophie qui enfreint les limites de la bienséance humaine [120]. Ou bien tout cela ne faisait-il partie peut-être que des petites querelles du monde universitaire ?

Heidegger chercha de nouveau à apaiser le choc de Jaspers [121], mais la déception – c'était la première d'une longue série – était profonde. En octobre ou novembre 1922, la discussion tant désirée eut lieu sur plusieurs jours à Heidelberg. Heidegger dit en avoir été très touché :

> Les huit jours que j'ai passés chez vous m'accompagnent en permanence. Leur soudaineté, leur absence de tout événement à l'extérieur, la sûreté du « style » dans lequel chaque journée trouvait sans affectation sa croissance dans les autres, le pas non sentimental, austère, duquel une amitié s'est avancée vers nous, la certitude croissante d'une communauté de lutte sûre d'elle-même des deux « côtés » – tout cela est étonnant pour moi au sens où le monde et la vie sont étonnants pour les philosophes [122].

Heidegger ne publia pas sa recension.

Dans leur relation, les rôles se répartissaient de la façon suivante. Jaspers était le demandeur, celui qui veut avoir l'ami auprès de soi et qui, à chaque fois, subit une nouvelle déception. Il désirait des explications plus fournies et trouvait une consolation croissante dans les réponses de Heidegger. Une lettre écrite par Jaspers le 4 janvier 1928 après la visite de Heidegger en octobre 1927 nous renseigne bien sur l'état d'esprit de leur relation à la fin des années 1920 :

> J'ai repensé avec plaisir aux jours que nous avons passés ensemble. La solitude complète à quoi on est condamné dans l'acte philosophique de « penser » est alors interrompue pour un moment. Il n'y a pas seulement de la satisfaction à constater qu'un autre trouve important cet effort intellectuel – voire plus important encore que moi –, c'est aussi par le fait même une forte stimulation. Elle recouvre la légère douleur permanente que j'ai à sentir que la « réponse », dans n'importe quel sens, reste si souvent en suspens chez vous – sans que je sache quel genre de réponse je voudrais [123].

Ce ton résigné, légèrement dissimulé, venait du sentiment que son ami n'était pas entièrement sincère avec lui et qu'il gardait quelque chose pour lui. Et en effet, on ne peut pas vraiment dire que Heidegger se montrait sincère en toute chose avec son ami.

En chemin vers la philosophie :
Hannah Arendt

En effet, il se passait quelque chose qui le transformait complètement. Cette chose, c'était l'amour. Son nom : Hannah Arendt. Elle était née le 14 octobre 1906 à Hanovre au numéro 2 de la rue Lindener Markt. C'était la fille unique de l'ingénieur Paul Arendt et de sa femme Martha, née Cohn. En 1909, la famille déménagea à Königsberg. Ce déménagement en Prusse-Orientale était dû à la syphilis qui venait de se déclarer chez le père. Avant la découverte de la pénicilline, la syphilis jetait souvent les familles dans des difficultés économiques et les dégradait socialement au rang de paria. Martha Arendt s'était retirée avec son mari et sa fille dans le petit cercle que constituaient leurs deux familles. Elle trouva ainsi à Königsberg soutien et protection pour sa fille et pour elle-même. Il fallut bientôt envoyer le père en maison de santé. La mère cherchait certainement à protéger sa fille, mais celle-ci dut sûrement se rendre compte de la dégradation physique de son père.

Les grands-parents paternels étaient aisés. Max Arendt était grossiste en thé et président de l'assemblée des conseillers municipaux de la ville de Königsberg. Il était membre du Parti du progrès et avait des idées libérales. De 1910 jusqu'à sa mort en 1913, il fut le chef de l'assemblée des représentants de la communauté juive et le président de la commission centrale d'action en faveur des pauvres[124]. Il initia la toute jeune Hannah à l'art de raconter des histoires, qui devait avoir plus tard un rôle si important dans sa vie et dans son œuvre. Pour Hannah, dont l'enfance avait été marquée par la maladie du père et la mort de son grand-père – son père mourut la même année en 1913 –, les amis devinrent une sorte de substitut de la famille. Elle tissa un réseau de relations amicales qui l'aidèrent à vivre et qui, dans les moments de détresse, lui assurèrent la survie. Durant les années où elle vécut à Königsberg, il s'agissait surtout d'Anne Mendelssohn, d'Ernst Grumach, de Victor Grajev, d'Heinz Lichtenstein, de Jens Litten et des enfants des familles Fürst et Jacoby.

La scolarité d'Hannah dura de 1913 à 1924, ce qui lui parut bien trop long. Les biographes d'Arendt insistent sur son indépendance précoce, son amour de la littérature et de la philosophie grecques, sa soif de connaissances et son ennui à l'école. La jeune fille lisait couramment le latin et le grec et s'intéressait à la poésie et à la philosophie antiques. Elle prenait part à un cercle de lecture de littérature grecque. Quelques années plus tôt, la collection d'antiquités du musée de Königsberg avait été enrichie de pièces importantes. À l'âge de quatorze ans, elle lisait déjà des écrits du philosophe de Königsberg Emmanuel Kant, dont l'œuvre devait jouer plus tard un rôle important dans sa pensée. Elle admirait également Kierkegaard, ce compagnon de tant d'adolescents des couches cultivées de la société[125].

Elle passa d'abord sept ans dans une sorte d'école secondaire ou de collège, l'ancien lycée Szittnick, puis, de 1919 à 1922, elle fut dans la « section lycée de l'institut d'études de l'école municipale Königin Luise[126] ».

L'élève douée s'ennuyait visiblement en classe et se rebellait durement contre l'absurdité du dressage scolaire. Le renvoi de l'école ne se fit pas attendre, il fut assorti du message suivant : « Qui enfreint la discipline n'a rien à faire à l'école. » À la fin de la seconde, elle quittait l'école Luise. Dans son curriculum, elle écrit simplement : « J'ai suivi ensuite un enseignement privé et j'ai passé avec succès le 30 avril 1923 mon premier baccalauréat au lycée d'État Hufen de Königsberg. » Elle avait réussi à transformer ce renvoi humiliant en une véritable libération. Elle se rendit juste après à Berlin grâce à l'aide de parents et d'amis. Durant le semestre d'hiver 1923-1924, elle suivit en auditrice libre des cours et des séminaires de philosophie à l'université Friedrich-Wilhelm de Berlin. Elle assista notamment aux cours du jeune philosophe de la religion Romano Guardini. Elle revint à Königsberg au début de l'année 1924, suivit des cours privés et se prépara à son deuxième baccalauréat. Passer son bac en externe, cela signifiait être soumis à des conditions plus difficiles que ceux qui avaient suivi une scolarité normale. Mais en grande athlète, elle dépassa tout le monde. Au mois de septembre 1924, elle reçut son diplôme du baccalauréat au lycée d'État Wilhelm. On lui remit une médaille d'or pour l'excellence de ses prestations dans les différentes matières.

Le quotidien de l'enfance et de l'adolescence d'Hannah Arendt fut marqué par cette haine constante du Juif qui, « en temps normal », s'exprime de façon voilée, mais atteint l'hystérie en temps de crises et de révolutions. Les habitants de Königsberg exprimaient en règle générale leur aversion des Juifs d'une façon dissimulée, comme une sorte de convention sociale qu'ils reniaient pourtant officiellement. Les tensions entre Juifs et non-Juifs éveillaient des sentiments d'hostilité ostensibles ou cachés – ce qui renforçait le sentiment de communauté de destin au sein des familles juives et des cercles d'amis juifs. On peut entrevoir dans le comportement de l'enfant Hannah l'hostilité de la société qui l'entourait. Dans les rares confessions autobiographiques d'Arendt, l'antisémitisme des enfants est évoqué comme une première expérience de la solitude et de la singularité [127].

> Ma mère était toujours d'avis [...] qu'il ne faut pas se laisser humilier ! qu'il faut se défendre ! Si par hasard, mes professeurs me faisaient des remarques antisémites [...] ma mère m'avait ordonné de me lever immédiatement, de quitter la classe et de revenir à la maison pour faire un rapport détaillé de ce qui s'était passé. Alors ma mère écrivait une de ses nombreuses lettres recommandées et l'affaire était pour moi entièrement close. Je passais une journée sans aller à l'école et j'étais très contente. Mais si les remarques venaient des enfants, je ne devais pas en parler à la maison. Cela ne comptait pas. Il fallait savoir se défendre soi-même contre les insultes des enfants. Voilà pourquoi ces choses n'ont jamais constitué pour moi un problème. Il y avait des normes de comportement grâce auxquelles je gardais pour ainsi dire mon honneur et grâce auxquelles j'étais protégée, et même entièrement protégée à la maison [128].

Bien des années plus tard, en 1947, elle écrira à Jaspers à propos de sa mère : « je lui dois beaucoup, en particulier une éducation sans préjugés et ouverte [129] ». La protection maternelle amortissait et apaisait l'expérience toujours renouvelée de l'étrangeté, mais elle ne pouvait pas la faire disparaître.

L'antisémitisme, contre toute attente, ne déclinait pas

proportionnellement à l'intégration de la classe moyenne juive. La culture politique à Königsberg était en elle-même déjà fragile. La ville possédait depuis le XVIII siècle une bourgeoisie prospère au sein de laquelle les Juifs étaient bien représentés. Johann Jacoby, Eduard von Simson et Fanny Lewald furent trois figures de proue de cette bourgeoisie juive. Jacoby et Simson étaient deux démocrates bourgeois de facture républicaine, deux combattants farouches pour la liberté de la ville et de ses citoyens. Simson fut l'un des « pères » de la Constitution de 1848 et un porte-parole de la bourgeoisie contre la noblesse et le roi. Johann Jacoby fut membre de la première Assemblée nationale allemande et, plus tard, membre du parlement régional de Prusse. Il passa dans le camp des sociaux-démocrates quand les libéraux auxquels il appartenait au départ sombrèrent de plus en plus dans un délire impérialiste. Fanny Lewald, qui avait transféré son activité économique à Berlin, était un témoin courageux de son temps. Politiquement, elle soutenait les démocrates [130].

L'éclatement de la culture de l'assimilation

Au début des années 1920, les Juifs de Königsberg étaient des piliers de la ville, qu'ils fussent commerçants, banquiers ou, à un degré moindre, membres de la bourgeoisie cultivée de la ville. Ils étaient présents dans presque toutes les branches de l'industrie. Ils étaient sur-représentés dans les professions libérales en raison du fait que l'accès au fonctionnariat leur était en grande partie interdit.

Une part importante du commerce avec la Russie passait par les maisons de commerce juives de Königsberg. Pour le commerce du thé – dans lequel le grand-père d'Arendt avait fait fortune –, Königsberg était le plus grand port de transbordement d'Europe. Pendant les mois d'été, des vagues de visiteurs affluaient de Russie. Il y avait parmi eux des marchands, des universitaires, des parents qui amenaient leurs enfants, alors étudiants, voir Königsberg, ou d'autres qui venaient rendre visite à leurs enfants qui étudiaient à Königsberg. Il y avait bien sûr des immigrants de toutes les couleurs à la recherche d'un travail. Nombre d'entre eux étaient des Juifs qui fuyaient les pogromes en Russie et en Ukraine [131].

La communauté juive avait le droit de percevoir des impôts de ses membres, ce qui la rendait indépendante à l'égard de l'État ou d'autres donateurs occasionnels. Les Juifs de Königsberg étaient des citoyens loyaux au sens républicain du terme. Ils étaient majoritairement libéraux dans leurs orientations politiques. La religion dans ces familles juives libérales était une affaire privée, tout comme elle l'était – officiellement du moins – chez les catholiques et les protestants. On envoyait les enfants au cours de religion juive et on allait à la synagogue pour les fêtes religieuses. Il y avait à Königsberg cinq synagogues. Seule une minorité de juifs avait accepté le baptême lors des vagues de conversions du XIXᵉ siècle. Les Juifs orthodoxes, qui étaient plus nombreux chez les immigrants de l'Est que chez les Juifs « occidentaux » déjà établis, n'étaient pas d'accord avec cette tendance à la laïcisation de la vie juive. Ils y voyaient une perte de l'identité juive. La communauté était de ce fait divisée en plusieurs courants religieux.

Les Juifs de Königsberg étaient présents dans la vie politique à tous les niveaux. Ils étaient députés au Reichstag (Hugo Haase), tout comme membres du conseil municipal de la ville. Max Arendt fut plusieurs années le président de l'assemblée des conseillers municipaux [132].

Le parti social-démocrate était bien implanté chez les ouvriers et les intellectuels de la ville, y compris juifs. Même avant la Première Guerre mondiale, la circonscription de Königsberg « élisait presque toujours un député social-démocrate » au Reichstag [133].

Mais sous le vernis d'une culture allemande et juive commune se cachaient – comme presque partout en Europe – des animosités profondément ancrées entre la partie juive et la partie chrétienne de la population allemande, ou pour le dire plus clairement entre la bourgeoisie et la petite bourgeoisie juives et la bourgeoise et la petite bourgeoisie chrétiennes. D'un côté, la ville profitait de la richesse des maisons de commerce juives et de la culture des familles juives, de l'autre, la bourgeoisie chrétienne cultivée méprisait les Juifs tout comme, à l'inverse, les Juifs cultivés méprisaient la plèbe allemande. On pouvait lire dans bien des publications de l'époque que les Juifs prenaient trop de licence. Ces remarques faisaient allusion, notamment, au grand nombre de Juifs dans l'intelligentsia allemande, à leur assurance et à leurs critiques contre la persistance du traitement inégal des Juifs et des non-Juifs. Elles faisaient également allusion à la presse critique de l'époque dans laquelle les Juifs étaient bien représentés.

Dans la plupart des familles juives, on espérait que ces frictions disparaîtraient au fur et à mesure de la contribution croissante des artistes, des scientifiques, des pédagogues et des politiciens juifs au bien-être de la société et de l'État allemands. À Königsberg, les Juifs avaient en outre confiance dans le fait que la culture politique de la ville saurait refréner les passions politiques qui secouaient alors Berlin, la capitale. Un antisémitisme raciste y sévissait. Il remettait en cause la contribution des Juifs à la prospérité de l'État et de la société et les stigmatisait en faisant d'eux des étrangers et des intrus. Mais peu à peu, l'idéologie des races pénétra également la ville de Königsberg. Il s'agissait d'un antisémitisme qui dégradait les Juifs en tant que groupe social et les transformait en un objet de mécontentement et finalement de haine. Cet antisémitisme fut bien sûr attisé par l'afflux massif de Juifs venus de l'Est. Pour tous ces réfugiés, Königsberg était un havre d'espoir. Cette immigration fut à l'origine de graves problèmes sociaux et culturels pour la ville, tout comme pour sa communauté juive. La pauvreté et les maladies se propageaient dans la ville, et, avec elles, la xénophobie. Il y eut des expulsions. À l'automne 1900, la presse locale parle d'expulsions de Juifs russes considérés comme « des étrangers importuns [134] ».

Une des premières mesures que prirent les autorités de la ville lorsque la guerre éclata en 1914 fut de déclarer ennemis une part importante des Juifs de l'Est et de les arrêter [135]. Pendant la Révolution de 1918-1919, les cercles nationalistes exigèrent de nouveau l'expulsion des Juifs sous prétexte qu'il s'agissait d'étrangers [136]. Il n'y avait pas eu de troubles de cette ampleur dans la sphère publique depuis l'époque des lois sur l'émancipation des Juifs. Un véritable courant souterrain prenait forme dans la société allemande.

L'assimilation culturelle célébrée par certains comme un « Âge d'or » fut également remise en question à partir des années 1890 par certains éléments de la société juive. Le mouvement de réforme juif, qui, à cette époque, se manifestait un peu partout, avait plusieurs visages. Ce pouvait être un mouvement de renaissance mystico-messianique, un mouvement de jeunesse qui adoptait le style de la pédagogie allemande de la réforme (Gustav Wyneken), ou bien une révolte de la jeunesse contre le conformisme des parents. Ces différents mouvements étaient d'esprit révolutionnaire ou réformiste. De nombreuses figures politiques dans ces mouvements prirent parti en faveur de l'établissement d'un État juif en Palestine.

Malgré la grande variété et la diversité de leurs positions, ces esprits insatisfaits qui surgissaient un peu partout partageaient la même conviction : l'assimilation judéo-allemande est une illusion qui ne fait que recouvrir d'un voile trompeur les vieilles injustices et humiliations. À la question de ce qu'il fallait mettre à la place de cette illusion, il existait de nombreuses réponses [137].

Au début de la Première Guerre mondiale, l'armée du

Tsar occupa pour un temps une partie de la Prusse-Orientale. À Königsberg, on craignait de plus en plus un siège de la ville. Hannah et sa mère se réfugièrent chez des parents à Berlin. Elles rentrèrent à Königsberg quelques semaines plus tard. La victoire de l'armée allemande à la « bataille de Tannenberg » à la fin du mois d'août 1914 avait arrêté la progression de l'armée russe.

La fin de la guerre ne calma pas la situation. Durant l'hiver 1918-1919, il régnait une drôle d'ambiance dans la ville. Les craintes et les espérances qu'éveillait la révolution russe – en octobre 1917, les bolcheviques avaient pris le pouvoir – produisaient une confusion terrible où se mêlaient nouvelles et rumeurs.

À la suite de l'effondrement de l'Empire allemand au cours de l'hiver 1918, les zones de l'Est étaient devenues un terrain d'action idéal pour les officiers démobilisés frustrés, les fidèles du Kaiser, les militaristes, les ouvriers radicaux, et les aventuriers et soldats de toutes sortes qui luttaient contre des ennemis très différents, la population civile, les soldats, les autorités, les bandes, les groupes paramilitaires, les démocrates, les spartakistes, les Polonais, les Lituaniens, les Russes et les Juifs.

On trouvait à Königsberg, qui comptait à l'époque 245 000 habitants [138], toutes les pièces de l'échiquier politique de Allemagne de l'après Première Guerre mondiale : les soldats et officiers révolutionnaires ou réactionnaires, les ouvriers mécontents et amers, les citoyens inquiets, les démocrates courageux, les délateurs lâches et les contre-révolutionnaires de la bureaucratie. La vie publique à Königsberg était rythmée par des attroupements populaires spontanés, des réunions de parti et des rencontres secrètes. La guerre avait scindé le paysage politique en différents camps.

Peu de temps après le cessez-le-feu à l'ouest, des conseils d'ouvriers et de soldats s'étaient constitués à Königsberg et en Prusse-Orientale [139]. La situation fut loin de se calmer après les élections législatives du 19 janvier 1919. À l'issue de ce scrutin, la Prusse-Orientale et la circonscription de Francfort-sur-l'Oder étaient devenues les bastions les plus forts du SPD qui obtint, avec les sociaux-démocrates indépendants, plus de 51 % des voix. Les 7 et 8 février 1919, une assemblée des conseils d'ouvriers et de soldats de Prusse-Orientale se tint à Königsberg. Il est possible que Martha Arendt et sa fille se soient rendues à cette assemblée à laquelle participa une part importante de la population politisée de la ville. Hannah évoque dans ses écrits un événement public de la période auquel elle se rendit accompagnée de sa mère. Il fut décidé à cette assemblée que les conseils devaient constituer un gouvernement provisoire jusqu'à ce que la nouvelle Assemblée nationale élue désigne un nouveau gouvernement qui vienne prendre la suite de ce gouvernement provisoire. Les conseils d'ouvriers et de soldats se soumettaient au conseil régional de Prusse-Orientale. Ils ne cherchaient visiblement pas une confrontation avec le nouveau gouvernement, ils voulaient, au contraire, lui garder les coudées franches.

Mais les événements se prêtaient également à d'autres interprétations. La situation dans son ensemble semblait plutôt se radicaliser avec une économie dans un état critique et l'isolement de la Prusse-Orientale et de Königsberg du reste de l'Empire. Il n'y avait là rien d'étonnant. Königsberg s'était retrouvée après le cessez-le-feu dans une situation extrêmement problématique. Au mois de mars 1919, la ville comme le reste de la Prusse-Orientale, était encore isolée du reste du Reich conformément aux clauses du traité de Versailles. Ni bateaux à vapeur, ni trains n'empruntaient le nouveau couloir polonais imposé par le traité. Cette situation était propice au développement d'une vie publique désordonnée, dominée par les rumeurs, les fausses nouvelles, les diffamations, les fantasmes et la propagande.

Rétrospectivement, on a l'impression qu'au cours de l'hiver 1918-1919, à Königsberg comme ailleurs, les différentes organisations et institutions politiques et militaires

– le commandement militaire de l'Est, le gouvernement régional de Prusse, le gouvernement du Reich, les conseils d'ouvriers et de soldats, les partis et les groupements populaires spontanés – essayaient tous de tirer le pouvoir de leur côté, ce qui bien évidemment entraînait ce pouvoir dans des directions différentes et parfois contradictoires.

Königsberg fut le premier champ d'expérimentation de cette alliance qui allait porter au pouvoir le national-socialisme : l'alliance entre la populace et l'élite. Hannah Arendt décrira ce phénomène trente ans plus tard dans son livre *Les Origines du totalitarisme*.

L'agitation en Allemagne culmina au mois de mars 1920 avec le putsch Kapp-Lüttwitz. Wolfgang Kapp, le chef du Land à Königsberg, tenta, avec le soutien du commandement de l'armée, de son parti et d'une partie de l'armée du Reich d'arracher le pouvoir au tout nouveau gouvernement du Reich formé par les sociaux-démocrates majoritaires et le centre, et d'installer une dictature militaire. Le gouvernement prit le putsch tellement au sérieux qu'il déplaça provisoirement son siège à Weimar. De nombreuses institutions comme la poste et la justice étaient impliquées dans cette tentative de coup d'État. Le putsch échoua au bout de quelques jours, faute d'un soutien suffisant. Le gouvernement promulgua la même année une loi qui permit d'amnistier les putschistes. Les enquêtes auprès des autorités impliquées ne donnèrent rien. August Winnig, le président suprême de la Prusse-Orientale, membre du parti social-démocrate, qui s'était compromis avec les putschistes, fut démis de ses fonctions et plus tard exclu du SPD.

La jeune Johanna – tel était le prénom officiel d'Arendt – fut marquée par ces troubles politiques dont l'épicentre avait été jusqu'alors la lointaine Berlin. Ce sont avant tout ces rassemblements humains lors des réunions des conseils spontanés d'ouvriers et de soldats qui ont dû lui faire une forte impression. Elle comprit sans doute pas mal de choses sur la situation à travers ce qu'elle entendait de sa mère. Plus tard, elle revint sans cesse sur l'idée des conseils dont elle avait été un témoin direct.

CHAPITRE II

La dimension événementielle fondamentale de la vie ou l'apparition soudaine de l'amour

Une histoire d'amour ordinaire. Une histoire comme la vie en écrit tant. Pourtant, il y a ici autre chose. Lorsque Hannah Arendt, étudiante de dix-huit ans de Königsberg, rencontra, pendant l'hiver 1924, le professeur de trente-quatre ans de Messkirch, Martin Heidegger, quelque chose en elle changea.

Martin Heidegger : un érudit introverti, plutôt petit de taille avec ses 1 m 63, maigre et d'allure sportive. Hannah Arendt : une jeune étudiante avide de savoir, mince, avec un visage de l'Elbe, des yeux rayonnants et une intelligence vive comme l'éclair.

Heidegger était un être contradictoire. C'était un homme ascétique qui pouvait tout d'un coup se laisser aller à la joie de vivre. C'était le penseur *par excellence*[1], mais il prenait soin de s'habiller et d'affecter les manières d'un paysan ou d'un ouvrier. Il était empli d'une fureur arrogante, mais se distinguait aussi par sa modestie surprenante. Le geste platonicien et le purisme lyrique se mêlaient dans sa parole. Son discours était porté par une voix aiguë et légère, presque fluette. Il ne faut donc pas s'étonner des différences, voire même des contradictions entre les témoignages sur son apparence et son aura. Karl Löwith, un jeune philosophe alors en plein essor qui s'opposa très tôt à Heidegger, écrit avec plusieurs décennies de recul :

Nous lui donnions entre nous le surnom de « petit magicien de Messkirch » [...]. C'était un petit homme brun qui savait nous émerveiller, en faisant disparaître devant son auditoire ce qu'il venait à peine de lui montrer[2].

Son élève, Paul Hühnerfeld, écrit :

Heidegger était trapu et toujours habillé de façon originale. Quand il arriva à Marbourg, il se fit faire un costume qui correspondait aux instructions du peintre Otto Ubbelohde, mort l'année précédente. Ce peintre post-romantique et biedermaierien s'était fait une réputation non seulement par ses peintures et ses illustrations de contes, mais il avait également œuvré pour une réforme de la tenue vestimentaire masculine allemande. Celle-ci devait revenir au costume traditionnel. Heidegger reçut donc un costume avec une culotte ample en haut et étroite sous le genou ainsi qu'un long pardessus. Tous deux formaient ce que les étudiants de Marbourg appelaient « le costume existentiel »[3].

L'étudiante de dix-huit ans, Hannah Arendt, était aussi une personne aux facettes contradictoires. C'était une jeune femme bien éduquée, timide, mais sûre d'elle, modeste, mais qui passait parfois pour arrogante. Elle était critique, mais avide d'apprendre, susceptible de porter un jugement négatif, mais aussi d'accepter celui des autres. Lorsqu'elle se passionnait pour quelque chose, son visage brillait.

Elle avait pris conseil auprès de ses amis femmes et hommes pour savoir quel était le meilleur endroit pour étudier et quels professeurs valaient la peine d'être écoutés. Ces futurs étudiants qui, de tous les coins du pays, débarquaient à Marbourg, étaient exigeants. Avec l'intelligence de jeunes hommes très doués versés dans la philosophie antique, ils savaient distinguer l'épigone du penseur authentique. Leur attention s'éveillait à chaque fois que résonnait la promesse du retour aux sources (*ad fontes*). Ernst Grumach, un ami d'Arendt, avait déjà assisté, en 1923, aux cours de Heidegger. Il lui parlait plein d'admiration d'un jeune professeur de philosophie à Marbourg chez qui on pouvait apprendre la pensée vivante et autonome et pas seulement l'interprétation des philosophies déjà existantes.

Arendt écrit rétrospectivement sur cette période agitée :

> Il y avait alors, après la Première Guerre mondiale, dans les universités allemandes, non sans doute une rébellion, mais un malaise de grande envergure dans l'activité académique enseignante et étudiante, gagnant toutes les facultés qui étaient plus que de simples écoles professionnelles et tous les étudiants pour lesquels l'étude signifiait plus que la préparation au métier. La philosophie n'était pas un gagne-pain ; bien plutôt la discipline de crève-la-faim résolus et, pour cette raison même, fort exigeants. Ils n'aspiraient aucunement à la sagesse ; celui à qui importait la solution de toutes les énigmes avait à sa disposition un riche assortiment au marché des conceptions du monde et des partis correspondants ; pour faire ici son choix, il n'y avait nul besoin d'un enseignement philosophique. Mais ce qu'ils voulaient, ils ne le savaient pas non plus. L'Université leur offrait en général ou les écoles – les néokantiens, les néohégéliens, les néoplatoniciens, etc. – ou la vieille discipline scolaire, proprement répartie dans la philosophie en compartiments comme la théorie de la connaissance, l'esthétique, l'éthique, la logique, etc., qui n'était pas vraiment transmise mais plutôt vidée de sa substance par un ennui sans fond [4].

Hans-Georg Gadamer se souvient de ce « furieux besoin de direction que ressentait la jeunesse à cette époque [5] ».

Les universités semblaient ne pas être affectées par l'air du temps réformiste et révolutionnaire. Des universités comme Marbourg, Fribourg ou Heidelberg formaient de véritables biotopes académiques enracinés dans la culture des petites villes de province, que, de surcroît, elles cultivaient. Pourtant, on ressentait chez les étudiants une étrange effervescence inarticulée qui n'était liée que marginalement aux événements politiques de l'époque.

Qui se considérait à l'époque un intellectuel d'une certaine valeur ne se laissait pas distraire par l'actualité politique. De nombreux jeunes scientifiques se désintéressaient de façon ostentatoire des nouvelles du jour. Les camps politiques ennemis leur semblaient bornés et leur violence repoussante. Ils refusaient de s'associer à la faible République de Weimar tout comme ils ignoraient les courants nationalistes. Le mépris intellectuel pour la politique se manifestait par une absence totale de participation à la vie politique, attitude qui était typique de la bourgeoisie allemande éduquée du XIXᵉ et du début du XXᵉ siècle, à laquelle, pourtant, cette jeunesse des années 1920 ne voulaient surtout pas ressembler. Certes, la « conversion » célébrée de Thomas Mann qui avait quitté le camp national pour entrer dans le camp républicain avait fait sensation dans le monde intellectuel, mais elle n'eut pas grande influence. Révolution et contre-révolution, renversement radical de l'ordre établi et tentatives de réforme agissaient de façon indirecte et complexe sur les universités. L'effervescence qui y régnait restait cantonnée dans une sorte d'étrange zone intermédiaire. Gadamer nous parle d'un club de discussion révolutionnaire de l'époque où idées philosophiques et politiques étaient analysées pour leur potentiel de libération et de rédemption. Là concouraient Stefan Georg, Rabindranath Tagore, la sociologie de Max Weber, le droit des associations d'Otto von Gierkers et la phénoménologie de Husserl[6]. Révolution politique et percée philosophique étaient associées dans ces discussions académiques qui, pourtant, ne voulaient rien savoir de l'actualité politique.

La vie à l'université

Marbourg était une petite ville de province que l'université avait sortie de son sommeil. L'esprit de la capitale, Berlin, se faisait sentir de temps en temps à l'université, notamment à l'occasion des nominations. Pourtant ce qui comptait le plus finalement, c'était d'être bien considéré dans la hiérarchie sociale et académique locale. Il fallait par exemple être invité aux réceptions le soir chez Mme Geheimrat Hitzig, au 1a de la Rotenbergstrasse, ce qui supposait que l'on soit déjà parvenu à une certaine position. Mme von Hitzig dont on disait qu'elle était apparentée à 91 professeurs titulaires – le titre de professeur *Ordinarien* était vu à l'époque comme l'une des distinctions sociales les plus élevées après les décorations d'État et l'appartenance à la noblesse – était en plus l'arrière-petite-fille de Leopold von Ranke[7].

La figure de Heidegger semblait jurer avec ce biotope universitaire et avec l'attitude de rupture et d'attente diffuse chez les étudiants. Pour nombre d'entre eux, la rencontre avec ce penseur fut une expérience décisive qui devait marquer toute leur vie. Hans-Georg Gadamer souligne rétrospectivement que « la rencontre avec Martin Heidegger » fut « pour moi un bouleversement complet de mes certitudes[8] ». Quel étrange et nouveau rayonnement émanait de cet homme : « [...] un événement fondamental, pas seulement pour moi, mais pour tout le Marbourg de l'époque, une énergie spirituelle si concentrée, avec une force d'énonciation si simple et une simplicité si radicale dans le questionnement qu'elle me fit passer le goût du jeu subtil plus ou moins connu avec les catégories et les modalités[9]. »

Son comportement en amphithéâtre était pour le moins original :

Il entrait dans l'amphithéâtre, daignait à peine jeter un regard sur la foule et se mettait à parler à voix basse. On ne comprenait souvent pas les premières paroles qu'il proférait, peut-être, d'ailleurs, ne fallait-il pas que nous les comprenions, car Heidegger voulait obtenir de son auditoire la plus grande concentration. Il l'imposait et sa voix devenait alors plus forte. Elle était souvent d'une froideur et d'un sarcasme étonnants [...]. L'auditoire est captivé. Un charme austère, une sombre fascination émane de ce professeur de trente-quatre ans. Ce n'est pas seulement l'attrait pour un philosophe véritablement créatif, mais la fascination pour un grand homme des années 1920 [10].

Son élève Heinrich Schlier écrit :

> Heidegger avait une façon d'enseigner qui était fascinante. Il nous enseignait la pensée qui revient sur elle-même dans la réflexion. Ce n'est pas que nous comprenions beaucoup ou même tout ce qu'il disait. Son enseignement était, au premier abord, trop mystérieux pour nous [11].

Un autre élève, Hans Jonas, parle de la magie de l'enseignement de Heidegger. « On succombait à son charme avant même de le comprendre [12]. »

L'arrivée d'un homme au rayonnement si puissant ne passa pas inaperçue. Il ne fallut pas longtemps avant qu'accourent de toutes parts des jeunes attirés par la rumeur. Hannah Arendt, à l'âge de soixante ans, essaie de décrire, plus de quarante ans après, cet engouement qui l'avait saisie à dix-huit ans, elle et ses amis de l'époque :

> La rumeur le disait tout simplement : la pensée est redevenue vivante, les trésors de la culture qu'on croyait morts reprennent sens et voici tout à coup qu'ils deviennent riches de choses fort différentes des poncifs habituels qu'on avait cru y lire. Il y a un maître, il est peut-être possible d'apprendre à penser [13].

Il semblait que ce professeur encore jeune fût capable d'aborder d'une manière originale les questions que la pensée occidentale n'avait cessé de se poser tout au long de son histoire. Il intégrait dans sa pensée aussi bien le recours phénoménologique à l'expérience de la rencontre du monde que la dissolution du fondement idéaliste ou positiviste de la compréhension moderne de l'être. Il savait faire du passé une chose du présent et lire les Grecs de manière à les rendre actuels. Il devint ainsi « le roi occulte du royaume de la pensée qui, d'un côté, appartient pleinement à ce monde et, de l'autre, semble tellement enfoui en lui qu'on se sait jamais s'il existe vraiment. Pourtant les habitants de ce royaume sont plus nombreux qu'on ne le croit. Sinon comment peut-on comprendre l'influence unique et souvent souterraine qu'eurent la pensée et la lecture philosophantes de Heidegger – qui allait bien au-delà du cercle de ses étudiants et de ce qu'on entend généralement par philosophie [14] ».

Les noms de ceux qui assistaient aux cours de Heidegger résonnent à nos oreilles aujourd'hui comme une sorte de *Who's Who ?* des grands courants de pensée du XXᵉ siècle : Hans-Georg Gadamer, Max Horkheimer, Fritz Kaufmann, Herbert Marcuse, Hans Jonas, Karl Löwith, Leo Strauss, Benno von Wiese, Ernst Grumach, Günther Stern (qui plus tard se fit appeler Günther Anders), Hannah Arendt, Walter Bröcker, Walther Marseille – sans parler de ceux, nombreux, dont Heidegger influença l'évolution intellectuelle sans pour autant qu'ils aient fait le choix d'une carrière universitaire. La plupart de ces étudiants étaient happés par la magie de ce penseur. Ils éprouvaient une sorte d'expérience d'éveil. Hans Jonas, un jeune philosophe juif, sioniste, rompu à l'art de l'interprétation des textes, était venu à Fribourg pour le semestre d'été. Il voulait suivre l'enseignement de Husserl et de son assistant Heidegger qui n'était pas encore arrivé à Fribourg.

Heidegger était bien plus difficile à comprendre que Husserl, telle était ma première impression [...]. On avait [avec lui], avant même d'y comprendre quelque chose, l'impression immédiate suivante : il s'agit là de quelque chose de nouveau, ici s'ouvrent de nouvelles perspectives, ici s'élaborent de nouveaux moyens d'expression. Durant ce semestre, j'ai acquis la conviction que chez Heidegger une philosophie essentielle d'une grande importance était à l'œuvre. Cet homme pensait devant ses étudiants, il ne présentait pas quelque pensée déjà pensée par le passé, comme le faisait Husserl. Il accomplissait en présence de ses étudiants l'acte même de la pensée. C'était bouleversant, ne serait-ce que par des détails purement extérieurs. Il lui arrivait souvent de ne pas tourner son visage vers l'auditoire, mais de regarder au-dehors par la fenêtre ou plutôt au-dedans de soi tout en pensant à haute voix. On avait l'impression d'assister à l'acte initial d'une pensée complètement originale et neuve, d'une découverte, d'une percée de l'esprit. C'était également un pédagogue remarquable. Je me souviens encore aujourd'hui, il était question du *De anima* d'Aristote, c'est-à-dire du traité d'Aristote sur l'âme. Je ne crois pas que nous soyons parvenus au-delà du chapitre 3 ou 4. Mais il fallait voir comment le texte était interprété phrase par phrase – le texte était bien sûr lu en grec, ce qui allait de soi à l'époque –, il n'était pas question d'en démordre avant d'avoir pénétré les recoins les plus reculés de la pensée et de la vision aristotéliciennes. Il arrivait régulièrement – et c'est là un enseignement pour la vie que je dois à Heidegger – que quelqu'un prenne la parole et utilise des termes philosophiques techniques. Il disait alors : « c'est beaucoup trop érudit, beaucoup trop érudit, exprimez-vous, s'il vous plaît, d'un façon moins érudite ». Il voulait se débarrasser de la terminologie fixe de la langue philosophique pour parvenir à saisir les phénomènes dans leur originalité première. Il voulait que l'on voie les choses simplement, ce qui ne voulait pas dire à la légère, car pour lui, les visions simples n'étaient pas superficielles, mais profondes [15].

Ce bouleversement intellectuel et humain ne prenait pas nécessairement une tournure pathétique. Ce professeur saisissait l'attention de ses étudiants – et de ses étudiantes – d'une façon particulière. Karl Löwith rapporte combien certains étudiants devaient se débattre avec l'impression produite par ce professeur charismatique. Il raconte également à quel point l'attitude de Heidegger pouvait sembler ambivalente. Cette description du caractère de Heidegger date de 1926. Löwith l'intégra avec quelques changements mineurs dans l'autobiographie qu'il écrivit dans les années 1940.

> Il est difficile de décrire le visage de Heidegger, car il ne pouvait pas regarder quelqu'un en face pendant longtemps. Son expression naturelle était celle-ci : le front laborieux, les traits maussades et les yeux baissés qui ne se levaient que de temps en temps, l'espace d'une seconde, pour contrôler la situation. Si, au cours d'une conversation, on le contraignait à regarder en face, son visage se fermait et perdait de l'assurance car ses rapports avec les autres étaient dépourvus de toute sincérité. En revanche, il exprimait naturellement la méfiance prudente et rusée du paysan. Il faisait son exposé, l'air concentré, en jetant parfois un regard sur son manuscrit, mais sans grands gestes ni emphase. Ses seuls procédés de rhétorique étaient une sobriété très étudiée et une rigueur de construction digne d'une thèse, qui visait à créer une tension. Sous un effort de concentration manifeste, son visage devenait alors très expressif, en raison de son asymétrie inesthétique mais intéressante. Son front bombé, barré d'une veine très saillante, exprimait à lui seul toute sa vivacité. On le voyait travailler, rien que pour lui, sans la moindre attention pour l'auditoire qu'il secouait plutôt qu'il n'instruisait [16].

Heidegger participait à de nombreuses mondanités, comme le voulait la vie universitaire de l'époque. Il fréquentait des cercles de professeurs et d'étudiants. Il était sportif. Il faisait des parties de fistball et de boules en haut du Dammelsberg. Dès les premières neiges, il sautait sur ses skis. Le ski le rattachait à la Forêt-Noire qu'il aimait tant et à ses origines. Tout cela montre clairement que la fascination qu'exerçait Heidegger sur les jeunes gens qui l'entouraient procédait d'une combinaison étrange d'action et de contemplation, de pensée et d'existence aussi bien dans son enseignement que dans son attitude générale. Cette combinaison devait avoir l'effet d'une remise en question radicale chez ses jeunes étudiants et chez certains jeunes docteurs qui assistaient à ses cours. Hans-Georg Gadamer raconte que ce n'est qu'avec la rencontre de Heidegger qu'il s'initia au sens du véritable travail philosophique [17]. Ce n'est qu'en s'affrontant aux textes antiques de la philosophie – parfois en allant à l'encontre des interprétations reconnues – que l'on apprend à penser. Heidegger ne facilitait pas la tâche à ses étudiants. Il commençait ses cours de bonne heure, l'été à sept heures du matin. Il chamboulait ainsi leurs habitudes de vie [18].

Le nombre d'étudiants juifs qui venaient assister aux cours de Heidegger nous frappe aujourd'hui. Hans Jonas raconte rétrospectivement quel était l'état d'esprit de ces jeunes étudiants juifs venus à Marbourg pour écouter Heidegger.

J'étais actif à l'époque dans le mouvement sioniste et, en ce sens, j'étais clairement politisé. Je ne prenais pas position dans la politique allemande, même si je la suivais avec pas mal d'attention. Hannah Arendt et moi, nous partagions cela avec bon nombre d'étudiants passionnés de Heidegger qui étaient alors tous regroupés à Marbourg. Nous avions un certain mépris ou rejet hautain et intellectuel du monde de la politique. Il régnait parmi nous ce préjugé allemand, ou du moins ce préjugé très répandu en Allemagne, que la vie supérieure de l'esprit ne fait pas bon ménage avec les petites affaires du quotidien, qu'il ne faut pas donc s'en mêler, ou qu'il faut du moins s'en tenir à un intérêt minimal. La vie contemplative, en grec *bios theoretikos*, c'est-à-dire la vie vouée à la théorie, la *vita contemplativa*, telle est la forme de vie supérieure. Cette idée était quelque peu détachée de son contexte car, chez Aristote, l'homme est un animal politique [...]. Ce soubassement de la vie contemplative était en quelque sorte ignoré. Hannah Arendt sortait d'une enfance où elle s'était entièrement isolée de la réalité avec un petit cercle d'amis du lycée, qu'elle s'était choisis et qui s'étaient choisis réciproquement – ils étaient tous juifs, je crois. Je sais également qu'Hannah Arendt était arrivée à Marbourg avec un groupe d'amis de Königsberg [...] ils étaient tous pleins du même mépris pour l'engagement politique qu'Hannah Arendt. C'était un phénomène de groupe typique [...] [19].

Dans son autobiographie aux souvenirs amers, *Ma vie en Allemagne avant et après 1933*, Karl Löwith décrit sa position à l'égard de la République de Weimar en des termes très semblables :

> Je ne pouvais m'intéresser à la lutte des partis politiques, car à droite comme à gauche on se disputait pour des choses qui ne me concernaient en rien et me gênaient plutôt dans la voie que je voulais suivre. Les *Betrachtungen eines Unpolitischen* (*Considérations d'un apolitique*) de Thomas Mann, parues en 1918, m'apportèrent une sorte de justification [20].

L'ironie de l'histoire était que ce livre, des thèses duquel l'auteur s'était détaché dès le début des années 1920, avait alimenté l'arrogance et l'obsession nationalistes des jeunes esprits créatifs de l'époque. Cette combinaison d'un désintérêt ostentatoire pour la politique et d'une conscience du déclin de l'Ancien Monde détruit par la Première Guerre mondiale – déclin qui entraînait avec lui les idéaux, la culture et la pensée de ce monde – conduisait de nombreux jeunes intellectuels dans le camp de la droite nationaliste ou dans celui de la gauche radicale. Cet état d'esprit poussait également certains étudiants juifs doués auprès d'un professeur comme Heidegger.

Première rencontre

L'hiver 1921, Hans Jonas vint étudier à l'« École supérieure en science du judaïsme » de Berlin. Il se rendit plus tard, au semestre d'hiver 1924-1925, à Marbourg pour suivre l'enseignement de Heidegger. Hannah Arendt y commençait la même année. Ils firent connaissance durant ce semestre. Arendt assistait aux cours de Heidegger sur *Le Sophiste* et le *Philèbe* de Platon. C'était une très belle femme qui devait attirer le regard des hommes, jeunes et moins jeunes. Hans-Georg Gadamer l'appelle dans un texte autobiographique « la jeune fille toujours en robe verte qu'on ne pouvait manquer de remarquer[21] ». Une femme charmante aux cheveux noirs, au visage ovale bien dessiné, au large front et aux yeux étincelants, dont l'esprit et le jugement vifs étaient toujours en alerte. La philosophie et la philologie grecques étaient pour elle deux disciplines apparentées où elle brillait particulièrement depuis sa scolarité secondaire. Mais pourquoi avait-elle choisi d'étudier la théologie protestante ? Elle voulait sans doute étudier la théologie comme un aspect de la philosophie. Elle considérait que le texte de la Bible contenait une part importante de la pensée sur l'homme et sur le monde. De plus, c'était le célèbre Rudolf Bultmann qui enseignait la théologie protestante.

Arendt devait être fascinée par ce jeune professeur comme la plupart de ses camarades d'études, hommes et femmes. Au mois de novembre 1924, elle se présente dans son bureau à l'heure réservée à l'audience des étudiants[22]. Leurs regards amoureux avaient dû déjà se croiser en classe. Heidegger revient des années plus tard, en 1950, sur ce regard qui l'avait frappé lors d'un de ses cours[23].

Il n'est pas difficile de s'imaginer ce que Heidegger pouvait trouver de fascinant dans cette jeune étudiante. Il y avait en elle un mélange rare de beauté, d'intelligence, d'étrangeté, de timidité et de confiance en soi. Mais que pouvait trouver Arendt de fascinant en Heidegger ? Il y a bien sûr des raisons qui peuvent expliquer pourquoi une jeune femme extrêmement intelligente tombe amoureuse d'un professeur charismatique qui a presque le double de son âge. Karl Löwith propose la métaphore du magicien pour rendre compte du mystère de cette relation. Heidegger, le « petit magicien de Messkirch [24] », rencontra la jeune étudiante Hannah Arendt, dont Hans Jonas, son ami, disait qu'elle « possédait une intensité, une direction intérieure, un instinct de la qualité, une quête tâtonnante de l'essence et une façon d'aller au fond des choses qui répandait une aura magique autour d'elle [25] ».

Est-ce la rencontre de deux magiciens ou bien une histoire d'amour ordinaire ?

Arendt reçut vers la fin du semestre la lettre suivante :

10 II 25

Chère Mademoiselle Arendt,

Il faut que je vienne ce soir encore auprès de vous, en m'adressant à votre cœur.

Tout doit être simple, limpide et pur entre nous. Alors seulement nous serons dignes d'avoir eu l'heur de nous rencontrer. Que vous ayez été mon élève, et moi votre maître, cela ne fut jamais que l'occasion propice à ce qui nous est arrivé.

Jamais je ne pourrai m'arroger le droit de vous vouloir pour moi, mais vous ne sortirez plus de ma vie, à quoi elle devra une vivacité accrue.

Nous ne savons jamais ce que nous pouvons devenir pour d'autres, à simplement être. Encore que nous sachions fort bien, à la réflexion, combien nous pouvons être destructeurs à leur égard, et leur mettre d'entraves.

Quant à la voie que va prendre votre vie encore si juvénile, cela demeure en réserve. Qu'il nous suffise de nous plier à cette vie à venir. Ma loyauté envers vous vise uniquement à vous être de bon secours pour que vous demeuriez loyale envers vous-même [26].

Une intimité s'était créée entre eux, même s'ils s'en tenaient encore au vouvoiement. Elle rendait Heidegger audacieux. Ils s'étaient probablement parlé plusieurs fois aux heures d'audience ou à d'autres occasions de la vie universitaire. Cette première lettre [27] est pourtant l'expression de quelqu'un qui cherche à se donner une contenance. C'est une mise au point pleine de tâtonnements et d'interrogations sur ce que l'intrusion de l'amour a provoqué dans sa vie. L'amour avait brouillé la relation professeur-élève. Le cadre social qui les protégeait était sur le point de céder. Heidegger essaie de comprendre cette relation dans les termes de sa pensée. Mais quelque chose s'était passé qui dépassait sa capacité d'entendement. Cette jeune fille n'était pas pour lui, il le savait. Il oscillait entre des sentiments paternels et protecteurs et une passion amoureuse presque inavouée. Il hésitait entre proximité et distance :

> Que nous ayons eu la chance de nous rencontrer, à nous de le préserver au-dedans de nous à la mesure d'un don accordé, et gardons-nous de le défigurer en sa pure impétuosité par des illusions complaisantes ; autrement dit, n'allons pas nous imaginer quelque chose comme une amitié éthérée où seules les âmes s'éprennent l'une de l'autre, car cela n'existe pas entre des êtres humains [28].

Cette dernière phrase peut être lue comme un commentaire – involontaire bien sûr – sur sa relation avec Jaspers. Celui-ci implorait toujours une amitié spirituelle totale. C'était pour Heidegger une demande très difficile à satisfaire. Il y voyait un mensonge, car cela revenait à mettre de côté l'écart et la distance qui pour lui sont toujours présents même dans l'amitié.

Face à cette jeune femme, il aborde la question de l'« entre-deux » qui se manifeste dans l'expérience de la différence. Mais il ne comprend pas cette différence de manière statique. Elle change, elle se transforme. Symbiose et différence, proximité et éloignement ne doivent pas s'opposer comme des termes antithétiques. Ils sont la condition l'un de l'autre, non pas sur le mode de la relation dialectique, mais sur celui de la relation d'être.

Entre la première rencontre et cette lettre, les deux amants avaient dû faire une promenade ensemble, car Heidegger s'excuse pour son emportement en chemin. Peut-être l'a-t-il serrée tout d'un coup contre lui ? Il conclut la lettre en liant ces émotions à son travail philosophique : « j'aimerais en tout cas vous dire merci et, en posant un baiser sur votre si beau front, faire passer dans mon travail la bénédiction qu'est la pureté limpide de votre être [29] ».

Le cadre conventionnel dans lequel Heidegger vivait ne s'était pas encore brisé. Il tenait bon pour quelque temps encore. L'ébranlement existentiel le guettait. Il essayait en attendant de s'expliquer philosophiquement ce qui s'était passé. Les mots qu'il écrit semblent si pédants et guindés. Mais il parlait de la même façon à sa femme et sans doute aussi à ses enfants.

Au moment où l'amour le surprend, un poème de Friedrich Schiller jaillit soudain de sa mémoire.

La jeune fille de l'étranger

Dans une vallée, chez de pauvres bergers,
Apparaissait à chaque nouvelle année,
Dès que voletaient les premières alouettes,
Une belle et merveilleuse jeune fille.

Elle n'était pas née dans la vallée,
On ne savait pas d'où elle venait
Et on perdait vite ses traces,
Dès que la jeune fille prenait congé.

Elle était d'heureuse compagnie
Et tous les cœurs s'ouvraient à elle
Pourtant sa dignité, sa grandeur
Éloignaient la familiarité.

Elle apportait des fleurs et des fruits,
Mûris dans une autre campagne,
Sous un autre soleil,
Dans une nature plus heureuse.

Elle partageait ses dons avec chacun
À celui-là des fruits, à celui-ci des fleurs,
L'adolescent et le vieillard avec sa canne,
Tout un chacun rentrait à la maison avec un cadeau.

Tous les hôtes étaient les bienvenus,
Alors un couple d'amoureux s'approcha,
À qui elle remit le plus beau cadeau,
La plus belle de toutes les fleurs [30].

Au mois de février 1925, leur relation, comme les lettres de Heidegger le suggèrent, devient une histoire d'amour passionnelle. Il la tutoie maintenant et ne s'adresse plus à elle sous la double figure du professeur-amant, mais seulement comme son amant, qui se trouve également être son professeur. Le thème de « la proximité et de la distance dans l'amour » resurgit sans cesse dans ses lettres.

> 21 II 25
> Chère Hannah,
> Pourquoi l'amour est-il d'une richesse sans commune mesure avec d'autres possibilités accordées à l'être humain, et un suave fardeau à ceux qu'il atteint, sinon parce que nous nous métamorphosons en ce que nous aimons tout en demeurant nous-mêmes ? Envers ce que nous aimons, nous éprouvons alors de la gratitude, et ne trouvons rien qui y satisfasse.
> Remercier, cela ne se peut qu'en se faisant soi-même remerciement. Il appartient à l'amour de métamorphoser la gratitude en loyauté envers soi-même comme en foi inconditionnelle en l'autre. Ainsi l'amour ne cesse-t-il d'amplifier notre propre secret.
> La proximité consiste, en l'occurrence, à être dans l'extrême distance par rapport à l'autre, distance qui ne

laisse rien devenir flou, mais au contraire permet à un « toi » de se situer au sein de ce qu'a de diaphane mais aussi d'inconcevable, en une telle manifestation, le fait tout bonnenment qu'elle ait eu lieu. Que la présence de l'autre fasse soudain irruption en notre vie, il n'est pas en notre pouvoir ni en nos ressources d'en endiguer le flux. Une destinée humaine s'offre à une humaine destinée, et se mettre au service du pur amour, c'est alors garder ce don de soi aussi vivace qu'au premier jour [31].

Une histoire d'amour commence dont chacun sait qu'elle n'est pas permise et qu'elle est pourtant inévitable. Les amants doivent cacher leurs sentiments aux autres. Heidegger les dissimule à ses collègues et à ses rares amis, notamment à Jaspers. Sa femme surtout ne doit rien savoir de cette relation, – n'est-il pas le père de deux enfants ? Elfride souffrait de ses rapports directs avec les jeunes femmes. Elle devait déjà supporter que son mari entretenât une correspondance avec son amie, Elisabeth Blochmann, une jeune femme intelligente qui ne possédait cependant pas le rayonnement extraordinaire de cette Hannah. Celle-ci le renversait littéralement. Elle lui faisait perdre toute son assurance. Il était ému, ébranlé. Sa passion l'élevait vers des sommets insoupçonnés d'émotion. De son côté, Hannah n'avait qu'à se protéger de son cercle d'amis et de ses camarades d'études. Elle pouvait en dehors de ces quelques précautions se livrer entièrement à l'amour.

Ils se voyaient à des soirées de discussion. Heidegger donna un soir une réception en l'honneur de la venue d'Edmund Husserl à Marbourg.

Lors des soirées Husserl, la seule fausse note était le zèle factice que chacun mettait à vouloir à tout prix l'emporter dans la discussion. Je me suis réjoui d'autant plus en pensant à toi, bien tranquillement dans ton coin [32].

Elle ne devait rien dire. Elle ne ressentait probablement pas un besoin pressant de parler. Elle était tout entière à sa fascination pour ce *logos* universitaire qui se donnait en spectacle ce soir-là sous ses yeux.

L'amour avait vraiment ébranlé Heidegger.

> 27 II 25
> Chère Hannah,
> Le démonique m'atteint de plein fouet. L'apaisante prière de tes chères mains jointes et ton front resplendissant en sont les âmes tutélaires, dans la transfiguration qu'en accomplit ta féminité.
> Jamais rien de tel ne m'est arrivé[33].

C'était la fin du semestre. Les étudiants rentraient chez eux. Hannah était à la veille du départ. Sa mère, entre-temps, s'était mariée à Martin Beerwald, un veuf, père de deux filles, Eva et Clara. Ils habitaient maintenant au 6 de la Busolstrasse dans la maison Beerwald.

Heidegger lui envoya un « petit livre » en « symbolon » de sa gratitude. Il lui priait de lui envoyer avant son départ un petit signe, quelques mots de salutation, quelques lignes. À la fin de la lettre, on lit « je suis si content pour ta mère ». Est-ce que la mère d'Arendt avait prévu de rendre visite à sa fille à Marbourg au début du second semestre ? Entre-temps, Clara Beerwald, la sœur par alliance d'Hannah, s'était installée elle aussi à Marbourg. Dans sa lettre, Heidegger s'intéresse aux origines d'Hannah et à son histoire familiale. Peut-être lui avait-elle montré une photographie de sa mère ? Peut-être lui avait-elle raconté que Martha Arendt était une femme éduquée qui s'intéressait à la culture et aux questions de son temps ? Lui avait-elle dit également que sa mère était une social-démocrate de gauche et une admiratrice de Rosa Luxemburg ? Il savait sans doute qu'elle était juive. Mais tous ses meilleurs étudiants n'étaient-ils pas juifs ?

Puis chacun partit, elle chez sa mère et sa famille à

Königsberg, et lui dans sa « hutte » à Todtnauberg. Il lui écrit de sa retraite le 21 mars 1925 :

> Lorsque la tempête fait rage autour du chalet, je songe à une « tempête toute nôtre », ou bien encore me revient la paisible promenade où les bords de la rivière de la Lahn guidaient nos pas, à moins qu'un moment de répit ne me surprenne tout absorbé dans une rêverie que suffit à susciter la seule évocation de la jeune fille qui, d'un imperméable vêtue, le rebord de son chapeau baissant la garde devant ses yeux dont il souligne le regard voilé d'une souveraine quiétude, de cette jeune fille qui franchit la première fois le seuil de mon bureau, gratifiant de réponses parcimonieuses, empreintes de retenue et de pudeur, les questions qui lui étaient posées – et, reportant cette évocation au dernier jour du semestre, je sais alors décidément que la vie est histoire [34].

Heidegger se sent à la fois confus et lucide, subjugué et revigoré, distrait et concentré. Cette jeune femme a mis sa vie sens dessus dessous, mais elle l'a également aidé à y voir plus clair. Il n'avait jamais vécu une telle histoire d'amour. Il s'était pourtant ressaisi entre-temps. Le travail pouvait reprendre la place prépondérante qu'il occupait dans sa vie. La passion était devenue une force motrice de son travail : « Submergé de travail, je me réjouis de ta prochaine venue [35]. »

Au milieu du mois d'avril 1925, Arendt se rend à Kassel avec son ami d'enfance Paul Jacoby pour assister aux conférences qu'y donnait Heidegger. Il lui parlait dans ses lettres des sujets qu'il allait aborder dans ses allocutions. Les questions où il était tant en désaccord avec Jaspers le préoccupaient encore :

> Ce qui m'importe, c'est de clarifier la différence entre la formation de visions du monde et la recherche philosophique éprise de scientificité, au fil de la question concrète de l'essence et du sens de l'histoire. Cette élucidation n'est

possible toutefois qu'en recourant à la conceptualité scientifique. En sorte que mes recherches aboutissent toujours à
ceci que les conférences deviennent quelque chose d'absurde
pour le « grand public ». Mais j'en ai pris l'engagement, à
moi maintenant de me débrouiller tant bien que mal [36].

Heidegger n'appréciait pas seulement Arendt comme
une auditrice rayonnante et silencieuse, il partageait avec
elle ses peines. Une de celles-ci était qu'il exigeait dérai-
sonnablement trop de son auditoire dans ses conférences
publiques qui s'adressaient à la bourgeoisie cultivée de
l'époque. Il n'y pouvait rien, la philosophie demande un
effort intellectuel. Elle n'est pas facile d'accès pour un
public qui aime les nourritures de l'esprit faciles à digé-
rer. Cependant, les gens étaient très curieux de connaître
ce jeune philosophe. Ils venaient l'écouter, même s'ils ne
le comprenaient pas.

Les rencontres secrètes après les conférences étaient
minutieusement arrangées à l'avance :

> En tout cas, *après* la conférence je prendrai congé comme
> chaque soir de mes connaissances et de mes hôtes, pour
> prendre la ligne n° 1 du tramway, direction Wilhelmshöhe,
> jusqu'à la dernière station – sans doute pourrais-tu prendre
> la rame suivante, comme si de rien n'était. Auquel cas je te
> raccompagnerais [37].

Auparavant, au mois de mars ou au mois d'avril, elle lui
avait envoyé un texte intitulé « Ombres » qui lui était dédié.
Le titre fait référence à la parabole de la caverne chez
Platon et au cours sur *Le Sophiste* et le *Philèbe* que Heidegger avait donné au semestre d'hiver 1924-1925. Il s'agit
d'un essai d'auto-analyse de la jeune étudiante qui s'appuie
sur les idées élaborées par Heidegger dans ses cours. C'est
un texte touchant, qui oscille entre l'expression immédiate
des sentiments et un effort d'abstraction intellectuelle un
peu forcé. Sa difficulté à exprimer ses propres sentiments

apparaît particulièrement dans la transformation du « moi » narrateur en un « elle ». Il y a au cœur de ce texte une angoisse toute-puissante : « Une peur de bête aux abois vu qu'elle ne se voulait ni pouvait protéger, liée à l'attente presque factuellement à même de jauger quelque cruel dessein, lui rend de plus en plus inabordables les choses de la vie les plus élémentaires et les plus évidentes. » Le mot « angoisse » apparaît au fil du texte dans de nombreuses formules : « l'angoisse face à l'existence » (*Angst vor dem Dasein*), « elle avait succombé à l'angoisse ». Face à cette angoisse, il y a l'« inflexible dévotion envers un être unique », le désir et la passion [38]. Arendt dépeint dans ce texte sa scission, sa déchirure intérieure entre « ici et maintenant et ailleurs et là-bas [39] ». Elle parle de sa « véritable passion du singulier » et s'étonne des banalités du quotidien. « Ombres » est un document autobiographique. L'auteur cherche à y interpréter sa situation existentielle fragile dans les termes de la pensée de Heidegger. L'image qui se dégage de la lecture de ce texte est celle d'une jeune femme qui, à la suite de sa première passion amoureuse, se sent devenue étrangère à elle-même, souffre de l'angoisse de la séparation et se trouve comme jetée hors du cours normal de la vie quotidienne. Sa position d'outsider en tant que femme et en tant que Juive n'est abordée qu'implicitement. Elle se manifeste dans l'expression d'une conscience de sa propre singularité, dans l'impression de n'appartenir « à rien ni à nulle part », dans l'angoisse face à sa propre vulnérabilité, dans l'impression d'étrangeté. « Ombres » est un texte entièrement ouvert. La jeune Arendt se sent errer sur une ligne de crête périlleuse et elle veut partager ce sentiment avec la personne qu'elle aime – l'autre auquel elle s'adresse dans ce texte. Elle désire lui faire comprendre la chute qui la menace à chaque instant. Elle prend son parti du fait que son amant a peur des conséquences de leur liaison. Elle envisage une issue ouverte à cette expérience liminale. Peut-être va-t-elle sombrer, peut-être va-t-elle renaître et parvenir à un nouveau moi :

Il est possible que sa jeunesse conjure le sort qui lui fut jeté, et que son âme trouve, sous d'autres cieux, à se livrer et délivrer, surmontant par là même maladie et égarement, apprenant la patience et la robuste simplicité de ce qui croît organiquement en toute liberté – encore qu'il soit plus vraisemblable qu'elle continue à vivoter tant bien que mal au gré d'expériences sans lendemain, et d'une curiosité déboussolée, jusqu'à ce que la fin tant attendue, jusqu'à ce qu'elle survienne à l'improviste, cette fin tant attendue, et mette un terme arbitraire aux vains efforts qu'elle aura déployés [40].

Elle n'allait pas bien, la mort hantait ses pensées. Il était ému et essayait de la consoler comme un père. Le 24 avril – Arendt était revenue entre-temps à Marbourg –, il lui écrit :

> C'est ton « milieu » qui a projeté « Les ombres », et le temps de la maturation brusquée d'une vie dans la fleur de sa jeunesse.
> Je ne pourrais t'aimer si je n'étais intimement convaincu que tout cela n'est pas *toi*, mais des défigurations et des illusions qui ont amené cette manière de s'effilocher soi-même, plaquée du dehors et parfaitement injustifiée.
> Ton émouvante confession ne m'ôtera pas la foi dans les ressorts ô combien riches ! de ton existence. C'est même au contraire, à mes yeux, la preuve que tu as su déboucher à l'air libre, bien que le chemin doive être encore long pour te dégager de ces meurtrissures de l'âme, qui ne sont pas véritablement tiennes [41].

Dès son premier semestre d'études, elle s'était introduite dans le monde de Heidegger, et ce contact intensif avec sa philosophie nouvelle tout comme l'amour qu'elle éprouvait pour lui avaient dû la perturber. À Königsberg, elle était encore la fille de sa mère et l'amie de jeunes gens sans soucis ni tourments. Elle souffrait du contraste entre le quotidien à la maison avec son cortège d'affaires qui n'avaient plus pour elle la moindre importance mais qui pourtant remplissaient ses journées, et le souvenir du monde philosophique de Marbourg. Heidegger parle dans sa lettre de sa force et émet la conjecture suivante : « c'est qu'une assurance et une sûreté sans faille ont élu domicile en ta vie [42] ».

Pendant ce temps, il était dans sa hutte. Il lui parlait dans ses lettres de l'hiver merveilleux. Il aurait préféré qu'elle soit auprès de lui, mais il ne pouvait ainsi disposer d'elle. Il commençait même à se réconcilier avec Marbourg, cette ville universitaire étouffante :

> Marbourg m'apparaît sous un jour plus aimable depuis cet hiver, et c'est bien la première fois que je suis heureux à l'idée d'y retourner.
> Les montagnes, les forêts et les jardins d'antan sauront faire bonne figure dans l'attente de ta venue. En espérant que s'en trouvera du même coup banni l'esprit paralysant qui, en ce qui me concerne, a hanté ces lieux dès mon installation [43].

Cette réconciliation ne dura pas longtemps. Marbourg ne lui fut qu'un temps supportable. Trois ans plus tard, il écrit à Jaspers : « Je ne peux rien vous citer qui parle en faveur de Marbourg. Pas une heure, je ne m'y suis senti bien [44]. »

Mais alors qu'il écrivait ces lignes, Hannah l'avait déjà quitté et elle ne pouvait plus embellir sa vie à Marbourg.

Dans les mois qui suivirent, ils s'écrivirent des lettres tous les deux ou trois jours. Comme nous ne disposons que des lettres de Heidegger, il est bien plus aisé de parler de son état d'esprit que de celui d'Arendt.

À son retour de Königsberg pour le début du semestre d'été, elle vint à sa rencontre toute rayonnante. Pendant leur séparation, une profonde intimité, une franchise presque cruelle, s'était créée entre eux deux. Il lui remit un manuscrit. Il se réjouissait de la joie qu'elle exprimait devant cette marque de confiance. Elle lui donna ce qui devait être sûrement son premier opus. Il lui était dédié. Il en fut très touché[45]. Quelques jours plus tard, il la rencontra par hasard à un concert. Il ne put supporter de la voir sans la toucher, il quitta la salle[46].

Dans un passage de sa lettre, Heidegger lui conseille de ne pas prendre en notes son cours de quatre heures sur « L'histoire du concept de temps. Prolégomènes à une phénoménologie de l'histoire et de la nature », mais plutôt d'écouter et de suivre sa démarche de pensée[47]. Ils s'échangent des poèmes. Il lui dit d'apporter les poèmes de George dont elle lui a parlé[48]. Heidegger aimait les poèmes de Stefan George, même s'il n'appréciait pas trop la personnalité publique de ce poète. Sa pensée était diamétralement opposée à l'insistance grandiloquente de George sur l'empathie.

Il est si transporté par l'une de leurs rencontres qu'il en pleure. Il lit le traité *De gratia et libero arbitrio* de saint Augustin pour se calmer[49]. Arendt écrira plus tard sa thèse de doctorat sur le concept d'amour chez saint Augustin. Ce père de l'Église était plus qu'un consolateur spirituel, il avait été élu pour être le pont entre l'Antiquité et l'époque moderne et être le témoin de leur amour.

En dehors de son histoire d'amour avec Heidegger, Arendt menait une vie normale. Elle partait en randonnées avec des amis dans les alentours de Marbourg. Elle faisait partie de cercles universitaires et participait à des débats d'étudiants. Pendant ce temps, Heidegger pensait à elle avec nostalgie[50]. Leurs rencontres secrètes demandaient un sens de l'organisation très développé et étaient souvent reportées en raison de ses obligations de professeur[51]. Leur relation s'établissait, elle n'était plus aussi impulsive qu'au début. Arendt avait retrouvé peu à peu sa confiance en soi, Heidegger s'en rendait compte. « Autre est devenue l'expression de ton visage, je m'en étais d'ailleurs aperçu en cours, au point d'en être interloqué [52]. » Elle était partie avec des amis en voyage pour la Pentecôte, et cette escapade l'avait bien détendue.

Heidegger n'est pas moins préoccupé dans ses lettres par leurs rapports charnels que par le phénomène de l'amour. Il parle souvent de « l'amour [53] » en général. Le secret de l'amour, il le savait bien, est la rencontre dans laquelle l'autre en changement constant franchit les limites de son altérité et redessine dans le même geste les frontières de celle-ci. Lorsqu'il la rencontrait par hasard seule ou en compagnie d'amis ou d'amies, cette entrevue le travaillait et il lui fallait absolument partager avec elle ses sentiments. Ils avaient l'un pour l'autre tous ces petits signes auxquels les amants se reconnaissent. Ce fut donc un semestre d'été de bonheur pour eux deux. Il lui exprima toute sa gratitude lorsque les cours touchèrent à leur fin. Puis il partit de nouveau pour sa « hutte » à Todtnauberg, et elle rentra à Königsberg.

Il se sentait bien dans l'air pur des prairies, des bois, ou sur les hauteurs de la Forêt-Noire. Il récupérait de son semestre et faisait des promenades solitaires. C'est dans cette atmosphère qu'il parvenait à travailler.

> C'est une magnifique méditation que d'aller à l'aventure entre les sapins [...]. Chaque sentier forestier m'est connu comme chaque petite source, la moindre passée de chevreuil ou le moindre gîte d'un coq de bruyère.
> Dans un tel milieu, le travail prend une autre consistance que lorsqu'on évolue parmi les querelles et les intrigues du corps professoral [54].

Il lui conseille dans la même lettre des lectures pour le prochain séminaire de Bultmann qui sera consacré à l'évangile de saint Paul. L'*Hypérion* d'Hölderlin qui ne quittait pas sa table de travail était pour lui la marque que « ton être et ton amour font partie intégrante de mon travail et de mon existence [55] ». La mère d'Hannah avait promis de lui acheter un équipement de ski pour l'hiver prochain. Il voulait faire avec elle des randonnées à ski dans les alentours de Marbourg. Il s'imaginait déjà que Clara Beerwald, la sœur par alliance d'Hannah et la future pianiste, lui jouerait quelques pièces de musique. À l'automne, il sort de sa hutte et descend de ses montagnes pour se rendre à Fribourg où il s'entretient deux jours avec Husserl. Au passage, il rend visite à ses parents à Messkirch. Ensuite il se rend chez Jaspers à Heidelberg. Il lui rappelle à nouveau de bien se préparer pour son séminaire et pour celui de Bultmann. Au début du semestre, ils se rencontrent à l'abri des regards. La lettre suivante de Heidegger dans la correspondance publiée est datée du 10 janvier 1926. Deux lettres d'Arendt, au moins, avaient dû la précéder. Elle lui faisait certainement part de sa décision de quitter Marbourg. Cette résolution provenait très probablement de l'impression d'avoir été oubliée par son amant. Dans la lettre de Heidegger du 10 janvier apparaît un trait dérangeant de sa personnalité. Dans ses périodes intenses de travail, il pouvait se couper de toute relation humaine. Ce qui dans la lettre sonne comme un aveu n'est en fait que la description d'un état de bonheur et d'ivresse qui avait parfois pour conséquence la souffrance de ses proches :

> Je ne t'ai pas oubliée par indifférence, ni non plus parce que nombre de circonstances extérieures se sont interposées, mais parce qu'il me fallait t'oublier et que je t'oublierai aussi souvent que mon travail atteindra sa phase d'ultime concentration. Ce n'est pas là une question de jours ni d'heures, mais un processus dont la préparation peut durer des semaines, voire des mois entiers, pour ensuite s'évanouir.
>
> Prendre un tel recul face à tout ce qui est humain, prendre ainsi congé de tous les rapports qui ont pu se nouer, c'est là ce que je connais de plus grandiose en matière d'expériences humaines, pour ce qui est de la création, et c'est là, eu égard aux situations concrètes, la plus grande

malédiction qui vous puisse atteindre. C'est là un arrache-cœur, et il arrive que l'on s'opère vivant.

Le plus difficile, c'est que cet isolement ne peut se chercher d'excuses en invoquant par exemple le labeur fourni, parce qu'il n'y a pas pour cela de critères, et parce qu'on ne peut lui trouver de commune mesure en s'en remettant au règne des affaires humaines. Tout cela, c'est un poids à porter, et encore de manière telle qu'on ne doit guère se confier, même aux proches[56].

On peut lire ce passage comme l'expression d'une cruauté à l'égard de la personne aimée. Mais on peut y voir aussi l'attitude conséquente d'un homme porté par sa vocation. L'effort de concentration qu'a exigé la rédaction d'*Être et Temps* – dont on sait seulement depuis peu qu'il eut lieu au cours de l'année 1926 – n'a donc pu se réaliser qu'au prix d'un retrait complet du monde et des relations humaines[57].

Il est possible de discerner dans l'attitude de Heidegger un piège qu'il se tendait à lui-même. Il s'était enfermé dans un état existentiel où il se consacrait à la pensée tout en se séparant violemment de tout et de tous. Il en souffrait bien sûr, mais il libérait par là une énergie immense pour la création. Quand cet état d'ivresse intellectuelle se dissipait, il lui fallait alors à nouveau se livrer à la vie en commun et à ses proches jusqu'à la prochaine période de concentration. Heidegger aborde lui-même dans sa lettre ce que ce processus a de traumatisant quand il parle de « temps de violence[58] ». Cette oscillation entre rupture et retrouvailles, entre attraction et rejet, entre chaleur et distance, entre symbiose et séparation ne soumettait pas seulement la personne aimée à des revirements brutaux, elle agissait sur lui également et ne le laissait pas indemne.

Heidegger essaie dans sa lettre d'éviter la rupture. Il interprète son départ comme un passage à un autre niveau de relation. Il refuse de considérer avec peine leur adieu. Il y voit le signe d'une nouvelle phase de sollicitude réciproque. Elle fait bien, selon lui, de s'en aller. Ceux qui restent à Marbourg sont de toute façon des esprits rébarbatifs qui se reposent sur leurs maigres lauriers. Ce jugement ne s'appliquait pas bien sûr à sa personne. La résolution d'Hannah de partir l'aidera « à assainir l'atmosphère. S'il y a du bon à en attendre, c'est à la mesure du sacrifice qu'elle exige de nous deux [59] ». Il se sacrifiait en la laissant partir, mais il y gagnait un air purifié. Elle se sacrifiait en s'arrachant à celui qu'elle aimait, mais elle y gagnait « un monde nouveau », de nouvelles expériences, de nouvelles rencontres et de nouvelles stimulations intellectuelles.

À la fin du semestre d'hiver 1925-1926, elle fit ses bagages et partit. Commence alors une période d'incertitude. Si l'on en juge par leur correspondance, on remarque qu'elle garde le silence. Elle voulait visiblement reproduire la même distance que celle dont elle avait souffert lors de la période de travail intensif de Heidegger. Six mois plus tard, elle lui fit transmettre ses salutations, apparemment par l'intermédiaire de son ami, Hans Jonas. Heureux et soulagé, il lui écrit une lettre de réponse où il avoue qu'elle lui manque. Il exprime le désir de la rencontrer. Mais la rencontre n'a pas lieu. Il l'épiait. Lors d'un séjour à Heidelberg, en 1927, il erre à sa recherche, mais ne la trouve pas. Il demande de ses nouvelles à Jaspers sans rien laisser transparaître de leur relation. Celui-ci lui apprend qu'elle se serait fiancée. Heidegger réussit dans la lettre qu'il écrit quelque temps plus tard à transformer ce choc en un don de renoncement :

Chère Hannah, c'est comme si la grâce m'avait été donnée d'offrir quelque chose de grandiose, comme une ultime gerbe, pour recevoir ce présent en retour, et son offrande même, comme une nouvelle possession. Il n'est pas encore en mon pouvoir de me remettre de ce que ces heures m'ont laissé entrevoir d'inouï dans notre existence, et encore moins de le circonscrire au juste. Sur ce, je suis reparti de plus belle à ta recherche, en vue de fêter avec toi l'événement, jusqu'à ne plus savoir où donner de la tête et à me résoudre à plier bagage [60].

Il se retire. Dans une autre lettre, il lui demande très humblement s'il pourrait avoir une photographie d'elle, peut-être un cliché de leur séjour sur la mer Baltique [61]. Mais Arendt ne s'était pas fiancée, comme Jaspers l'avait cru, à Benno von Wiese, le fils doué du célèbre Leopold von Wiese. Elle voulait simplement se libérer de l'emprise de Heidegger sur sa vie. Elle avait donc eu un temps une liaison avec von Wiese. Jaspers ne pouvait accepter cette histoire passagère qu'en lui donnant un statut officiel.

1927 fut riche en événements. *Être et Temps* parut cette année-là. Heidegger reçut une proposition de nomination à la chaire de philosophie de Marbourg pour prendre la suite de Nicolai Hartmann. Il s'était déjà présenté en 1925 pour cette même chaire. C'était donc pour lui une satisfaction tardive. Mais au ministère de la Science à Berlin, on avait exigé que le futur titulaire de cette chaire puisse au moins se prévaloir d'une publication importante. Nicolai Hartmann et d'autres collègues l'avaient donc enjoint d'accélérer la publication d'*Être et Temps*, ce qu'il fit. Le manuscrit auquel il travaillait depuis des années fut donc remanié en toute hâte pour être publiable. Il allait lui assurer une gloire et une renommée internationales.

« *Être et Temps* »

Être et Temps devait à l'origine être un ouvrage en deux volumes. Dans la première partie, Heidegger voulait traiter de la dimension temporelle de son ontologie fondamentale. Dans la seconde, il prévoyait d'étudier en profondeur et d'élucider la tension entre ontologie et temporalité chez Descartes, Aristote et Kant. Seul le premier volume fut finalement mené à bien, et encore pas dans son entier. La dernière section du premier volume et le second volume ne furent jamais écrits. Une partie du programme du second volume fut certes accomplie sous une autre forme. Il s'agit de l'étude de Heidegger sur Kant publiée en 1929 sous le titre *Kant et le problème de la métaphysique* à la suite du fameux débat de Davos entre lui et Ernst Cassirer.

Être et Temps fit sensation. Bon nombre de ses collègues le comprirent comme une déclaration de guerre. D'autres pressentaient que ce livre allait être un tournant dans l'histoire de la philosophie.

> Le titre est un manifeste. Traditionnellement, *Sein* est intemporel. Dans la métaphysique qui vient après Platon, l'exploration de l'être, de l'essence située dans ou derrière l'apparence, est précisément une quête de ce qui est constant, et demeure éternel dans le flux du temps et du changement. Ce que le titre de Heidegger proclame est différent : *Sein und Zeit*. L'être lui-même est temporel (*zeitlich*) [...] [62].

Heidegger considérait le néokantisme dans cette ouvrage moins comme une école que comme la dernière expression en date de l'idéalisme. Il « mondanisait » le sujet de la connaissance et de la raison d'une façon qui mettait un terme définitif au dualisme du néokantisme.

Être et Temps était à la fois une radicalisation de la phénoménologie et une rupture avec celle-ci. Heidegger y présentait en effet une *méthode phénoménologique* qui allait bien au-delà de celle de Husserl. La contribution décisive de Heidegger a été de situer le sujet dans une position complètement autre que celle qu'il pouvait avoir dans les différentes doctrines transcendantales du sujet. Il ne s'agissait plus d'un sujet autonome au sens classique. Il était question d'un *être-là* (*Dasein*) qui n'était pas en situation de maîtrise, mais qui, au contraire, était exposé. Cette perspective de pensée provenait également du fait que

Heidegger posait la question de la vérité d'une façon complètement différente de l'approche normative courante. La révolution copernicienne de Heidegger consistait en ceci qu'il abordait l'homme entièrement à partir de sa provenance de l'être et non à partir de ses idées. Tel un bûcheron, il se frayait un chemin dans l'histoire de la philosophie pour libérer la question du rapport de l'homme à l'être des gangues que l'histoire lui avait imposées et pour présenter celle-ci comme *la* question fondamentale de la philosophie depuis l'Antiquité. Mais ce n'était pas tout. Il ne se contentait pas de s'opposer à la philosophie moderne, il mettait au jour la temporalité même de l'être, c'est-à-dire l'historialité de la pensée philosophique sur la question de l'être. Il remettait par là en cause la prétention de vérité dans sa forme classique. Il renversait également la fondation métaphysique de l'être et l'instauration de son sens. Le sujet transcendantal et les valeurs transcendantales comme la raison ou les idées *a priori* étaient réduits à de simples tentations qui égaraient l'esprit. La vérité et les critères de l'action devaient être saisis et acquis d'une autre manière. L'étonnement et l'effroi devant la radicalité de cette exigence firent naître chez bon nombre de contemporains de Heidegger le soupçon qu'*Être et Temps* était l'œuvre d'un révolutionnaire. Après 1945, certains tentèrent d'identifier dans *Être et Temps* les germes d'une pensée inhumaine.

La démarche de pensée surprenante d'*Être et Temps* se manifestait dans l'approche entièrement nouvelle de la question du sujet qu'inaugurait Heidegger en faisant de celui-ci une créature jetée et exposée à l'être. Le sujet ne peut accéder à lui-même que dans la compréhension de soi comme être-là et dans le questionnement de son rapport à l'être[63]. Cela revenait à comprendre le sujet comme le tout un chacun de la réalité quotidienne.

On remarque dès le début de l'ouvrage que Heidegger définit tout à fait autrement le rapport du sujet au monde. La voie qu'il choisit n'est pas celle de la transformation ou du rejet de certaines thèses classiques, mais celle de la révélation presque brutale du fait que le sujet est au monde qui l'entoure sans le cadre protecteur de l'instauration traditionnelle du sens.

Les thèses principales de la première partie d'*Être et Temps* étaient : l'être de l'homme est l'être-là ; le noyau de l'être-là est la quotidienneté[64] ; l'être-là se détermine à partir de l'existence de l'homme prise dans sa tension entre l'angoisse et la mort, et non pas à partir des idées ou d'autres instaurations de sens de cet acabit ; l'être-là est placé en nous comme une possibilité ; l'être-là authentique est un être-au-monde ; il est souci et sollicitude. L'homme doit s'interroger sur l'être pour accéder à la possibilité de son être-là. Ce n'est qu'à travers cette interrogation qu'il peut rendre possible un être-là authentique[65].

Dans une lettre qu'il écrivit de Todtnauberg le 20 août 1927 à son élève Karl Löwith devenu rapidement l'un de ses premiers détracteurs, Heidegger essaie de présenter de manière concise l'argument d'*Être et Temps* pour répondre aux critiques de Löwith sur son ontologie fondamentale. Celui-ci avait formulé cette critique dans sa thèse d'habilitation, ce qui était là un geste courageux et provocateur qui forçait le respect :

> La « nature » de l'homme n'est pas quelque chose en soi qui est rattaché ou pour ainsi dire collé à l'esprit. La question est : est-il possible d'obtenir un fondement et un fil conducteur pour l'interprétation conceptuelle de l'être-là à partir de la *nature* ou bien à partir de « l'esprit », ou bien d'aucun des deux si ce n'est à partir de « la totalité » de sa structure d'être originelle[66] ?

La vieille dualité de l'esprit et de la nature dont la théologie et la métaphysique ont fait le fondement de leur pensée doit être « surmontée ».

S'il n'y a plus de dualisme de la nature et de l'intellect, du corps et de l'esprit et de l'essence et de l'existence, alors il n'y a pas non plus de dualisme entre le connaître en tant qu'activité intellectuelle pure et l'être en tant que facticité neutre. La connaissance doit donc être une guise de l'être-là et en tant que telle elle participe de l'être comme être-au-monde. « La connaissance [...] est un mode d'être du *Dasein* comme être-au-monde[67]. » Heidegger renversait donc la vision du monde cartésienne. Ce n'était plus *je pense, donc je suis*, mais *je suis un être-là, donc je pense*.

Une autre chose portait à confusion dans la démarche de Heidegger : il faisait apparaître le sujet classique comme un être composite étrange. D'un côté, le sujet en tant qu'individu est jeté dans le monde, ce qui signifie qu'il n'est pas en position de maîtrise. De l'autre, l'être-là est toujours déjà un être-avec. Or être-avec, c'est être-au-monde ou plutôt être avec d'autres.

Des possibilités contradictoires découlent de cette situation. Le danger de la perte de soi est lié à l'être-avec. Il prend la forme du « on » et de la mondanité commune des « ons ». Le « on » a quelque chose de menaçant.

> Le On est partout là, mais de telle manière aussi qu'il s'est toujours déjà dérobé là où le *Dasein* se presse vers une décision. Néanmoins, comme le On pré-donne tout jugement et toute décision, il ôte à chaque fois au *Dasein* la responsabilité. Le On ne court pour ainsi dire aucun risque à ce qu'« on » l'invoque constamment. S'il peut le plus aisément répondre de tout, c'est parce qu'il n'est personne qui ait besoin de répondre de quoi que ce soit. C'« était » toujours le On, et pourtant, on peut dire que « nul » n'était là. Dans la quotidienneté du *Dasein*, la plupart des choses adviennent par le fait de quelque chose dont on est obligé de dire que ce n'était personne[68].

L'existence inauthentique est toujours déjà donnée dans l'être-avec-les-autres, ce qui signifie qu'elle est inévitable. On distingue ici les contours d'une critique de la vie et de la culture urbaines, de la société de masse et de son espace public. La critique de la démocratie et de son principe d'égalité, telle qu'elle s'est colportée dans la philosophie depuis l'Antiquité, point également dans certains passages d'*Être et Temps*. George Steiner y voit une dénonciation radicale du « on » de la société totalitaire [69]. Cette dénonciation peut s'appliquer aussi à la société de masse démocratique. La tentation est grande de rattacher la figure heideggérienne du « on » à tel ou tel phénomène historique concret. Mais Heidegger a formellement récusé une telle application de sa pensée [70].

Le thème de l'« échéance » du « on » dans le monde commun n'est pas sans ambiguïté lui non plus. Cette échéance est certes donnée avec l'être-là lui-même, mais Heidegger la qualifie également de « possibilité positive ». Elle est positive dans la mesure où elle est la condition de possibilité du « combat » pour l'être-là véritable. L'angoisse face à l'échéance devenue déclin est un concept clé de ce combat visant à rapprocher l'être-là de son mode d'être-là authentique. De cette angoisse surgit la possibilité même du souci [71].

> Sous la pression de l'étrangeté, le *Dasein* vient à réaliser qu'au-delà de son être-avec et de son être-au-monde – les modes inéluctables du quotidien – il doit devenir un être-pour [72].

De là naît une sorte d'« éthique de la préoccupation » que Steiner formule dans une nouvelle inversion de la maxime de Descartes. Ainsi, ce n'est plus *je pense, donc je suis*, ni non plus *je suis, donc je pense*, mais *je me soucie de, donc je suis* [73]. Le souci serait donc la possibilité constitutive de l'être-là de se mouvoir dans le monde sur le mode de la préoccupation.

La deuxième section d'*Être et Temps* entreprend d'intégrer l'être-là à la temporalité de l'être. Seul un être-là qui ose faire l'épreuve de sa finitude n'obstrue pas son accès à l'être. Le concept du temps heideggérien qui semble si paradoxal nous arrive tout d'abord sous la forme d'une question : ce n'est que dans la mesure où l'être-là est qu'il peut y avoir un passé et un avenir.

Les rapports au temps sont marqués par l'être-jeté dans le monde et par la mort. Ne peut-on parler ici d'un retour dissimulé de la thématique de la déréliction et de la mortalité dont la théologie essaie sans cesse de dépasser les conséquences nihilistes ?

Le thème de la mort est en tout cas un thème marquant de l'époque. La vie et la mort s'affrontent à bras le corps dans l'expressionnisme. À la suite de la Première Guerre mondiale, la force explosive de la vie et la destructivité de la mort s'imposent et se heurtent l'une à l'autre.

Une nouvelle approche du rapport à la mort de l'être humain apparaît dans ces années-là chez Sigmund Freud. Heidegger (et Jaspers) récusait certes les conceptions de Freud qu'ils assimilaient au psychologisme. Mais d'où provenait cette contemporanéité du motif de la mort chez Heidegger et chez Freud ? Heidegger, en tout cas, rapprochait la facticité de la mort de l'instauration même du sens de la vie.

L'insertion de la mort dans l'être-là et dans la pensée avait ses racines dans le romantisme, et particulièrement dans la poésie romantique et dans son sentiment de la vie dont Heidegger était si proche. Mais elle provenait également de la tradition catholique. À quel point Heidegger se sentait-il proche de la thématique de la mort déjà évoquée chez Abraham a Santa Clara ?

À peine le brouillard est-il né, ce fils vagabond de la terre marécageuse, que déjà les rayons du soleil menacent de lui donner le coup de grâce. Ainsi, le brouillard ressemble à bien des égards à notre vie : *vix orimur morimur*. Notre premier souffle de vie est déjà un soupir de mort. Le premier instant de la vie humaine tombe déjà sous l'empire de la Faucheuse. Dès le premier lait bu au sein de la nourrice, l'enfant est conduit vers le veilleur décharné du monde, l'inconstance de la vie montre partout les plateaux de la balance de la vie et de la mort penchant d'un côté et de l'autre [74].

L'ancêtre en tirait la conséquence que seules la grâce accordée par Dieu et une vie dans la crainte du Seigneur et le renoncement peuvent diminuer l'effroi devant cette issue inévitable de la vie. Le descendant choisissait, lui, la direction opposée. La mort doit être acceptée non comme un destin aveugle, mais comme une certitude porteuse de la possibilité du sens. À la différence d'Abraham a Santa Clara, le fait de la mort chez Heidegger ne conduit pas à l'absurdité de la vie sans Dieu, au contraire, l'impossibilité de l'être-là dans la mort doit être comprise comme la condition préalable de la possibilité même de l'instauration d'un sens.

Si l'on s'interroge encore une fois sur ce qu'il y a de révolutionnaire, de surprenant ou d'effrayant dans cette œuvre inachevée qui semble presque fragmentaire, la réponse se trouve sans doute dans le retour heideggérien à des catégories comme l'être, l'être-là, la mort et le temps appliquées à de nouvelles dimensions de la pensée qui ne sont plus simplement intellectuelles. La nouveauté du livre tient plus encore au caractère intramondain et radicalement a-théologique de l'instauration du sens qui ouvre une dimension de la pensée inaccessible à la théologie. Elle tient enfin – et peut-être essentiellement – à la critique de la vie inauthentique qui s'affirme dans *Être et Temps*. Celle-ci pouvait rejoindre aussi bien la critique marxiste de la vie aliénée (réifiée) que la critique conservatrice et populiste-nationaliste (*völkich*) de la technique et du mode de vie urbain. Il y avait bien sûr des différences. La critique marxiste partait des conditions matérielles déterminées de l'existence. La critique populiste-nationaliste se prévalait d'un passé idéal. Heidegger, quant à lui, discernait la cause de ce phénomène dans la tentation de l'inauthenticité qu'éveillent les distractions de la vie quotidienne. À ce tableau des nouveautés s'ajoute l'introduction de la catégorie de la possibilité au sein de l'être-là lui-même. Il en résulte que la vie ne se déroule pas selon un plan ou conformément à certaines déterminations, mais qu'elle doit se projeter et s'accomplir comme une possibilité. Le concept linéaire du temps est rejeté par Heidegger, il est remplacé par la notion de flux temporel, ce qui revient à enterrer l'idée d'une présence homogène de l'être physico-biologique du passé et de l'avenir. L'accent mis sur la facticité de la mort fait de celle-ci un facteur possible d'instauration du sens. Une telle approche va bien sûr à l'encontre d'une vision qui conçoit la mort comme la destruction du sens de l'existence et pour laquelle le sens ne peut être gagné que par la promesse de salut de la foi – ou d'autres instances transcendantales fondatrices du sens.

Les premières réactions des lecteurs

Le choc que les premiers lecteurs d'*Être et Temps* ressentirent lors de sa parution presque anodine dans l'« Année phénoménologique » de Husserl de 1927 est attesté par de nombreux témoignages [75]. L'œuvre et son auteur étaient le centre d'un vaste cercle d'influence.

Une demi-année après la publication, la notoriété de Heidegger dans les cercles philosophiques et théologiques était assurée. En 1930 déjà, la littérature secondaire était abondante. L'affirmation répétée de Heidegger selon laquelle le manuscrit lui avait plus ou moins été retiré des mains (pour des raisons de promotion académique), et selon laquelle l'ouvrage, tel quel, était un fragment, ajouta au sentiment général d'étrangeté et de révélation [76].

Même bien des années plus tard, les élèves de Heidegger parlaient encore de ce livre avec une sorte de vénération. Herbert Marcuse, le théoricien marxiste, écrit :

> Cette œuvre de Heidegger nous semblait, à moi comme à mes amis, un nouveau commencement. Nous vécûmes la parution de son livre (tout comme ses cours dont nous possédions une version écrite) comme l'apparition enfin d'une philosophie *concrète* : il était question dans cet ouvrage d'existence, de notre existence, de l'angoisse, du souci, de l'ennui, etc. [77].

L'historien Hermann Heimpel se souvient « comment *Être et Temps* avait frappé l'attention du public, le livre faisait des vagues, il attirait à lui les lecteurs comme un aimant attire les particules [78] ». Pour le philosophe Otto Friedrich Bollnow, la lecture d'*Être et Temps* fut une véritable expérience existentielle :

> Après mon passage de la physique à la philosophie et à la pédagogie, à l'époque de mes premiers tâtonnements intellectuels, la publication d'*Être et Temps* fut pour moi une véritable révolution. Tout ce que j'avais tenté de faire jusqu'alors m'apparaissait maintenant comme provisoire et contingent. Je ressentais à la lecture de ce livre comme un phénomène naturel d'une grande ampleur, un orage, une tempête. Il s'agissait d'une philosophie authentique et passionnée née des profondeurs de l'âme. Elle remettait en question tout ce qu'était pour moi jusqu'alors la philosophie [79].

Edmund Husserl devait être déçu. Il avait imaginé que Heidegger poursuivrait son œuvre. Mais son ancien assistant suivait une tout autre voie. Heidegger en était conscient. Comme pour apaiser la douleur de cet ami paternel, il avait dédié *Être et Temps* à son maître et protecteur en l'honneur de ses soixante-cinq ans.

À Edmund Husserl en témoignage de vénération et d'amitié
Todtnauberg, Forêt-Noire badoise, pour le 8 avril 1926 [80].

Cette dédicace n'était pas surprenante dans la mesure où le livre était paru au début de l'année 1927 dans le *Jahrbuch für Philosophie und phänomenologische Forschung* dirigé par Husserl (volume VIII). Pourtant, le geste avait une signification symbolique très forte, il ne s'agissait pas de n'importe quel cadeau d'anniversaire. Heidegger avait déposé un exemplaire du livre sur le lit de mort de sa mère, mais il l'avait dédié à Husserl. C'était bien sûr un hommage, mais aussi une demande de reconnaissance. La note de bas de page à la fin du chapitre VII sur « La méthode phénoménologique de la recherche » met clairement en évidence cette contrepartie de l'hommage :

> Si la recherche qui suit réussit à faire quelques pas en avant dans la mise au jour des « choses mêmes », l'auteur le doit au premier chef à E. Husserl. Celui-ci, en effet, au cours de nos années d'apprentissage à Fribourg, nous a permis de nous familiariser, aussi bien par sa direction personnelle exigeante que grâce à la générosité avec laquelle il nous a ouvert l'accès à ses recherches inédites, avec les domaines les plus variés de la phénoménologie [81].

Dans cette note, c'est le Heidegger demandeur d'amitié et de soutien qui parle, mais sur un pied d'égalité. Il attendait de cette égalité et de la réciprocité de leurs rapports un geste dont tout le monde n'est pas capable : reconnaître l'autre comme quelqu'un qui vous a dépassé intellectuellement. La réaction de Husserl à ce cadeau de son ancien assistant fut contradictoire. Leur collaboration – surtout celle qui concernait les textes de Husserl – se poursuivit pourtant après la publication d'*Être et Temps*.

Hannah Arendt fut aussi témoin de la naissance de ce livre. Il lui disait souvent combien son amour lui donnait des ailes dans l'écriture de cette œuvre si difficile. Il lui avait fait comprendre aussi que celui qui se risque autant dans le monde de la pensée doit s'éloigner du monde des vivants, même si l'être-avec auquel il appartient est toujours en lui, comme il le soulignait dans ses lettres. Mais Arendt l'étudiante ne voulait pas du rôle qu'il lui attribuait. Même si c'était le désir voilé de son amant, elle n'avait pas l'intention de se contenter d'un rôle passif. Elle prit donc la décision de partir et de quitter Heidegger, pourtant elle l'emmenait dans ses pensées. Elle essayait toujours de transformer ses blessures en nouveaux efforts intellectuels. Elle travaillait maintenant à sa thèse ! Il lui facilitait la tâche en rapportant à son livre les propos de sa lettre. Le fait qu'elle avait lu *Être et Temps* était à ses yeux une marque d'amour. Plus encore, c'était l'expression d'une situation où elle parvenait à fondre son amour pour lui au creuset de son nouveau bonheur [82]. L'effort énorme qu'elle faisait sans cesse pour accomplir ce travail de métamorphose de ses sentiments transparaît dans une lettre qu'elle écrivit à son ancien amant à la fin du mois d'avril 1928, suite à leur rencontre près de deux ans après son départ de Marbourg [83].

> Ce que j'ai à te dire à présent ne consiste qu'à te brosser un tableau *au fond* très prosaïque de la situation. Je t'aime, tu le sais bien, comme au premier jour, et je l'ai toujours su même avant ces retrouvailles. La voie que tu m'as indiquée est plus longue et escarpée que je ne le pensais. C'est toute une vie qu'elle engage [...] [84].

Dans cette lettre, le motif de l'angoisse d'« Ombres » réapparaît sous sa plume. Elle craint la solitude. Dans son grand isolement, elle a préservé son amour pour Heidegger. Elle considère même cette solitude comme la « tâche » que lui a assignée cet amour.

C'est mon droit à vivre que j'aurais perdu, si j'avais dû perdre mon amour pour toi, mais c'est et de cet amour et de sa *réalité* qu'il me faudrait faire mon deuil, si d'aventure je me soustrayais à la tâche à laquelle me contraint cet amour.

« Et si Dieu l'accorde

Je t'aimerai mieux après la mort [85]. »

La magie avait repris entre eux deux. Elle n'était pas due à l'un ou à l'autre, mais à la relation elle-même. Il s'agissait là de quelque chose qui allait se maintenir par-delà la distance et la rupture de leur liaison charnelle. L'isolement absolu semblait proche, c'est pourquoi elle se sentait l'obligation de protéger leur relation de son emprise. Son recours à la mort procédait du même sentiment de solitude. Le thème de la mort refaisait surface, non pas dans le sens philosophique que Heidegger lui avait donné dans *Être et Temps,* mais dans le sens immédiat d'une possibilité envisagée telle qu'il apparaissait déjà dans « Ombres ». Arendt devait ressentir en elle une tension puissante qui menaçait de l'anéantir.

Peu de temps après, elle commençait sa liaison avec Günther Stern, un cousin de Walter Benjamin avec lequel elle allait plus tard se lier d'amitié. Elle avait connu Stern aux conférences et discussions organisées par Heidegger, puis elle l'avait rencontré par hasard dans un bal masqué à Berlin [86]. Stern avait obtenu en 1924 à l'âge de vingt et un ans le titre de docteur en philosophie. Il avait fait sa thèse sous la direction d'Edmund Husserl sur « Le rôle des catégories de situation dans les propositions logiques ». Son directeur avait jugé son travail stimulant, mais mal rédigé. Stern n'avait donc obtenu son titre de docteur qu'à la condition de remanier sa thèse [87]. Brillant jeune homme que ce Günther Stern, pourtant Heidegger se moquait de lui dans une lettre qu'il écrivit à Arendt le 18 octobre 1925 dans sa hutte de Todtnauberg !

Peu de temps avant de redescendre, j'ai reçu une lettre de M. le Dr Stern, où il me dépeint sa situation, qu'il juge délicate. Ayant rédigé cet été un travail [sur « Monde ambiant, situation et résistance »], il me dit n'avoir plus été à même de distinguer, au cours de l'élaboration, les « idées » *miennes* et les siennes propres. Sur ce, Jonas lui a donné lecture de mon cours du semestre d'été, il y aurait bel et bien trouvé confirmation de la totale convergence de nos vues respectives. Il aimerait toutefois me prier de lire son travail avant publication, afin d'être tout à fait sûr de ne pas m'avoir interprété de travers.

Il n'y a que M. Stern pour se permettre un tel comportement, lui qui depuis des années a réussi à se procurer les textes de tout ce que j'ai pu dire au cours des exercices et des séminaires. Pour toute réponse, je lui ai fait savoir que « si d'aventure je n'étais plus en mesure de distinguer mes idées propres de celles d'autrui, je m'abstiendrais, quant à moi, de publier. Bien le bonjour ».

Sans doute M. Stern est-il des moins recommandables, mais pareilles mésaventures amènent à se demander si cela vaut bien la peine de dépenser tant d'énergie pour l'enseignement, au lieu de concentrer tous ses efforts sur la recherche. Toutefois, l'éventuel effet positif de l'enseignement demeure, en fin de compte, inapparent, et c'est très bien ainsi [88].

Le manque d'humilité de Stern avait dû irriter profondément Heidegger. Il connaissait pourtant bien les parents Stern qui étaient des savants reconnus dans le domaine de la psychologie de l'enfant. Son amour vivait maintenant avec ce Stern. Arendt parlait de sa relation avec Günther en termes de « patrie » et d'« appartenance », mais elle n'employait pas le mot « amour ».

Lors d'une rencontre avec Heidegger au mois de septembre 1930, une scène a lieu qui l'ébranle au plus profond de son être. Elle la lui raconte sans se protéger du voile habituel de la langue et des concepts philosophiques.

[...] j'étais en face de toi depuis un bout de temps déjà, tu n'avais d'ailleurs pas manqué de m'apercevoir furtivement, et tu ne m'as point reconnue. Dans ma petite enfance, ma mère m'a une fois causé pareil effroi en me jouant un tour bien pendable. J'avais lu le conte du nain dont le nez s'allonge démesurément au point que nul ne le reconnaît plus. Ma mère s'est amusée à faire comme si c'était mon cas. Je me souviens encore parfaitement de la terreur qui s'est alors emparée de moi. Je criais à perdre haleine : arrête, reconnais ton enfant, tu vois bien que je suis ta fille, c'est moi, Hannah ! – Tout comme aujourd'hui [89].

La scène se double d'un adieu sur le quai de la gare :

Et puis alors, ce moment où le départ du train était imminent. La scène en tout point conforme, comme je me le suis dit immédiatement, à ce que j'avais bel et bien voulu : vous deux là-haut, et moi toute seule et désemparée face à la situation. Ne restait plus rien, comme toujours chez moi, qu'à laisser faire et à attendre, toujours et toujours attendre [90].

Son traumatisme dont elle lui parlait sans cesse depuis « Ombres » était soudain réapparu sous une forme dédoublée. Ces deux scènes sont-elles l'expression d'un moment d'absence de la part de Heidegger ? Ou bien avait-il ces dernières années tellement intériorisé le retour-en-soi de la pensée que son regard intérieur ne laissait plus se perdre au-dehors aucun regard, même dans la vie de tous les jours ? Voulait-il la punir ? Aucune lettre de réponse de Heidegger n'a été conservée.

Après la séparation

Après leur séparation, Hannah se rendit pour le semestre d'été à Heidelberg auprès de Karl Jaspers, l'ami de Heidegger, et pas à Fribourg auprès de Husserl comme le lui avait conseillé son ancien amant. Elle étudia donc la philosophie avec Jaspers, la philologie classique avec Otto Regenbogen et la théologie avec Martin Dibelius. Elle assistait aux cours de Friedrich Gundolf sur Klopstock et la littérature allemande du XVIIᵉ et du XVIIIᵉ siècle. Elle s'était inscrite au cours de sociologie de Karl Mannheim, l'étoile montante de l'Université allemande. Elle obtint l'autorisation de choisir comme matière secondaire l'histoire du christianisme primitif en vue de sa thèse de doctorat. Au semestre d'hiver 1926-1927, elle étudia à Fribourg auprès d'Edmund Husserl. Le semestre suivant, elle était déjà de retour à Heidelberg. Jaspers accepta d'être le directeur de sa thèse. Le titre était ambitieux et ne manquait pas d'allusions à sa récente liaison : « Le concept d'amour chez Augustin. Essai d'interprétation philosophique. » Elle interrompit ses études au semestre d'hiver 1927-1928 pour rédiger sa thèse à Königsberg. Elle fut achevée au cours du semestre d'été 1928. À la fin du *curriculum vitae* qu'elle avait joint au protocole du doctorat, on peut lire la phrase suivante : « Je tiens à exprimer ici ma gratitude à l'égard de mes maîtres, Monsieur le professeur Jaspers et Monsieur le professeur Heidegger[91]. » Arendt avait alors tout juste vingt-deux ans.

Le 26 novembre 1928, l'épreuve orale du doctorat eut lieu. Elle obtint la mention *passable* aux trois matières qui composaient l'examen oral. Mais comme Jaspers avait donné une mention intermédiaire entre *bien* et *très bien* à sa thèse, elle obtint comme note globale *bien*, ce qui était un résultat très honorable.

Sa thèse fut publiée en 1929 chez l'éditeur berlinois Springer dans la série *Philosophische Forschungen* dirigée par Jaspers (cahier 9).

Le sujet scientifique de cette thèse recoupait en partie le sujet qui préoccupait la vie de Hannah à cette époque. L'œuvre de saint Augustin avait déjà joué un rôle important dans la formation philosophique de Heidegger. Il y a là une coïncidence étrange : elle abordait le thème central de sa vie personnelle mais d'une manière philosophique.

On peut donc considérer cet écrit comme une tentative de sonder philosophiquement l'amour terrestre et ses souffrances. Il vaut la peine de souligner qu'Arendt n'était pas la seule à travailler sur saint Augustin, Hans Jonas lui aussi préparait une étude sur ce père de l'Église. Il publia en 1930 un essai sur « Augustin et le principe de liberté paulinien ».

Arendt décrit dans l'introduction de sa thèse comment elle entend aborder les différentes facettes et niveaux de la pensée augustinienne. Elle voulait avant tout montrer à travers l'exemple du concept d'amour l'enracinement de saint Augustin dans la pensée grecque et dans la culture de son temps, enracinement que la tradition avait relégué au second plan derrière sa contribution prétendument éternelle à la dogmatique chrétienne. Le saint Augustin qui ressort du texte d'Arendt est un être double, un penseur de la fin de l'Antiquité et un père de l'Église des premiers siècles chez qui l'assimilation de la philosophie antique a permis de développer une justification de l'amour qui transcende le monde tout en restant en son sein. Arendt dévoile au début de sa thèse la démarche de pensée qui sera la sienne dans le corps de l'ouvrage :

> Le présent travail propose trois analyses. La première part de l'*amor* compris comme *appetitus*, il s'agit là de la seule définition qu'Augustin donne de l'*amor*. À la fin de cette analyse, dans l'exposition de la *dilectio ordinata*, nous verrons à quelle contradiction conduit cette définition selon Augustin lui-même. Nous sommes alors obligés de passer à un tout autre cadre conceptuel où il est déjà question d'une tentative de déduction de l'amour du prochain à partir de l'*amor qua appetitus* et ce en un sens éloigné et même incompréhensible si l'on s'en tient à la première analyse. La deuxième analyse nous permet de comprendre en tant que quoi le prochain est aimé dans la *dilectio proximi*. Mais ce n'est que dans la troisième analyse que s'éclaire la contradiction de ce deuxième amour que l'on peut résumer par la question suivante : comment l'homme *coram Deo* qui s'est

retranché de tout ce qui est mondain peut-il encore s'intéresser aux hommes ? Cela ne peut se faire que si l'amour manifeste l'importance du prochain à partir d'un tout autre lieu [92].

Elle cherchait en fin de compte à démontrer qu'il y a chez saint Augustin un concept entièrement terrestre de la vie.

Rétrospectivement on peut déceler dans cette première œuvre publiée certains des points cardinaux de sa future pensée, comme son débat parfois polémique avec le christianisme auquel elle reproche aux fondateurs de ses dogmes d'avoir lutté contre l'agilité mondaine de la vie. On voit également dans cet écrit de jeunesse à quel point l'interprétation qu'elle proposait des catégories du « monde commun » et de l'« être-avec » différait de celle de Heidegger.

Le livre reçut un accueil mitigé. Son directeur de thèse émit quelques critiques mais il le considérait comme une tentative sérieuse d'appliquer les conceptions ébauchées par Heidegger à la philosophie augustinienne. Ne se doutant en rien de l'amour qui unissait Arendt et Heidegger, Jaspers demanda à son ami d'écrire une lettre de recommandation pour la demande d'une bourse de recherche qu'elle voulait déposer prochainement :

> Son travail n'est pas devenu, terminé, aussi brillant que nous pouvions nous y attendre au vu de la première partie, mais il est philosophiquement bon [...]. Son travail est excellent en tant qu'il traduit un réel souci de ce qu'elle a appris de méthode auprès de vous, et il n'y a pas à douter de l'authenticité de son intérêt pour les problèmes [93].

Jaspers voyait en Arendt un talent qui s'affirmait peu à peu et qui méritait son soutien et ses encouragements. Il lui écrivit une lettre de recommandation pour une bourse de doctorat auprès de la *Notgemeinschaft der Deutschen*

Wissenschaft et appuyait également sa requête d'une bourse supplémentaire pour son prochain projet de recherche sur l'histoire culturelle du judaïsme allemand du XIXᵉ siècle au travers de la biographie de Rahel Varnhagen. Heidegger écrivit également une lettre de recommandation pour ce projet.

Heidegger et Cassirer à Davos

Leurs chemins s'étaient maintenant séparés. Arendt voguait vers de nouveaux horizons. Heidegger fêtait son triomphe. Il avait finalement réussi à percer avec *Être et Temps*. Il ne souffrait plus comme par le passé du manque de reconnaissance. Du 17 mars au 6 avril 1929 eurent lieu à Davos – cette ville de cure immortalisée par Thomas Mann dans *La Montagne magique* – les « Semaines universitaires de Davos » dont c'était la deuxième année. Professeurs et étudiants se mêlaient durant ces semaines dans une atmosphère de camaraderie, travaillaient ensemble et échangeaient tout en profitant de l'ambiance de repos de Davos. Ces rencontres avaient été initiées par le dentiste suisse Dr Müller qui voulait réveiller l'« esprit de Locarno » à travers l'Europe. À Locarno en 1925, les puissances européennes avaient résolu avec l'Allemagne les questions que le traité de Versailles avait laissées ouvertes. L'accord s'était fait dans un esprit d'entente. Locarno était devenu par la suite le symbole du nouvel esprit de paix qui devait régner en Europe.

Les rencontres de Davos étaient conçues comme un forum de la jeune intelligentsia européenne venue de France, d'Allemagne, de Suisse, d'Italie, de Hollande et d'autres pays. Les savants et les étudiants français et allemands étaient censés s'y rencontrer[94]. Le calme de ce lieu de retraite devait permettre aux jeunes gens d'aller écouter les conférences de grands érudits, de travailler avec eux, de s'instruire, de débattre et de s'entendre par-delà les frontières nationales de chacun. Le temps libre en dehors des séminaires, des conférences et des cérémonies était dédié au sport ou aux discussions informelles. L'ensemble de cette manifestation était sous la direction du sociologue de Francfort Gottfried Salomon[95].

Les Semaines de Davos de l'année 1929 étaient très attendues, car elles devaient être l'occasion de la rencontre de deux camps philosophiques ennemis : celui de la philosophie transcendantale néokantienne représentée par Ernst Cassirer venu de Hambourg, et celui de l'ontologie fondamentale que l'on appelait également la philosophie de l'existence, représentée par Martin Heidegger venu de Fribourg. La rencontre avait pour thème global : « homme et génération ».

Ernst Cassirer faisait partie des fondateurs des Semaines de Davos. Une manifestation de ce genre correspondait à ses convictions politiques et à son côté mondain. Heidegger se sentait complètement étranger à de telles compromissions avec la culture politique de son temps. Sa conscience professionnelle, sa « vocation » lui imposaient un mode de vie très strict. Il ne prenait pas position socialement, et encore moins politiquement. Ce n'était pas son genre. Il n'aimait pas cela et il n'avait pas de temps à consacrer à ces choses-là. Il s'en était toujours tenu à la devise : pas de concession dans la pensée. Il était tellement convaincu de la justesse de sa critique de la philosophie néokantienne qu'il pensait qu'il fallait déconstruire radicalement ce courant philosophique. Son *opus magnum* publié en 1927 ne l'avait pas seulement fait connaître du monde philosophique, il lui avait gagné la réputation d'un rebelle contre la tradition et celle d'un esprit innovateur. Au mois de février 1928, il reçut enfin l'offre qu'il attendait depuis si longtemps, une chaire de philosophie à l'université de Fribourg. C'était la seule université qu'il convoitait depuis le début de sa carrière universitaire. Mais le détour par Marbourg lui avait permis un retour triomphal. Il avait vaincu ses ennemis, même Rickert qui était si sceptique à son égard ne voyait aucune alternative à sa nomination. Edmund Husserl, son mentor, se réjouissait de sa venue à Fribourg. Il avait lui-même proposé qu'il prenne sa succession et avait réussi avec l'aide de Rickert à imposer sa nomination. « En raison de son originalité philosophique, écrivait-il à Rickert, en raison de ses capacités uniques d'enseignant, il [Heidegger] est la personne requise pour ce poste. Il n'y a personne en Allemagne qui sache à ce point capter le cœur de la jeunesse. Et pourtant, il s'agit d'une personne pure et désintéressée, entièrement dévouée aux grandes affaires de la pensée. Je suis très curieux de savoir comment il va évoluer intellectuellement et poursuivre, je l'espère, l'ascension remarquable que je prévois pour lui[96]. »

Husserl, le grand phénoménologue, n'avait pas perçu la face cachée et beaucoup plus dure de la personnalité de Heidegger qui se manifestait dans ses relations avec son entourage, collègues, élèves, amis ou ennemis.

Heidegger était connu maintenant dans toute l'Allemagne. Ernst Cassirer jouissait à cette époque d'une notoriété probablement beaucoup moins contestée. Il était considéré comme un penseur qui avait réélaboré l'héritage de la philosophie transcendantale. En 1923 et en 1925, il avait publié les deux premiers volumes d'une *Philosophie des formes symboliques*. Le troisième volume parut la même année que le fameux débat de Davos. Heidegger avait publié en 1928 un article de recension du second volume de la *Philosophie des formes symboliques* (1925). Cassirer écrivit en 1931 une recension d'*Être et Temps*[97]. Les deux penseurs s'étaient rencontrés à un colloque à Hambourg en 1923 où Heidegger avait donné une conférence.

Les Semaines de Davos proposaient donc cette année-là un événement de taille que tout le monde attendait avec impatience. Trois mois avant la rencontre, Heidegger avait annoncé à Jaspers de façon nonchalante : « Je vais m'engager, rien que pour le ski de haute montagne [...]. Venez vous aussi[98]. »

La fascination que suscita ce débat public entre Cassirer

et Heidegger apparaît très clairement dans les récits des témoins de la rencontre. La dimension personnelle de cette confrontation intellectuelle y était encore plus visible que dans les salles de cours des universités respectives où ces deux philosophes enseignaient.

> D'un côté, ce petit homme aux cheveux brun foncé, ce bon skieur, ce sportif à la mine énergique indélébile, cet homme austère, repoussant, parfois même rude [...] qui se dévouait corps et âme au problème qu'il se posait avec un sérieux et une probité des plus profondes et dans un isolement qui forçait le respect. De l'autre, cet homme aux cheveux blancs, un olympien pas seulement dans son aspect extérieur, mais dans son for intérieur, préoccupé par de vastes domaines de pensée, se posant les problèmes d'une façon globale, un homme à la mine sereine, d'abord aimable, plein de vitalité et d'élasticité, et surtout d'une distinction aristocratique qui le mettait au-dessus des autres [99].

Tel est le témoignage rétrospectif d'un des étudiants qui assistèrent au débat.

Ernst Cassirer était un grand seigneur. Il était grand de taille et mince. Il avait un haut front, un regard franc et expressif, des lèvres charnues et des cheveux ondulés, blancs et drus. Il s'habillait de façon élégante. Il était facile dans ses rapports avec les autres, mais déterminé dans ce qui lui tenait à cœur. Heidegger était plutôt un homme de petite taille à l'allure sportive. Il disparaissait au milieu de ses étudiants, comme par exemple Karl Löwith et Hans Georg Gadamer. Son regard perçant apparaissait à certains comme lancinant, à d'autres comme hautement concentré. Son attitude lorsqu'il parlait était repoussante. L'impression que faisaient ses apparitions en public était celle d'un être maladroit qui semblait à certains grossier, et à d'autres extrêmement modeste. Ce trait était souligné par son habillement, son costume « vieille Allemagne » déjà évoqué, qui contribuait à l'expression de sa fibre anti-universitaire. Il savait certes se comporter en société, et, d'ailleurs, il porta à Davos plus d'une fois le costume qu'on attendait d'un universitaire. Cependant, il n'appréciait pas tout ce cérémonial de la vie académique. Il n'hésitait pas à montrer son aversion pour le « on », les mœurs et les conventions de la société. Dans le feu du débat, il mettait de côté toute considération de politesse. Son discours prenait alors une intensité qui pouvait parfois être blessante, comme nous l'avons vu déjà dans ses rapports avec Hannah Arendt.

Dans les moments libres entre les conférences, on faisait du ski. Un étudiant en mathématique de Leipzig présent à ces journées de Davos fait le commentaire suivant dans le style universitaire de l'époque :

> Nous nous réjouissions tout particulièrement de voir les professeurs quitter leur costume et faire du ski. Il nous semblait qu'il y avait là quelque chose de symbolique dans le fait que Heidegger ait cité justement cette formule de Nietzsche, le philosophe se doit d'être un bon alpiniste [100].

La confrontation publique entre Heidegger et Cassirer était encadrée par toute une série de conférences, notamment du Jésuite Erich Przywara de Munich, du philosophe Karl Joël de Bâle, du philosophe Kurt Riezler de Francfort, du célèbre médecin Ferdinand Sauerbruch et de l'historien de l'art Wilhelm Pinder [101]. La liste des étudiants qui prirent part à ces Semaines de Davos était impressionnante. Les étudiants français les plus célèbres étaient Emmanuel Levinas, Léon Brunschvicg et Jean Cavaillès. Côté allemand, plusieurs élèves de Heidegger de Marbourg et de Fribourg avaient fait le voyage, parmi eux Otto Friedrich Bollnow, Joachim Ritter, Alfred Sohn-Rethel, Eugen Fink, Herbert Marcuse et Leo Strauss [102]. Les étudiants se réunissaient en dehors du programme des conférences et organisaient leurs propres cours. Ils abordaient entre autres des thèmes politiques comme le marxisme et le nationalisme [103].

Le débat entre Cassirer et Heidegger fut précédé par une série de conférences données par chacun des deux philosophes. Cassirer fit trois conférences sur les problèmes fondamentaux de l'anthropologie philosophique et une sur « Esprit et vie dans la philosophie de Scheler ». Il parla le matin. L'après-midi du même jour, Heidegger présenta sa contribution sur « La *Critique de la raison pure* de Kant et la tâche d'une fondation de la métaphysique ».

Heidegger commence le débat par une appréciation critique de la marche triomphante des sciences de la nature et de l'esprit au XIXe siècle qui seraient, selon lui, parvenues à « occuper la totalité du champ connaissable ». À la suite de cette évolution, la philosophie a été réduite à la connaissance de la science, et n'est plus la connaissance de l'étant[104]. Cette situation a conduit à faire de Kant le penseur critique de ce qui avait déjà été élaboré et pensé avant lui. Heidegger veut au contraire le présenter (particulièrement dans la *Critique de la raison pure*) comme le fondateur d'une nouvelle métaphysique qui ne puise pas sa source dans la transcendance, mais dans l'élaboration de celle-ci dans la finitude de l'homme. Une telle interprétation correspondait bien entendu à la démarche de pensée exposée dans *Être et Temps*. Cassirer part quant à lui de la « raison pratique » kantienne et de son lien à la dimension de l'esprit. Il veut par ailleurs réélaborer la faculté imaginative kantienne dans le cadre de sa « philosophie des formes symboliques » en vue d'en faire le fondement d'une anthropologie culturelle.

Les conférences des deux philosophes avaient posé les bases du débat tant attendu.

Il dura toute la matinée d'un jeudi. Le philosophe H. J. Pos d'Amsterdam assurait le rôle du modérateur. Le protocole du débat était tenu par deux étudiants, Otto Friedrich Bollnow prenait en note les propos de Heidegger, Joachim Ritter ceux de Cassirer[105].

L'interprétation de Kant formait le cœur du débat. Cassirer affirmait le caractère autonome et créatif du concept kantien de raison. Il lui attribuait la création de l'espace culturel et symbolique. Cet espace est celui où s'instaure le sens. Cassirer se distinguait par là de Heidegger, car la renonciation au dualisme du rapport normatif à l'esprit et de la théorie de la culture était au centre de la pensée heideggérienne.

Une autre différence entre ces deux penseurs se fait jour dans leur approche de la question de la mort. Cassirer interprète la mort en rapport avec la transcendance comme la chance de dépasser l'angoisse de la finitude dans le passage à l'infinité. « L'homme est certes fini, mais il est en même temps cet être fini qui connaît sa finitude et qui, dans ce savoir qui lui-même n'est plus fini, s'élève au-dessus de sa finitude [106]. »

Heidegger insiste de son côté sur le caractère incontournable de l'être-créature et de la finitude de l'être-là et sur la facticité pure et simple de la mort. Ce n'est qu'à partir de la finitude que se déploie la possibilité de l'être-là de revenir sur lui-même.

Cassirer critiquait chez Heidegger la présence d'une conception théologique dissimulée du monde et lui reprochait l'absence de toute transcendance symbolique dans sa pensée. Heidegger se moquait de la vacuité de la catégorie de transcendance symbolique proposée par Cassirer. Quoiqu'ils s'opposent sur ce point, il est clair qu'il y a aussi bien chez Cassirer que chez Heidegger un concept de la transcendance, mais qu'il s'agit de deux concepts radicalement différents. Chez Heidegger, l'acte de transcender s'accomplit dans la dimension historiale de l'être-là. Ce passage-au-dehors se manifeste dans la maturation de l'être-là à ses propres possibilités. Mais celui-ci reste toujours lié à l'homme, il provient de lui et retourne en lui. Il ne s'ouvre pas sur la possibilité d'une sphère symbolique autonome.

Cassirer et Heidegger avaient bien entendu une conception fondamentalement différente du sujet. Heidegger considérait l'être-là comme un fait qui n'est pas en lui-même créateur. À l'encontre de la vision néokantienne de la raison comme productrice de l'étant, il objectait que l'être humain ne peut jamais être illimité ni absolu. L'ontologie est la doctrine de la dimension terrestre et limitée de l'être. Cassirer considérait le sujet comme imparfait et comme capable de se parfaire. Il incombe, insistait-il, à la philosophie une tâche plus grande que de simplement interpréter l'être-là dans son angoisse existentielle. Son but premier doit être la liberté humaine [107]. Il signifie également se libérer de l'angoisse. Pour Heidegger, une telle chose est impossible. Son concept de la liberté repose au contraire sur l'idée de « devenir libre pour la finitude du *Dasein* [108] ».

Aux yeux d'une part de la postérité, cette rencontre fut l'affrontement de deux philosophies d'inégale valeur : la philosophie postidéaliste représentée dans toute sa faiblesse par Cassirer et la philosophie de la vie incarnée dans toute sa puissance par Heidegger [109]. Selon cette vision des choses, Heidegger serait sorti de cette confrontation en grand vainqueur, Cassirer, lui, aurait quitté l'arène en guerrier vaincu.

Heidegger ne voyait pas les choses ainsi. La description qu'il fait du débat à son amie intime Elisabeth Blochmann est bien plus objective et neutre :

> Sur le fond, philosophiquement parlant, je n'y ai rien appris, mais ce fut un enrichissement personnel de lier connaissance avec Riezler, président du conseil d'administration de l'université de Francfort, avec Karl Reinhart et avec Cassirer. Comme ce dernier a concentré ses conférences sur mon livre et que d'autres également se sont positionnés par rapport à lui, je suis devenu le point de mire, en tout cas excessivement à mon gré dans le cadre d'une rencontre où les protagonistes sont personnellement présents. Par chance, j'avais pris Kant comme thème spécifique, ce qui m'a permis de dévier la trajectoire qui me visait en passant par la dimension historique, et d'aborder néanmoins les problèmes de fond centraux [...]. Cassirer s'est montré fort distingué et presque trop obligeant dans la discussion. J'ai rencontré de ce fait trop peu de résistance, ce qui a empêché

de donner aux problèmes abordés tout le relief nécessaire dans leur formulation. Les questions étaient au fond beaucoup trop difficiles pour un débat public [110].

Dans une autre lettre à Bultmann, il parle de la rencontre en termes critiques mais modérés. Il dit également que la confrontation avec Cassirer lui a tout de même appris certaines choses qui lui ont été utiles dans la rédaction de son livre *Kant et le problème de la métaphysique* [111].

Les disciples, les détracteurs, les témoins directs et indirects ont auréolé le « débat de Davos » de toutes sortes de légendes. Certains auditeurs vécurent cette confrontation « comme la rencontre de deux penseurs représentant deux époques différentes [112] ». Emmanuel Levinas qui étudiait alors auprès de Husserl formulait cette impression de la façon suivante : « Un jeune étudiant pouvait avoir l'impression qu'il assistait à la création et à la fin du monde [113]. »

Le psychologue, pédagogue et philosophe, Otto Friedrich Bollnow, qui avait étudié auprès de Heidegger, vécut ce débat comme un violent tremblement de terre qui ébranla le monde philosophique :

> Malgré cet affrontement inégal, ou peut-être justement en raison de celui-ci, les participants avaient l'impression d'avoir assisté à un moment historique, comme l'avait formulé Goethe dans sa *Campagne de France* : « De ce lieu et de ce jour date une nouvelle époque dans l'histoire du monde » – en l'occurrence dans l'histoire de l'histoire de la philosophie – « et vous pourrez dire : j'y étais [114] ».

Certains veulent voir dans cette rencontre une dimension politique. Ce débat serait marqué par la fin de la République de Weimar qui se trouvait déjà au bord de l'abîme. Dans une telle perspective, Cassirer apparaît comme le défenseur de la République. En effet, il avait pris maintes fois parti en faveur de la République, notamment en 1928 à l'occasion de la célébration à l'université de Hambourg des dix ans de la République de Weimar. Heidegger, lui, ne voulait se lier, à l'époque, à aucun camp.

Il est tentant de plaquer rétrospectivement sur le discours de Heidegger des catégories pseudo-politiques. Heidegger n'a-t-il pas par la suite « gagné » et obtenu les honneurs du NSDAP ? N'a-t-il pas mis ses importantes découvertes philosophiques au service du national-socialisme ? Et Cassirer, n'a-t-il pas été forcé à renoncer à sa situation en Allemagne et à s'exiler ? Mais de telles spéculations ne mènent nulle part.

Cassirer était un républicain convaincu, ce qui était plutôt inhabituel pour un intellectuel de l'époque. C'était même un républicain typique. Heidegger était quant à lui un nationaliste-populiste (*Völkicher*) atypique. Il était de conviction apolitique et d'orientation anti-étatique. Il avait une forte sympathie pour le mouvement national-populiste. Mais cette adhésion aux groupes élitistes dont il était composé ne le conduisait pas à une nostalgie du « mythe ». Quelle était la véritable position de ces deux penseurs au-delà des courants philosophiques auxquels on peut plus ou moins les rattacher ?

Le débat entre Cassirer et Heidegger tout comme leurs exposés respectifs ont quelque chose d'étonnamment actuel. Ils touchent à ce lieu vacant au cœur même de l'instauration du sens qui ne peut être occupé par rien ni personne, et pensent le rôle de la pensée philosophique dans cette situation [115]. Cassirer remplit visiblement ce vide par un espace symbolique où la raison joue un rôle central. L'instauration du sens s'effectue alors dans le renouvellement de cet espace symbolique et dans le rattachement du sujet à celui-ci. Heidegger voulait donner une réponse définitive à cette question au travers de son ontologie fondamentale. Le sens provient, selon lui, de l'existence et non pas des valeurs que le sujet produit. Il ne faut donc pas se tourner vers l'abstraction, mais au contraire vers le concret de l'existence. Il ne pouvait y avoir de vainqueur à un tel débat, car celui-ci ne pourra jamais être tranché. Il ne fait que resurgir jusqu'à ce jour sous d'autres formes.

La confrontation des deux penseurs fit un tel effet sur les étudiants qui assistèrent au débat qu'ils le mirent à nouveau en scène quelques jours plus tard. Le jeune Levinas jouait le rôle de Cassirer. Pour lui ressembler, il s'était poudré les cheveux en blanc. Otto Friedrich Bollnow jouait quant à lui le rôle de son maître, Heidegger. Levinas s'entraînait à la représentation en formulant des phrases énigmatiques comme « interpréter, c'est mettre une chose à l'envers [116] ».

La notoriété de Heidegger avait encore augmenté à la suite du débat avec Cassirer. Il était désormais devenu une personnalité publique et était connu comme le défenseur d'une philosophie profonde et particulière. En l'espace de trois semaines, il transforma les conférences de Davos en un livre, *Kant et le problème de la métaphysique*. Celui-ci parut la même année (1929). Deux ans après *Être et Temps*, Heidegger publiait donc un deuxième livre.

Même ceux qui parmi les auditeurs soutenaient Cassirer considéraient que son adversaire était sorti vainqueur de cette confrontation.

La nouvelle de ce duel entre géants de la pensée était parvenue à Berlin depuis la lointaine ville de Davos. Les journaux en parlaient. Ceux qui avaient assisté au débat diffusaient l'événement par leurs récits. Quel jugement Hannah Arendt et Günther Stern portaient-ils sur cette rencontre de Davos ?

Karl Löwith, qui fut élève de Heidegger, publia après la Seconde Guerre mondiale un texte étonnant sur cette période. Franz Rosenzweig, dont l'œuvre majeure *L'Étoile de la rédemption* était parue en 1921, rédigea peu avant sa mort une sorte d'article de recension du livre de Hermann Cohen *La Religion de la raison tirée des sources du judaïsme*. Hermann Cohen était considéré – et l'est jusqu'à ce jour – comme le fondateur de l'école « néokantienne » de l'Allemagne du Sud.

Rosenzweig écrivit ce texte court sous l'impression qu'avaient produite en lui les récits du débat de Davos. Il y affirmait que Heidegger à Davos avait défendu le vrai Hermann Cohen contre son disciple Cassirer qui avait déformé sa pensée. Il suggère qu'aussi bien chez Cohen que chez Heidegger, l'être humain est ramené à sa finitude et que sa valeur ne s'origine pas dans le « transport de l'intellect vers l'éternité de la culture [117] ».

Ce point de convergence souligné par Löwith était indépendant du fait que Cohen avait voulu plier l'homme à son « idéalisme religieux » et remédier à la « vanité du terrestre par la gloire de l'éternel ». « Heidegger, lui, ne voulait plus entendre parler d'éternité, il cherchait à comprendre l'être à partir du temps [118]. »

Dans une telle perspective, Heidegger aurait donc bien été le véritable successeur de Hermann Cohen dont il avait repris la chaire de philosophie à Fribourg – ce qui avait alors provoqué la fureur et l'opposition de certains « néokantiens ».

Löwith révèle dans ce texte les liens qui unissent certains penseurs juifs comme Hermann Cohen et Franz Rosenzweig à Heidegger – liens qui ont été occultés dans l'appréciation critique de l'œuvre de ce dernier après la Seconde Guerre mondiale.

Hannah Arendt et Günther Stern

Le 26 septembre 1929, Hannah Arendt épousa son ami Günther Stern dans la ville de Nowaves qui fait aujourd'hui partie de Babelsberg dans la banlieue de Berlin. Ils se marièrent dans une mairie aux allures champêtres, dans un bâtiment de brique de la fin du XIXe ou du début du XXe siècle où il devait y avoir une petite salle qui servait pour les mariages. Stern et Arendt habitaient alors à

Babelsberg, 3 Merkurstrasse, dans un modeste pavillon situé dans les faubourgs de la ville. On ne peut s'empêcher de se demander ce qui les avait amenés à s'installer dans ce trou perdu.

En se mariant, Hannah cédait à une triple pression sociale. Sa mère voulait que sa fille ait une bonne situation. Ce mariage avec un camarade d'études très doué et d'une bonne famille [119] annonçait un avenir prometteur. De plus, le mariage était un réquisit dans les années dorées 1920 pour une femme qui voulait faire une carrière professionnelle et participer à la vie publique. Le code moral sévère de la société wilhelmienne en ce qui concernait les rapports entre les deux sexes et la place de la femme dans la vie publique était encore en vigueur. Les parents Stern espéraient peut-être aussi que leur fils qui s'éparpillait dans ses nombreux centres d'intérêt retrouverait le droit chemin sous l'influence d'une jeune femme très intelligente et ambitieuse.

Après avoir publié sa thèse, Hannah Arendt s'attela à son nouveau projet de recherche : l'étude de la biographie de Rahel Varnhagen. Elle réussit à obtenir une bourse pour mener à bien sa recherche. Cette bourse permettait au jeune couple de survivre, car, sinon, ils n'avaient pas de revenus fixes. Stern voulait faire son habilitation à Francfort-sur-le-Main. Ils s'étaient donc installés tous les deux à Francfort, au numéro 128 du Oederweg. Ils voulaient être sur place pour faire avancer la demande d'habilitation de Stern. Hannah pouvait travailler à son projet sur Rahel de façon indépendante. En effet, sa recherche ne l'obligeait pas à vivre dans une ville ou une région particulière. Mais les choses tournèrent autrement. Après de nombreuses discussions avec Paul Tillich qui devait remuer ciel et terre pour faire avancer le projet d'habilitation de Stern – notamment contre Theodor W. Adorno –, « la situation était absolument intenable, c'est-à-dire avilissante pour toutes les parties », écrivait-elle, de Berlin, le 2 novembre 1931 à Jaspers. « Il nous a donc paru préférable de quitter

Francfort et de chercher pour commencer une possibilité de gagner notre vie en dehors des instances académiques[120]. »

Ils disaient tous les deux en avoir marre de l'Université et de tout son « commerce ». Un tel jugement convenait bien à deux anciens élèves de Heidegger. On étudiait certes à l'université, mais on méprisait son « commerce », les discours creux, la bureaucratie, la concurrence.

Il ne restait donc pour ces deux esprits pas d'autre choix que de se lancer en freelance sur le marché de l'emploi. Cette nouvelle existence n'était néanmoins pas facile à accepter, et encore moins pour des élèves de Heidegger. On raconte que Bertold Brecht avait exprimé ouvertement ses préjugés négatifs contre Stern « l'heideggérien[121] ». Ce fut pourtant grâce à sa recommandation que Stern réussit finalement à trouver du travail dans le monde de la presse. Il travaillait comme homme à tout faire au *Berliner Börsen Courier* de Herbert Iherings[122]. Il signait désormais ses articles « Günther Anders ». Ses revenus ne suffisaient pas à faire vivre le couple. C'était donc une chance qu'Hannah eût une bourse pour deux ans.

Heidegger et Jaspers : le début du silence

L'amitié entre Heidegger et Jaspers semblait reprendre vigueur à la fin des années 1920. La présentation complète de la philosophie à laquelle Jaspers consacrait tant d'efforts depuis plus de dix ans progressait lentement. Il ressentait d'autant plus le besoin de discuter. Il était beaucoup plus dépendant de ces échanges avec autrui que Heidegger qui se frayait son chemin de façon obstinée dans la « forêt » de l'histoire de la philosophie. Au mois de décembre 1929, Heidegger rendit visite à Jaspers. À l'occasion d'une conférence qu'il fit à Heidelberg pour la *Deutsche Fachschaft*, il retrouva son vieil ami et compagnon de combat. Un petit billet que Jaspers fit remettre à Heidegger, pendant qu'il était sous son toit, nous renseigne sur le sentiment de gratitude qu'il éprouvait :

> Cher Heidegger,
> De temps immémorial, je n'ai écouté personne comme vous aujourd'hui. Comme dans l'air pur, je me suis senti libre dans cette incessante façon de transcender. Ce qui, pour nous être commun, s'entend si complètement de soi-même, je l'ai ouï dans ce que vous disiez, étrange en partie pour moi, mais comme l'identique. On philosophe encore !
> Bonne nuit !
> Très sincèrement
> Votre Karl Jaspers [123]

Au mois d'avril 1930, Heidegger fit une nouvelle visite à Jaspers. Il avait reçu une proposition de nomination à Berlin et voulait en discuter avec son ami. Il déclina la proposition après quelques hésitations et resta en province. Jaspers voulait que Heidegger vienne le voir à Heidelberg, mais il se plaignait de son silence dans leurs discussions :

> Si je pense à l'éventualité que vous veniez, j'éprouve une agitation qui me le fait désirer encore plus – si je pense ensuite à votre silence quand nous en parlions, j'ai surtout la nostalgie du débat radical réciproque qui avait lieu autrefois, mais qui, à présent, somnole depuis si longtemps. Pourtant, il y a un an que la dette est essentiellement de mon côté [124].

Il travaillait toujours à son œuvre *Philosophie*.

Au mois de décembre 1931, Heidegger recevait l'ouvrage en trois volumes de Jaspers. L'échange épistolaire auquel donna lieu la parution de *Philosophie* reprit là où il s'était arrêté dans les années 1920 lors de la publication de *Psychologie des conceptions du monde*. Heidegger exprimait à quel point il était impressionné. Pourtant la façon dont il louait Jaspers pour son livre le mettait mal à l'aise. Il le désignait du titre de « vainqueur » :

Reste essentiellement qu'avec votre œuvre est enfin là aujourd'hui, dans la philosophie, quelque chose d'*incontournable* et *qui fait un tout*. Vous parlez avec l'attitude claire et décisive du vainqueur et la richesse de qui a été éprouvé au cœur de l'existence [125].

Ce dernier ne se considérait pas ainsi :

Je ne me prends pas du tout dès lors pour un « vainqueur », comme le dit votre formule tout amicale, mais qui prend dangereusement ses distances, je me sens au contraire comme *devant* la porte, comme si l'extraordinaire devait encore se révéler, comme si je ne suffisais pas à le saisir dans la pensée [...] comme si une force unie était capable de retenir ce qui est deviné et qui dérape en chemin [126].

Jaspers faisait référence dans cette lettre à leur œuvre commune, à la sculpture spirituelle à laquelle ils travaillaient tous deux de concert. Il l'appelait de ses vœux, même s'il savait qu'il ne pouvait imposer une telle collaboration. Chacun suivait maintenant sa voie. Jaspers voulait rappeler à son ami l'élan de renouvellement qui les avait fait se rencontrer et dont ils avaient été les hérauts. Ils voulaient révolutionner la philosophie et non devenir des auteurs de livres qui se complimentent l'un l'autre. Jaspers savait qu'il n'était pas fait physiquement pour cette tâche. Il ne pourrait jamais être plus qu'un érudit en pantoufles. C'était à Heidegger qu'incombait la mission d'accomplir la véritable révolution. Mais Heidegger n'écoutait plus. Jaspers arrivait-il encore à se faire entendre de lui ? Ou bien était-il déjà muré dans son dialogue intérieur ? Durant ces années, les remarques critiques sur Heidegger se font plus nombreuses dans les notes de Jaspers. Celui-ci notait ses pensées sur des dizaines, des centaines de petits billets quand il lisait les textes de Heidegger :

Manque de liberté par manque d'ironie [127].

Duplicité [128].

La philosophie de Heidegger jusqu'à ce jour sans Dieu et sans monde [129].

Aucun amour, ce qui se manifeste également dans un style antipathique [130].

Les différences entre eux deux étaient devenues plus profondes. Les questions sans réponse étaient de plus en plus nombreuses. Un sentiment d'étrangeté croissait. Mais ni l'un ni l'autre ne voulait clarifier la situation. Heidegger ne voulait pas mettre un terme à leur amitié, et Jaspers ne voulait pas exiger des explications que Heidegger ne serait pas capable de donner. « Communauté de combat » ou grand malentendu ?

Une lettre de Heidegger du mois de décembre 1932 parle de sérénité, de retour aux Grecs face au rejet de sa manière de penser par ses collègues. Enfin, écrit-il, le tapage autour d'*Être et Temps* est passé, il va pouvoir se remettre au travail. « Arriverons-nous à faire, pour les décennies à venir, un sol et un espace à la philosophie, des hommes viendront-ils, porteurs en eux d'une injonction lointaine [131] ? »

L'idée d'une révolution de l'esprit était repoussée à un horizon lointain, sans être oubliée. En quelques mois, elle allait resurgir et redevenir le centre de ses préoccupations.

CHAPITRE III

L'échec de la symbiose judéo-allemande dans les élites culturelles des années 1920, ou quand les amis deviennent ennemis

À la veille de la nomination de Hitler au poste de chancelier, Hannah Arendt et Martin Heidegger se trouvaient aux antipodes de la société allemande. Elle, juive, était rejetée aux bans de cette société. Lui était élevé au rang de grand philosophe allemand.

Avec *Être et Temps*, Heidegger avait projeté la communauté philosophique dans une dimension intellectuelle entièrement nouvelle. Certes, avant, il était déjà redouté dans les cercles universitaires en raison, notamment, de son refus de tout compromis, mais ce livre avait fait de lui, du jour au lendemain, une personnalité célèbre même auprès de ceux qui en rejetaient les thèses ou qui ne l'avaient peut-être jamais lu. Sa critique de la philosophie néokantienne parue en 1929 sous le titre *Kant et le problème de la métaphysique* était étroitement liée à la réflexion menée dans *Être et Temps* et elle en constituait, selon les dires de l'auteur, en quelque sorte l'introduction. Ce nouveau livre avait renforcé l'impression générale qu'il s'agissait bien d'un penseur de premier rang qui ouvrait la voie à une toute nouvelle façon de penser.

En 1928, il avait enfin reçu la proposition tant attendue de l'université de Fribourg. Il avait été recommandé au ministère à l'unanimité, *uni loco*, comme l'unique candidat à la succession du célèbre Edmund Husserl. Il dut sûrement quitter en fanfare Marbourg qu'il n'avait jamais aimée et où il ne se sentait pas apprécié à sa juste valeur. Il n'aimait pas non plus la campagne des alentours de cette ville.

Cette nouvelle nomination allait de pair avec un salaire plus élevé. En 1930, il reçut une proposition de l'université de Berlin à laquelle, après quelques hésitations, il ne donna pas suite[1]. Au cours de ses tractations pour finalement rester à l'université de Fribourg, il avait obtenu une amélioration de son traitement. Une secrétaire dactylo rémunérée 240 reichsmarks fut mise à sa disposition. L'*aversum* (une sorte de budget) pour ses séminaires philosophiques fut doublé et passa de 500 à 1 000 reichsmarks. C'était beaucoup d'argent pour l'époque et cela contribuait à augmenter sa réputation, mais aussi le nombre des jaloux.

Le retour de Martin Heidegger à Fribourg semblait marquer la fin de la domination néokantienne et propulser ce dernier au rang de chef d'une nouvelle école philosophique. Il s'offusquait certes qu'on pût lui attribuer une telle prétention. Pourtant ses ambitions étaient grandes. Il lui tardait de mettre en pratique ce qu'il avait pensé et écrit. Il voulait se mettre à la recherche de passerelles vers la « vie réelle ». Dans sa lettre de félicitations à Jaspers pour la parution de son livre en trois volumes, *Philosophie* (20 décembre 1931), Heidegger parle de son ami en des termes qui auraient pu tout aussi bien s'appliquer à lui : « Puisse la détente tout agitée de joie qui suit l'accomplissement de *cette* marche vous rende prêt pour la *deuxième* marche décisive où le guide [*Führer*] et le gardien "qui sait" s'avance dans la publicité authentique. »

Dans la même lettre, Heidegger se dépeint comme « un surveillant de galerie qui a, entre autres, à faire attention que les rideaux aux fenêtres soient ouverts et fermés de manière correcte, afin que les quelques grandes œuvres de la tradition aient, pour les spectateurs qui s'y pressent d'aventure, un éclairage un tant soit peu convenable[2] ».

« Guide et gardien "qui sait" » – allusion à l'Antiquité

grecque –, c'étaient des métaphores que ces deux penseurs employaient pour se décrire eux-mêmes dans leurs échanges épistolaires au début des années 1920, dans lesquels ils évoquaient un programme de réforme des universités. L'écart qui séparait la figure du « guide » de celle du « gardien » recelait le secret de leur projet commun. Diriger et veiller, telle était la tâche dont ils se sentaient investis. Et qu'en était-il de « cette publicité authentique » ? Ce n'était pas bien sûr l'espace public du « on », cette confusion de la démocratie libérale que Heidegger considérait comme une cacophonie, mais l'espace de l'« *alètheia* », du dévoilement de l'être. Un tel espace n'a rien à voir avec la pluralité et le débat, mais avec l'apparition rayonnante du leader spirituel face à ceux qui doivent le suivre. Les fidèles étaient censés se retrouver eux-mêmes dans cette soumission. Cette ligne de pensée était loin d'être spécifique à Heidegger et à Jaspers, on la rencontrait dans de nombreux cercles intellectuels de l'époque.

Heidegger envisageait un programme d'éducation en deux volets. Tout d'abord, il fallait contrecarrer la tendance majeure de la politique éducative allemande dans l'enseignement secondaire, qui transformait peu à peu les études universitaires en des études de masse. Ensuite, il fallait épurer radicalement l'Université elle-même.

Du mois d'octobre 1931 au mois de janvier 1932 était parue dans le *Frankfurter Zeitung* une série d'articles sur la question de la réforme des universités et des écoles supérieures de formation professionnelle. Ces articles mettaient en avant des points de vue parfois contradictoires. Contribuèrent à cette série d'articles le sociologue Emil Lederer[3], le pédagogue et philosophe Eduard Spranger, le philosophe de la religion Paul Tillich, le philosophe Karl Jaspers, le jésuite et philosophe Erich Przywara et le sociologue de la culture Siegfried Kracauer. Des spécialistes des sciences humaines écrivirent également des articles où ils défendaient l'idéal des humanités. Mais il y eut également des articles de spécialistes de la formation des enseignants et de l'éducation secondaire. Les liens du système éducatif avec l'économie étaient abordés. Certains étudiants eurent même l'occasion de s'exprimer. Un étudiant d'orientation populiste-nationaliste fit ainsi une critique de l'institution universitaire à l'aide des poncifs de la philosophie de la vie vulgarisée (institution figée, savoir mort, pensée sans finalité pratique). Au fil des lignes, cette critique se transformait en une véritable propagande antisémite. D'autres étudiants plaidaient dans cette série d'articles pour une « scolarisation » plus forte des études universitaires.

Paul Tillich avait lancé le débat avec son plaidoyer pour l'expulsion de la formation professionnelle en dehors des universités. Son slogan était : « l'Université est devenue une fiction [4] ». Il voulait dire par là que l'Université qui s'était développée au cours des décennies précédentes dans le cadre de la société de masse avait perdu ses traits caractéristiques. Il exigeait une différenciation claire entre les sciences dont l'apprentissage était nécessaire pour se former à tel ou tel métier et les sciences fondamentales ou humanités dont l'enseignement devait servir à l'éclosion de la future élite savante.

La plupart des auteurs de cette série d'articles n'étaient pas emballés par ce modèle radical. Ils plaidaient plutôt pour une réforme de certains échelons du cursus éducatif. Même Jaspers ne s'exprimait plus en faveur de cette séparation radicale évoquée par Tillich. Lui comme nombre d'autres auteurs étaient plutôt des réformateurs modérés. Ils conseillaient d'agir à l'encontre de la tendance de l'époque qui consistait à transférer la charge de l'éducation des professeurs d'université au corps intermédiaire des enseignants moins qualifiés et moins rémunérés.

Le projet de Tillich recoupait plus ou moins les idées sur lesquelles Heidegger revenait sans cesse depuis le début des années 1920 et auxquelles Jaspers ne s'était jamais opposé. Tillich était en faveur d'une séparation nette entre l'éducation de l'élite et l'éducation des masses. Jaspers et Heidegger avaient souvent évoqué dans leur correspondance le fait qu'il fallait faire le ménage à l'Université, qu'il fallait la protéger de la médiocrité et pour cela qu'il convenait de réduire drastiquement le nombre de professeurs et bien sûr le nombre des étudiants.

Le débat resurgit après l'arrivée au pouvoir des nazis. Heidegger, qui n'avait pas contribué à la série d'articles du *Frankfurter Zeitung*, prit position *ex post* et *ex cathedra*. Dans son discours inaugural de recteur de l'université de Fribourg prononcé au mois de mai 1933, il jetait les bases d'une nouvelle Université : formation de l'élite, éducation harmonieuse du corps et de l'esprit et démarcation de la formation universitaire de la formation professionnelle.

Une de ses premières mesures en tant que recteur fut de participer à une *Aktion* dont le but était de démettre la direction de l'Union nationale des Universités qui incarnait aux yeux de Heidegger et d'autres conservateurs révolutionnaires la tendance à la massification de l'Université. Nous y reviendrons plus tard.

Dans les discussions entre Jaspers et Heidegger, que ce dernier voulait désormais orienter absolument vers des résolutions pratiques, il était question de transformer les universités en de véritables institutions de dressage de l'esprit. Le modèle platonicien de l'Académie servait d'arrière-fond aux conceptions de Heidegger. Hannah Arendt allait s'inspirer elle aussi de ce modèle dans un manuel de théorie politique qu'elle envisageait d'écrire. Une conception élitiste de ce genre exigeait bien sûr des étudiants appropriés. Ils devaient être extrêmement intelligents et étudier sans esprit carriériste. Il ne fallait pas pour autant qu'ils se transforment en de purs esprits. N'était-ce pas ce que Heidegger et d'autres reprochaient à l'intelligentsia juive qui ne se composait que d'êtres cérébraux qui reléguaient au second plan l'autre partie de la vie, le corps, le destin et le travail. Il fallait au contraire les exhorter à une vie authentique dans laquelle activité physique et activité intellectuelle se complétaient. La polarisation de l'existence humaine entre le corporel et le spirituel était pour Heidegger un symptôme de l'aliénation de soi propre à l'ère de la société de masse. Les élèves de Heidegger rapportent que dès les années 1920, il organisait des veillées de camps romantiques près de sa hutte à Todtnauberger. On y racontait de vieux mythes, on y chantait et on faisait du sport.

L'enseignement à l'Université devait être entièrement réformé. Les plaintes sur les *Kollegium*, qui revenaient souvent dans les correspondances amicales des années 1920, culminaient fréquemment dans des proclamations véhémentes selon lesquelles la plupart de ces *Kollegium* n'avaient rien à voir avec l'Université et ne méritaient pas ce nom. Il y avait sûrement dans ces déclarations un sentiment de concurrence et d'infériorité sociale, mais il devait y avoir aussi la conviction que trop de compromis étaient faits dans l'enseignement universitaire. La pensée véritable ne doit consentir à aucun compromis – cela, Heidegger l'avait appris au prix de maintes peines et privations. L'absence de compromis dans la pensée peut être dans certaines circonstances fertile et libératrice, dans d'autres catastrophiques et destructrices. C'est là une leçon que seule la génération de l'après Seconde Guerre mondiale a su et dû retenir. Le renoncement à toute forme de radicalité est devenu un postulat de la pensée de l'après-guerre au prix parfois d'une certaine médiocrité. Pourquoi tant d'intellectuels acceptaient-ils sciemment le fait que la pensée sans compromis, si elle veut forcer les choses, peut et même doit nécessairement devenir violente ? Cela reste un mystère. Toute une génération de penseurs provenant de camps idéologiques très différents (socialisme, communisme, messianisme, sionisme, nationalisme populiste) acclamait la pensée radicale avec enthousiasme. Seul celui qui pensait de façon radicale jusqu'à la conséquence la plus extrême pouvait parvenir à quelque chose dans ce monde en pleine dégénérescence. Heidegger ne percevait pas le danger de cet absolutisme de la pensée. Mais il était loin d'être le seul dans ce cas.

Ce qui étonne le plus aujourd'hui, c'est de voir à quel point Heidegger le philosophe croyait pouvoir sauter de la pensée à l'action sans avoir à traverser cette zone intermédiaire où ces deux principes s'affrontent.

Dans *Être et Temps*, Heidegger s'était interdit la possibilité de penser cet espace intermédiaire. N'expliquait-il pas en détail dans cet ouvrage que l'être-là authentique existe même lorsqu'il se détourne du « on », du monde historique commun, de l'espace public, de la culture et de la technique. Sur cette toile de fond d'exclusion du monde extérieur qualifié de dérangeant surgit alors cette naïveté – qui nous semble aujourd'hui monstrueuse – qui fit prendre à Heidegger l'euphorie des débuts du pouvoir national-socialiste pour un projet sérieux. Hannah Arendt écrira plus tard une parabole sur cette affaire : Heidegger, le renard, s'était pris à son propre piège (voir p. 373-374).

Il espérait que le nouveau mode de pensée à l'élaboration duquel il travaillait élèverait l'université de Fribourg au rang de nouvelle Académie de la pensée, de l'enseignement et de la culture. Il était confiant dans le fait que lui serait donnée un jour l'occasion de mettre en pratique son programme. Avait-il souhaité pour cela la venue au pouvoir des nationaux-socialistes ? En tout cas, il n'avait sûrement pas voulu les orgies de violence qui commencèrent après 1933. Il avait pourtant perçu de bonne heure dans ce « mouvement » – visiblement en raison de son allure martiale – une alternative prometteuse au quotidien des années 1920 et à la monotonie blafarde des habitudes et des procédures démocratiques. C'était une opportunité, un forum pour la régénérescence du potentiel spirituel de la nation. Depuis l'Antiquité, une tâche était restée inaccomplie et il était possible, pensait-il, de la mener à bien maintenant avec le national-socialisme. Il ne croyait pas bien sûr que cette tâche serait remplie par le mouvement national-socialiste lui-même. Il fallait pour cela l'éduquer à sa mission. Quant à celle-ci, Heidegger l'assumait depuis longtemps comme la sienne, il attendait juste d'être appelé à la remplir[5].

Heidegger partageait les illusions de l'époque sur les débuts du pouvoir national-socialiste avec bon nombre d'intellectuels, de Gotfried Benn à Carl Schmitt en passant par Arnolt Bronnen et d'autres. Le national-socialisme était devenu un mouvement porteur d'espoir. Beaucoup voyaient en lui une alternative au chaos de l'ère des masses, à la soumission à la technique, au suicide de la culture allemande et au déclin de l'État allemand. Revenir à l'« essence allemande », telle était la promesse qui masquait la violence, la terreur, la technique de domination moderne et surtout l'édification national-socialiste d'un système de domination totale.

L'utopie du socialisme russe était imprégnée d'une vision d'un *homme nouveau*. Le socialisme présentait une image de l'homme moderne de façon bien plus claire et bien plus marquée que le national-socialisme. L'équation de Lénine « communisme = pouvoir des soviets plus l'électricité pour tout le pays » (1920) mettait en avant le socialisme comme le plus grand projet de modernisation de l'histoire russe. L'homme nouveau devait être produit par la technique et, si cela était nécessaire, par la force. On retrouve là les idées centrales de nombreux mouvements individualistes, collectivistes, artistiques et politiques des années 1920 : de la réforme de l'éducation et de la danse au nationalisme sioniste.

L'utopie socialiste et l'utopie national-socialiste portaient toutes deux en elles l'idée d'une autopurification et d'une régénérescence. Le choix entre les deux divisait la scène intellectuelle allemande et européenne en différents camps.

L'historien français François Furet a souligné le fait que l'adhésion à ces deux utopies totalitaires renvoyait à une haine accrue de l'intelligentsia européenne pour sa propre classe, la bourgeoisie[6]. En adoptant une autre perspective, on peut dire également que les utopies totalitaires fournissaient une réponse à la haine de soi de l'intelligentsia européenne. Elles soutenaient et canalisaient le rejet furieux, courroucé, sentimental, esthétisant, idéologisant, et toujours radical de la société bourgeoise et de sa culture. Elles apportaient une réponse aussi bien à l'homme de la rue qu'à l'artiste bohémien.

Le fait que telle ou telle personne soumise à cette tentation résistait ou non dépendait souvent de hasards ou du caractère de chacun et de ses proches. Karl Jaspers, par exemple, fut longtemps fasciné par le monde de la pensée heideggérienne. Il eut pourtant conscience très tôt du caractère criminel de l'antisémitisme. Sa femme était juive. Ses neveux à Berlin vivaient depuis plusieurs années dans l'angoisse des persécutions. Mais le cas de Jaspers était une exception. La règle était plutôt que le jeune intellectuel voulait, à travers l'une des deux utopies et stratégies, vivre jusqu'au bout sa chance d'ascension, de gain de pouvoir, et d'expérimentation de ses fantasmes d'absolu.

Hannah Arendt ou la fin de l'assimilation et d'une carrière universitaire

Le conflit fondamental que cette situation générait chez l'intellectuel allait devenir la question centrale de la quête intellectuelle de Hannah Arendt.

Sa vie prenait le contrepoint de celle de son ancien amant. Elle fut doublement interrompue en 1933 : sa carrière universitaire fut brusquement arrêtée et la vie en Allemagne devint pour elle impossible.

Indépendamment de leurs problèmes de travail et de carrière, Arendt et son mari devaient faire face à un autre phénomène qu'ils ne pouvaient plus éviter. Ils étaient de plus en plus renvoyés à leur judéité.

Désormais, la propagande antijuive en Allemagne n'était plus l'exception, mais la règle. Elle était bien vue dans les meilleurs salons. Le discours public, y compris celui de la bourgeoisie éduquée, sombra dans un tourbillon de jalousie, de haine et de mépris à l'égard des Juifs. Chez les étudiants tout comme dans le corps enseignant de la plupart des universités allemandes, la haine antisémite était déjà monnaie courante depuis la fin du XIXᵉ siècle. Après la Première Guerre mondiale, les professeurs commencèrent à se départir de leur réserve académique. Ils se distinguaient par leurs préjugés et leur jalousie envers les Juifs. Les annales des universités rapportent l'existence de procès disciplinaires contre des groupes d'étudiants juifs qui s'opposaient aux corporations d'étudiants nationalistes. Les mouvements de jeunesse juifs rejetaient généralement la culture allemande et nationaliste des corporations. Celles-ci cultivaient une atmosphère antijuive dont la violence se manifestait souvent au grand jour. On attribuait aux Juifs la défaite de l'Allemagne à la Première Guerre mondiale. L'expression la plus brutale de cet antisémitisme croissant fut les assassinats d'hommes politiques juifs (Kurt Eisner, Hugo Haase, Walter Rathenau et d'autres), les marches tapageuses des corporations d'étudiants nationalistes et plus tard les pogromes et les meurtres dans la rue perpétrés par les SA.

Sionisme et philosophie de l'existence

Ces scènes de violence de plus en plus fréquentes, d'un côté, et le sionisme qui avait repris vie à la fin du XIXᵉ siècle, de l'autre, avaient déclenché au sein de la jeunesse juive une dynamique qui allait entraîner une bonne part de celle-ci. Ces jeunes et plus particulièrement leurs figures de proue étaient, à la différence de leurs parents, portés par une conscience *politique*.

Hannah Arendt appartenait à une génération qui avait grandi dans l'érosion de la « symbiose » judéo-allemande. Adolescente, elle faisait partie avec ses amis d'un mouvement qui avait déjà une histoire. Depuis le début du siècle, d'importantes associations d'étudiants juifs, des groupes de randonnée et des clubs de discussion s'étaient créés. Ils étaient maintenant pris en main par cette nouvelle génération. En 1901 furent fondées à Königsberg une « Union sioniste », et en 1904 une « Union des étudiants juifs ». Leurs membres provenaient essentiellement de familles juives d'Europe orientale (*Ostjuden*)[7]. L'objectif de ces différentes unions sionistes tout comme des clubs de randonnée qui furent fondés par la suite était l'éducation de la jeunesse à la culture et à la conscience juives. Ils reprenaient à cette fin plus ou moins les usages sociaux de l'époque. Les corporations d'étudiants juifs se formaient sur le modèle des corporations d'étudiants nationalistes. Vus de l'extérieur, les groupes juifs de randonnée ne devaient pas être bien différents de leurs concurrents nationalistes-populistes.

L'adolescente Arendt devait sûrement connaître le mouvement de réforme pédagogique qui avait émergé durant son enfance et qui comptait dans ses rangs des personnalités comme Gustav Wyneken, Siegfried Bernfeld et le jeune Walter Benjamin.

Il y avait également à Königsberg des groupes de lycéens juifs. D'après les annales de la communauté juive de la ville, Arendt appartenait à un cercle de jeunes gens « qui tout en ne reniant pas leur judaïsme, ne faisaient pas partie de ces organisations[8] » (sionistes). Le cercle de lycéens autour d'Ernst Grumach[9], surdoué de la philologie antique et premier amour d'Arendt, était de ce genre. Ce cercle regroupait des jeunes qui lisaient Platon dans le texte, connaissaient par cœur les écrits d'Emmanuel Kant et discutaient des dernières nouveautés littéraires. C'était là que s'était formé ce « *peergroup* » (groupe des pairs) auquel Arendt allait se référer tout au long de sa vie.

Max Fürst, un autre ami d'adolescence d'Arendt, raconte sa jeunesse passionnée à Königsberg alors qu'il faisait partie d'un groupe de jeunesse du nom de *Schwarzer Haufen* (la masse sombre) :

C'était un chaudron magique dans lequel nous faisions bouillir tout ce que notre époque nous soumettait, tout ce qui nous préoccupait. De von Wyneken [...], du romantisme, des lieder, des randonnées, des vacances du solstice d'été, nous passions à [...] la poésie expressionniste, au débat sur le nationalisme dans toutes ses formes, aux querelles avec les parents et leurs dieux, au judaïsme et aux autres religions, et toujours à Marx. Nous nous efforcions dans ces discussions de clarifier notre position sur les événements de l'époque [10].

Les mouvements de jeunesse juifs firent tout d'abord l'objet d'un rejet de la part des juifs libéraux et conservateurs. Kurt Blumenfeld, sioniste influent, qui faisait des visites amicales aux parents Arendt raconte que Max Arendt, le grand-père adoré de Hannah, avait réagi aux affirmations du sionisme de la façon suivante : « je tiens pour criminel celui qui conteste ma germanité [11] ». Il se mit pourtant plus tard à soutenir financièrement les groupes de jeunesse sioniste de Königsberg. Le rabbin de Königsberg Hermann Vogelstein s'opposait également à l'époque au sionisme. « Le judaïsme est une religion, pas une nation [12] », disait-il. La communauté juive adopta donc au début une attitude hostile aux activités des organisations de jeunesse, mais, avec le temps, les représentants de l'ancienne génération étaient présents à toutes les cérémonies de « l'association des étudiants juifs [13] ».

Aux yeux de Hannah, le sionisme était avant tout une contre-culture intellectuelle.

Les écrits de Theodor Herzl, de Max Nordau, les articles de Max Goldstein, les livres de Martin Buber ou de Leo Baeck, même s'ils tentaient de se démarquer fortement du discours majoritaire, s'inséraient dans le cadre général des courants culturels et politiques de l'Allemagne et de l'Europe à cette époque. Ces figures du sionisme participaient aux discussions scientifiques de leur temps et se mouvaient avec agilité dans le discours et les concepts socialistes. Ils adoptaient également les thèses de la doctrine des races, car elles étaient alors considérées comme scientifiquement prouvées. Les jeunes sionistes de Königsberg et du reste du Reich avaient des conceptions esthétiques semblables à celles de l'avant-garde allemande, quand ils ne faisaient pas eux-mêmes partie de celle-ci. La division entre le discours « juif » et le discours « allemand » qui était un ressort essentiel du sionisme était plus de nature symbolique que réelle. Les sionistes étaient dans leur majorité des modernistes de premier ordre. Modernité, messianisme, nationalisme, traditionalisme, mouvement de jeunesse, doctrine des races et socialisme se mêlaient donc dans le sionisme et formaient un alliage très particulier. Pourtant, ces jeunes sionistes représentaient quelque chose de tout à fait différent.

Heinrich Graetz, le grand historien juif qui avait fait découvrir au judaïsme l'historiographie, laissait parfois son histoire des Juifs glisser vers des thèses du genre : seuls les Juifs ont un sens pour l'histoire, pas les Allemands... Et ce, quand bien même la science historique allemande se présentait fièrement alors comme la science reine.

Chez Buber, Baeck et d'autres, il était question de guérison du peuple et de sélection où seuls comptent les forts, c'est-à-dire les pionniers de la construction de l'État en Palestine, pas les faibles. Des jeunes hommes forts, blonds aux yeux bleus, servaient de modèle du pionnier en Palestine. Le mouvement de jeunesse « Bleu blanc » mettait en avant la conscience d'élite du groupe. Le principe du leader [*Führer*] était inscrit dans sa charte[14].

Le sionisme est un socialisme imprégné de nationalisme. L'« homme nouveau » dont le bolchevisme soviétique, tout comme la poésie expressionniste et messianique et l'idéologie nationaliste-populiste, parlait tant devait apparaître également en Palestine. Son prototype était le travailleur libre et producteur, des mains duquel devait naître une industrie moderne. Le sionisme politique émergeait donc comme l'idéologie de cette projection de modernité. C'est ce qui le distinguait du national-populisme et du national-socialisme des années 1920.

Le sionisme en Allemagne orientale profitait également de l'échange avec les mouvements, les groupes et les personnalités venus de la Russie d'avant la révolution. En effet, Königsberg était la ville allemande la plus proche [15].

À Königsberg, le sionisme pouvait se mêler de façon fructueuse à la culture social-démocrate de la ville. Les parents de Hannah Arendt appartenaient au cercle de la revue *Sozialistischen Monatshefte*. Son rédacteur en chef, Josef Bloch, était proche de l'aile révisionniste de Bernstein dans le parti social-démocrate. Il avait entretenu une correspondance avec Engels. En raison de son immense culture – il lisait et parlait le yiddish et l'hébreu –, il jouait un rôle d'intermédiaire entre les socialistes et les sionistes [16]. La revue devint à Berlin et ailleurs en Allemagne le forum des juifs affirmés, sympathisants du sionisme et d'orientation socialiste qui voulaient se démarquer du milieu juif libéral et assimilationiste.

La mère qui vouait une grande admiration à Rosa Luxemburg accueillait de temps en temps chez elle un cercle de discussion auquel participaient les intellectuels de gauche de Königsberg, ceux d'obédience socialiste réformiste, mais également les sociaux-démocrates indépendants radicaux [17]. Hannah Arendt écrivit par la suite un essai important sur cette révolutionnaire juive, polonaise et allemande, Rosa Luxemburg.

Dans un contexte où le discours ambiant devenait de plus en plus véhément et menaçant contre les Juifs, il n'est pas surprenant qu'après avoir retravaillé sa thèse comme Jaspers l'avait éxigé, Arendt se soit tournée à la fin des années 1920 vers l'histoire récente du judaïsme. Les études qu'elle écrivit sur l'assimilation des Juifs allemands provenaient visiblement d'un sentiment d'insécurité et d'un besoin de se rassurer sur sa propre situation.

Elle sentait son univers vaciller. Cela était sans doute plus vrai hors de Königsberg que dans la ville. Hans Jonas raconte que la jeune étudiante Arendt savait faire face à l'antisémitisme. Avant de venir assister à un séminaire de théologie à Marbourg, elle s'était d'abord assurée du soutien de Rudolf Bultmann au cas où elle aurait à subir des attaques antisémites [18]. Bultmann l'avait rassurée.

L'agitation nationaliste et raciste se faisait sentir également à Heidelberg. Dès les années 1920, des corporations d'étudiants et des membres du corps enseignant avaient commencé leur combat contre le « système ». Les étudiants sionistes essayaient de se protéger de la discrimination qui les frappait.

À Heidelberg, le cas d'Emil Julius Gumbel, maître de conférence pacifiste, avait échauffé les esprits pendant plusieurs années. En 1932, après plusieurs requêtes de la part de ses opposants, le droit d'enseigner à l'Université fut retiré à cet économiste, à ce mathématicien, statisticien, syndicaliste et militant actif du USPD. Il fut donc exclu de l'Université. Gumbel avait révélé le lien entre les assassinats politiques, leurs instigateurs et les corporations secrètes des années 1920. Il mettait le doigt également dans ses livres et ses pamphlets sur l'esprit antirépublicain qui régnait parmi les juges et dans le système judiciaire. Une de ses enquêtes sur ces corporations secrètes lui valut d'être mis en procès pour trahison. Mais il sortit vainqueur du procès, car les faits qu'il avait présentés étaient indiscutables [19]. Ce qui finalement déclencha une enquête interne de l'université à son sujet fut une déclaration publique contre la guerre faite le 26 juillet 1924 à Heidelberg. Il avait dit qu'à la Grande Guerre de nombreux hommes étaient tombés « je ne dirai pas au champ du déshonneur, mais avaient perdu la vie de façon terrifiante [20] [...] ». Par la suite, le « cas Gumbel » – c'était le titre de la procédure disciplinaire contre cet enseignant – continua à agiter les esprits du doyen et du sénat de l'université. Membre de la commission d'enquête Gumbel, Jaspers s'efforça de désidéologiser la procédure. Il écrit presque quarante ans plus tard : « Au premier coup d'œil, je compris clairement qu'il s'agissait de la liberté de l'enseignement. On l'anéantit à sa racine si l'on s'arroge le droit de juger les professeurs sur leurs opinions [21]. »

Le ministre social-démocrate de l'Intérieur, du Culte et de l'Éducation, Adam Remmele, tout comme une partie du parlement régional, soutint visiblement un temps Gumbel. Les faits sur lesquels reposaient ses déclarations étaient incontestables, cela rendait d'autant plus furieux les nationalistes.

Gumbel percevait alors une bourse de maître de conférence de l'université. Les opposants de Gumbel réussirent en 1932 à convaincre la faculté de lui retirer le droit d'enseigner. Jaspers refusa de donner son approbation à une telle décision, mais il ne put en rien s'y opposer.

Un autre cas est celui du maître de conférence nationaliste-populiste, Arnold Ruge. Ruge écrivait des tracts antisémites venimeux où il se peignait en victime du « terrorisme des Juifs [22] ». L'arrière-fond de cette haine était une carrière universitaire ratée. Il y eut en 1920 à Heidelberg une protestation de professeurs contre son activisme à laquelle se joignirent, entre autres professeurs, Ludwig Curtius et Eberhard Gothein. La faculté de philosophie justifia finalement sa décision de lui retirer le droit d'enseigner en soutenant que Ruge devait quitter l'université non pas pour son antisémitisme, mais pour diffamation du corps enseignant [23]. Cette manière de minimiser les conflits n'était pas rare à l'époque. Ruge s'en fut à Marbourg et poursuivit là-bas ses calomnies comme maître-assistant. L'affaire eut une suite. En décembre 1933, Heidegger rejeta la demande du *Reichsstatthalter* Robert Wagner qui cherchait un poste de professeur pour le camarade Ruge. Il justifia ainsi sa décision :

Tant que le national-socialisme observera le *principe de rendement* pour la sélection des guides et des dirigeants responsables des différents postes, il ne sera pas question d'attribuer à Monsieur Ruge un poste de professeur [24].

C'est surtout en raison de cas comme celui-ci que le ministre Adam Remmele suggéra à l'université de Heidelberg « de s'assurer de l'accord de l'État avant de s'engager dans les procédures de nomination des candidats pressentis ». Indignée, la faculté refusa une telle ingérence dans la liberté des universités. Elle se considérait dans l'obligation de ne pas « obtempérer à d'éventuelles instructions de cet ordre [25] ».

En 1933, le nouveau ministère du Culte et de l'Enseignement imposa à la barbe de l'université la nomination d'un sympathisant du parti national-socialiste. Le maître de conférence, Staatsrat Dr Paul Schmitthenner, obtint, sans suivre la procédure normale de nomination, un poste de professeur d'histoire avec en spécialité « la science de la guerre et de la défense ». La faculté de philosophie donna son accord « avec joie et gratitude » et « se félicita de l'enrichissement de son programme d'enseignement d'un domaine d'études si important ». Venait ensuite un petit ajout : on tenait cependant à faire remarquer que, normalement, les nominations sont l'affaire des universités elles-mêmes [26].

Des exemples comme celui-ci nous permettent de comprendre comment l'inertie du corps universitaire avait un effet à la fois protecteur et autodestructeur. Les commissions universitaires procédaient généralement de la façon suivante : on essayait de différer les cas de litige, par exemple les calomnies nazies contre un enseignant juif, en les renvoyant à des procédures démocratiques. On s'arrangeait pendant un temps de cette façon. Les semaines passaient. Et peu à peu les barrières tombaient. Les universités toléraient de plus en plus en leur sein des activités antidémocratiques pour ne pas troubler la paix de la corporation. Elles s'étonnaient ensuite que cette attitude fût interprétée comme une approbation de l'hostilité contre la République et conduisît à de nouveaux désordres. L'interprétation de la liberté de l'enseignement et de la recherche que la corporation universitaire véhiculait oscillait entre le nationalisme et l'apolitisme. Nombreux étaient ceux qui pensaient que le plus important était de maintenir la République en dehors de l'Université.

La situation était semblable à Heidelberg. La jeune Hannah Arendt devait sûrement suivre avec attention les « cas » dont on entendait parler et les commenter de façon critique.

Pourtant si on faisait abstraction de ces affaires, tout semblait se poursuivre normalement. Les procédures de nomination suivaient leur cours, on planifiait des carrières, on échouait, les potins universitaires circulaient, livres et essais cherchaient des lecteurs. Petit à petit, l'agitation de la rue pénétrait l'Université, même l'*alma mater* devenait un champ de bataille où s'affrontaient des intérêts politiques opposés.

À Berlin, Hannah pouvait pour ainsi dire palper de ses mains le désastre qui menaçait. Elle pouvait le sentir, l'entendre, l'écouter, le voir, le toucher. Elle ne jouissait pas dans cette ville de la protection qu'elle avait à l'université. À Marbourg, il y avait Heidegger et Bultmann, à Heidelberg Jaspers et les autres professeurs juifs qui la protégeaient, tout comme bien sûr ses amis de Königsberg et d'ailleurs. Certains étaient sionistes, comme Hans Jonas, d'autres étaient plutôt apolitiques, comme Benno von Wiese.

Au début de l'année 1930, elle fit une conférence à Berlin sur son nouveau thème de recherche : Rahel Varnhagen et l'existence juive à l'époque moderne[27]. Elle en envoya le texte à Jaspers. Celui-ci ressentit aussitôt la profonde inquiétude intérieure qui travaillait ce texte et qui ne pouvait provenir simplement de questions académiques. Il

voulait en parler avec elle « afin de vous poser des questions
et de déceler, dans les phrases telles qu'elles peuvent encore
être corrigées, ce que vous voulez vraiment dire. Car il me
paraît difficile de vous envoyer par écrit quelques *dicta* alors
que je constate que dans cette version, malgré votre volonté
de rester objective, il se passe quelque chose [28] ».

Il ajoute pourtant par la suite quelques *dicta* :

> Vous objectivez l'« existence juive » en recourant à la phi-
> losophie existentielle – ce qui coupe peut-être l'herbe sous
> les pieds à la philosophie existentielle. Si bien qu'on ne
> prend plus très au sérieux le fait de ne dépendre que de soi
> quand cela est fondé sur la fatalité du destin juif au lieu de
> s'enraciner en soi-même. L'opposition entre le fait de flotter
> librement et le fait d'être enraciné ne me dit rien de bon.
>
> Le choix magnifique d'extraits de lettres que vous pré-
> sentez me fait sentir tout autre chose : la « judaïté » est une
> *façon de parler* ou la manifestation d'un être-soi né d'une atti-
> tude négative, qu'on ne peut fonder qu'à partir de la situa-
> tion historique, c'est un destin qui n'a pas été libéré du
> château enchanté [29].

Ce ne sont pas là, bien sûr, des objections, insiste
Jaspers. La réponse d'Arendt montre à quel point elle se
débattait avec son sujet, mais elle montre également à
point elle se sentait sûre d'elle-même. Elle sait en effet se
défendre contre les imputations de Jaspers :

> Je n'ai pas essayé – du moins je n'en ai pas conscience –
> de « fonder » l'existence de Rahel sur la judaïté. Cette confé-
> rence n'est à mes yeux qu'un travail préparatoire qui doit
> montrer que le fait d'être juif rend possible une certaine
> existence que, pour le moment, je qualifierai de destin, sans
> plus de précision. Ce destin résulte précisément d'un
> manque fondamental d'appartenance et ne s'accomplit *que*
> s'il y a séparation d'avec le judaïsme. On ne devrait pas du
> tout tenter ici d'interpréter vraiment le fait de connaître un

tel destin. Une telle interprétation ne verrait qu'insigni-
fiance dans le fait juif.

L'objectivation au sens précis du terme existe effectivement : non pas l'objectivation de l'existence juive (en tant
que corps, par exemple), mais un contexte historique dont je
pense qu'on peut lui donner un sens (il ne s'agit pas cependant d'une idée objective ou de quelque chose de cette
sorte). Il semble que certaines personnes soient dans leur
propre vie (et uniquement là, non en tant que personnes, p.
ex.) tellement exposées qu'elles deviennent pour ainsi dire
des carrefours et des objectivations concrètes de *la* vie. Dans
le cas de Rahel, mon objectivation se fonde déjà sur une
auto-objectivation qui n'est pas une réflexion, donc postérieure, mais qui est dès le début une façon de « vivre », de
faire ses expériences, qui lui est propre. Ce que tout cela est
en fait : destin, vie exposée, concerne la vie – je suis incapable (et m'en aperçois en écrivant) de le dire *in absracto*,
tout au plus peut-être en me servant d'exemples. C'est précisément la raison pour laquelle je veux écrire une biographie.
L'interprétation prend en fait le sens de la redite [30].

Quelques décennies plus tard, elle niera fermement
avoir écrit une biographie et insistera sur le fait qu'elle
avait raconté à sa manière une histoire tout comme
Rahel l'aurait fait elle-même, pensait-elle [31]. Mais il s'agit
là d'une vision rétrospective des choses. Ce qui est intéressant à ce stade, c'est le fait que derrière le portrait
qu'elle peignait de Rahel Varnhagen, il n'y avait pas
seulement l'exigence de produire une interprétation
conforme à une figure historique. Arendt voulait également centrer son récit sur un phénomène typique de
l'histoire du judaïsme moderne. La figure de Varnhagen
lui permettait d'objectiver une rupture du judaïsme lui-
même – la rupture entre la nostalgie de l'appartenance et
la conscience que l'existence de parvenu du Juif assimilé
n'est pas à l'origine d'une nouvelle identité. La réflexion
sur cette figure fit pourtant émerger en elle quelque chose
d'important. Elle n'était pas sûre d'elle-même, mais elle

pensait qu'il s'agissait là de quelque chose de fondamental qu'on ne pouvait réduire à d'autres idées. Dans son exil parisien, elle allait découvrir la figure du *paria*, de l'exclu qui ne peut garder sa dignité qu'en refusant sa situation.

Pour une jeune philosophe de l'existence d'orientation heideggérienne, une telle façon de penser allait presque de soi. L'être-là était là devant, mais il fallait encore qu'il soit vécu ? Comment pouvait-on le vivre ? En s'exposant au donné de l'existence. Chez Heidegger, ce donné était la mort, l'angoisse, le « on », le bavardage, mais aussi le souci pour l'être-là. Heidegger n'avait pas destiné ses concepts à l'interprétation de la « question juive », mais cela n'était sûrement pas de nature à gêner Arendt. Pourquoi la prise de conscience du judaïsme incarnée dans la figure de Rahel Varnhagen ne serait-elle pas une partie de la réalisation d'une possibilité déjà tracée ? Pourquoi ce que Heidegger avait présenté, de façon convaincante selon elle, sous la forme d'un dualisme entre l'être-là qui se perd et l'être-là qui se trouve ne pourrait-il pas s'appliquer à la prise de conscience du judaïsme ?

Heidegger ne fut certainement pas l'unique source d'inspiration du travail d'Arendt. Cette jeune femme avide de savoir avait lu également la littérature sioniste de l'époque. Elle avait pu se familiariser lors de conférences et de discussions à la pensée des grands sionistes comme Martin Buber, Leo Baeck, Theodor Herzl et son ami Kurt Blumenfeld. Il était question dans ces discours et ces écrits de destin, d'éveil à une existence authentique, d'existence manquée et de vocation – on parlerait aujourd'hui plutôt d'identité et de sens véritable de la vie.

Arendt fit la connaissance de Kurt Blumenfeld à l'été 1926, lors de son premier semestre à l'université de Heidelberg. Elle assista à l'une de ses conférences [32]. Blumenfeld était issu comme elle de la Prusse-Orientale, mais né en 1884, il était son aîné d'une génération. Il avait étudié à Berlin, à Fribourg et à Königsberg où il s'était converti au sionisme. Il travailla sans relâche dès 1909 à faire du sionisme un courant politique important et respecté au sein des communautés juives d'Allemagne, et particulièrement au sein des associations et des unions d'étudiants. En 1911, il fut nommé secrétaire général de l'« Association sioniste mondiale ». Il devint le premier homme politique sioniste à temps plein en Allemagne. Il accéda en 1924 à la présidence de l'« Union sioniste d'Allemagne » (*Zionistische Vereinigung für Deutschland*, ZVfD). Il était pourtant enregistré dans l'annuaire téléphonique de Berlin comme commerçant.

Son charisme devait agir particulièrement sur les jeunes Juifs à la recherche d'une vie et d'une action authentiques par-delà l'assimilation. Blumenfeld était en outre un organisateur génial. Il savait organiser des soirées de don brillantes et faire grande impression sur les célébrités de son temps. Durant des années, il travailla en étroite collaboration avec Albert Einstein pour gagner à la cause sioniste des personnalités riches et parfois non juives. Blumenfeld milita en Allemagne pour le sionisme jusqu'à sa fuite en Palestine en 1933.

La jeune Hannah Arendt était plutôt timide dans les relations humaines, pourtant il devait y avoir en Blumenfeld quelque chose qui fit sauter cette timidité dès leur première rencontre. Quoi qu'il en fût, ce jour-là finit dans la gaieté. On raconte qu'après un dîner où Blumenfeld avait été convié par Hans Jonas au nom de l'Union des étudiants sionistes – il dut sûrement inviter les deux amis –, Arendt, bras dessus bras dessous avec Blumenfeld, chanta avec lui des chansons à tue-tête tout en vadrouillant dans la ville. Son admirateur timide, l'étudiant Hans Jonas, les suivait à la traîne[33]. Elle se lia bientôt avec Blumenfeld d'une amitié qui allait durer toute une vie malgré les crises. La jeune étudiante orpheline l'avait « adopté » comme père.

Arendt définit rétrospectivement son lien au sionisme avant 1933 :

J'étais très étroitement liée d'amitié avec quelques-unes des personnalités à la tête du mouvement et surtout avec le président de l'époque Kurt Blumenfeld. Mais je n'étais pas sioniste et on n'avait d'ailleurs pas cherché à m'enrôler. Toujours est-il que j'avais en un certain sens subi l'influence du sionisme : notamment dans la critique ou plus exactement l'autocritique que les sionistes avaient développée au sein du peuple juif. J'en ai été influencée et même impressionnée, mais, politiquement, je n'avais rien à voir avec eux [34].

En 1972, elle répondit à une question de Hans Morgenthau sur son « appartenance » politique de la façon suivante :

Je n'appartiens à aucun groupe. L'unique groupe auquel j'ai appartenu, comme vous le savez, c'était les sionistes. C'était bien sûr à cause de Hitler. Cela dura de 1933 à 1945. Ensuite, j'ai rompu avec eux. Les sionistes étaient les seuls à offrir la possibilité de se défendre en tant que Juifs et non en tant qu'êtres humains, ce que je considérais être une erreur, car quand on est attaqué en tant que Juif, il faut se défendre en tant que Juif [35].

Le sionisme était une sorte de prise de conscience intellectuelle au sein du judaïsme à laquelle elle participa. C'était aussi bien sûr un travail d'assistance et de secours qu'elle accomplit tout le temps que dura le nazisme. Elle n'était pas d'accord avec le projet politique sioniste en Palestine et avec le jeu tactique que jouaient les associations juives pour parvenir à établir un État juif en Palestine [36]. Exposée à la fois à l'influence de la pensée heideggérienne, de la philosophie de l'existence de Jaspers et du sionisme, Arendt faisait face à un dilemme tout comme ses amis qui avaient étudié un temps auprès de Heidegger et de Jaspers et qui s'étaient ouverts au discours sioniste. Elle puisait à des sources qui aujourd'hui nous semblent contradictoires. On pouvait à l'époque penser de manière sioniste tout en se servant de ce qu'on avait appris chez Heidegger. On pouvait penser sur un mode national juif avec l'enseignement de Jaspers. Le sionisme pouvait se comprendre alors comme une sorte de philosophie juive de l'existence. Le sionisme ne se réduisait pas bien sûr à cet aspect, il avait de nombreuses facettes qui se contredisaient parfois, mais il ne nous est pas possible d'aborder cette question dans le cadre de cet ouvrage.

Le choc eut lieu au tournant de l'année 1932-1933. Heidegger, Jaspers et le sionisme cessèrent soudain d'être les différentes facettes d'un même cosmos. Certains grands professeurs étaient passés dans le camp ennemi. Cette nouvelle situation dut ébranler Arendt au plus profond de son être.

Georg Lukács, un jeune intellectuel juif comme Arendt, interpréta quarante ans plus tard ce choc comme l'expression d'un « déni préalable de la réalité ». Selon lui, ce dilemme était la conséquence imprévisible d'une « fusion d'une éthique "de gauche" avec une théorie de la connaissance "de droite"[37] ». Il considérait cette fusion comme phénomène de génération.

> Une partie importante de l'élite intellectuelle allemande avait pris ses quartiers dans le « Grand Hôtel de l'abîme », un bel hôtel avec tout le confort au bord de l'abîme, du néant et de l'absurde. La vision quotidienne de l'abîme entre les repas si délicats et la création artistique ne pouvait qu'accentuer le plaisir qu'offrait ce confort si raffiné[38].

Lukács renvoie ici au goût de l'époque pour la pensée au bord de l'abîme. Le danger n'était pas seulement perçu comme un défi intellectuel et esthétique, la menace réelle elle-même était esthétisée. Plusieurs récits nous racontent comment la tentative éphémère d'instaurer une République communiste en Hongrie fut imaginée par toute une bande d'intellectuels de café de Budapest (parmi eux le jeune Lukács) qui se disputaient des nuits entières, à la manière des héros de Dostoïevski, sur le bien et le mal en temps de révolution [39]. Il existe des récits très semblables sur la République communiste de Bavière et sur certains cercles révolutionnaires en Russie. Dans tous ces groupes circulait une idée de la rédemption qui se sécularisa par la suite avec la révolution.

Ces intellectuels attirés par la pensée radicale planaient pour une bonne part au-dessus des réalités. Ils ne se rendaient pas compte à quel point ce radicalisme les menaçait. Tout allait bien tant que le cadre politique et le processus démocratique que tout le monde méprisait tenaient le coup. Lorsqu'ils s'effondrèrent, rien ne put plus retenir la vague déferlante. Les espoirs messianiques d'Ernst Toller, Erich Mühsam, Eugen Leviné, Georg Lukács, Ernst Bloch et Walter Benjamin volèrent en éclats avec le début des persécutions.

Il s'agit là sans doute d'*une* des explications de ce mélange – si dérangeant pour nous aujourd'hui – de rêverie et de radicalisme intellectuel que l'on retrouve chez bon nombre de jeunes penseurs des années 1920 et du début des années 1930.

Le dilemme de Rahel Varnhagen

Arendt ne séjourna dans « l'hôtel de l'abîme » qu'un temps. Tous les documents de l'époque montrent qu'elle était une jeune femme extrêmement pratique et réaliste. Sa grande confiance en soi, son bon sens et ses contacts avec les cercles activistes sionistes l'avaient préservée des illusions.

La situation politique s'aggravait, les camps idéologiques se constituaient et leur clivage se creusait. La montée alarmante de la violence se reflétait également dans le discours politique. La conscience sous-jacente qu'un événement menaçant était en gestation expliquerait peut-être cette inquiétude de Hannah Arendt et de ses amis qui provoquait l'irritation de Jaspers. Elle se sentait prise en étau entre la conviction qu'il fallait en ces temps de danger s'affirmer comme Juif et son besoin impérieux d'indépendance. Elle prit conscience de ce dilemme à travers la figure historique de Rahel Varnhagen qui n'avait pas su le résoudre ou du moins pas complètement ou d'une façon insatisfaisante pour Arendt.

Pourquoi avait-elle choisi Rahel Varnhagen pour traiter de ce dilemme ? Était-ce l'admiration de son amie Anne Mendelssohn pour ce personnage qui l'avait incitée à choisir cette femme pour « incarner » le dilemme judéo-allemand ? Elle lui dédira plus tard ce livre. Peut-être révèle-t-elle quelque chose d'important quand, en 1936, Hannah, qui vient juste de tomber amoureuse de Heinrich Blücher, écrit de Genève à son amant, en exil à Paris, que Rahel Varnhagen est « vraiment ma meilleure amie, malheureusement elle est morte depuis cent ans[40] ». Il y a là une exubérance, une bonne humeur, une familiarité qu'elle interrompt aussitôt par une paraphrase d'une lettre de Rahel Varnhagen à Rebecca Friedländer : « Voilà pourquoi c'est si affreux d'être juive, il faut sans cesse se justifier[41]. »

Qui lit ces affirmations se rend compte à quel point l'antisémitisme a confronté Arendt aux questions existentielles qu'elle s'était posées auparavant de façon théorique.

Dans un tel contexte, le dilemme de Hannah faisait resurgir de façon plus claire encore son amour pour Heidegger. Cet amour avait été authentique, mais il avait conduit cette jeune femme à une impasse. Des rumeurs et des confidences l'informaient que Heidegger devenait de plus en plus antisémite. La lettre qu'elle écrivit à son ancien amant à ce sujet n'a pas été conservée. Elle devait sans doute l'interroger : est-ce que ces rumeurs sont fondées ? Sympathises-tu avec le national-socialisme ?

Irrité, Heidegger répondit de la façon suivante :

Les bruits qui courent, et qui t'alarment, ne sont que pures calomnies, parfaitement conformes d'ailleurs aux multiples expériences du même genre qu'il m'a fallu faire au cours de ces dernières années.

Qu'il ne me soit guère possible d'exclure des auditeurs juifs des invitations préparatoires aux séminaires, voilà ce qui devrait ressortir du simple fait que, depuis quatre semestres, *il n'y a plus* chez moi d'invitation aux séminaires. Et quant au fait que, paraît-il, je ne salue plus de Juifs, il s'agit là d'une si misérable médisance qu'il faudra à l'avenir que j'en prenne bonne note. Pour éclaircir la manière dont je me comporte à l'égard des Juifs, simplement quelques faits. J'ai obtenu un congé durant ce semestre d'hiver, et j'ai fait savoir dès cet été à qui de droit, et en temps utile, que j'aimerais ne pas être dérangé, et que je ne pouvais diriger des travaux ni quoi que ce soit de ce genre.

Un candidat s'est pourtant présenté, qui voulait absolument soutenir sa thèse, et le pouvait d'ailleurs parfaitement et il se trouve qu'il est juif. Comme est juif un autre candidat, admis à me rendre visite tous les mois, afin de me faire savoir où il en est d'un travail de longue haleine qu'il a en cours (qui n'est ni un projet de dissertation inaugurale ni d'habilitation). Comme se trouve être juif, lui aussi, celui qui, il y a de cela quelques semaines, m'a expédié un travail d'envergure en me demandant instamment de l'examiner avec soin.

Les deux bénéficiaires de bourses exceptionnelles (attribuées par la Commission d'assistance) pour lesquels j'ai réussi à obtenir une inscription régulière aux trois derniers semestres se trouvent être juifs. Tout comme l'étudiant qui vient de se voir accorder grâce à moi le statut de boursier à Rome [42].

Si c'est là de l'« antisémitisme enragé », à la bonne heure ! En matière de questions universitaires, je suis aujourd'hui tout aussi suspect d'antisémitisme qu'il y a dix ans et à Marbourg, où ce prétendu antisémitisme m'a tout de même valu le soutien de Jacobsthal et Friedländer.

Cela n'a absolument rien à voir avec les relations personnelles que je puis entretenir avec des Juifs (p. ex. Husserl, Misch, Cassirer et d'autres).

Encore moins cela peut-il concerner mon rapport à toi.

Si je me suis depuis un certain temps tenu à l'écart, la raison en est d'abord que tout mon travail n'a rencontré qu'une désolante incompréhension, mais aussi que les expériences personnelles par lesquelles il m'a fallu en passer dans mon activité d'enseignement n'ont pas toujours été très exaltantes, c'est le moins qu'on puisse dire. Mais j'ai depuis fort longtemps renoncé à attendre une quelconque gratitude des soi-disant disciples, fût-ce même un vague souvenir déférent de simple bienséance [43].

Heidegger écrit ici d'un ton froid et presque nerveux. Il montre avant tout combien il s'est engagé en faveur de ses étudiants juifs. Il rappelait par là implicitement à Hannah qu'il avait écrit une des deux lettres de recommandation exigées pour l'obtention de sa bourse auprès de la *Notgemeinschaft der deutschen Wissenschaft* [44].

Dans ces années-là, la distance physique qui séparait ces deux anciens amants n'était pas la seule raison de leur éloignement affectif et intellectuel. La conscience politique de Hannah s'était éveillée. Elle vivait à Berlin dans une atmosphère de frictions intellectuelles et de conflit ouvert. Par le biais de Bertolt Brecht, Kurt Tucholsky et de Carl von Ossietzky, elle avait découvert une autre dimension du discours politique sans pour autant percevoir encore que tout cela allait la toucher directement et personnellement.

À Marbourg, elle s'était concentrée sur ses études. À Heidelberg, ses connexions sionistes avaient fait naître en elle un début de prise de conscience de sa situation existentielle en tant que Juive. Mais ce n'est qu'à Berlin qu'elle fut confrontée à l'antagonisme juif-allemand.

En 1932, elle faisait part à son amie Anne Mendelssohn, qui s'en étonnait, de son sentiment qu'il fallait en tant que Juifs quitter l'Allemagne et émigrer. Visiblement, l'antisémitisme militant du début des années 1930 à Berlin dépassait tout ce qu'elle avait connu à Königsberg, à Marbourg ou à Heidelberg – et pourtant elle ne se laissait pas facilement ébranler.

Sincérité radicale, telle avait été l'exigence de sa relation amoureuse avec Heidegger. *Elle* du moins avait fait preuve de cette sincérité. En interrogeant son ancien amant sur ses relations avec les Juifs, elle avait fait pénétrer dans leur relation quelque chose qui jusqu'alors avait été soigneusement mis à l'écart : le monde extérieur hostile qui les poussait tous deux aux antipodes de la politique allemande de l'époque.

Arendt eut également une expérience étrange avec son professeur et directeur de thèse, Karl Jaspers. Il n'était pas question entre eux deux des Juifs, mais du « caractère allemand ». Jaspers publia en 1932 un hommage à Max Weber et envoya un exemplaire du texte à son ancienne doctorante. Hannah Arendt y répondit très sérieusement :

De prime abord, il m'est difficile de prendre position, étant donné le titre et l'introduction. Il ne s'agit pas du fait que vous représentez en Max Weber le grand homme allemand mais que vous voyez en lui le représentant du « caractère allemand », que vous identifiez au « bon sens et à l'humanité qui ont leurs racines dans la passion ». Voilà qui rend pour moi toute prise de position aussi difficile que ma prise de position à l'égard de l'impressionnant patriotisme de Max Weber. Vous comprendrez qu'en tant que Juive je ne puisse dire ni oui ni non et que mon approbation serait tout aussi déplacée qu'une argumentation contre. Point n'est besoin encore que je prenne mes distances tant qu'il s'agit du « sens de la puissance mondiale allemande » et de sa mission en faveur de la « civilisation de l'avenir ». Il m'est encore possible de m'identifier à cette mission allemande, même si je ne peux le faire sans que cela me pose la moindre question. Pour moi, l'Allemagne c'est la langue maternelle, la philosophie et la création littéraire. Tout cela, je peux le cautionner, et je le dois. Mais je me dois de garder ma distance ; je ne peux être ni pour ni contre quand je lis la magnifique phrase de Max Weber disant que, pour le redressement de l'Allemagne, il s'associerait au diable lui-même.

Et cette phrase me paraît précisément révéler un élément décisif.

C'est de cette gêne que je voulais vous parler, même si, lorsqu'on avance dans la lecture, elle disparaît[45].

Jaspers se justifie d'une manière étrangement défensive : le « caractère allemand » auquel Arendt aussi appartiendrait ne serait pas un concept générique mais une « visée totalisante historiquement indéfinie[46] ». Il voulait ramener la jeunesse nationaliste au bercail de la conscience commune de ce qui signifie être allemand. C'est pourquoi il avait fait publier cet écrit chez un éditeur nationaliste. Il n'avait fait selon lui aucun compromis sur le contenu. Pourtant le fait qu'Arendt ne pouvait y souscrire le rendait soucieux.

Arendt ne lui donna pas son absolution. Elle ne comprenait pas sa « visée historique totalisante » et la trouvait idéaliste et nationaliste au mauvais sens de ces deux termes[47]. Elle se disait pourtant être allemande, mais les Juifs avaient fait, selon elle, leur entrée dans l'histoire allemande tardivement et de façon incomplète, c'est pourquoi ils n'en faisaient pas vraiment pas partie.

Destin juif, auto-objectivation juive, caractère allemand, visée historique totalisante. Quel était l'objet de leur dispute ?

La tentative de Karl Jaspers de réconcilier la dimension nationale avec la démocratie et la philosophie avec cette même dimension nationale n'était pas convaincante pour tout le monde. C'était là ce que lui faisaient savoir les lettres de son étudiante. Il n'avait pourtant tenté que de raccommoder la dimension nationale avec la mission démocratique. Il essayait d'accomplir quelque chose de semblable à ce que Max Weber en 1919 et Thomas Mann en 1922 dans son premier discours républicain avaient fait : s'adresser à la jeunesse nationaliste pour la gagner à la cause républicaine. À ce représentant bien intentionné et un peu naïf de la germanité, Hannah Arendt répondait avec sa conscience politique juive.

De notre point de vue contemporain, ces lettres entre Arendt et Jaspers marquent une séparation immuable et irrévocable entre ce qui est juif et ce qui est allemand. Ayant déjà vécu cette haine politique antijuive dans le microcosme de la ville de Königsberg, Arendt savait ce qui se passait. Elle était tout à fait consciente de la nouvelle dimension de l'antisémitisme. Quelque chose d'irrévocable s'était produit en elle.

Au moment de l'effondrement de la République de Weimar, cette jeune femme de vingt-sept ans se trouvait en pleine phase de bouleversement : son grand amour s'était éteint en raison des circonstances historiques, sa carrière universitaire prometteuse était interrompue et l'existence se faisait menaçante. Ses amis non juifs s'accommodaient pour la plupart du nouveau régime. Assister à cette démission fut pour Arendt un choc aussi profond que la rupture avec Heidegger. Trente ans plus tard, elle porte le jugement suivant sur les conséquences de cette abdication de l'intelligence devant le national-socialisme :

> Je pouvais constater que suivre le mouvement était pour ainsi dire la règle parmi les intellectuels [...] on n'a jamais reproché à un homme de suivre le mouvement parce qu'il avait une femme et des enfants à charge. Ce qui fut bien pire, c'est que certains y ont vraiment cru ! Pour peu de temps, la plupart pour très peu de temps. Ce qui signifie encore : les intellectuels allemands ont également eu leurs théories sur Hitler [...] sophistiquées et planant très haut, au-dessus du niveau des divagations habituelles ! J'ai trouvé cela grotesque. Les intellectuels se sont laissé prendre au piège de leurs propres constructions : voilà ce qui se passait en fait et que je n'avais pas bien saisi à l'époque[48].

À ce moment irréel de l'histoire où la République de Weimar s'acheminait vers sa fin et où personne ne savait de quoi serait fait demain, elle hébergeait dans leur appartement au 6 de la Opitzstrasse à Berlin des militants communistes en fuite et des intellectuels poursuivis par les nazis. L'appartement avait été réaménagé pour accueillir des hôtes en transit [49].

C'en était maintenant fini avec la vie contemplative de l'intelligentsia universitaire. Arendt fut l'une des premières dans son cercle d'amis à avoir senti cette rupture grâce à son flair remarquable pour les changements d'atmosphère historiques. Elle ne s'inquiétait pas pour sa carrière détruite de philosophe. Elle se trouvait soudain confrontée à l'impression que quelque chose de si décisif s'était passé qu'il fallait rompre complètement avec son mode d'existence habituel. Trente ans plus tard, le choc que 1933 avait produit en elle résonnait encore dans ses propos. À la question du journaliste Günter Gaus sur l'événement qui l'avait le plus marqué dans le passage de la République de Weimar au régime national-socialiste, elle fit la réponse suivante :

> Je pourrais parler du 27 février 1933, jour de l'incendie du Reichstag, et des arrestations illégales qui s'ensuivirent au cours de la même nuit. On parlait de « détentions préventives » : vous savez que les gens échouaient en réalité dans les caves de la Gestapo ou dans les camps de concentration. Ce qui commença alors est monstrueux [...]. Ce fut pour moi un choc immédiat et c'est à partir de ce moment-là que je me suis sentie responsable. Cela signifie que j'ai pris conscience du fait que l'on ne pouvait plus se contenter d'être spectateur. J'ai cherché à agir dans plusieurs domaines [...]. J'avais de toute façon l'intention d'émigrer. Je fus tout de suite d'avis que les Juifs ne pouvaient pas rester. Je n'avais pas l'intention de circuler en Allemagne en qualité pour ainsi dire de citoyen de seconde zone, ou de quelque autre manière que ce fût [50].

Arendt devait entendre parler chaque jour par ses amis d'arrestations, de tortures et de meurtres. Tout ce que l'on craignait ou presque était soudain vrai. Les listes noires avaient été préparées bien avant 1933 et elles furent immédiatement utilisées dès le 30 janvier 1933 lorsque Hitler fut chargé de former le gouvernement. La terreur frappait les opposants politiques des nationaux-socialistes, les intellectuels, les communistes, les sociaux-démocrates et les Juifs [51].

Persécutions et fuite

Les clairvoyants pressentaient que bientôt allait commencer une persécution systématique des Juifs. Peu d'auteurs surent décrire la situation aussi clairement que Kurt Blumenfeld :

> Le 28 février [1933], toutes les garanties de la liberté civile étaient annulées par le décret d'urgence « contre les actes de violence communistes ». Ce jour-là fut la fin de l'histoire du judaïsme [52].

Günther Stern s'était enfui dès janvier 1933 à Paris. Hannah Arendt fut arrêtée avec sa mère au mois de mars. Elle faisait alors une enquête sur l'antisémitisme quotidien dans la presse spécialisée de la classe moyenne. Il s'agissait visiblement d'une commande de la *Zionistische Vereinigung für Deutschland*. Les sionistes voulaient au moyen de cette enquête convaincre l'opinion publique internationale d'abandonner son attitude tolérante à l'égard de l'Allemagne nazie. Arendt fut relâchée peu de temps après. Elle avait eu de la chance. La police criminelle n'avait pas été encore complètement mise au pas. Le haut fonctionnaire de la police criminelle n'avait rien à lui reprocher et il lui promit de la libérer bientôt [53]. Elle lui fit confiance, ne prit aucun avocat pour sa défense et fut relâchée quelques jours plus tard. Elle dut quitter l'Allemagne clandestinement. *Via* Prague, elle gagna Paris où Stern s'était déjà installé. L'éloignement qui s'était instauré petit à petit entre les deux époux à Berlin était irrévocable, même dans cette situation de détresse et d'exil. Ils se séparèrent rapidement.

La fuite de 1933 avait complètement chamboulé sa vie. Pas la moindre continuité. Elle avait été arrachée à son réseau amical et universitaire et à ses certitudes. Elle réagissait pourtant fermement à sa façon, et cette fermeté s'entend encore dans ses propos trente ans plus tard :

> Je sortais d'une activité purement universitaire, et, à cet égard, l'année 1933 me fit une impression durable [...]. De nos jours, on croit volontiers que le choc ressenti par les Juifs allemands en 1933 s'explique par la prise du pouvoir par Hitler. Or, en ce qui me concerne, ainsi que les gens de ma génération, je puis affirmer qu'il s'agit là d'une étrange méprise. C'était naturellement très inquiétant. Mais il s'agissait d'une affaire politique et non pas personnelle. Grand Dieu, nous n'avons pas eu besoin que Hitler prenne le pouvoir pour savoir que les Nazis étaient nos ennemis ! C'était d'une évidence absolue, depuis au moins quatre ans, pour n'importe quel individu sain d'esprit. Nous savions également qu'une grande partie du peuple allemand marchait derrière eux. C'est pourquoi nous ne pouvions pas être à proprement parler surpris comme sous l'effet d'un choc en 1933 [...].
>
> Tout d'abord, ce qui était en général de l'ordre politique est devenu personnel dans la mesure où l'on quittait le pays. Mais en second lieu, vous savez ce que c'est qu'une mise au pas. Et cela signifiait que les amis aussi s'alignaient ! Le problème personnel n'était pas tant ce que faisaient nos ennemis que ce que faisaient nos amis. Ce qui se produisit à l'époque dans cette vague d'uniformisation qui était d'ailleurs assez spontanée et qui en tout cas ne résultait pas de la terreur, c'était qu'un vide s'était en quelque sorte formé autour de nous.
>
> Je vivais dans un milieu d'intellectuels, mais je connaissais également d'autres personnes et je pouvais constater que suivre le mouvement était pour ainsi dire la règle parmi les intellectuels, alors que ce n'était pas le cas dans les autres

milieux. Et je n'ai jamais pu oublier cela. Je quittai l'Allemagne sous l'empire de cette idée, naturellement quelque peu exagérée : plus jamais ! Jamais plus aucune histoire d'intellectuels ne me touchera : je ne veux plus avoir affaire à cette société. Je pensais bien sûr que si les Juifs allemands et les intellectuels juifs allemands s'étaient trouvés dans une autre situation que celle dans laquelle ils se trouvaient effectivement, ils se seraient comportés de manière essentiellement différente [...] mon opinion était que cela faisait partie intégrante de ce métier, de l'intellectualité [54].

Pour les années à venir, elle avait des choses plus importantes à accomplir : le travail pratique occupait maintenant le devant de la scène, les discussions universitaires avaient perdu leur intérêt.

Dans les cercles sionistes, la question des dangers du national-socialisme était débattue depuis longtemps. On lisait les écrits de propagande et les pamphlets nazis et on essayait d'en tirer des conclusions [55]. Personne, pourtant, ne pouvait savoir que les déclarations meurtrières seraient immédiatement mises en pratique. Arendt ne pouvait pas non plus prévoir que nombre de ses amis allaient se mettre au pas des nazis.

Sa réaction à cette expérience monstrueuse se laisse encore percevoir dans ses paroles :

J'étais parvenue à une certitude que j'avais l'habitude de formuler à l'époque par une phrase dont je me souviens aujourd'hui encore : « Lorsqu'on est attaqué en qualité de Juif, c'est en tant que Juif que l'on doit se défendre. » Non en tant qu'Allemand, citoyen du monde ou même au nom des droits de l'homme, etc., mais : que puis-je faire de façon très concrète en ma qualité de Juif ?

À cela vint s'ajouter en second lieu l'intention bien ferme de m'organiser dans l'action, et ce, pour la première fois. Il s'agissait bien entendu de m'organiser au sein du sionisme, seul mouvement à être prêt. Je veux simplement dire par là que ça n'aurait eu aucun sens de m'engager auprès de ceux qui étaient sur le point de s'assimiler [...] manifestement l'appartenance au judaïsme était devenue mon propre problème et mon propre problème était politique. Purement politique ! Je voulais m'engager pratiquement dans un travail et je voulais exclusivement m'engager dans le travail juif[56].

Le sionisme qui avait été pour elle un réseau de relations, une contre-culture intellectuelle plutôt qu'une appartenance politique, lui fournissait maintenant le soutien et la structure dont elle avait besoin. Contrainte par les circonstances et pourtant par une décision libre – aussi contradictoire que cela puisse paraître –, elle était devenue sioniste.

Heidegger : une philosophie de l'action

L'Histoire venait d'arracher Arendt à son ancienne vie, elle devait maintenant s'en inventer une autre. Le printemps 1933 fut également un tournant dans la vie de Heidegger. Il rendit visite à Jaspers au mois de mars. Ses visites se faisaient de plus en plus rares. Jaspers évoque cette rencontre dans son autobiographie écrite dans les années 1950 :

> Fin mars 1933, Heidegger fit une dernière longue visite chez nous. Malgré la victoire du national-socialisme aux élections de mars, nous nous entretenions comme par le passé. Il m'avait acheté un disque de musique grégorienne d'église que nous écoutâmes ensemble. Heidegger partit plus tôt que prévu. « Il faut prendre le train en marche », dit-il à propos du rapide développement de la réalité national-socialiste. Je m'étonnais de cette injonction et me taisais[57].

Le 3 avril 1933, Jaspers recevait une lettre de Heidegger :

> Pour obscures et problématiques que soient bien des choses, je n'en sens pas moins toujours davantage que nous

sommes en train de nous faire à une réalité nouvelle et qu'une époque a vieilli.

Tout est suspendu à la question de savoir si nous préparons pour la philosophie la place où elle puisse jouer son rôle comme il faut et lui procurons le verbe dont elle a besoin [58].

À cette date, les persécutions violentes des opposants au national-socialisme et des intellectuels avaient déjà commencé. Le 27 février, le Reichstag avait été incendié. Cette lettre à Jaspers marquait le passage de Heidegger du domaine de la philosophie à celui de l'action. Il emploie encore le pronom « nous » et semble y inclure Jaspers.

Le 21 avril 1933, Martin Heidegger fut élu recteur de l'université de Fribourg. Le 3 mai, il devenait membre du NSDAP [59]. Il prétendra plus tard l'avoir fait « suite aux exhortations de la direction du NSDAP de Fribourg [60] ». Il eut tendance d'une manière générale après la chute du régime national-socialiste à attribuer ses activités et ses responsabilités dans l'appareil nazi à l'initiative d'autres personnes. Il ne faut pas uniquement interpréter cette tendance comme une stratégie d'évitement ou une marque d'opportunisme. Après la guerre, il avoua bien sûr à Jaspers qu'il « [s]e trouvai[t] pris dans la mécanique de la fonction, des influences, des luttes pour le pouvoir et des factions ; j'étais perdu et je me trouvais pris, ne fût-ce que pour quelques mois, comme ma femme me l'a dit, dans une "ivresse de pouvoir" [61] ».

Dans le rapport de la « commission d'épuration » que l'Université avait mise en place à l'automne 1945, il était écrit laconiquement : « Monsieur Heidegger était attiré par le pouvoir [...] ce qui l'attirait, c'était la perspective d'exercer une forte influence [62]. »

Le fait que ses collègues le poussaient à prendre le poste de recteur ne lui parut sûrement pas déplacé. Il ne fut en aucun cas contraint par ses collègues à accepter cette fonction, comme il le prétendit après la guerre [63]. Le poste de recteur était un poste honorifique qui n'était pas offert à n'importe qui et qui impliquait une grande reconnaissance publique. Heidegger aspirait visiblement à cette reconnaissance qui dépassait le domaine de la philosophie et lui donnait les moyens d'exercer une influence concrète sur d'autres personnes. Le sénat de l'université ne fut en tout cas pas contraint de choisir Heidegger comme recteur. Martin Heidegger fut élu le 21 avril 1933 recteur avec deux voix contre, et non pas à l'unanimité comme il le mentionnera plus tard dans son rapport au rectorat daté du 4 novembre 1945[64]. Son prédécesseur au poste de recteur, Wilhelm von Möllendorf, qui venait d'entrer en fonction, était ouvertement hostile aux nazis. Il fut forcé de démissionner de son poste pour cette raison. Dans une lettre adressée après guerre au rectorat, Heidegger indiquait que les raisons insoupçonnables du ministère de démettre de leurs fonctions les doyens de la Faculté de droit et de médecine (le professeur Wolf et le professeur von Möllendorf qui après sa démission du rectorat était redevenu doyen) avaient été la raison de sa propre démission à peine un an plus tard[65].

Le 27 mai, Heidegger prononça un discours inaugural pour son entrée en fonction de recteur. Ce discours ne peut être déchiffré que si on le comprend comme un « texte de colère ». Cette allocution sur l'Université était empreinte du discours de crise de la République de Weimar dont les articles publiés dans le *Frankfurter Zeitung* au tournant de l'année 1931-1932 s'étaient fait l'écho. Ici parle le philosophe qui depuis des années critiquait la majorité médiocre des enseignants et stigmatisait le phénomène de la « massification » due au système de la formation professionnelle universitaire comme la honte de l'Université allemande.

Le discours était soigneusement construit. Heidegger y évoquait tout d'abord l'obligation liée à la charge de recteur. Celle-ci consistait à « guider spirituellement » (*geistige Führung*). Cette mission n'était pas seulement la sienne, mais celle également de l'ensemble des enseignants et des étudiants, et elle se rapportait à l'ensemble de la société. L'élite universitaire devait accomplir cette mission au sein de la société.

Vouloir l'essence de l'Université allemande, c'est vouloir la science, au sens de vouloir la mission spirituelle historiale du peuple allemand en tant que peuple qui se sait lui-même dans son État. Science et destin allemands doivent, dans cette volonté de l'essence, parvenir *en même temps* à la puissance [66].

Il s'adressait à l'Université comme à une corporation, et à ses membres, les professeurs et les étudiants, comme aux guides spirituels de la nation qui devaient être en même temps les vrais représentants du peuple. Le discours aboutissait à une réduction de la formation universitaire à un « service du travail, un service militaire et un service du savoir [67] ».

Heidegger sombre dans son discours dans une comparaison pseudo-hégélienne entre l'État militaire prussien et la tradition philosophique. Le lecteur se rend compte que Heidegger s'efforce de forger une trilogie : « la volonté de l'essence [...] la volonté de la science [...] la volonté de la mission spirituelle historiale ». Il a besoin pour cela d'une transposition. Il transpose donc sa mission sur le peuple allemand et tombe dans un mode de pensée qu'il avait toujours méprisé. Il construisait la réalité allemande sous la forme d'une dichotomie entre essence et phénomène. Le texte du discours est le document d'un triomphe, mais aussi d'un échec.

Par la suite, les avis et décrets du recteur Heidegger s'ajoutèrent aux mesures du ministère et aux actions des cellules locales du NSDAP. Il en résulta une transformation de l'université de Fribourg en une institution éducative idéologique. Faisaient partie de cette transformation l'interdiction des associations d'étudiants juifs, l'inclusion des organisations para-universitaires dans la gestion autonome de l'université, l'introduction de l'attestation d'aryanité et du service du travail, la levée de l'interdiction du duel, un autodafé de livres sur le modèle de ceux commis à Berlin, des cours obligatoires de sport militaire et une formation idéologique obligatoire pour les étudiants et les professeurs, l'instauration d'un bureau racial pour les étudiants, la fermeture de la maison de l'association des étudiants juifs, l'introduction du salut hitlérien, l'établissement de « camps scientifiques », la rédaction d'une charte de l'université en l'honneur du *Führer*, l'épuration de l'université d'« éléments hostiles à l'État », le licenciement de professeurs pour raisons raciales, le retrait du droit d'enseigner aux enseignants juifs, l'introduction du salut allemand et de la déclaration de fidélité au *Führer* dans les cours et les séminaires [68].

Durant l'année 1933, Heidegger ne manqua pas une occasion de s'exprimer publiquement sur sa conception de la réforme de l'Université. Il fit un discours sur « l'Université dans le nouveau Reich » à l'occasion du dixième anniversaire de la mort de l'étudiant nationaliste fribourgeois Albert Leo Schlageter tué par les Français et élevé par les nationaux-socialistes au rang de martyr [69]. Il parla également à l'inauguration d'un nouveau foyer d'étudiants, à l'occasion de l'entrée en vigueur du service du travail, de la fête étudiante du solstice d'été, et de la vingt-deuxième réunion de la corporation badoise des menuisiers.

L'académie platonicienne et la réforme national-socialiste de l'Université

Le 8 mai 1933, le recteur nouvellement élu de l'université de Fribourg envoyait au recteur de l'université de Francfort, Ernst Krieck, le télégramme suivant :

Cher Monsieur Krieck !
Mes félicitations pour votre nomination comme recteur.
Je compte sur vous comme un camarade de combat.
Sieg Heil !
Votre Heidegger [70]

C'était maintenant avec l'influent Ernst Krieck, qui allait devenir plus tard son ennemi juré, et pas avec Karl Jaspers que Heidegger voulait accomplir son projet de réforme de l'Université. Le terme de « camarade de combat » avait longtemps été réservé à Jaspers. Mais Heidegger avait depuis longtemps compris que les époux Jaspers étaient profondément inquiets au vu et ouï des combats de rue et des débordements antisémites d'avant 1933, et bien plus encore après l'arrivée au pouvoir de Hitler et des SA. Jaspers évoquait ces incidents dans l'une de ses lettres. Il ne pouvait pas, de toute façon, être un camarade de combat pour des raisons de santé. Il ne voyageait que très peu et se mouvait d'ordinaire dans un périmètre très restreint. Ses apparitions en public se limitaient, à part quelques rares conférences, à son enseignement. Mais tous ces arguments étaient désormais superflus pour Heidegger, car Jaspers était marié à une Juive. Depuis le début des années 1930, le non-dit entre les deux amis ne faisait que croître et s'accumuler. Jaspers s'en plaignait, Heidegger se taisait.

À la fin du mois de mai 1933, Heidegger fit une dernière visite à Jaspers :

> [...] à la suite d'une conférence qu'il avait donnée, en qualité de nouveau recteur de l'université de Fribourg, aux étudiants et professeurs de Heidelberg. Il fut salué par le président de l'association des étudiants, Scheel, comme « le camarade Heidegger ». Ce fut un exposé magistral dans la forme, mais, dans son contenu, il s'agissait d'un programme national-socialiste de renouvellement de l'Université. Il exigeait une transformation totale de l'être spirituel. Les

professeurs encore en fonction n'étaient pour la plupart pas capables d'accomplir cette mission. Dans dix ans apparaîtrait une nouvelle génération d'enseignants plus capables. Il faudrait alors leur remettre nos chaires. D'ici là, c'était une situation de transition. Il s'emporta contre de nombreux phénomènes de la vie universitaire, y compris contre les salaires élevés des professeurs. Il fut remercié pour son discours par de puissants applaudissements de la part des étudiants et de quelques professeurs. J'étais assis devant, les jambes dépliées, les mains dans les poches. Toutes ces paroles me laissaient indifférent.

La discussion que nous eûmes après ne fut pas sincère pour ce qui me concerne. Je lui dis qu'on aurait pu espérer qu'il s'engage plus pour notre Université et sa grande tradition. Aucune réponse. Je lui parlais de la question juive, de cette absurdité maléfique qu'étaient les Protocoles de Sion [71]. Il me répondit : « il existe pourtant bien un réseau juif international dangereux ». À table, il dit d'un ton enragé : « il y a tant de professeurs de philosophie que c'en devient une absurdité ». Il ne devrait y avoir que deux ou trois philosophes dans toute l'Allemagne, selon lui. « Lesquels ? » lui demandais-je ? Aucune réponse. « Comment est-ce possible qu'un homme aussi inculte que Hitler gouverne l'Allemagne ? » « L'éducation n'a pas d'importance, répondit-il, regardez seulement ses mains merveilleuses [72] ! »

Heidegger voyait, semble-t-il, en Hitler une personnalité authentique. Il projetait en lui son idée de la « véritable éducation ». Sa manière de parler convulsive, son attitude anticapitaliste au début, la logique apparemment si convaincante avec laquelle il simplifiait l'histoire mondiale et le destin de l'Allemagne au point de les rendre méconnaissables, sa vision du monde dichotomique fascinaient le philosophe le plus célèbre d'Allemagne :

Heidegger semblait lui-même avoir changé. Dès son arrivée, une ambiance de séparation s'instaura entre nous. Le national-socialisme enivrait le peuple. Je vins chercher Heidegger dans sa chambre pour le saluer. « C'est comme en

1914... », dis-je, je voulais ajouter : « à nouveau cette ivresse mensongère des masses », mais en voyant le visage de Heidegger s'illuminer et acquiescer au début de ma phrase, je ne pus la terminer. Cette rupture radicale entre nous me bouleversa complètement. Je n'avais jamais rien vécu de tel dans mes relations personnelles. C'était d'autant plus irritant que Heidegger semblait ne pas s'en rendre compte. Il confirma cette rupture en ne me rendant plus visite à partir de 1933 et en gardant le silence lors de mon limogeage de l'Université en 1937. Il me fit savoir en 1935 qu'il avait parlé dans une conférence de son « ami Jaspers ». Je doute qu'il ait compris même aujourd'hui ma rupture [73].

Ce fut donc la fin d'une profonde amitié qui avait duré treize ans. Elle achoppa sur la situation politique, mais aussi sur le non-dit accumulé au fil des années. Après 1933, ils s'envoyèrent encore pendant quelques temps leurs écrits respectifs, mais leurs lettres n'indiquaient déjà plus s'ils avaient lu le texte de l'autre et ce qu'ils en avaient pensé. En 1937, les échanges entre eux s'interrompirent complètement ; au même moment, Jaspers se faisait limoger de l'Université.

Heidegger n'abandonnait pourtant pas le débat intellectuel avec Jaspers. Il soumettait en public son ancien ami à une critique qu'il n'avait jamais osé lui exprimer en privé. Dans son cours sur Nietzsche au semestre d'hiver 1936-1937, il se réfère à Jaspers de la façon suivante :

[...] Il [Jaspers] voit qu'il s'agit d'une pensée décisive de Nietzsche. Mais il ne place pas cette pensée dans le domaine des questions fondamentales de la philosophie occidentale, ni, malgré son discours sur l'être, dans le cadre de la doctrine de la volonté de puissance. La raison se trouve dans l'attitude de pensée de Jaspers qui n'est pas perceptible au premier abord. En effet chez Jaspers, toute philosophie est impossible, pour le dire clairement. La philosophie est au fond une « illusion » au service de l'illumination éthique de la personnalité humaine. Les concepts philosophiques sont dépourvus de force de vérité, pour ne pas dire de la force de vérité du savoir essentiel. Dans la mesure où Jaspers ne prend pas au sérieux, en dernière analyse, le savoir philosophique, il n'y a donc plus de véritable questionnement chez lui. La philosophie devient une psychologie moralisante de l'existence de l'homme. Il s'agit là d'une attitude qui lui interdit à jamais, malgré tous ses efforts, de pénétrer sur un mode questionnant et explicitant dans la philosophie de Nietzsche[74].

Quel jugement dévastateur ! Jusqu'à la fin des années 1930, Jaspers, de son côté, ne cesse de se débattre avec Heidegger. À la lecture de ses notes, on a l'impression qu'il lutte avec un démon. Dans un court fragment écrit en 1938 et intitulé « Critique de Heidegger », il écrit :

> Pour le contenu de sa pensée, il fait entièrement partie de la tradition inconsciente de la philosophie moderne.
> En apparence : les citations d'*Être et Temps* –.
> Les dédicaces à Rickert, Husserl, Scheler –
> Ensuite l'attitude typique : recommencer à zéro, la vraie philosophie ne commence que maintenant.
> 1. La réalité enthousiaste de la personnalité qui émerge dans la philosophie de la Renaissance.
> 2. Le style et le sens chez Descartes
> 3. Cela devient une tragédie chez Kant...
> 4. Puis une satire chez Husserl.
> 5. Et enfin une *ubris* nihiliste chez Heidegger[75].

Mais était-ce vraiment d'une *ubris* nihiliste dont faisait preuve Heidegger ? Les deux amis restaient l'un pour l'autre un mystère. Ils ne se rencontrèrent plus jusqu'à leur mort, mais ils restèrent sans cesse mentalement présents l'un à l'autre. Après s'être réconciliée avec Heidegger en 1950, Hannah Arendt tenta plusieurs fois de les raccommoder, en vain.

Au mois de mai 1933, l'office du *Reichskanzler* invita la direction de l'Association des professeurs d'universités

(*Hochschulverband*) à une audience avec Adolf Hitler. Les nouvelles lignes de la politique universitaire devaient être discutées lors de cette rencontre. En accord avec les recteurs d'autres universités, le recteur de l'université de Kiel envoya un télégramme à la chancellerie du Reich où il demandait de repousser la date de l'audience. La raison invoquée pour ce report était que l'association devait être tout d'abord mise au pas et que la direction actuelle ne disposait pas du soutien de l'association des étudiants (contrôlée par les nazis). Le fond de ces tractations était le vieux débat entre l'Université comme institution de formation professionnelle et l'Université comme institution de formation intellectuelle au sens fort.

Visiblement en soutien à la requête de ses collègues, Heidegger envoya le 20 mai 1933 au *Reichskanzler* un télégramme reprenant les mêmes arguments[76]. Après la guerre, il écrivit à propos de cette affaire :

> Mon opposition à l'association des professeurs d'universités ne datait pas du début de l'année 1933. En raison des fameux cahiers bleus, je considérais en accord avec Karl Jaspers, mes amis et mes élèves qu'il serait de cette façon impossible de mener à bien une transformation interne de l'Université dans le sens d'une *universitas* d'esprit philosophique. Les universités sombraient toujours plus depuis des années sous l'influence des « Écoles supérieures », ce qui signifiait que l'enseignement professionnel devenait de plus en plus prépondérant. Les questions de l'enseignement technique, de la gestion technique et des salaires occupaient le devant de la scène. Le « spirituel » n'était abordé « lui aussi » que de façon occasionnelle. En outre, depuis la réunion du début de l'année 1933, je voyais [...] que les « vieux camarades du Parti » parmi les enseignants provenaient essentiellement des universités techniques, des facultés de médecine et de droit et que ces derniers soutenaient clairement les universités professionnelles qui devaient être ensuite politiquement orientées dans la ligne du Parti et de sa vision du monde[77].

Il voulait avec d'autres collègues (le recteur de l'université de Kiel, Wolf, le recteur de l'université de Göttingen, Neumann, et le recteur de l'université de Francfort) contre-carrer cette tendance. Lui et ses collègues marquaient donc leur opposition à la ligne d'Alfred Rosenberg et d'Ernst Baeumler[78]. Heidegger avait voulu faire jouer la position du ministère plus proche de ses idées contre celle des idéologues du Parti, ce qui finalement ne devait pas lui réussir.

> Quand il est question dans le télégramme de mise au pas, j'emploie ce terme au sens où j'entendais également le terme « de national-socialisme ». Cela n'a jamais été mon intention de livrer l'Université à la doctrine du Parti, mais, au contraire, d'essayer *à l'intérieur* du national-socialisme et en rapport avec lui d'entreprendre une transformation spirituelle. Il n'est pas conforme aux faits de prétendre que le national-socialisme et le Parti n'avaient pas d'objectif spirituel pour l'Université et la science. Ils en avaient un mais qui était trop *affirmé*. Ils invoquaient Nietzsche selon la doctrine duquel la vérité n'a pas en elle-même un principe ou un contenu, mais n'est qu'un moyen de la volonté de puissance, c'est-à-dire une simple « idée », c'est-à-dire une représentation subjective. Ce qu'il y avait pourtant de grotesque, c'était que ce « concept politique de la science » correspondait en principe avec les idées et l'idéologie du marxisme et du communisme[79].

Il ne s'agissait donc pas d'une lutte frontale entre l'association des professeurs et le parti national-socialiste, mais d'une opposition entre une conception professionnaliste de l'Université – pour le dire en termes contemporains –, soutenue déjà à l'époque par de nombreux universitaires nationaux-socialistes, et un programme de réforme de l'Université dans le sens de l'*universitas*, c'est-à-dire d'une école supérieure de l'élite[80]. De plus, souligne Heidegger, la direction du parti national-socialiste a, dans les années qui suivirent, soutenu toujours plus les écoles supérieures professionnelles au détriment des universités.

Rares étaient ceux qui, comme lui, avaient vu « que cette reconnaissance des sciences n'avait pour but que d'atteler leurs réalisations et leurs spécialités à l'effort d'armement et ainsi de les exploiter [81] ».

Heidegger s'était déjà élevé dans les années 1930 contre le fait que les sciences tombaient de plus en plus sous l'emprise d'une compréhension techniciste. Les idéologues du parti avaient parfaitement compris son intention et s'étaient retournés contre lui. Le télégramme était donc un acte de résistance ?

Heidegger n'avait pas voulu défendre l'idée de l'Université, mais simplement mettre en pratique *son* idée de l'Université. Il se considérait, même rétrospectivement – *post festum* –, en parfait accord avec son ancien ami, Karl Jaspers, dont le nom n'était pas évoqué de manière innocente.

L'argumentation de Heidegger dans cette lettre renforce en fait la thèse selon laquelle il s'agissait pour lui de poursuivre avec le national-socialisme un projet déjà élaboré, plutôt que de recommencer tout à zéro. Il voulait s'appuyer sur le nouveau régime pour imposer une conception qu'il défendait depuis longtemps. Dès les années 1920, cette conception impliquait un coup de force contre les piliers de l'Université qui s'opposaient à une telle réforme [82].

Heidegger et ses collègues

Pour ce qui regarde le traitement des enseignants juifs, Heidegger ne contrevint pas à la « loi pour la réorganisation du service public », il ne s'opposa pas non plus à leur limogeage. Son comportement n'était pas différent en cela de la plupart des universitaires allemands. Il essaya par contre plusieurs fois d'aider ses élèves ainsi que certains collègues célèbres comme Eduard Fraenkel et Georg von Hevesy [83]. Il soutint son assistant Brock limogé au mois

d'avril 1933 en lui écrivant une lettre de recommandation pour l'aider dans ses recherches d'un poste en Angleterre[84]. Il aida également deux de ses élèves, Hélène Weiss
et Elisabeth Blochmann – cette dernière était une amie de
sa femme et ses liens d'amitié avec elle remontaient aux
années 1920[85]. Il recommanda son étudiant Paul Oskar
Kristeller à son collègue bâlois Paul Häberlin afin qu'il
dirige sa thèse d'habilitation[86].

Sous la pression de l'éditeur, il retira pendant les
années du régime nazi la dédicace d'*Être et Temps* à son
ami et bienfaiteur Edmund Husserl, mais il laissa la note
de bas de page de l'alinéa 7 qui lui est aussi dédiée (voir
p. 125).

Dans le rapport de 1945 de la commission universitaire
d'épuration sur le comportement de Heidegger pendant la
période national-socialiste, il est écrit : « Certains de ses
actes ne relèvent que de la crainte. En particulier, son
attitude à l'égard des Juifs. » Selon le rapport, Heidegger
n'était pas foncièrement antisémite. Il avait soutenu plusieurs professeurs juifs en tant que recteur de l'université
de Fribourg. Il avait maintenu des contacts par la suite
avec quelques amis juifs. « Mais il s'était également tenu à
l'écart de nombreux autres Juifs, car il craignait pour lui
et pour sa position[87]. »

Au mois de décembre 1933, Heidegger rédigea un rapport sur un jeune scientifique qu'il connaissait bien,
Dr Eduard Baumgarten. Il s'agissait là visiblement d'une
requête de l'Union national-socialiste des enseignants
universitaires. Il devait juger des compétences scientifiques de ce jeune collègue tout comme de son aptitude
national-socialiste. Dans son rapport, Heidegger donne
tout d'abord son impression personnelle de Baumgarten.
Il le déclare par la suite comme n'étant apte ni scientifiquement ni de caractère à faire une carrière universitaire
sous le national-socialisme. C'est la raison pour laquelle il
avait refusé de diriger son habilitation et avait rompu tout
contact avec lui. Il décrit ensuite le milieu de Baumgarten

qui, selon lui, proviendrait du « cercle libéral-démocrate de Max Weber ». Il s'étonne dans le rapport que Baumgarten, après avoir essuyé un refus de sa part, ait pu faire ailleurs son habilitation et mentionne quelques raisons à cette anomalie :

> Après avoir échoué chez moi, il fréquenta assidûment le Juif Fränkel auparavant actif à Göttingen et qui vient maintenant d'être licencié. Je suppose que c'est de cette façon qu'il a réussi à être accepté à Göttingen [...]. Je considère pour l'instant son intégration dans les SA pour *tout aussi impossible* que son intégration au corps enseignant.

Viennent ensuite quelques jugements directs et indirects :

> En matière de philosophie, je le tiens pour un bluffeur sans la moindre connaissance approfondie et sérieuse [...].
> En raison de son séjour en Amérique durant lequel Baumgarten s'est considérablement américanisé dans son comportement et dans sa manière de penser, il a sans aucun doute acquis une bonne connaissance du pays et des gens.

Le jugement politique final est donc le suivant : « J'ai d'innombrables raisons de douter de sa capacité de jugement politique tout comme de la rectitude de ses instincts. » Heidegger semble ensuite se rétracter : « Il reste toujours possible en principe que Baumgarten se transforme radicalement et réforme son attitude. Mais il a besoin pour cela d'une [période probatoire] des plus sérieuses [...] » La copie de la lettre s'arrête là, l'expression « période probatoire » est une extrapolation de la secrétaire qui a établi cette copie. La phrase de conclusion de la lettre n'a pas été recopiée [88].
Eduard Baumgarten avait d'abord entretenu des rapports amicaux avec son directeur de thèse Heidegger, puis il s'était brouillé avec lui à propos de sa thèse d'habilitation

sur le pragmatisme américain. Après le refus de Heidegger, il était parti à Göttingen et avait obtenu son habilitation là-bas.

Ce rapport était rédigé de la façon habituelle : on décrit tout d'abord le lien personnel à l'homme en question, ensuite on met en balance les arguments en sa faveur et en sa défaveur, et finalement on conclut sur une proposition concernant l'attitude qu'il convient d'adopter à son égard. Visiblement, ce genre d'activité faisait partie des obligations de Heidegger dans le cadre de l'épuration national-socialiste des universités.

Il convient de remarquer en outre que Heidegger désigne l'appartenance au cercle de Max Weber, auquel Jaspers avait également appartenu, comme un argument négatif en défaveur de Baumgarten.

La formulation du rapport était ambivalente, mais son intention était clairement négative. La suggestion d'une période probatoire à la fin de la lettre ne semble pas sérieuse, car Heidegger mentionne auparavant des arguments décisifs – d'un point de vue national-socialiste – contre la promotion de Baumgarten : graves « carences » professionnelles et personnelles, thèse dirigée par un Juif, expérience américaine (synonyme visiblement d'un manque de fiabilité politique), compréhension déficiente du national-socialisme et une versatilité douteuse.

Des années plus tard, lorsque l'université de Fribourg mit en place une « commission d'épuration » pour enquêter sur la compromission de ses membres (des enseignants aux concierges) avec le régime nazi, le président de la commission, von Dietze, envoya le rapport sur Baumgarten, découvert seulement sur le tard, à son collègue Gerhard Ritter, qui était tout à fait bien intentionné à l'égard de Heidegger. Il y joignit la note suivante : « le présent texte dans son intégralité n'est venu à ma connaissance que ces derniers jours. Au mois de janvier 1946, la commission n'avait connaissance que de la lettre de

Jaspers qui ne contenait que des passages de la lettre de Heidegger du 16 décembre 1933 [89] ».

La lettre de Jaspers du 22 décembre 1945 dans laquelle il portait un jugement sur le comportement de Heidegger sous le régime national-socialiste s'appuyait sur une autre copie du rapport de Heidegger et citait une autre fin : « Le jugement sur lui ne peut bien sûr être définitif. Il peut encore évoluer. Il convient cependant d'observer un délai probatoire avant de lui permettre l'adhésion au parti national-socialiste [90]. » L'écart entre ces deux textes permit à Heidegger d'écrire en 1946 sa propre version des faits et de déclarer que la version du rapport citée par Jaspers était un faux [91].

Le rectorat

Le ton grandiloquent qu'affichait Heidegger en tant que recteur ne doit pas tromper. Son rectorat ne fut pas un « succès ». Il est écrit dans l'un des rapports de la « commission d'épuration » que son rectorat fut à l'origine d'une « période anormalement agitée » à l'université de Fribourg [92]. Heidegger intervenait de façon abrupte dans la gestion de l'université et soulevait l'hostilité des différentes facultés. Il voulait changer le modèle des rapports au sein de l'université. Face à l'opposition des professeurs, il se cherchait de nouveaux alliés auprès des jeunes assistants et enseignants, mais aussi auprès des étudiants. Son appel aux étudiants fribourgeois à l'occasion de l'ouverture du semestre d'hiver 1933-1934 était chargé d'un fort pathos de l'éveil, comme si Heidegger s'était mis dans un état d'agitation intellectuelle extrême :

Étudiants allemands,
La révolution national-socialiste apporte le bouleversement complet de notre existence allemande.
C'est à vous qu'il incombe de rester dans ce processus, ceux

202 / *Hannah Arendt et Martin Heidegger*

qui veulent aller toujours plus avant, ceux qui sont toujours prêts, ceux qui sont coriaces et ceux qui ne cessent de croître.

Votre volonté de savoir cherche l'expérience de l'essentiel, du simple, du grand.

Vous avez hâte d'être exposés à ce qui vous assaille et vous serre au plus près et vous engage au plus loin.

Soyez durs et authentiques dans votre exigence.

Restez nets et sûrs dans votre refus. Ne détournez pas le savoir conquis en une possession égoïste et arrogante. Conservez-le comme la possession originelle indispensable de l'homme à qui échoit un rôle de chef (*des führerischen Menschen*) dans les professions de l'État vouées au peuple. Vous êtes contraints à participer au savoir, à participer à l'action dans la création de l'école supérieure (l'Université) future de l'esprit allemand. Il faut que chacun fasse d'abord la preuve de ses dons et de ses privilèges et les justifie. Cela se fait par le pouvoir de se consacrer de façon combattante à la lutte que le peuple mène en son propre nom.

Que la fidélité dans votre volonté de suivre tous ensemble se renforce de jour en jour, d'heure en heure. Qu'en vous croisse inlassablement le courage du sacrifice pour le salut de l'essence de notre peuple au sein de son État et pour l'élévation de sa force la plus intime.

Que des principes et des « idées » ne soient pas les règles de votre existence. Le Führer lui-même, et lui seul, est la réalité allemande d'aujourd'hui et de l'avenir et sa loi. Apprenez toujours à savoir plus profondément. À partir de maintenant, chaque chose exige décision et toute action responsabilité.

Heil Hitler !

Martin Heidegger, recteur[93].

Un tel discours ne peut être le fait d'une personne qui doute d'elle-même et qui s'interroge sur la situation politique. Il faut donc se demander à nouveau quelle image du national-socialisme il portait en lui. Quand on a sous les yeux l'attitude brutale et martiale des SA, on ne peut que s'étonner du ton élaboré et même classique de tels écrits de Heidegger. Il vivait et agissait avec une fiction positive du national-socialisme qu'il projetait sur la réalité des chefs de la SA avec leurs bottes, leurs uniformes et leur attitude prolétaire marquée. Une telle présentation des faits ne correspond que partiellement à la réalité, car Heidegger n'était pas un idéaliste, comme il s'avéra par la suite. La geste antitraditionaliste du national-socialisme le fascinait. Cela faisait en effet longtemps que Heidegger voulait déclarer la guerre aux traditions que véhiculait l'Université et contre lesquelles se tournait également le NSDAP.

Malheureusement, rares sont les témoignages directs de l'époque du rectorat de Heidegger. Nous sommes contraints de nous appuyer sur des témoignages rétrospectifs. Il nous faut donc prendre en considération les déplacements que produit l'éloignement temporel. Le président de la « commission d'épuration », Constantin von Dietze, écrit en 1945 :

> Il luttait contre les conceptions opposées aux siennes et, sans permettre de véritable discussion, les déclarait « réactionnaires ». Face à ces adversaires, il cherchait le soutien des jeunes enseignants, des assistants et des étudiants. Certaines de ses déclarations faisaient l'effet de véritables provocations. Les nombreuses instructions que Monsieur Heidegger donnait aux professeurs, à propos de la longueur des cours et du comportement à adopter lors de l'audience des étudiants, étaient nettement ressenties comme des marques d'arrogance. Le recteur envoya au mois de décembre 1933 à la faculté de droit et de sciences politiques une lettre dans laquelle il les admonestait d'adopter une autre attitude. Il leur expliquait également qu'à l'avenir, la notation des collègues dépendrait de l'appréciation personnelle de Monsieur Heidegger. De telles déclarations – dont nous ne disposons plus du libellé – étaient perçues par les jeunes enseignants ou candidats à l'habilitation comme une menace pour leur avenir [94].

204 / Hannah Arendt et Martin Heidegger

Selon le même rapport, sa gestion enfreignait les statuts de l'université, entre autres parce qu'il cooptait des étudiants au sénat de l'université.

> Son racolage des jeunes enseignants, des assistants et des étudiants allait si loin qu'il prenait des allures d'agitation à l'encontre des professeurs[95].

La commission d'épuration lui reproche également sa contribution à l'amendement de la Constitution de l'Université qui visait à mettre en avant le rôle du Führer. Il s'était avant tout prononcé en faveur de la nomination des recteurs par le ministère et pour le droit du recteur de nommer des « professeurs sans chaire comme membres des facultés[96] ».

Vue sous cet angle, la démission de Heidegger de son poste de recteur nous apparaît sous un tout autre jour. Ce n'était plus seulement une rapide désillusion à l'égard des nationaux-socialistes et de leurs pratiques courantes, ainsi que Heidegger allait le soutenir sans cesse par la suite, qui était à l'origine de sa décision de quitter le rectorat. Heidegger avait sûrement dû se rendre compte que sa gestion avait soulevé une bonne partie de l'université contre lui et qu'il ne pourrait pas se maintenir longtemps à son poste dans ces conditions.

Le jeune maître de conférence Karl Löwith rendit visite en 1933 à Heidegger dans son bureau de recteur. La description de leur rencontre fut écrite quelques années plus tard, en 1940 :

> Lorsque je lui rendis visite dans son bureau de recteur, en 1933, il était là, assis, l'humeur sombre et mal à l'aise, perdu dans cette pièce immense et solennelle, et l'on remarquait sa gêne dans ses attitudes et ses mouvements. Il forçait lui-même sa singularité par son accoutrement : une sorte de veste de paysan de la Forêt-Noire, aux larges revers et au col presque militaire, et des knickers, tous en drap brun foncé

– une tenue qui lui était propre et devait choquer le « on ». Nous nous en moquions ainsi à l'époque, sans comprendre encore qu'elle était une solution intermédiaire entre le costume bourgeois et l'uniforme SA. Le marron de l'étoffe s'harmonisait bien avec ses cheveux sombres et son teint mat [97].

Heidegger se faisait faire des vêtements de ce style depuis les années 1920 (voir p. 88). Il voulait par là se démarquer de son entourage. Le nouveau costume masculin allemand qui reprenait le vêtement traditionnel faisait partie de la réforme du mode de vie des années 1920. Le souvenir amer de Löwith doit être appréhendé avec une certaine distance critique. Il révèle aussi le glissement aisé qui se produisit de la culture des années 1920 à l'anti-culture des années 1930.

Dans tout le pays de Bade – et donc également à Fribourg –, la restructuration des universités, c'est-à-dire leur mise au pas, allait de pair avec la remise en cause de l'autonomie des universités. Les collègues qui n'étaient pas gagnés à la cause national-socialiste en voulaient à Heidegger de n'avoir pas émis la moindre réserve sur cette mise au pas. Cette attitude déplut fortement au corps professoral d'autant plus que Heidegger avait été élu par une large majorité au sénat. Cela explique en partie pourquoi, après la défaite du régime nazi, ils lui firent endurer une longue procédure d'épuration qui dura six ans – et ce quelles qu'aient pu être les tensions réelles entre les autorités de l'occupation, le ministère et les commissions universitaires et quel qu'ait pu être le ton conciliant de la correspondance écrite. Ils ne voulaient ni ne pouvaient lui épargner la honte d'un procès public.

Le début du retrait

Selon ses propres dires, Heidegger avait pris la décision de démissionner de son poste de recteur dès le 1er janvier 1934[98]. Dans son rapport de 1945, il mentionne comme raison à cette décision, en plus de la frustration due aux attentes déçues, le fait qu'on avait exigé de lui le limogeage de deux doyens (dont von Möllendorf, le précédent recteur). Il ne quitta pourtant son poste de recteur que peu de temps avant le début du semestre d'été, c'est-à-dire en avril 1934. Ce retard s'explique, selon Heidegger, par le fait que le ministère avait mis longtemps à lui trouver un remplaçant compétent.

Durant la période du rectorat, il faisait également ses cours et ses séminaires. Au semestre d'hiver 1933-1934, il fit un séminaire sur « l'essence et le concept de nature, d'histoire et d'État », au semestre d'été 1934 un séminaire intitulé « Hegel : de l'État ».

Par la suite, il se préoccupa de thèmes plus intemporels : la logique ; la *Critique de la raison pure* de Kant (semestre d'été 1934) ; Hölderlin ; Hegel : la *Phénoménologie de l'esprit* (semestre d'hiver 1934-1935) ; introduction à la métaphysique ; Hegel : de l'État (semestre d'été 1935) ; les questions fondamentales de la métaphysique ; le concept de monde chez Leibniz (semestre d'hiver 1935-1936) ; Schelling : de l'essence de la liberté humaine ; introduction à la métaphysique ; Kant : critique de la faculté de juger (semestre d'été 1936) ; Nietzsche : la volonté de puissance (semestre d'hiver 1936-1937) ; les écrits philosophiques de Schiller sur l'art (semestre d'hiver 1936-1937) ; Nietzsche et la fondation de la pensée occidentale ; les écrits de Schiller sur l'art (semestre d'été 1937).

Pendant la guerre, les intitulés de ses cours ne prennent pas un tour plus idéologique. Au fur et à mesure, on a l'impression que Heidegger se détourne complètement de la modernité et se concentre sur l'Antiquité, c'est-à-dire sur le travail des concepts fondamentaux.

Les études universitaires avaient une forme plus scolaire, c'était là le résultat des efforts de Heidegger et de la politique universitaire national-socialiste. En plus de la division habituelle de l'enseignement en cours, travaux pratiques et séminaires supérieurs, celui-ci était maintenant divisé en niveaux inférieur, intermédiaire et supérieur. Les étudiants devaient aller plusieurs fois au cours de leurs études dans des camps de travail et de sport militaires dont Heidegger avait fait la propagande en soutenant qu'ils faisaient partie intégrante de la formation universitaire.

La liste des étudiants de Heidegger de ces années-là se lit comme un *Who's Who* de la génération future de l'intelligentsia universitaire et politique : Werner Marx, Walter Schulz, Jan Patocka, Ludwig Thoma, Jeanne Hersch, Walter Bröcker, Adolf Kolping, Hans Filbinger, Georg Picht, Ernst Schütte, Karl Rahner, Gehrard Ritter, Karl Ulmer, Friedrich Tenbruck, Hermann Heidegger, Margharita von Brentano, Walter Biemel, Ernst Nolte[99]...

Les voyages de travail étaient sous le régime nazi quelque chose de très spécial. Ils ne faisaient pas partie des droits des professeurs. Quand il s'agissait de fonctionnaires de haut rang, on faisait particulièrement attention à qui voyageait, dans quel but et si on pouvait tirer de ce voyage un effet de propagande. Le ministère de tutelle et le Parti accordaient une grande importance à cette exploitation propagandiste des voyages professionnels. « L'étranger » jouait un rôle quasi magique dans un Reich de plus en plus coupé du reste du monde. Ainsi, quand un universitaire allemand était invité par une institution étrangère, il ne voyageait pas seulement en tant que représentant de sa spécialité et de son université, mais aussi en tant que représentant de l'Allemagne national-socialiste. Ces voyages étaient donc chargés d'une dimension symbolique, on vérifiait leur opportunité diplomatique, on les suivait, on les commentait. Celui qui recevait l'autorisation de son ministère de tutelle et qui obtenait le feu vert du Parti et du ministère des Affaires étrangères était exonéré des lourdes taxes de voyage, encore plus élevées quand il s'agissait d'un voyage à l'étranger.

Heidegger fit plusieurs voyages à l'étranger pour donner des conférences. Par la suite, il refusa plusieurs invitations. Au mois d'avril 1936, il voyagea à Rome et fit une conférence à l'*Istituto Italiano di Studi Germanici* sur « Hölderlin et l'essence de la poésie ». Son séjour dura plus de deux semaines pendant lesquelles il entreprit, en compagnie de sa femme Elfride et de ses enfants, de nombreuses excursions et put ainsi rafraîchir ses connaissances sur la Rome antique. Ils rendirent visite à Karl Löwith et à sa femme. Löwith attendait sûrement de cette rencontre que Heidegger prît ses distances à l'égard du national-socialisme. Il espérait probablement aussi de sa part un conseil sur ce qu'il devait faire dans les années à venir, car il se trouvait alors dans une situation précaire. Depuis le semestre d'été de 1934, il avait été mis en congé de son poste de maître de conférence obtenu grâce à l'aide de Heidegger. Il tombait sous le coup des lois raciales, mais pas sous celui de la « loi pour la réorganisation du service public », car il n'était pas fonctionnaire. Löwith était parti à Rome tout d'abord avec le soutien de la fondation Rockefeller et il vivait là assez pauvrement avec sa femme, ce qui les obligeait à déménager souvent. Ses liens avec l'université de Marbourg se maintinrent encore un temps. On avait trouvé un montage juridique qui permettait de lui fournir un très modeste soutien financier. Sa correspondance avec le doyen de la faculté de philosophie nous révèle que Löwith reçut jusqu'au 1er mars 1936, avec quelques interruptions, une aide de l'université de Marbourg. Il pouvait alors compter sur l'aide énergique du doyen Walter Mitzka, malgré l'opposition du chancelier de l'Université et du ministère[100]. Les liens furent ensuite brutalement interrompus. Le 14 février 1936, le ministère du Culte et de l'Enseignement faisait part du retrait de la licence d'enseignant de Löwith. Même le recours du doyen qui mentionnait les graves blessures de ce dernier pendant la Première Guerre mondiale n'y changea rien [101]. Heidegger savait tout cela, ou du moins Löwith le lui avait raconté. Après son habilitation, Heidegger avait appuyé fortement sa candidature à un poste payé de maître de conférence.

La rencontre de Löwith et de sa femme tourna à la catastrophe. Löwith se trouva renforcé dans son rejet plein d'amertume de Heidegger. Celui-ci se promenait à Rome avec les insignes du Parti et n'avait pas pris la moindre distance à l'égard du national-socialisme [102]. Après cette rencontre si décevante pour lui, Löwith tira un trait sur sa relation avec Heidegger. Ses mémoires *Ma vie en Allemagne avant et après 1933* tout comme son texte critique sur Heidegger [103] témoignent de la peine et de l'accablement qu'il dut ressentir suite à cette rencontre.

Il y eut un moment particulier dans les liens de certains intellectuels de premier rang avec le national-socialisme que ceux-ci avaient tout d'abord accueilli pleins d'espoir et d'empressement. Un moment où l'enthousiasme commença à se dissiper et la désillusion à s'imposer, et où l'image de la réalité ne parvenait plus à refouler la réalité elle-même. Ce moment venait quand ils se rendaient enfin compte que la terreur avait pris son autonomie et que ses victimes pouvaient être des amis ou des connaissances, ou bien lorsqu'ils prenaient soudain la mesure de la banalité de la politique national-socialiste. Certains de ces intellectuels réagirent en se retirant de la scène publique.

Heidegger réagit de deux façons : il se retira et se tut. Il s'exprimait parfois de manière obscure et codée et laissait son auditeur incertain quant à sa véritable opinion.

Heinrich Schlier raconte ainsi dans ses mémoires la scène suivante qui eut lieu en 1934 :

[Heidegger] était invité chez son ami Bultmann. Nous passâmes la soirée à discuter de choses et d'autres, mais surtout bien sûr de ce prétendu « troisième Reich ». On avait beaucoup attaqué Heidegger pour son comportement en 1933. Au moment de sortir, il se tourna vers moi et dit sur un ton contenu : « Monsieur S., l'heure du jugement dernier n'a pas encore sonné. » Je compris ce qu'il voulut dire. Mais s'il avait dit clairement « je me suis trompé... », nous nous serions tous jetés à son cou [104].

L'insatisfaction voilée de Heidegger apparaît dans sa correspondance ces années-là avec le doyen, le recteur et le ministère du Culte et de l'Enseignement.

En 1936, Heidegger avait reçu une invitation pour la célébration l'année suivante à Paris du 300ᵉ anniversaire de Descartes. Il ne s'agissait pas d'une conférence quelconque, mais d'un événement très important qui s'inscrivait dans la campagne du régime national-socialiste pour sa reconnaissance internationale. En effet, à Paris se trouvaient presque tous les exilés des universités allemandes qui n'attendaient que de pouvoir critiquer ouvertement les représentants de l'Allemagne nazie. La conférence devait se transformer en une arène où s'affronteraient fascisme et démocratie. Heidegger avait prévu cet affrontement et voulait préparer de façon stratégique la prestation de la délégation allemande national-socialiste.

Cette invitation se perdit dans les méandres bureaucratiques du ministère de l'Éducation, du NSDAP et du ministère des Affaires étrangères. Heidegger dut attendre un an avant d'entendre à nouveau parler de cette conférence. Le 14 juin 1937, il faisait savoir au recteur dans une lettre qu'il considérait toute cette affaire comme désormais impossible [105]. Il n'avait d'ailleurs plus fait suivre au ministère les nombreux rappels de son invitation. Dans ces conditions, il n'était pas prêt à s'adjoindre sur le tard, un mois et demi avant le colloque, à une délégation dont la composition et la direction lui étaient inconnues. Un mois plus tard, le 17 juillet 1937, le ministre faisait savoir au recteur qu'il souhaitait tout particulièrement la participation de Heidegger à ce congrès. Il le nommait donc membre de la délégation officielle et lui promettait une aide financière de 200 Reichsmarks pour le voyage.

Heidegger se tira élégamment et pourtant fermement de cette affaire. Dans une lettre datée du 24 juillet 1937, il écrivait au ministre de l'Éducation qu'il considérait comme de son devoir de participer à ce colloque, s'il s'agissait là du souhait exprès du ministre, mais que son état de santé ne le lui permettait malheureusement pas. Il joignait à la lettre une attestation médicale et ajoutait qu'il « se tenait à l'avenir à la disposition de Monsieur le ministre pour tout autre souhait qu'il pourrait formuler [106] ».

Karl Jaspers fut autorisé, à l'occasion de cette commémoration du 300e anniversaire de Descartes, à publier un essai dans la *Revue philosophique*. Il ne lui fut pas permis, en revanche, de participer au colloque à Paris. Ce fut aussi l'année de son limogeage de l'université. Le 25 juin 1937, le ministre l'informait que « conformément à la loi pour la réorganisation du service public du 7 avril 1933, il était mis à la retraite [107] ». Deux mois plus tard venait la suspension de son traitement de professeur titulaire. Le recteur et Jaspers lui-même essayèrent de transformer ce licenciement en un congé pour raison de santé. Cela lui aurait permis de percevoir une meilleure retraite et de faire une sortie plus honorable de l'Université. Mais cette tentative échoua. Il avait refusé trois ans plus tôt de prêter le serment professionnel à Adolf Hitler. Cette même année 1937, Jaspers se rendit à Genève pour y donner une conférence. En 1941, il se vit interdit de voyage. La proposition que l'université de Bâle lui avait faite d'un poste pour deux ans avait été acceptée par Ernst Krieck, le recteur de l'université de Heidelberg et l'ennemi juré de Heidegger, mais le ministère s'y opposa. On ne voulait visiblement pas lui permettre de quitter l'Allemagne en compagnie de sa femme juive.

Heidegger renonça en 1942 à un deuxième voyage à Rome. Il justifiait ainsi sa décision :

[...] pendant le prochain semestre d'hiver où les étudiants libérés du front reprendront leurs études, je ne souhaite absolument pas interrompre pour une longue période mon enseignement ni en aucun cas y porter préjudice [...]. En raison de la durée prolongée de la guerre, les études de ces étudiants libérés du front prennent une signification qui dépasse de loin le simple enseignement. Il n'est pas suffisant de s'occuper spécialement de ces étudiants en plus des autres étudiants. Ces étudiants doivent être reconnus comme notre auditoire le plus cher et tout ce qui dépasse la dimension instructive de l'enseignement doit être conçu en rapport avec leurs besoins [108].

Il dit dans la suite de la lettre vouloir se consacrer entièrement à cette tâche. Il serait bien sûr prêt à donner des conférences plus tard, mais cela demanderait une préparation sérieuse, car la traduction de ses textes est extrêmement difficile. Nul doute qu'il s'agit là d'une nouvelle insubordination bien maquillée. Heidegger était irrité par le fait qu'il avait du mal à faire imprimer ses écrits. Le recours aux étudiants libérés du front était clair. Il suggérait par là ses services rendus à la patrie. Il attendait en retour le respect qui lui revenait, c'est-à-dire une marque d'appréciation qui devait s'exprimer entre autres dans l'attribution de papier à son éditeur.

Il refusa en 1943 pour les mêmes raisons de participer à un voyage de conférences en Espagne et au Portugal. Il ne voulait visiblement pas accepter ces voyages à l'étranger comme une compensation au refus d'attribution de papier que son éditeur devait endurer. Il n'en était pas à son premier combat au sein du régime national-socialiste. Il convient à ce propos d'évoquer une de ses luttes.

Heidegger avait des ennemis également au sein de l'association national-socialiste des enseignants universitaires. Ernst Krieck était l'un d'entre eux. Les deux éprouvaient l'un pour l'autre une profonde aversion. Dans la huitième édition de l'*Encyclopédie* de Meyers parue en

1938, on trouve un article sur Heidegger dont la teneur n'est guère éloignée de la propagande nazie qui calomniait les penseurs juifs. L'auteur de l'article soutient que la philosophie de Heidegger dans *Être et Temps* est « l'image même de ce que Nietzsche entend sous les termes de "nihilisme" et de "décadence". Elle a fasciné les gens avant 1933, car ils avaient l'impression d'y retrouver sous une forme intellectualisée et mystique leur propre impasse intérieure et extérieure [109] ».

Heidegger devenait ainsi l'objet d'une critique qu'il avait lui-même adressée à d'autres penseurs. Dès le début des années 1930, il s'était servi d'arguments semblables pour se démarquer de ses collègues juifs ou de la « pensée juive ».

Il fallut à Heidegger des années pour se remettre de sa chute. Il commença au milieu des années 1930 à se tourner vers la pensée et la langue poétiques. Sa lecture répétée de l'œuvre de Hölderlin le conduisit petit à petit dans cette direction. L'excitation des années 1920 et du début des années 1930, la recherche souterraine d'un passage magique de la pensée à la praxis, de la pensée contemplative à la pensée appliquée cédaient maintenant la place à un retrait de la pensée dans le foyer de la parole. « L'homme habite en poète [...] » Heidegger plaçait cette pensée de Hölderlin au centre de son retrait de la politique et du pouvoir. La pensée poétique n'est pas activiste. Depuis les années 1920, Heidegger pensait sur un mode activiste. Une sérénité apparaissait dans sa pensée qu'il ne s'était pas permise auparavant.

Heidegger fit ce pas vers le poétique au milieu des années 1930 sur la base de sa critique du potentiel nihiliste de la philosophie de Nietzsche. Ce qu'il répondait sans cesse à ses détracteurs après 1945 était vrai, il s'était libéré par la pensée du piège dans lequel il s'était mis en voulant passer à l'action. Hannah Arendt allait reprendre cette métaphore dans sa fable du renard pris à son propre piège.

Chez le Heidegger des années 1920, le saut hors de la philosophie dans l'action semblait entièrement prédéterminé. Il partageait cette vision des choses avec toute une génération qui était rentrée de la Première Guerre mondiale déçue et frustrée et qui considérait que la mission pour laquelle elle s'était mobilisée restait inachevée. Cette « génération du front », comme l'appelle Arendt dans *Les Origines du totalitarisme*, se sentait responsable de la rédemption de l'Allemagne et de l'Europe du bourbier de la tradition mensongère et de la modernité dépourvue d'esprit.

Pour qui avait vécu depuis son enfance comme Heidegger – et ils n'étaient pas peu nombreux même parmi les intellectuels – dans la conviction que l'Allemagne et l'Occident se trouvaient dans une crise profonde, les faiblesses de la République de Weimar devaient apparaître comme le signe d'une crise bien plus fondamentale. Pour qui pensait comme lui qu'il fallait « résoudre » cette crise, n'était-il pas normal de s'intéresser à ceux qui promettaient d'y apporter une solution ?

Il était bien sûr possible de choisir la solution « communiste ». Le philosophe hongrois Georg Lukács, qui était de quatre ans seulement l'aîné de Heidegger et qui avait été un étudiant très apprécié de Rickert et de Weber à Heidelberg, avait entrepris dans les années 1920 un véritable renouvellement de la philosophie à travers une tentative de fondation métaphysique de la pensée marxiste. Lui aussi avait opté pour l'action au sortir de la Première Guerre mondiale [110]. Son ami Ernst Bloch s'était rapproché également d'une philosophie de l'action à partir d'une position marxiste-messianiste.

Le fait que Heidegger n'a pas succombé à la promesse rédemptrice communiste s'explique par la peur traditionnelle des communistes, qui était l'attitude dominante des gens de sa région, tout comme par l'héritage catholique auquel il continuait d'être attaché. Par contre, il était sensible au mélange de radicalisme et de patriotisme, de populisme et de croyance en la rédemption que développaient les leaders nationaux-socialistes dans les premières années du régime. Ce langage lui parlait, mais cela ne peut entièrement expliquer pourquoi il s'engagea à ce point en faveur du national-socialisme. Son frère Fritz qui partageait lui aussi ce même attachement pour sa région et pour le catholicisme de Messkirch ne succomba jamais aux promesses des nazis. La pensée philosophique qu'il était tout à fait capable de suivre – il transcrivit bon nombre des manuscrits de son frère – n'avait pas fait disparaître son bon sens [111].

L'engouement d'une génération et la culture régionale ne sont pas les seules raisons qui ont poussé Heidegger à offrir ses services aux nationaux-socialistes et à voir dans leur idéologie la base d'une collaboration. Heidegger ne prit pas non plus parti pour le national-socialisme parce que ses leaders lui promettaient des possibilités concrètes d'action. Il pensait comme beaucoup d'intellectuels de son temps que ceux-ci *se devaient* de lui offrir ces possibilités d'action, car il possédait la véritable connaissance de la situation.

Il dut pourtant y avoir un moment imprévisible et fortuit où le passage à l'action s'opéra. Ce fut le moment où Heidegger ressentit qu'il *devait absolument* faire le saut de la pensée à l'action. Il y a des moments dans l'histoire politique où *virtù* et *fortuna*, c'est-à-dire la capacité d'agir et la situation qu'il incombe à l'acteur d'assumer, se rencontrent et alors a lieu ce qu'on appelle un événement historique. Nicolas Machiavel, à la fin du XVᵉ siècle, avait saisi dans sa pensée ces deux moments. Il voyait dans leur friction étincelante la marque de l'action politique réussie. Mais ce moment merveilleux de la rencontre n'échappait pas au doute. L'acteur pouvait se tromper et se rendre compte par la suite qu'il avait mal jugé la situation.

On ne parvient pas à une explication satisfaisante du « cas Heidegger », si l'on ne prend pas en compte cette dimension de la contingence dans son évolution.

Sa pensée était habitée par une profonde irritabilité qui

allait de pair avec un côté imprévisible. Cette excitation, cette colère nous conduisent aux éléments de sa pensée qui l'ont mené à ce moment unique du « saut » où il pouvait prendre la bonne ou la mauvaise décision.

Nous reviendrons plus tard sur cette irritabilité dans ses rapports avec les gens, avec les femmes et avec sa maîtresse Hannah. Nous avons déjà évoqué son étrange *furor teutonicus* dans ses jugements.

Chez Heidegger, la pensée procédait d'un état d'excitation mentale. Dans ses soliloques philosophiques revenait sans cesse l'abolition de la distinction entre nature et intellect, entre corps et esprit. L'excitation advenait quand la pensée questionnante s'exposait à l'être au sens non pas de penser *quelque chose*, mais de s'ouvrir au flot de la pensée. Heidegger éprouvait visiblement ce mouvement de la pensée également dans son corps. Il résultait de cette excitation deux choses : une pensée extatique et une ouverture aux expériences érotiques. Quand les deux avaient lieu en même temps, le drame n'était pas loin.

Il avait déjà connu de tels états d'excitation au cours des années 1920. Ils s'éveillaient, comme on peut le voir dans sa correspondance avec Karl Jaspers, à des occasions des plus différentes : la misère des universités, les méandres de sa carrière, la réflexion sur la situation de l'Allemagne ou de la philosophie contemporaine, et bien sûr les femmes. Face au mouvement national-socialiste qui drainait tout dans sa marche – mouvements de jeunesse et de femmes, étudiants, professeurs, intellectuels, classes moyennes, pensées publiques et privées –, cette excitation ne cessait d'augmenter en lui jusqu'à déborder et à commencer à chercher satisfaction. C'est ce que révèle le télégramme à Hitler tout comme l'interventionnisme provocateur de Heidegger dans sa gestion de l'université pendant les quelques mois où il fut recteur.

Être et Temps ne serait donc pas la préparation intellectuelle d'un péché, mais le témoignage d'une pensée qui soumit son auteur à une pression telle, dans la tension entre critique de la culture et pensée systématique, qu'il se sentit contraint de passer à l'acte. Cet acte devait placer le monde qu'il s'était représenté et imaginé dans sa détermination existentielle authentique, ce qui impliquait d'occulter le monde réel de l'expérience.

Rétrospectivement, on peut dire que dans *Être et Temps*, Heidegger avait voulu rendre possible une éthique a-théologique de l'être-là. Un tel geste recelait en lui la possibilité du passage à une idéologie. Pour devenir effective, cette éthique devait être imposée contre la résistance du « on », du monde commun et de la frivolité. Heidegger vit ensuite l'opportunité de réaliser la possibilité de l'être-là authentique. Pour cela, il avait besoin du médium de la philosophie appliquée qu'il critiquera après la Seconde Guerre mondiale dans la *Lettre sur l'humanisme*. Il est clair qu'il pensait que son ontologie fondamentale pouvait se transformer en une éducation collective à l'être-là authentique. *Être et Temps* ne diffusait pas une idéologie fasciste ou populiste-nationaliste, mais plutôt un mélange étrange d'une élucidation systématique de la question de l'être avec une tentative de mener celle-ci jusqu'aux prémisses d'une éthique de l'être-là. La question *pourquoi* Heidegger a-t-il cherché à passer de la pensée au saut dans le mouvement national-socialiste ne peut être réduite à un simple enchaînement causal. Des explications du type Heidegger a écrit *Être et Temps* de cette façon, il s'ensuit qu'il devait nécessairement se tourner vers le national-socialisme, ou son évolution vers le national-socialisme ne s'explique que par une lente maturation philosophique, ne disent pas grand-chose. Le tournant national-socialiste de Heidegger était une possibilité, pas une nécessité. L'aspiration à une pratique révolutionnaire était une tentation à laquelle était soumise toute une génération, que l'on pense à Georg Lukács, Ernst Bloch et d'autres intellectuels d'origine bourgeoise qui se tournèrent vers le communisme, ou à Carl Schmitt, Gottfried Benn et d'autres qui, pris d'une courte ivresse, se joignirent au national-socialisme.

Certes, il ne manquait pas chez Heidegger de conditions préalables « favorables » à un tel tournant, parmi lesquelles sa tendance à une critique générale de la culture qui mettait l'accent sur la perte dont souffrait l'Occident. Participaient de cette même critique son aversion pour la démocratie de masse moderne et la République en tant que forme d'existence inauthentique pour les Allemands, le passage aisé entre culture patriotique et idéologie populiste-nationaliste, son mépris enflammé et teutonique pour tout compromis de pensée et pour le libéralisme et son rêve d'une existence collective authentique.

Lorsqu'il se rendit compte de son erreur, il était trop tard. Il s'était déjà ridiculisé. Quelle honte terrible dut-il ressentir au sortir de cette période d'ivresse ? Il crut encore pendant un temps que les fonctionnaires de haut rang du régime étaient plus ouverts à ses idées que l'administration intermédiaire qui, elle, se montrait réticente. Il ne parvint pas à cette compréhension critique du nazisme par un simple réveil de son bon sens. Il lui fallut des années avant de reconnaître que le pouvoir était aux mains d'une puissance maléfique.

Sa prise de conscience ne le conduisit pourtant jamais à formuler une critique politique du national-socialisme. Une telle attitude lui était étrangère. Il continuait malgré tout à penser sur un mode national et partait du principe que les nationaux-socialistes étaient eux aussi des nationalistes. Il ne prenait pas en compte leur racisme avec toute la gravité requise. Après 1934, Heidegger chercha à se sortir de l'impasse dans laquelle il s'était fourré. Il traitait maintenant de préférence de thèmes qui impliquaient une critique de la modernité, parmi lesquels la science moderne et la technique, le monde culturel moderne, le désenchantement, la fin du mythe et le nihilisme[112].

Heidegger traita pendant trois années à partir du semestre d'hiver 1936-1937 de la philosophie de la puissance de Nietzsche et du renversement de la tradition philosophique occidentale opérée par celle-ci. De 1936 à 1940, il donna au total quatre séries de cours sur Nietzsche[113]. Nous devons à ces cours sa critique détaillée de Nietzsche dans laquelle on peut lire également sa prise de distance croissante à l'égard du nazisme. Il considérait maintenant le national-socialisme comme une technique sans âme poussée par une volonté de puissance irrépressible. Il avait perçu le lien particulier qui unissait technique et pouvoir absolu comme un phénomène de la modernité qui soumettait l'homme à son emprise. Il abordait certes la mise au pas, l'uniformisation et la bureaucratisation sous le régime national-socialiste mais en l'élevant et l'intégrant à la problématique plus générale de la technique moderne[114]. Le national-socialisme était pour Heidegger « la première manifestation d'ampleur de l'agressivité de la technologie moderne et de la pensée rationnelle moderne », tel est le jugement que porte Silvio Vietta[115].

Le nihilisme est chez Heidegger « le mouvement de fond de l'histoire occidentale », qui s'incarne dans la pensée de Nietzsche du surhomme et de la puissance[116].

Heidegger se met également à cette époque à reconnaître dans la pensée orientée vers l'action une forme d'autonomisation de la puissance[117].

L'essai de Heidegger « Le mot de Nietzsche "Dieu est mort" » (1943), qui est une élaboration de ses cours sur Nietzsche dans les années 1936-1940, se clôt sur la déclaration suivante :

> Et la pensée ne commence que lorsque nous avons éprouvé que la Raison, tant magnifiée depuis des siècles, est l'adversaire la plus opiniâtre de la pensée[118].

Cette affirmation est en résonance avec la critique de la modernité de la philosophie du XXᵉ siècle. Elle permet d'établir des liens avec la pensée de Theodor W. Adorno et Max Horkheimer tout comme avec la critique de la modernité de Hannah Arendt. Tous ces penseurs avaient compris que les Lumières n'avaient pas seulement apporté le progrès, mais avaient doté l'homme d'une nouvelle puissance de destruction.

Cependant, ce *tournant* dans la pensée de Heidegger était purement philosophique et pas politique. Il se détournait par là du pouvoir et abandonnait son désir absolu de changer les choses. C'était le maximum dont il était capable.

Hannah Arendt propulsée dans la politique

Pendant que Heidegger se retirait progressivement de la politique, Arendt, elle, y était jetée violemment. La métaphore du paria lui servit pour comprendre la situation qui était devenue la sienne avec l'arrivée au pouvoir des nazis. Le paria est l'exclu qui lutte pour sa conscience de soi et qui l'atteint dans l'aveu de sa marginalité. Au travers de la figure de Rahel Varnhagen, elle décrit l'état de déchirement des Juifs entre leur désir de reconnaissance et leur expérience de l'impossibilité d'appartenir à « la société ». À ce texte qu'elle avait écrit en grande partie à Berlin, elle ajouta pendant son exil parisien deux chapitres dans lesquels elle conduisait son personnage à prendre la décision d'être une marginale volontaire. Une telle interprétation des faits s'écartait sans doute de la figure historique de Rahel Varnhagen, mais elle exprimait la tension intérieure de l'auteur. Dans ce contexte d'exil, le livre d'Arendt sur Rahel Varnhagen apparaît rétrospectivement comme le début de sa confrontation intellectuelle avec son existence de fugitive et de paria. Arendt y parvient à puiser dans l'expérience de l'altérité une nouvelle conscience de soi. Tout au long des années 1940, elle sera préoccupée par cette question du paria.

Dans le premier des deux chapitres de conclusion qu'elle écrivit à Paris, elle écrit sur la tension entre la dimension du paria et celle du parvenu au sein de la conscience de Rahel :

Une telle gratitude ne serait qu'un défaut si elle n'était accompagnée, si elle n'avait même son fondement sur ce que le paria peut, dans son monde, apprendre et comprendre de meilleur et de plus digne : « les égards excessifs envers le visage humain. – Je pourrais plutôt porter la main sur mon propre cœur et le blesser que d'offenser un visage, et de voir un visage offensé ». La sensibilité, la compassion, au sens étymologique du terme – qui, une fois encore, ne sait pas garder ses distances –, ce n'est là que l'expression maladivement exagérée de la saisie instinctive de la dignité inhérente à tout être pourvu d'un visage humain, un instinct ignoré des privilégiés, en lequel consiste l'humanité du paria, qui le distingue clairement de la bête traquée, rôle qu'il lui faut assumer en société ; instinct qui ravale tous les privilégiés, en comparaison de lui, au rang de bête – bien que, peut-être, d'espèces nobles. C'est pour cela que les parias représentent toujours, dans une société fondée sur les privilèges, l'orgueil de la naissance, l'arrogance du rang, ce qui, proprement, est humain, l'humanité selon sa nature propre, ce qui ennoblit l'homme dans son universalité. La dignité humaine, le respect du visage humain, découverts instinctivement par le paria, c'est le seul degré préliminaire qui, dans la Nature, mène à l'ensemble de l'édifice moral de la raison [119].

Dans les années 1940, Arendt reprenait la figure du paria pour décrire l'existence du fugitif. Ayant opté pour le point de vue extrême de l'exclu, elle faisait pourtant attention de ne pas présenter le fugitif dans son existence de fuite et de refuge. Le fugitif n'est pas seulement une bête traquée, un objet de compassion. Dans la mesure où il com-patit avec les autres, il regagne une dignité inaccessible au parvenu obsédé d'appartenir à tout prix à la société.

Il s'agissait là d'un regard porté sur la situation et la perspective de millions d'apatrides, de persécutés et de réfugiés, qui était fondamentalement différent de l'approche du problème des réfugiés dans les organisations politiques et humanitaires de l'époque.

La vision de la réalité politique que Hannah avait développée durant les derniers mois de l'année 1932, l'expérience qu'elle avait eue de l'Allemagne national-socialiste jusqu'à sa fuite l'avaient poussée à se lancer dans l'action et le travail pratique. S'il était vrai qu'il « fallait se défendre en tant que Juifs », alors il était parfaitement conséquent de participer à l'organisation du travail de résistance.

À l'époque de son arrivée à Paris, le paysage politique français était marqué par la présence d'une gauche forte. La France était considérée comme un bastion démocratique en Europe. Pendant la guerre civile en Espagne, elle s'était rangée du côté des républicains et après la victoire du général Franco, elle avait accueilli de nombreux réfugiés espagnols. Cette politique d'ouverture aux réfugiés espagnols explique en grande partie pourquoi tant de fugitifs d'Allemagne et plus tard d'Europe centrale et orientale cherchèrent refuge en France. La République française se trouvait dans une situation instable, en partie en raison de cet afflux massif d'immigrés. La chute du Front populaire de Léon Blum en 1937 révéla d'un coup la situation précaire de tous ces réfugiés. L'antisémitisme qui depuis le début de l'affaire Dreyfus en 1894 ne cessait de resurgir sur le devant de la scène gagnait un soutien croissant de certains groupes sociaux et politiques – dont l'Église catholique. Cette évolution se fit ressentir de façon particulièrement drastique à l'été 1939 lorsque le gouvernement français déclara la guerre à l'Allemagne national-socialiste et interna pour la première fois dans des camps une bonne partie de ces « étrangers hostiles ».

Dès son arrivée à Paris, Arendt eut tout d'abord à affronter des problèmes éminemment pratiques : les papiers – en 1937, elle avait été déchue de sa nationalité allemande et n'avait bien sûr pas obtenu la nationalité française –, gagner de l'argent pour survivre, se loger, s'habiller... Hannah Arendt était sans cesse à la recherche d'amis nouveaux ou disparus, de livres, de contacts utiles, de perspectives à long terme de résidence et de travail. La dimension psychique et culturelle de l'exil se manifestait dans une constante remise en question de sa propre identité en raison de sa situation légale précaire, de la langue étrangère qu'elle devait parler, de l'absence de toute routine quotidienne, de l'inquiétude pour les amis et pour la famille, de l'angoisse et de la dépression. Tout cela demandait une grande force de vie pour être surmonté. Arendt ne montrait pas ouvertement son épuisement. C'était une personne énergique. Elle se mit tout de suite à la recherche de possibilités de gagner de l'argent tout en aidant d'autres réfugiés à trouver du travail.

Elle prit des cours d'hébreu auprès d'un nouvel ami, Chanan Klenbort, un intellectuel juif polonais qui, comme elle et des milliers d'autres réfugiés, était sans cesse à la recherche de travail et d'argent pour survivre. À la question de la raison pour laquelle elle voulait apprendre cette langue, elle donna la réponse suivante : « Je veux connaître mon peuple [120]. »

Au début, elle vivait encore avec son mari Günther Stern qui avait fui l'Allemagne dès le mois de janvier 1933. Il ne restait de leur union qu'une communauté de détresse et de besoins, l'amour s'étant évanoui depuis longtemps. À Berlin, les deux époux menaient déjà chacun une vie séparée. Ils réussirent cependant à transformer leur amour passé en une amitié. Leur séparation ne devint officielle qu'en 1936 lorsque Stern partit pour New York. Jusqu'alors, ils avaient maintenu les apparences du mariage. Ils divorcèrent en 1937.

Arendt obtint son premier travail au sein de l'organisation juive *Agriculture et Artisanat*. Il s'agissait d'une organisation d'aide aux Juifs (surtout allemands) qui voulaient émigrer en Palestine. Pour obtenir ce poste, elle avait prétendu avoir de l'expérience dans le travail de bureau. Son travail à *Agriculture et Artisanat* consistait à trouver des habits, des papiers, des médicaments pour de jeunes Juifs et également à leur fournir une certaine formation. Ces jeunes venaient d'Allemagne ou de pays de l'Europe centrale. Elle devait les préparer à l'émigration en Palestine. Ils devaient là-bas participer à la construction de villes, de l'industrie locale et du réseau routier.

L'aide à la jeunesse était une partie importante de l'aide juive autonome (*Selbsthilfe*). Elle débuta très vite après la prise du pouvoir par les nazis alors que l'entreprise de destruction de la bourgeoisie juive se mettait en place en Allemagne[121]. L'« *aliyah* de la jeunesse » – c'est ainsi que l'on appelait l'émigration organisée de jeunes Juifs en Palestine – avait été fondée en 1934 par Chaïm Weizmann.

> L'idée de l'*aliyah* de la jeunesse était à mettre au crédit de Recha Freier, la femme d'un rabbin de Berlin, qui dès l'année 1932 avait envoyé un premier groupe de jeunes Juifs allemands en Palestine pour y suivre leur formation scolaire [...]. Il s'agissait en fin de compte de transplanter en Israël les enfants et les jeunes de la bourgeoisie juive d'Europe centrale et de les éduquer au travail agricole pour les implantations collectivistes de Palestine qui se déclaraient prêtes à héberger et à former pendant deux ans ces jeunes immigrants d'Allemagne[122].

Entre 1934 et 1939, 4 635 jeunes hommes et jeunes femmes, la plupart provenant d'Allemagne et des pays voisins, parvinrent en Palestine grâce à cette organisation de jeunesse qui constituait une véritable passerelle entre l'Europe et la Palestine[123].

En 1935, elle fut chargée d'accompagner en Palestine un des groupes qu'elle préparait. Elle rencontra là-bas la famille de son cousin Ernst Fürst et voyagea dans tout le pays. Elle vit sans doute aussi son ancien ami, Hans Jonas, qui séjournait en Palestine également pour des activités sionistes.

Pendant ces années d'exil à Paris, elle développa un lien profond d'amitié avec Salomon Adler-Rüdel. Robert

Weltsch, qui fut un temps le rédacteur en chef du *Jüdischen Rundschau*, écrivit à propos d'Adler-Rüdel qu'« il fut l'un des vétérans les plus expérimentés et les plus compétents de l'action sociale juive en Allemagne [124] ». Adler-Rüdel s'était enfui en 1933 en France comme Arendt. Lorsque les Allemands envahirent la France, il se réfugia à Londres. Il agissait là-bas comme le « diplomate en chef » des réfugiés juifs. Il voyageait sans relâche de par le monde pour trouver des pays d'accueil pour les réfugiés – essentiellement en Suisse, en Angleterre, au Danemark, en Suède et bien évidemment aux États-Unis. Il était lié également au programme de transfert des réfugiés ou plutôt d'immigration en Palestine. À Paris, Arendt discutait régulièrement avec lui de la situation des organisations humanitaires pour lesquelles elle travaillait.

Être un réfugié juif dans les années 1930 et au début des années 1940 en Europe ou aux États-Unis, cela signifiait toujours avoir affaire aux organisations politiques des Juifs de ces pays et à leurs positions vis-à-vis de la Palestine.

Dans les années 1930, on ne pouvait pas encore prévoir si le mouvement sioniste mondial allait ou pas atteindre son but : la fondation d'un État juif en Palestine. Arendt avait adhéré en 1933 à la *World Zionist Organization*. Elle participa à Paris, à Genève et ailleurs à des débats sionistes. D'après les notes de son amie Lotte Köhler, il semble qu'elle ait participé au mois d'août 1933 au 18ᵉ congrès sioniste à Prague en tant que responsable du protocole [125]. Elle entra pourtant rapidement en conflit avec la politique juive (voir p. 262-263).

Arendt voulait faire un véritable travail de résistance contre le régime national-socialiste, par exemple en organisant un boycott des produits allemands. Elle essaya également de mettre en place un soutien international en faveur de David Frankfurter qui avait tué par balles un fonctionnaire nazi à Davos en 1936 et dont l'affaire était alors en procès. Elle voulait renforcer l'opposition à la coopération des États européens avec le régime national-socialiste. Mais elle se vit rapidement confrontée à des obstacles insurmontables [126]. Il y avait entre autres la peur des Juifs français de l'antisémitisme et de la xénophobie en France, qui conduisait de nombreux fonctionnaires juifs à rejeter foncièrement tout engagement politique des Juifs. Arendt fut ainsi amenée à découvrir de façon pratique un dilemme dont elle allait faire l'un des thèmes centraux de son livre sur Rahel Varnhagen et de son livre *Les Origines du totalitarisme* : l'autoprivation de la puissance chez les Juifs.

Au début de l'année 1936, Arendt connut un nouvel ébranlement, cette fois en la personne de Heinrich Blücher. Cet homme non juif, qui avait été spartakiste dans sa jeunesse et ensuite dans la mouvance communiste, fuyait lui aussi le régime nazi. À l'époque de sa rencontre avec Arendt, il avait déjà pris ses distances avec son passé communiste et ne faisait plus partie du groupe des exilés communistes. C'était un homme doué aux multiples facettes. Il écrivait dans les années 1920 des textes pour les cabarets et était lié d'amitié au célèbre chansonnier Robert Gilbert avec lequel Arendt allait se lier d'une amitié qui durerait jusqu'à sa mort. Blücher était né en 1899 et venait d'un milieu assez pauvre. Il avait passé l'examen de professeur du secondaire, mais n'enseigna jamais. Il réussit petit à petit à faire carrière comme journaliste indépendant et comme collaborateur dans des films et dans le cabaret. Blücher menait la vie d'un intellectuel exilé. Il était constamment à la recherche de papiers d'identité, d'argent et d'échanges de pensées et d'idées.

Malgré son serment enflammé de ne plus remettre les pieds dans le monde universitaire, Arendt se rendait régulièrement dans les bibliothèques de Paris et faisait la connaissance des intellectuels européens de l'époque. Elle connaissait Alexandre Kojève de ses années d'université à Heidelberg. Il faisait alors sa thèse sous la direction de Jaspers. Kojève était devenu un spécialiste reconnu de Hegel et Arendt adopta un temps son interprétation de *La Phénoménologie de l'esprit*. Elle rencontrait souvent Walter Benjamin qui était un parent éloigné de Günther Stern et qui était également en exil à Paris. Elle connut également Alexandre Koyré qui avait étudié chez Husserl et qui lui fit faire la connaissance de Jean Wahl. Elle ne voulut pas se lier d'amitié avec Sartre. Elle voyait Bertolt Brecht et Arnold Zweig. Brecht l'impressionnait beaucoup. Elle lui consacrerait un essai dans son livre *Men in Dark Times*. Elle retrouva également à Paris son amie de Königsberg, Anne Mendelssohn.

Hannah Arendt et Martin Heidegger auraient pu se rencontrer au colloque Descartes en 1937 à Paris, lui en représentant de l'Allemagne national-socialiste et elle en sioniste militante. Hannah Arendt n'aurait sûrement pas manqué l'occasion. Mais cette rencontre n'eut pas lieu. Heidegger s'était déjà brouillé avec les nationaux-socialistes.

Le 3 septembre 1939, la France déclara la guerre à l'Allemagne nazie. Heinrich Blücher avait déjà été arrêté deux jours auparavant et mis en détention en tant qu'« étranger hostile ». Il fut libéré en décembre 1939 grâce à l'intervention d'une amie commune, Lotte Klenbort. Ce fut dans ces circonstances extrêmement difficiles, aggravées encore par la tension entre Martha Arendt et Blücher, que Hannah et Heinrich se marièrent le 16 janvier 1940 [127].

Le 10 mai 1940, les armées allemandes envahissaient la France. Elles divisèrent le pays et occupèrent la partie nord. Le gouvernement français signa un accord d'armistice et établit à Vichy une administration de la zone libre sous forte influence allemande.

Au mois de mai 1940, Blücher fut de nouveau placé dans un camp d'internement jusqu'au 1er juillet de la même année [128]. En juin 1940, Arendt fut déportée au camp de femmes de Gurs dans le sud de la France. Après cinq semaines d'internement, elle participa à une évasion de masse à l'aide de faux papiers et sous le regard bienveillant des autorités françaises peu de temps avant que les services de sécurité allemands ne prennent les commandes du camp [129]. Elle était convenue avec Blücher qu'ils se retrouveraient dans le sud de la France, plus exactement à Montauban, une petite ville de la zone libre à proximité de laquelle les Klenbort avaient loué une maison. Elle rencontra par hasard Blücher dans la rue à Montauban au milieu d'un flot de réfugiés. Ils s'installèrent dans un petit appartement. Au mois de janvier, ils traversèrent les Pyrénées en empruntant un chemin établi par Lisa Fittko et son mari. Arrivés en Espagne, ils prirent un train pour Lisbonne [130].

Les lettres d'Arendt à Adler-Rüdel de cette époque sont marquées par le chaos de la fuite et le désordre qui régnait alors en zone libre. Elle parle également de l'antisémitisme nationaliste français [131]. Adler-Rüdel lui transmettait des nouvelles d'Angleterre sur les bombardements allemands, sur l'hystérie des internements et sur le *common sense* des Anglais qui résistait à tout [132]. Arendt lui décrivait en retour la situation dans les camps d'internement en France qui s'aggravait avec l'action officiellement tolérée des services secrets et des services de sécurité allemands. Les déportations commençaient. Les premiers déportés de renom furent les sociaux-démocrates Rudolf Breitscheid et Rudolf Hilferding. Jusqu'aux derniers moments de sa présence en Europe, Arendt échangeait des nouvelles avec Adler-Rüdel. Il lui faisait savoir combien il était pessimiste sur la situation des réfugiés juifs. En 1941, il pressent que les choses vont en arriver à un massacre allemand des Juifs d'Europe orientale et que l'opinion publique occidentale n'en saura que des bribes [133]. Dans une lettre de 1943, il écrit :

20 Mai 1941

Sur la base du matériel que j'ai rassemblé là-bas [pendant son voyage en Suède], j'ai l'impression que notre connaissance par la presse de ce qui se passe sur le continent, et plus particulièrement de ce qui est fait aux Juifs, a tendance plutôt à minimiser les choses plutôt qu'à les exagérer. Mon sentiment que le problème juif en Europe est en train d'être réglé par l'anéantissement est devenu une quasi-certitude [...]. Si un miracle n'a pas lieu dans les jours ou les semaines qui viennent, si les Allemands ne s'effondrent pas soudainement, il n'y aura après la guerre presque plus de Juifs sur terre comme à l'époque de l'Affaire Dreyfus [134].

Au mois de mai 1941, Arendt et Blücher obtinrent leur visa pour les États-Unis.

Pendant ces deux années de 1940 et 1941, Arendt emmagasina, volontairement et involontairement, des expériences sur lesquelles elle allait s'appuyer tout au long de sa vie et de sa réflexion. L'effondrement des traditions et de la morale, la destruction de la sphère politique, ces points essentiels de sa pensée politique s'étaient élaborés à partir de ce qu'elle avait vu et vécu ces années-là. Elle allait puiser à cette expérience pour écrire d'innombrables articles et surtout les deux premières parties de son livre *Les Origines du totalitarisme*.

CHAPITRE IV

Heidegger *absconditus*,
ou la découverte de l'Amérique

« Sauvés habitons 317 West 95 », tel fut le télégramme que Hannah envoya à son ancien mari Günther Stern, qui vivait alors à Los Angeles. Elle était arrivée à New York le 22 mai 1941 en compagnie de Heinrich Blücher. Stern avait fait beaucoup pour qu'ils obtiennent un visa. Le 10 mai, ils étaient montés à bord du « S/S Guiné ». L'écrivain Hans Sahl fit la traversée avec eux[1]. Quelques semaines plus tard, Martha Arendt, qu'ils avaient dû abandonner à Marseille, les rejoignit à New York à bord du « M. S. Muzinho ». Ce fut un grand soulagement.

La vie à New York était à la fois excitante, étourdissante et épuisante. Tout y était nouveau et étrange, la langue, les gratte-ciels, les bruits, la vitesse et surtout ces flots de gens dans les rues. Les réfugiés de tous les pays d'Europe, les immigrants de tous les continents de la terre semblaient s'être donné rendez-vous ici. S'ajoutaient à ce tableau les dames élégantes qui faisaient leurs courses sur la 5ᵉ Avenue, les marchands ambulants, les mendiants, les Noirs, les innombrables automobiles et le métro que Hannah avait certes connu à Berlin et à Paris, mais qui ici possédait un réseau bien plus étendu. Tel un long tapis roulant souterrain, il transportait des millions de passagers dans un sens et dans l'autre. La ville tout entière semblait former un organisme dont les membres étaient reliés entre eux sous la terre ou sur la terre, de façon visible ou invisible. Tout était chaos et pourtant chaque chose semblait s'articuler dans un ordre harmonieux.

Nulle part ailleurs, on ne pouvait ressentir cette nouveauté avec une telle intensité. Ici tout était en perpétuel mouvement. À chaque coin de rue s'offrait une vision inattendue et inconnue.

New York était également un univers de bruits : le hurlement des sirènes de la police, les machines, les climatiseurs, les vagues d'automobiles et de bus qui démarrent et s'arrêtent, les cris des vendeurs de journaux et des cireurs de chaussures, les mélodies des musiciens de rue.

La vie prenait ici un cours si rapide. À peine arrivés, ils furent pris dans le flot ininterrompu de la vie new-yorkaise. Berlin et Paris étaient certes des villes agitées, mais elles ne supportaient pas la comparaison avec le chaos de Hudson Street où le monde entier semblait affluer pour ensuite se diviser en des milliers d'activités et de groupes.

Pour Hannah, cette ville était une source d'énergie sans pareille.

C'est à New York que se rassemblait toute l'intelligentsia qui avait été chassée d'Europe. Les grands de la philosophie, de la sociologie, de la musique, de la littérature, des sciences de la nature, de l'architecture et de la technologie s'y retrouvaient. Les réfugiés et les immigrants étaient à la recherche d'un logement et d'un travail. Ils cherchaient également leurs parents et leurs anciens amis. Ils se faisaient souvent ainsi de nouveaux amis. Chaque réfugié prenait la vie dans cette ville différemment. Cela dépendait de sa biographie, de son état mental et de sa formation professionnelle. Certains étaient forts et pleins d'énergie, d'autres adoptaient une attitude plus retenue et défensive, d'autres encore sombraient dans le désespoir et la dépression. Franz Neumann, un juriste du travail allemand, remarquait à l'époque que trois possibilités d'existence s'offraient aux intellectuels en exil :

Ils pouvaient abandonner leur vieille position intellectuelle et prendre une nouvelle orientation. Ils pouvaient
conserver entièrement leur ancien mode de penser et chercher ou bien à s'intégrer à la pensée américaine ou bien à se
retirer dans leur tour d'ivoire. Et enfin, ils pouvaient essayer
de combiner nouvelle expérience et tradition [2].

Le choix de vie que chaque immigrant faisait dépendait également de son adaptation linguistique à ce nouveau monde. La langue, c'était l'intégration à une culture
étrangère. Dans leurs mémoires, ces immigrants se plai-
gnent souvent de la perte de leur langue maternelle. Günther Stern voyait là le danger de « devenir la victime
d'une infériorité linguistique [...]. Dès l'instant où nous
arrivions dans cet exil, sauvés de l'enfer, nous étions prêts
à nous jeter dans ce nouveau danger, celui de baisser
de niveau d'expression et de devenir en quelque sorte
des bègues. Nombre d'entre nous sont vraiment devenus
des bègues, et même dans les deux langues, car alors
que nous n'avions pas encore bien appris le français,
l'anglais ou l'espagnol, notre allemand commençait peu à
peu à s'effriter, et ce d'une façon si discrète et régulière
que nous ne nous rendions aussi peu compte de cette
perte que de notre vieillissement [3] ».

Le philosophe Ernst Bloch comprenait bien lui aussi
que différents types de personnalité se construisaient
dans ce rapport aux langues. Il y avait ceux qui essayaient
d'abolir leur culture et leur langue d'origine et qui s'efforçaient compulsivement de s'adapter à la nouvelle culture
de leur pays d'accueil. Il y avait ceux qui par contre tentaient de préserver leur langue et leur culture d'origine
tout en s'intégrant à la culture de leur nouveau pays.
L'issue que Bloch propose à ce dilemme était très coura-
geuse pour l'époque.

Nous cherchons [...] au sein de l'Amérique une attitude
humaine et compréhensible, une sorte de *distance authentique*

234 / *Hannah Arendt et Martin Heidegger*

[...]. Nous avons un avantage, une langue riche, une vieille culture à laquelle nous restons fidèles, que nous mettons à l'épreuve de nouveaux matériaux et qu'ainsi nous renouvelons. Et nous avons une certaine distance, non par choix, mais parce que nous ne sommes pas des acteurs de théâtre. Par cette distance authentique, nous voulons faire de la vie qui nous entoure et des problèmes qui travaillent le monde autour de nous un objet pour notre langue et notre mode de pensée intuitifs et imaginatifs qui s'appuient sur la réalité[4].

Hannah, cette femme de trente-cinq ans qui avait déjà emmagasiné des expériences pour toute une vie au moment où elle posait le pied sur le sol américain, appartenait clairement à ce deuxième type d'immigrants. Les difficultés qu'une telle attitude posait étaient encore devant elle.

L'arrivée à New York mettait un terme aux années fébriles où Hannah avait vécu la vie d'une réfugiée et participé, malgré la misère de l'émigration, au travail des comités d'aide, mais elle ne mettait pas fin à son engagement de sioniste. Le travail politique prenait ici une autre dimension. On pouvait planifier et se servir de structures déjà existantes. Il y avait de l'argent, il fallait seulement le « mobiliser ». La première source à laquelle elle put puiser fut la *Zionist Organization of America*. Celle-ci fournissait aux réfugiés juifs une sorte d'allocation de nouvel arrivant de soixante-quinze dollars. La station suivante était le *Self-Help for Refugees*.

Lors de ses premières démarches auprès des autorités et des comités d'aide, elle rencontra d'anciens amis et connut d'autres personnes. Elle fut ainsi intégrée à des cercles de débat et à des organisations. On lui proposait également du travail. Chaque jour, chaque mois dans cette nouvelle patrie, chaque petit succès, chaque honoraire perçu, chaque nouveau contact, amical ou professionnel, la renforçait dans l'idée que quelque chose de neuf commençait dans sa vie. C'était comme si une porte s'était ouverte, qu'un espace auparavant inaccessible s'offrait à elle. Pouvoir traverser cet espace était pour elle une expérience de la liberté inconnue jusqu'alors. Elle forgeait sans cesse de nouveaux projets, de nouveaux plans et de nouveaux manuscrits. À cette effervescence participaient son engagement pour la cause sioniste, son immersion dans l'étude de l'histoire des Juifs et des origines de l'antisémitisme européen et allemand et – le plus important – l'acquisition constante de nouveaux amis. Son besoin énorme d'agir pouvait maintenant s'exprimer.

Le logement dont ils disposaient était loin d'être confortable. Arendt, sa mère et Blücher vivaient à l'étroit à Manhattan, Upper West Side 317 West 95ᵉ Rue. C'est une *roominghouse*, une pension pour locataires de longue durée dans laquelle habitaient des dizaines de familles d'immigrants et des individus attirés par les loyers bon marché. Les Blücher et Martha Arendt avaient un appartement meublé au même étage. Les toilettes étaient sur le palier.

Aux difficultés d'argent et de logement s'ajoutaient les frictions psychologiques. À Paris déjà, Heinrich Blücher et Martha Arendt ne parvenaient pas à s'entendre. À New York, la tension ne fit qu'augmenter. Martha pensait que Blücher devait travailler et ramener de l'argent au foyer. Elle considérait que sa fille ne pouvait pas se charger à elle seule de leur subsistance. Blücher l'autodidacte était, après sa tentative avortée de travailler dans une usine, d'avis qu'il lui fallait trouver un travail qui lui convenait et ne pas faire n'importe quel job. Il trouva heureusement en 1941 un emploi dans un comité qui devait faire de la propagande pour l'entrée en guerre des États-Unis. Il rédigeait des rapports sur la situation en Europe. Pourtant dans les publications de ce comité, son nom n'apparaissait pas, ce qui n'avait pas l'air de le déranger⁵. Mais cet emploi fut de courte durée car, la même année, les États-Unis entrèrent en guerre contre le Japon, puis contre l'Allemagne. Par la suite, Blücher fut chargé de missions par l'armée américaine. Il enseignait l'histoire de l'Allemagne à des prisonniers de guerre allemands dans le cadre du programme d'entraînement du camp Ritchie dans le Maryland. Il donna plus tard des cours sur la structure des armées française et allemande à des officiers américains germanophones de l'université de Princeton[6]. C'est de cette époque que date sa réputation d'historien de l'armée à laquelle Arendt a fortement contribué. Il travaillait en plus dans un « laboratoire de recherche chimique » où l'on produisait du plastique[7]. Il obtint immédiatement après un poste de speaker pour le programme en allemand de la station de radio NBC[8].

Blücher n'était pas un homme de plume, Hannah Arendt et ses amis lui rappelaient sans cesse que son vrai métier était l'exposé et le débat. Il était un maître en la matière et c'est d'ailleurs ce qui explique qu'il obtint au début des années 1950 la possibilité d'enseigner la philosophie au Bard College dans Upstate New York. Cette activité d'enseignement l'occupait entièrement, elle le stimulait également. Il sut ainsi marquer nombre de ses étudiants qui, encore de nos jours, se réfèrent à lui.

À la différence de Blücher qui eut du mal à apprendre l'anglais, Arendt changea de langue sans la moindre difficulté. Deux mois à peine après son arrivée, elle partit, par l'intermédiaire d'une organisation de réfugiés, en séjour linguistique à Winchester dans l'État du Massachusetts. Sa famille d'accueil était visiblement puritaine et son mode de vie allait plutôt à l'encontre des habitudes d'Arendt – particulièrement celle de fumer qui n'était pas bien vue. Elle adopta toutefois avec enthousiasme la conscience républicaine de ces gens et retourna à New York avec un bon anglais courant. L'année suivante, elle passa à nouveau dix jours dans cette famille. Elle parle dans ses lettres de ce séjour comme s'il s'agissait de vacances[9]. Ses amis américains s'accordent tous pour dire qu'elle eut tout au long de sa vie du mal à accorder sa pensée au mode d'expression et de pensée anglo-américain.

Les tensions entre Martha Arendt et Hannah et Heinrich ne s'étaient pas calmées. En 1948, après sept ans de vie commune, Martha tira les conséquences de cette situation. Elle prit la décision de s'installer chez sa belle-fille Eva Beerwald en Angleterre. À l'été 1948, elle partit donc à bord du *Queen Mary*. Pendant la traversée, elle fut prise d'une forte crise d'asthme. Elle mourut quelques jours après son arrivée. La mort de sa mère fut un douloureux tournant dans la vie d'Arendt, mais elle apporta également un certain apaisement au sein du couple Blücher.

Quand après le départ de Martha, Hannah et Heinrich s'étaient mis à la recherche d'un nouvel appartement, leurs moyens leur permettaient déjà de louer un appartement où chambres et bureaux étaient séparés et où une pièce pouvait être sous-louée. Leur nouvelle adresse était Morningside Drive 130. Ils avaient maintenant pour la première fois leurs propres meubles.

C'est à cette époque que se dessinent les amitiés de Hannah. Alfred Kazin, l'un de ses plus fidèles amis, écrit :

> Elle donnait à ses amis – des écrivains aussi différents que Robert Lowell, Randall Jarrell, Mary McCarthy et l'historien juif Salo Baron – du courage pour affronter la terreur morale où nous avait jetés la guerre [10].

Kazin décrit l'énergie intarissable dont faisait preuve alors Hannah. Elle devait captiver ses hôtes, ce qui ne tenait bien sûr pas seulement à son hospitalité déjà légendaire à l'époque. Quelle que soit sa situation financière, elle avait toujours assez pour servir à ses invités des fruits confits, des biscuits et du porto. Le secret de sa séduction était son esprit brillant et incisif qui faisait une si forte impression sur son ami Kazin :

> Marx – Platon – Hegel – Heidegger – Kant – Kafka – Jaspers ! Montesquieu ! Nietzsche ! Duns Scotus ! Ces noms

clés jouaient un grand rôle dans l'auberge de Hannah sur Morningside Drive d'où l'on voyait l'emblème de l'usine de pianos Krakauer et la zone hostile et aride qu'était alors le Morningside Park [11].

Le thème qui revenait sans cesse chez elle était « la rupture décisive avec la tradition ». Il y avait eu une tradition et personne n'était plus zélé et plus disposé qu'elle à te fournir, en grec bien sûr, les significations les plus importantes des termes : homme, esprit, *polis*, bien commun. Mais il y avait eu une rupture [...]. Sa vie et celle des autres étaient maintenant un dé-part. Plus sa vie se déroulait là-bas, plus elle tenait à la durée de ses amitiés et à la stabilité du monde des idées – quelle que puisse être leur ancienneté. Dans ses citations en grec, tout comme dans les autres cadeaux qu'elle faisait à ses invités, son esprit s'élançait vers la tradition comme vers le principe essentiel de la vie. Mais qu'est-il arrivé à la tradition ? Elle s'est rompue [12].

C'est à cette époque des amitiés florissantes que se développe et se renforce cette proximité intellectuelle entre Arendt et Blücher. Comme cette liaison intellectuelle n'a pas laissé de traces écrites, il est presque impossible de juger de la contribution de Blücher aux livres de sa femme [13]. Leur couple était un couple de discussions. Ça commençait le matin avec les commentaires sur la lecture du journal et ça finissait le soir avec des débats passionnels sur des questions philosophiques et historiques avec leurs amis. La discussion jouait un grand rôle dans sa pensée, elle drainait dans son sillage de nombreuses personnes. Blücher y occupait une place privilégiée. Kazin écrivit à propos de cet homme qu'il « était passionnel et d'une puissance de pensée parfois effrayante [14] ». La correspondance entre les deux époux nous révèle quelques-unes de ses facettes.

Ce furent les pensées de Heinrich et de ses amis qui conduisirent Arendt à écrire ses premiers grands articles et qui finalement la lancèrent dans le projet des *Origines du totalitarisme* [15]. Le monde des amis, du *nous*, des opinions diverses pénétrait déjà à cette époque les différentes strates de son travail.

Heidegger, le penseur magique et l'amant poète, était désormais relégué dans un passé lointain et étrange. Lors de sa dernière prise de contact avec lui, elle l'avait surpris en pleine attente de ce qui allait advenir. Son amant était passé du côté de l'ennemi. C'était du moins ce qu'elle devait penser.

New York était la ville où se trouvait alors le meilleur de l'intelligentsia européenne. Ce fut l'âge d'or des intellectuels juifs, dit ironiquement Robert Lowell, poète et ami d'Arendt, c'était comme si les réfugiés de l'époque « avaient déballé leurs bagages européens [16] ». Une partie des réfugiés allemands ressentaient les choses ainsi. Hans Jonas écrit que l'Amérique a pris « le commandement de l'esprit occidental ».

> Tout, vraiment tout y trouve sa place. Il n'y a pas de doctrine universitaire officielle. Il existe une véritable liberté de la pensée, de la théorie, de la spéculation, de l'exposition de nouvelles idées tout comme de la reprise d'idées anciennes. Le plus grand syncrétisme du monde moderne, cet afflux de doctrines, de points de vue et de méthodes, a lieu en Amérique [...]. D'une certaine façon, on peut avoir le sentiment que, du moins pour l'instant, l'essentiel de ce qui se fait en science, en littérature, en art et d'une manière générale [...] dans le combat des idées, se fait en Amérique [17].

Hans Jonas, l'ami de jeunesse d'Arendt, était d'abord parti en Angleterre, puis, après la guerre, il avait immigré en Palestine. En 1949, il avait obtenu un poste dans une université canadienne. Puis finalement en 1955, il était venu lui aussi à New York pour enseigner à la *New School for Social Research*, la fameuse « université en exil ».

Hannah faisait feu de tout bois. Elle buvait cette nouvelle ville et son atmosphère. Elle déployait une ingéniosité incroyable pour se faire de nouvelles amitiés. Elle frappait à la porte des organisations juives les plus importantes tout comme des rédactions de la presse juive. Elle rendait visite à ses vieux amis allemands : Kurt Blumenfeld, Salman Schocken... Elle se faisait recommander à d'autres personnes et gagnait ainsi de nouveaux contacts. Elle commençait de nouveau à lire et à écrire. Et en passant, elle ramenait un peu d'argent à la maison.

America, America...

L'Amérique venait de sortir de la Grande Dépression. La reprise qui accompagna l'entrée en guerre des États-Unis avait amélioré la situation économique. Les années difficiles de la crise qui, depuis le « jeudi noir » du 24 octobre 1929, avait touché l'ensemble de l'économie mondiale étaient passées. La crise économique aux États-Unis n'avait pas conduit, comme en Europe, à l'effondrement du système politique. Au contraire, elle avait renforcé l'État. Le *New Deal* et le nouveau rôle de l'État comme prestataire social et comme investisseur avaient donné un élan considérable au camp libéral [18].

La pauvreté avait radicalisé les libéraux américains et fait naître une pléiade de groupes de gauche. Depuis 1917, la gauche américaine était dans le sillage de la révolution russe. Le rayonnement de la révolution d'Octobre sur les continents nord- et sud-américains semblait encore se maintenir dans les années 1930. Pourtant si l'on regarde les choses de plus près, on se rend compte que le socialisme américain – et au sein de celui-ci le parti communiste – n'était pas un courant très influent. Cependant, il fut à l'origine pendant un temps d'une reconfiguration du paysage politique, y compris au centre.

Si, en Europe, l'expansion de la gauche radicale était contrecarrée par la montée des mouvements racistes de droite, en Amérique, les groupes socialistes pouvaient se développer relativement librement dans les années 1930.

Les États-Unis semblaient sur la voie d'un socialisme indépendant, telle était du moins la conviction de nombreux intellectuels libéraux de la côte Est.

En 1936, Trotski fit son apparition en Amérique du Sud. Après avoir fui l'Union soviétique, il avait finalement trouvé refuge au Mexique dont le président menait une politique plutôt favorable à l'accueil des réfugiés européens. Trotski essaya d'organiser à partir du Mexique l'opposition au régime de Staline. Il en résulta une division de la gauche américaine en un camp prosoviétique et en un camp trotskiste.

Tout au long des années 1930 et 1940, des débats enflammés revenaient sans cesse sur le problème de savoir si l'Union soviétique avait ouvert la voie que l'Amérique devait emprunter et qu'elle avait commencé à suivre avec la politique du New Deal, même s'il s'agissait là d'initiatives involontaires, ou bien si, comme Trotski l'affirmait, l'Union soviétique était sur le point de devenir une dictature militaire bureaucratique contre laquelle il fallait lutter. On se posait donc la question suivante : dans quelle perspective fallait-il réformer les États-Unis que la gauche critiquait comme étant un pays capitaliste et impérialiste ?

Ce genre d'interrogation divisait la gauche new-yorkaise en deux camps, celui des communistes et de ses sympathisants, et celui des trotskistes et de leurs fidèles. Les procès qui eurent lieu à partir du milieu des années 1930 et décimèrent l'ancienne direction du parti communiste, accentuèrent encore cette division. Les trotskistes critiquaient durement ces procès, les staliniens inventaient des justifications sophistiquées.

Dwight Macdonald, un ami d'Arendt depuis le milieu des années 1940, journaliste et essayiste, décrivit des années plus tard cette mouvance trotskiste de l'époque : « Les procès de Moscou furent sans aucun doute un tournant pour la plupart des intellectuels. Les plus conscients furent ceux qui devinrent alors antistaliniens [19]. »

Lorsque Arendt arriva à New York, le débat battait son plein. Elle dut rester assez étrangère aux débats passionnels sur le socialisme. Elle avait certes lu Marx, mais elle devait observer avec froideur, voire même avec scepticisme, cette manière sentimentale qu'avaient les hommes de gauche de se livrer à ce fantasme du socialisme.

Un autre grand débat enflammait l'opinion au fur et à mesure que la guerre se poursuivait en Europe. Il portait sur les objectifs de cette guerre et sur la menace qui pesait sur les Juifs d'Europe. Fallait-il que l'Amérique entre en guerre ? L'intervention américaine dans la Première Guerre mondiale avait certes été décisive, mais elle s'était arrêtée de façon trop abrupte. Le Congrès avait refusé d'entériner les traités de Versailles, de Saint-Germain-en-Laye et du Trianon. L'engagement dans la Première Guerre mondiale n'avait donc pas été un succès. Quels devaient être cette fois les objectifs de guerre des États-Unis ? En quoi étaient-ils différents de ceux de 1917 ? Quelle devait être l'attitude des États-Unis face à l'Union soviétique totalitaire ? L'avenir de l'Allemagne et de l'Europe après la guerre devait-il être socialiste ou capitaliste ?

Une des places centrales de ce débat était la revue de gauche *Partisan Review* que Dwight MacDonald avait refondée en 1937 avec Philip Rahv, Fred Dupee, William Phillips et George Morris après la faillite de la revue sous la précédente rédactrice en chef proche des communistes. Le nouveau comité rédactionnel était plus proche de Trotski que des communistes, mais il était si pluraliste que la revue ne devint pas un instrument de propagande trotskiste. En quelques années, *Partisan Review* devint la tribune des intellectuels de gauche. Les raisons de ce succès étaient l'ingéniosité de son « orchestrateur », la perspicacité analytique de la revue, sa capacité à polémiquer de façon habile, son flair pour les sujets « dans l'air du temps », et sa riche palette d'auteurs de caractères très différents.

La revue développait un style qui lui était propre. Il y avait la partie essais, la critique des pièces de théâtre, des reportages sur l'étranger, des récits littéraires et toujours une place pour un nouveau poème ou pour un auteur inconnu. À quoi s'ajoutaient les potins de l'époque écrits dans la langue de tous les jours.

Le style de la revue était polémique avec un goût affirmé pour les attaques. *Partisan Review* essayait de réunir les incompatibles, comme le souligne William Barrett dans ce passage qui porte sur les années 1930 et 1940 :

> Les deux M – marxisme en politique et modernisme en art – étaient le slogan que ce groupe portait sur sa bannière et faisait valoir face au monde. Cela suffit en tout cas pour allumer mon jeune enthousiasme, ces deux M désignaient deux domaines intellectuels qui m'étaient déjà familiers. La question de savoir si ces deux parts de la ligne éditoriale – un marxisme radical en politique et un engagement radical pour l'avant-garde artistique – s'accordaient vraiment, cela ne nous préoccupait pas à l'époque [20].

Ce mélange de culture, de politique et d'art que proposait *Partisan Review*, au travers duquel éditeurs et auteurs se mettaient en avant, était unique. La revue était prête à aborder un thème de façon incisive au risque de provoquer disputes et polémiques. Cette ligne éditoriale marque le style de la revue de la fin des années 1930 jusqu'à la fin des années 1940. Elle abordait les thèmes importants de son époque : politique et religion, art et modernité, l'identité juive, etc. La revue publia des essais majeurs sur la critique du capitalisme, sur la société moderne contemporaine, comme par exemple un débat sur la « révolution des managers » ou le début de la société de services. La critique de tendance trotskiste de l'Union soviétique avait sa place dans *Partisan Review* tout comme la polémique avec le stalinisme de certains cercles intellectuels américains. La série d'articles sur « l'avenir du socialisme » fut l'occasion

d'attaques acerbes entre trotskistes, marxistes, antistaliniens de gauche et libéraux. Dans une autre série d'articles,
certains auteurs attaquèrent l'approche libérale de l'art et
de la culture. Cette fois, c'étaient les marxistes qui critiquaient les libéraux, ces derniers en retour opposaient à
l'insulte marxiste « libéral » un paradigme libéral positif.
On se disputait également sur la religion et son sens pour
les intellectuels...

La revue, tout comme ses concurrents de l'époque, vivait
du fait que les écrivains, les poètes et les essayistes se considéraient comme des personnalités publiques et comme les
porte-parole de la conscience publique. Il y avait au moins
trois conditions préalables à une telle situation : l'existence
d'un espace public qui était prêt à accueillir des thèmes,
des slogans et des maximes qui satisfaisaient son besoin
d'orientation et sa curiosité. Il y avait des écrivains de toute
sorte capables de jouer ce rôle de façon créative, de penser
au-delà des genres et de saisir ce qui se passait. Une autre
condition de base à l'action de revues comme *Partisan* était
que l'art, la littérature, le théâtre, la poésie et la réflexion
politique s'influençaient mutuellement et que leurs protagonistes se considéraient comme appartenant à un seul et
même discours. Les années 1930 et 1940 aux États-Unis
fournissaient un terrain fertile à une telle interaction.
Enfin il y avait une dernière chose : ce discours était
compris et perçu comme faisant partie de la culture occidentale plurielle au sein de laquelle l'Europe et l'Amérique
communiquaient. L'ironie de l'histoire est que la culture
américaine s'est sentie dépendante de la culture européenne à un moment où celle-ci se coupait radicalement de
la culture américaine. À la fin de la guerre, les existentialistes français furent les premiers à essayer de renouer les
liens avec les États-Unis.

Malgré son ouverture d'esprit libérale, le comité éditorial de la *Partisan review* tenait fermement à certains principes. Ses membres se disputèrent notamment sur l'un de
ces principes. La plupart d'entre eux pensaient que le

fascisme était un avorton du capitalisme et que la lutte contre le fascisme devait être rattachée à un dépassement du capitalisme. Ce fut finalement sur la position à adopter à l'égard de la guerre que le comité éditorial se divisa et se brouilla définitivement en 1944, comme le rappelle l'écrivain Mary McCarthy, un des membres fondateurs de la revue qui était à l'époque une critique de théâtre reconnue :

> Au début de la guerre, nous étions tout le groupe isolationnistes. Puis [...] Philip Rahv écrivit un article dans lequel il y avait cette phrase bien pesée : « en un sens, cette guerre est notre guerre ». Le reste du groupe en fut profondément choqué, car nous considérions cette guerre comme une guerre impérialiste inutile [...]. Lorsque Philip écrivit ensuite son article, commença alors une longue controverse à la *Partisan Review*. La revue se divisa entre ceux qui soutenaient la guerre et ceux qui ne la soutenaient pas [21].

Bien que la revue n'eût à craindre ni la censure ni une pression financière, la Guerre froide imposa la division du monde en deux camps et fut à l'origine de la scission du comité éditorial. Des amitiés furent ruinées, on s'accusait de fausse loyauté.

Aux yeux de Dwight MacDonald, les éditeurs de la revue étaient trop timorés.

> Ils ne voulaient pas publier le texte de Gide sur son voyage en Russie soviétique, parce qu'ils ne voulaient pas aller aussi loin dans la critique de l'Union soviétique. Ils pensaient qu'il s'agissait d'un article réactionnaire [22].

MacDonald réussit finalement à imposer la publication du récit de voyage de Gide qui critiquait l'Union soviétique sous Staline, ce qui ne fit qu'augmenter les tensions politiques au sein de la rédaction.

En 1944, MacDonald quitta *Partisan Review* et fonda

Politics qui était une revue clairement de politique et qui ne permettait pas des clashs culturels comme ceux qu'avait produits *Partisan Review*, à notre plus grand bonheur. MacDonald mit au centre de sa nouvelle revue l'analyse politique. Il publia des reportages détaillés sur l'Europe et lança une grande campagne d'aide aux intellectuels européens qui mouraient de faim.

Entre l'Amérique et l'Europe

Aux yeux d'Arendt, l'objectif primordial était de vaincre Hitler. Elle devait trouver certains des débats au sein de la gauche américaine largement déconnectés des réalités de la guerre. Pourtant elle aimait ces intellectuels new-yorkais provocateurs – certains devinrent ses amis – avec lesquels elle et Heinrich se disputaient avec passion des nuits entières.

Dès ses premières années à New York, Arendt se mouvait essentiellement dans deux cercles d'amis, l'un européen et l'autre américain. Elle avait besoin des Européens, car elle pensait dans leur culture et dans l'une de leurs langues. Elle parlait avec ces amis européens de ses expériences passées et de l'avenir de l'Europe. Elle avait besoin de ses nouveaux amis américains pour se familiariser avec le pays, les gens, leur histoire et leur regard sur le monde. La dynamique et les frictions de ces deux sphères de l'Europe et des États-Unis produisaient une tension qui fut, des décennies durant, une source d'inspiration continuelle pour Arendt.

Waldemar Gurian fut un ami important et un grand soutien pendant ces premières années en Amérique. Arendt l'avait connu à la fin de sa période berlinoise et avait repris contact avec lui après son arrivée aux États-Unis.

Ils étaient peut-être restés en rapport lors de leurs exils respectifs, en France pour Arendt, en Suisse pour Gurian.

Gurian venait d'une famille juive de Saint-Pétersbourg. Sa mère l'avait fait baptiser à l'église catholique. Il fut pourtant inquiété par les nationaux-socialistes vers la fin de la République de Weimar en raison de ses origines juives. Il voulait visiblement réagir face à ce choc existentiel. C'est pourquoi il fréquentait les cercles sionistes alors que le national-socialisme devenait pour lui une menace de plus en plus directe.

Le talent de Gurian comme critique de son temps et comme essayiste s'était développé tout d'abord dans le milieu intellectuel de la critique conservatrice de droite. Élève de Carl Schmitt, c'était un critique acerbe du libéralisme. En tant qu'intellectuel catholique, il partageait l'approche radicale des conservateurs, mais pas leur antisémitisme. Plus les nationaux-socialistes s'affirmaient et devenaient puissants, plus il les critiquait avec virulence. Il entra donc en conflit avec Schmitt et avec beaucoup d'autres amis et collègues conservateurs. Juif et antinazi déclaré, il devint avant même l'arrivée au pouvoir de Hitler la cible d'attaques publiques. Pour échapper aux persécutions qui le menaçaient, il émigra en 1934 tout d'abord en Suisse où il réussit avec bien des difficultés à se faire une place de journaliste et d'essayiste. Il fonda avec Otto Michael Knabb un des journaux les plus importants de la résistance catholique, *Die Deutschen Briefe*, dont il fut le corédacteur en chef jusqu'en 1938. Le journal était une source d'informations avec des documents et des analyses sur ce qui se passait dans l'Allemagne nazie et à l'étranger. Il était diffusé sous le manteau en Allemagne. L'attitude des deux grandes Églises face au national-socialisme était un des thèmes centraux du journal. Gurian était l'un des critiques les plus virulents de la collaboration des Églises chrétiennes avec le régime nazi.

En 1937, on lui proposa à son grand bonheur un poste à l'université catholique de Notre Dame dans l'État d'Indiana – d'après ses dires, le candidat pressenti s'était retiré au dernier moment. Deux ans plus tard, il réussit à faire renaître de ses cendres la *Review of Politics* qui devint l'une des revues américaines majeures dans le domaine des sciences politiques. Son originalité procédait de la rencontre voulue des débats de la pensée européenne et du discours intellectuel américain. Gurian publiait dans sa revue un groupe d'auteurs particulier. Des immigrants européens comme Eric Vœgelin et Jacques Maritain se mêlaient à des chercheurs américains (Talcott Parsons, Aron Gurwitsh, Hans Kohn et d'autres inconnus aujourd'hui). Des scientifiques confirmés côtoyaient dans les pages de la revue de jeunes talents.

La revue se consacrait à la théorie et au commentaire politiques. Elle s'intéressait particulièrement aux changements dans le monde occidental qui avaient précédé la Seconde Guerre mondiale et qui allaient se poursuivre dans l'après-guerre. Elle sut notamment anticiper la division du monde en deux blocs sous le leadership des États-Unis et de l'URSS. Les thèmes récurrents de la revue étaient le lien structurel entre national-socialisme et bolchevisme, le rapport entre libéralisme et démocratie, la fondation de l'idéologie raciale, l'impérialisme, le rôle de l'éducation en Occident, le bouleversement de la morale et le rôle de la religion.

Gurian était comme Arendt un homme passionné et impulsif dans ses affections et dans ses répulsions. C'était un ami fidèle et provocateur. Hannah et Gurian s'apprécièrent sûrement dès leurs premières rencontres. Il devait être fasciné par la vivacité intellectuelle et pratique de cette femme qui semblait intarissable. Il reconnut aussitôt sa capacité à saisir les situations et à présenter une perspective étonnante sur celles-ci. Pour Arendt, Gurian était un esprit proche du sien, il la stimulait, la contredisait, lui prêtait des livres, s'intéressait à ses idées et partageait certains amis (notamment Jacques Maritain et Yves Simon). En outre, Gurian était bien établi aux États-Unis, il avait des relations et pouvait lui faire publier ses articles.

Comment une exilée qui avait perdu sa bibliothèque se procurait-elle les livres dont elle avait besoin pour penser, pour argumenter et pour écrire ? Comment écrivait-elle ses articles ? Elle fréquentait les bibliothèques publiques. De nombreux immigrants y passaient une partie de leurs journées quand d'autres affaires plus urgentes ne les occupaient pas. À la *Public Library* à l'angle de la 42ᵉ Rue et de la 5ᵉ Avenue, pour ne citer que celle-là, les exilés pouvaient rencontrer des intellectuels plus ou moins connus de New York. On pouvait emprunter tous les livres qu'on recherchait, littérature européenne, américaine ou mondiale. On y trouvait même ses propres œuvres. La bibliothèque était chauffée l'hiver, et il y faisait frais l'été. On pouvait travailler dans les grandes salles de lecture, loin de son appartement exigü, tout en cultivant ses relations sociales.

L'amitié entre Arendt et Gurian nous permet de voir comment s'établissaient les relations amicales dans l'exil, comment elles évoluaient, se brisaient et renaissaient. Arendt profitait des échanges de livres que Gurian et les auteurs de sa revue pratiquaient. La correspondance entre Arendt et Gurian est faite en bonne partie de notes sur des articles et des livres lus, sur des livres à lire, des livres empruntés, des livres perdus et retrouvés, des livres dont il faut faire la recension et des livres à rejeter. Des articles et des livres circulaient sans cesse dans un sens et dans l'autre. Un cercle d'amis en constante expansion parvenait de cette façon à lire des livres et des articles auxquels ils n'auraient jamais eu accès autrement ou qu'ils ne pouvaient se permettre d'acheter. Enfin, en s'écrivant et en se prêtant des livres et des articles, on accédait aux informations et aux potins dont tout le monde parlait. On s'énervait parfois, mais on ne manquait pas de rendre les textes prêtés.

Gurian écrivait ses lettres à la main. Son crayon formait d'immenses lettres. Ce ne fut que peu avant sa mort qu'il condescendit, lui qui rejetait tous les moyens modernes, à faire taper certaines de ses lettres à la machine. Le ton de leurs lettres était familier, de temps en temps passionnel et direct, au risque parfois de blesser. Les hauts et les bas de leur amitié se lisent dans leur manière de s'adresser l'un à l'autre : cher Monsieur Gurian, chère Madame Arendt, cher ami, chère amie, cher Waldemar, chère Hannah, cher Gurian...

La première lettre d'Arendt à Gurian qui nous soit parvenue date du mois de décembre 1941, six mois après son arrivée aux États-Unis. C'est l'époque de l'apprentissage de l'anglais, des difficultés à gagner de l'argent, des découvertes des bibliothèques new-yorkaises, des contacts avec les organisations juives et les cercles de discussion, des nouvelles amitiés, des soucis et des joies, des déceptions et de l'espoir. La lettre semble la continuation d'une discussion interrompue il y a quelques jours.

> Merci beaucoup pour la lettre et pour les livres. Après n'avoir pas publié une ligne pendant huit ans, chaque ligne que j'écris me coûte un vieil ami. Vous pouvez donc vous imaginer combien dans ces conditions (et bien sûr absolument) notre discussion m'a réjouie[23].

La lettre d'Arendt était pleine d'énergie et d'élan. L'amour d'antan pour les paradoxes ne s'était pas perdu. Une amitié commence avec Gurian qui lui servira de soutien et d'appui dans ses premières « années américaines ».

Peu de temps après, Gurian propose à Arendt d'écrire un livre sur le national-socialisme. Voici sa réponse :

> Cela fait plusieurs jours que votre proposition trotte dans ma tête et que je la tourne dans tous les sens. Je n'ai pas besoin de vous dire que je me sens très puérilement et très bêtement flattée d'avoir été choisie parmi tant d'autres. Mais vous me surestimez. Je ne suis pas – ou du moins pas encore – capable d'écrire un tel livre. Vous ne devez pas oublier que je ne suis retournée à la réflexion fondamentale

et systématique qu'en 1940 et que, depuis, ma vie a été tout sauf tranquille. S'ajoute à cela un autre scrupule : en tant que juive, je ne peux pas écrire sur le national-socialisme. Cela ne va pas, je n'ai pas la légitimité requise. Ce que par contre je pourrais et j'aimerais faire serait d'écrire un chapitre de votre livre sur l'antisémitisme racial. Je me sens capable et autorisée à le faire ouvertement en tant que juive : *mea res agitur*. Écrivez-moi rapidement pour me dire ce que vous en pensez [24].

Gurian insista et lui fit visiblement une fois encore la même proposition. Elle s'explique, en tout cas, une deuxième fois dans une autre lettre :

Quant au projet de livre, comme je pense qu'il n'y a rien de plus important que de combattre les nazis, aucun autre travail ne pourrait me servir de prétexte. Croyez-moi, je vous en prie, premièrement cette affaire juive est pour moi très importante. Non que je considère que seul Monsieur Neumann puisse traiter du sujet [25] ! Loin de là [26] ! Je tiens pour parfaitement juste votre formulation de la question centrale, mais il ne m'incombe pas de critiquer ce monde, à moins que je ne critique le secteur juif, que je ne montre la part de responsabilité des Juifs à la naissance de cette peste et que j'explique pourquoi le monde juif s'est effondré de manière si impotente devant ce fléau. Deuxièmement je vous prie de croire que je m'y connais en la matière et que je ne souffre pas d'un excès de modestie. *Ergo* je sais que je ne suis pas encore faite pour ce projet ! Si je pouvais participer à ce volume dans le domaine que je connais bien, j'en serais ravie et je crois que je pourrais produire quelque chose de bien [27].

De cet échange de lettres naquit le projet d'écrire un livre sur l'antisémitisme. Elle en fit part à son vieil ami Salomon Adler-Rüdel [28]. Le sujet allait de soi, car Arendt avait déjà fait différents travaux préparatoires sur cette question. À Berlin et à Paris, elle avait travaillé sur l'histoire de l'assimilation des Juifs allemands. En France, elle avait étendu ses recherches à l'histoire de l'antisémitisme en France. Sa réflexion continue, les discussions et les débats enflammés avec les amis et les militants sionistes à Paris avaient mis en avant la question suivante : comment les Juifs d'Europe pouvaient-ils sortir de leur situation de minorité – et par là de victime éternelle – et s'organiser politiquement ? Arendt avait déjà plus ou moins développé l'argumentation qui allait être la sienne. Elle avançait sur la ligne étroite qui séparait le statut de minorité accordé aux Juifs par la Société des Nations – statut qu'elle rejetait, car il était dépourvu de droits politiques – et l'exigence de nombreux sionistes d'un État national pour le peuple juif[29]. Son nouveau projet de recherche était un élargissement du travail qu'elle avait réalisé à Paris en marge de son activité en faveur de l'*aliyah* des jeunes Juifs allemands.

On peut entrevoir aujourd'hui à quel point Gurian a suivi et encouragé la naissance de son ouvrage *Les Origines du totalitarisme* publié en 1951 chez Harcourt and Brace, tout comme les nombreux revirements auxquels donna lieu son élaboration. Le projet commença par une série d'études sur l'antisémitisme, il se poursuivit par un travail sur l'impérialisme et l'idéologie raciale et se conclut finalement sur une troisième partie qui traite du totalitarisme et des camps d'extermination. Tout cela avait pourtant commencé par l'affirmation selon laquelle « en tant que Juive, elle ne pouvait absolument pas écrire sur le national-socialisme ».

Dans ses premières années aux États-Unis, elle fut proche d'un autre Européen, le Viennois Hermann Broch, romancier, essayiste, analyste de son temps et admirateur passionné de toutes les femmes belles et intelligentes. Arendt le rencontra au mois de mai 1946 à une *party* organisée par Annemarie Meier-Gräfe, une des amies et compagnes de Broch qui avait invité Hannah et Heinrich[30].

Elle était alors au début de sa carrière de penseur politique et d'essayiste. Broch qui était son aîné de vingt ans était alors, selon son biographe Paul Michael Lützeler, au sommet de sa gloire, y compris aux États-Unis. Son roman, *La Mort de Virgile*, venait juste de sortir[31].

Malgré leur différence d'âges, Arendt et Broch avaient plusieurs choses en commun : leur appartenance à des familles juives bourgeoises assimilées, leur enracinement dans la culture juive et européenne, et leur intérêt brûlant pour les événements terribles qui se passaient en Europe et pour leurs conséquences encore imprévisibles. Mais cet arrière-plan commun ne les aurait pas rapprochés, s'il n'y avait eu entre eux une attirance érotique. Broch était visiblement un charmeur viennois talentueux. Arendt n'était pas insensible à son charisme érotique. Cette tension a duré jusqu'à la mort de Broch sans doute parce que Arendt se refusait à ses avances sans cesse renouvelées. Elle devait se sentir flattée d'être appréciée intellectuellement et physiquement par cet écrivain célèbre qu'elle admirait sincèrement et qu'elle trouvait sûrement attirant.

Broch était attiré, selon Lützeler, par ce mélange de séduction physique et intellectuelle chez Arendt. Son attitude en société qui éveillait souvent l'étonnement et l'originalité de ses jugements faisaient partie de son charme. Heinrich fut dès le début partie prenante de cette attirance et admiration pour Broch. La présence de ce mari ne semblait pas gêner le moins du monde l'écrivain dans ses avances épistolaires à moitié ironiques à Hannah.

Arendt fut tellement impressionnée par le roman de Broch *La Mort de Virgile* qu'elle écrivit une recension élogieuse pour *The Nation*. Elle en fit part également à son ami Kurt Blumenfeld et l'enjoignit vivement de lire Broch :

Si tu as beaucoup de loisir, beaucoup de calme (celui prescrit par les médecins) et grande envie de lire quelque chose de bon et d'étonnant, alors lis *La Mort de Virgile* de Hermann Broch [...] Nous avons lié amitié avec lui, et c'est encore là ce qui nous est arrivé de mieux parmi les événements survenus en ton absence[32].

Broch fut flatté par l'article. Comme il ne considérait pas Arendt comme une jeunette, mais plutôt comme un penseur original, son enthousiasme dut lui faire le plus grand bien. Il lui offrit pour son quarante et unième anniversaire un manuscrit tapé à la machine de la dernière version de *La Mort de Virgile* accompagné de ce poème :

« Mais c'est beaucoup trop »,
Dit le bourgeois face au cadeau,
Pourtant pour que personne ne le lui vole,
Il le serre bien fort dans ses poings :
Ce que l'on reçoit on le porte sur soi.

Bien sûr que c'est trop –
Qui a de la place pour des volumes immenses !
Je dépose pourtant ce Virgile
Dans tes mains avec tous mes vœux,
Qu'il y reste en symbole.

Pour Hannah
Le 14 octobre 1947
Hermann[33].

Ce manuscrit qu'il lui offrait pour son anniversaire était un honneur tout particulier et une grande marque d'amitié. Hannah était à la fois fière et embarrassée.

Broch et Arendt avaient un parcours à la fois semblable et très différent, pourtant ils partageaient la même conviction que la situation historique exigeait d'eux une pensée engagée et une analyse politique. Ils n'avaient pas le droit en tant qu'écrivains de se tenir à l'écart du monde. Broch alla si loin dans cette direction qu'il mit de côté provisoirement toute création littéraire. Il était convaincu qu'il devait écrire dans ces temps de guerre des essais politiques, non des romans. Il composa plusieurs textes politiques d'envergure. Un de ses projets inachevés était une réforme de la politique des droits de l'homme des Nations Unies, un autre une psychologie des masses du fascisme et un troisième la fondation d'une Université internationale. Broch était intéressé au plus haut point par les questions méthodologiques et théoriques. Il était comme beaucoup d'autres intellectuels de l'époque, dont Hannah Arendt, à la recherche des « fondements d'une métaphysique a-déiste plausible[34] ». Or celle-ci ne pouvait être qu'une métaphysique politique, c'était là pour eux deux une certitude.

La lecture de la correspondance avec Broch nous révèle à quel point le réseau intellectuel que Arendt s'était construit à New York était un réseau d'échange d'idées et de pensées. Toutes ces stimulations qu'elle recevait ne serait-ce que par ses anciens ou nouveaux amis européens, son flair pour les sujets qui « étaient dans l'air du temps », tout cela montre clairement que son processus de création était au début une œuvre commune, celle d'un réseau d'amis dans lequel tourbillonnaient quotidiennement des sujets, des thèses et des argumentations. Tout le monde profitait de cet échange vivant. Qui restait en dehors de ce réseau était seul.

Ce cercle d'amis toujours en pleine expansion faisait découvrir les États-Unis à Arendt. Elle s'ouvrait à la réalité américaine avec une perspective européenne mais aussi américaine. Elle était et restait européenne, mais elle devint également une Américaine d'un certain type. La tension qui résultait de cette double identité était parfois perçue par certains de ses amis américains comme un manque de loyauté et par certains de ses amis européens comme une trop grande identification avec les États-Unis. Pourtant l'originalité et la productivité d'Arendt provenaient de ce changement constant de point de vue.

Le monde culturel de la République de Weimar ou plutôt ce qu'il en restait était continuellement présent à

New York. Les amis du passé qui s'en étaient sortis vivants se liaient dans le Nouveau Monde avec ceux qui comme eux venaient du vieux continent. On parlait de l'Ancien Monde comme s'il n'avait pas disparu. On maintenait en vie le discours philosophique d'avant 1933.

On voit petit à petit comment ce point de vue de l'immigrant refoulait les meurtres de masse perpétrés par les nazis qu'Arendt allait qualifier de « rupture de la tradition » et non de « rupture de la civilisation ».

Martin Heidegger planait comme le grand absent de la scène intellectuelle américaine. Il était présent symboliquement. On parlait bien évidemment de lui. Broch condamnait son implication dans le régime national-socialiste, mais sans la rage dont faisait preuve Arendt dans ses lettres à Jaspers après 1945. Broch écrit dans une lettre à son ami Erich von Kahler datée du 30 septembre 1947 :

> Derrière toute cette histoire se cache bien sûr la question fondamentale : est-ce que le philosophe doit devenir un martyr dans certaines situations extrêmes ? Or comme à cette question qui se pose non seulement pour le philosophe, mais pour chacun, il faut répondre par l'affirmative, l'homme Heidegger s'en trouve par là jugé. Sa lettre de requête [35] est donc misérable, car il sait bien de quoi il est question ici. Pourtant, je suis en principe relativement clément pour ce genre de cas, car souvent l'homme ne sait pas si l'état d'urgence est arrivé ou s'il a simplement précipité sa chute [36].

Broch était – et ceci renvoie à un autre lien possible entre Arendt et Heidegger – un disciple critique de la philosophie de l'existence des années 1920. Il avait étudié *Être et Temps*, *Kant et le problème de la métaphysique* et d'autres textes de Heidegger. Son roman *La Mort de Virgile* est marqué par la philosophie de l'être de Heidegger. Était-ce là une des raisons qui expliquaient pourquoi Arendt fut à ce point marquée par ce livre ?

Broch se fit envoyer après la guerre les nouvelles publications de Heidegger. *La Doctrine de Platon sur la vérité* et *Lettre sur l'humanisme* nourrirent longtemps ses pensées. Il se sentait proche des idées défendues par Heidegger. Par contre, il porta un jugement extrêmement négatif sur le tournant du philosophe vers une pensée de la « sérénité » et de la poésie. Broch considérait Heidegger comme un penseur discursif et il trouvait ses images poétiques horribles [37].

Arendt avait trouvé en Hermann Broch un compagnon de dispute qui pensait plus ou moins comme elle.

Dans ces années-là, elle tissait avec opiniâtreté son réseau d'amis qui se composait aussi bien d'Européens que d'Américains : Kurt Blumenfeld, Gershom Scholem, Martin Rosenblüth, Paul Tillich, Dwight MacDonald, Alfred Kazin, Mary McCarthy. Et bien sûr le noyau fixe qui formait son cercle restreint d'amis à New York : le peintre Carl Heidenreich (qui à l'origine était un ami de Blücher, qu'Arendt avait rencontré à Paris), le médecin et peintre Alfred L. Copley, qui s'appelait Alcopley, la journaliste Charlotte Beradt, la spécialiste de littérature allemande Lotte Köhler, Peter et Minka Huber, Rose Feitelson, son vieil ami Hans Jonas et sa femme Éleonore, Lenchen Wieruszowski, les Wolf, Salo et Jeanette Baron, Charlotte et Chanan Klenbort, Else et Paul Kristeller, Alice et Josef Maier, Hans Morgenthau et Robert Pick et sa femme. Ce noyau d'amis fut tout au long de leur vie le grand soutien des Blücher. Il y eut bien sûr des disputes, notamment celle qui suivit la publication de son livre sur le procès Eichmann. Ce noyau formait une communauté du « nous » que personne ne quittait à moins de mourir. Tel était donc le réseau d'Arendt. Elle s'appuyait sur ses amis pour affronter les nombreuses frustrations que lui réservaient ces années.

Le sionisme en Amérique

Les deux centres de gravité du travail intellectuel et pratique d'Arendt dans ces années-là sont : le sionisme et la compréhension des processus historiques en Europe. Son engagement sioniste né de la pression des événements à la fin des années 1920 avait été au centre de ses activités en France. À New York, il prenait d'autres formes. Il y avait tout d'abord les vieux amis : Kurt Blumenfeld qui vivait en Palestine, mais qui venait régulièrement à New York, Salman Schocken, l'éditeur berlinois qui faisait déjà partie à Berlin de son cercle d'amis sionistes et qui maintenant avait fondé une nouvelle maison d'édition Schocken Books. Salo Baron s'ajouta à ce groupe d'amis. C'était une figure de la politique juive aux États-Unis. Baron était professeur d'histoire juive à Columbia University et il était le rédacteur en chef de la revue *Jewish Social Studies*. Il encourageait Arendt à travailler sur l'antisémitisme.

Grâce à ses contacts avec Manfred George, le rédacteur d'*Aufbau*, le journal des exilés juifs de langue allemande, elle fut invitée, dès 1941 quelques mois à peine après son arrivée, à tenir une rubrique sur les questions actuelles de la politique juive. Visiblement Arendt était connue non seulement de ce côté de l'Atlantique, mais également de l'autre comme une intellectuelle sioniste douée, active et polémique. Elle accueillit cette proposition d'écrire une rubrique comme un honneur, comme elle le confie avec fierté à Gurian.

Aufbau était le journal des émigrants allemands. Il présentait des nouvelles de toutes sortes sur l'Ancien et le Nouveau Monde et fournissait des informations sur les persécutions de Juifs en Allemagne et en Europe, sur la politique sioniste et sur la vie juive à New York. *Aufbau* ouvrait régulièrement ses pages à des débats sur l'identité et la politique juives.

Le violent débat qui dura des années sur la question de

la défense juive contre le massacre des Juifs d'Europe fut une occasion pour Arendt de s'exprimer. Elle prit position sur la question : comment les Juifs doivent-ils se défendre ? Il lui semblait que la seule réponse sensée était la constitution d'une « armée juive ». S'appuyant sur sa propre expérience et sur la leçon qu'elle en avait très vite tirée, « on ne peut se défendre qu'en réponse à ce pour quoi on est attaqué [38] », c'est-à-dire en tant que Juif et que Juive, elle s'engagea avec passion et contre toutes les résistances, y compris dans son camp, pour la réalisation de ce plan. Le projet d'une armée juive se battant en Europe cristallisait pour elle la seule défense possible contre un régime meurtrier qui voulait soumettre l'Europe entière et qui jusqu'alors – Arendt écrit en 1941 – y parvenait avec beaucoup de succès. L'objectif de constituer un arsenal militaire juif fut au centre de ses préoccupations pendant une année. La perspective d'un combat juif indépendant contre le national-socialisme justifiait selon elle de se jeter dans le nid de guêpes des disputes, des intrigues et des luttes entre factions et groupes rivaux, au risque même de se faire piquer.

L'idée d'une « armée juive » était plus proche de ses conceptions que le projet d'un État juif de Herzl, qui restait pour elle suspect.

Mais sa position devient vite marginale. Déçue, elle se plaint dans une lettre à Gurian datée du 13 juillet 1942 :

> Je n'ai pas levé le petit doigt ces dernières semaines, tout semble parfois absurde. Quand cette affaire d'une armée juive sera complètement terminée, je lâcherai cette rubrique en beauté. Celle-ci n'avait de sens que dans le cadre d'une politique nationale juive. Si une telle politique s'avère impossible, je quitterai le journalisme qui, de toute façon, est une vraie plaie de la vie [39].

Mais comme souvent dans les grandes décisions d'Arendt, elle s'énerve, elle perd tout entrain et puis, elle reprend son ouvrage. Elle n'épargne pas à ceux qui s'opposent à une armée juive sa critique acerbe : philanthropes, notables juifs, parvenus, ceux qui préfèrent se fourrer dans les jupons des grandes puissances et attendre la bonne occasion pour faire avancer la cause juive... Sa position est claire. S'il est vrai, comme elle en est absolument convaincue, que les Juifs doivent se défendre en tant que Juifs et non en tant qu'Autrichiens, Français ou Allemands, alors ils doivent pouvoir se battre de façon indépendante. En temps de guerre, seule une armée offre la possibilité de répondre effectivement à l'ennemi.

Aux yeux d'Arendt, il s'agit d'une condition *sine qua non* pour que les Juifs cessent d'être une minorité impuissante que les grandes puissances déplacent ici ou là à leur discrétion. Elle ne cesse de s'opposer au statut de minorité que la Société des Nations a donné aux Juifs en lieu et place d'un statut politique. Ses années en France lui ont enseigné que le statut de minorité ne permet pas de sortir du rôle historique de la victime. Mais sa position implique également qu'elle n'est pas sur la même ligne que ceux qui revendiquent pour les Juifs la terre biblique de leurs ancêtres.

Le début des années 1940 est une époque tourmentée et extrêmement émotionnelle où tout semble encore possible. Les communautés juives de par le monde, et surtout à New York et à Londres, s'essaient à la politique mondiale et tournent dans tous les sens la question : comment gagner les grandes puissances à l'idée de faire de la Palestine un État national juif ? La chose n'est pas simple, car les Juifs ne sont pas comme les autres minorités un mouvement national. Ils sont d'une part dispersés en une diaspora de communautés qui se divisent en différents courants religieux et qui pour une part s'opposent ouvertement à l'idée d'un État. D'autre part, il y a les différents groupes sionistes qui s'identifient avec le projet d'un État juif en Palestine. Et enfin, il y a les pionniers juifs en Palestine.

Palestine et Israël

Derrière le débat sur l'armée juive se cachait la question : que devait-il advenir en Palestine ? Arendt était depuis longtemps sceptique à l'égard de la position sioniste majoritaire qui légitimait l'État israélien à partir d'un droit divin du peuple juif et qui s'accommodait de l'expulsion des Arabes palestiniens. S'ajoutait à cela le fait que le projet d'un État juif en Palestine – contrairement aux rêves de Herzl – ne résoudrait pas le problème des minorités juives en Europe. En 1940, alors qu'elle était encore en France, elle avait rédigé une sorte de *memorandum* à son ami et compagnon de débat en matière de sionisme, Erich Cohn-Bendit. Il s'agissait d'une série de pensées programmatiques sur l'avenir des Juifs en Europe. Face au danger des déportations et de la politique des minorités impotente de la Société des Nations, elle envisageait pour l'Europe d'après la défaite du national-socialisme une confédération d'États au sein de laquelle les Juifs pourraient être reconnus comme une minorité nationale représentée au sein d'un parlement européen [40]. Dans un tel contexte, le projet sioniste en Palestine serait alors un projet européen d'implantation au Proche-Orient sous le protectorat des Européens et des sionistes américains.

En ce qui concerne la forme politique que devait prendre la Palestine, Arendt s'opposait au projet qui se cristallisa finalement à la Conférence de Biltmore à New York au mois de mai 1942, selon lequel il fallait fonder un État israélien avec une minorité arabe.

Elle s'opposait également à l'idée d'un État binational au sein duquel les Juifs seraient une minorité entourée d'une fédération d'États arabes. L'alternative qu'elle envisageait allait plutôt dans le sens de la constitution d'une Palestine qui serait membre du *Commonwealth* britannique [41].

À cette époque, Arendt débordait d'énergie, de dynamisme et d'engagement. Au mois de mars 1942, elle fonda avec son ami et son compagnon de lutte Josef (Joseph) Maier un groupe de discussion de Juifs germanophones ouvert à tous, qu'ils appelèrent « le groupe de la jeunesse juive ». Ils s'adressaient ainsi à leurs futurs membres :

> À ceux qui ne se sentent pas seulement les victimes fortuites d'une catastrophe historique, mais qui se sentent responsables de l'avenir du peuple juif ;
> À ceux qui sont convaincus de la banqueroute des idéologies du passé et qui sont prêts à s'arracher les cheveux pour développer les nouveaux fondements théoriques de la politique juive ;
> À ceux qui savent que la lutte pour la liberté ne pourra être conduite ni par les notables ni par les révolutionnaires mondiaux, mais seulement par ceux qui veulent la faire advenir pour leur propre peuple [42].

Ils faisaient également allusion aux luttes de factions et aux rancunes au sein du mouvement sioniste : « [Nous n'avons pas] l'arrogance de penser que nos idées peuvent être d'une quelconque valeur et conséquence si elles ne font pas l'objet d'une discussion démocratique [43]. »

Elle ne put pourtant pas empêcher que la politique des groupes dominants du sionisme ne s'introduise également dans ce petit groupe de débat.

Les réunions étaient organisées de la façon suivante : Arendt, son ami ou un orateur invité prenaient la parole pour formuler un ou deux jugements sur la situation. Le débat était ensuite ouvert. Le sujet général était l'affirmation politique de la Diaspora juive et son rapport au projet d'un État juif en Palestine. À la fin du débat, on conseillait des livres. Les participants devaient essayer d'adopter les normes des débats de l'époque.

Lors de la première réunion, le 26 mars 1942, Kurt Blumenfeld fit un exposé sur « l'histoire du sionisme ». Arendt fit ensuite une critique du sionisme. Blumenfeld réagit furieusement à la critique radicale d'Arendt de la politique sioniste. Il l'accusait, elle et ses amis, de naïveté (« la politique est affaire de puissance »). Le seul moyen selon lui d'organiser politiquement les Juifs était de les engager dans la construction de la Palestine. Finalement il reprochait au « groupe de la jeunesse juive » son attitude : « ce qui est recherché ici, c'est le déclin du projet sioniste en Palestine. On ne peut opposer à cela qu'une lutte sans merci jusqu'à la mort [44] ».

La réaction d'Arendt à cette menace d'exclusion hors du réseau de la solidarité sioniste fut tout à fait caractéristique. Elle insista sur la distinction essentielle entre dispute politique et combat d'annihilation : « Il n'y a de lutte à mort que contre ceux qui veulent annihiler le peuple juif. Entre patriotes juifs, il n'y a que des différences que l'on peut résoudre politiquement [45]. »

Pourtant elle était presque la seule à penser de la sorte. Plus le projet sioniste en Palestine se rapprochait de la création de l'État d'Israël, plus la lutte interne contre ceux qui cherchaient d'autres alternatives s'intensifiait.

Elle comprenait bien que les événements en Palestine poussaient dans le sens de la fondation d'un État national juif, mais elle restait opposée à la solution que défendait la majorité des sionistes. Elle entrait donc en conflit avec les résultats de la Conférence de Biltmore tout comme avec les courants majoritaires du sionisme américains et avec ceux qui s'y rattachaient plus ou moins directement.

Elle publiait ses positions dans des journaux juifs et sionistes connus en dehors d'*Aufbau* comme *Commentary, Jewish Social Studies, The Menorah Journal, Contemporary Jewish Record, Jewish Frontier, New Currents, A Jewish Monthly, The Chicago Jewish Forum*. Au début des années 1940, ses articles étaient acceptés partout, plus tard les choses changèrent.

Du projet d'une armée juive, il ne naquit qu'une *Brigade juive* fondée en 1944 et sous commandement britannique. À la même époque en Palestine se constituait un

début d'armée israélienne sur la base de la lutte des organisations terroristes juives.

Hannah fit la connaissance en 1947 de Judah Magnes, le
leader sioniste légendaire, qui se situait en marge et parfois
en opposition au courant majoritaire sioniste. Magnes possédait visiblement un charisme si puissant qu'il éclipsait
une personnalité aussi extraordinaire que Kurt Blumenfeld. Il fut le premier recteur et chancelier de l'Université
hébraïque de Jérusalem fondée en 1924 sous le mandat britannique. Il était l'incarnation de l'idéal culturel sioniste,
mais c'était aussi un homme réaliste et pratique qui avait
souffert directement des années de terreur entre Juifs,
Arabes et Britanniques et qui en avaient tiré des conséquences politiques. Son expérience l'avait amené à rejeter
la prise de possession par les Juifs de la Palestine et à pro-
mouvoir une fédération israélo-arabe. Magnes avait fondé
son propre parti en Israël, *Ikhud*, dans l'espoir de pouvoir
influencer le cours des événements de sorte que les Juifs
renoncent à leur projet de créer un État-nation sur le
modèle européen du XIXe siècle. À New York et aux
États-Unis, il avait formé un groupe d'amis pour avoir un
soutien américain au projet de son parti. Ils échangeaient
entre eux des nouvelles sur Israël, écrivaient des *memorandum*, donnaient des conférences de presse sur Israël et
rassemblaient surtout des fonds pour le parti. Appartenaient à ce groupe Elliot Cohen, le rédacteur en chef de
Commentary, Hans Kohn, historien au Smith College de
Northhampton Massachusetts, David Riesman qui allait
devenir un sociologue célèbre grâce à son livre *La Masse
solitaire*, l'avocat James Marshall, Maurice Hexter de la
Federation of Jewish Philanthropies et d'autres encore.

Mais les événements dépassèrent Judah Magnes. Au sein
du mouvement sioniste, la position de Ben Gourion et de
Golda Meir s'imposa au fil des années. Ils défendaient la
ligne du Parti travailliste israélien qui, soutenu par le Parti
travailliste britannique, voulait créer sur la base du démantèlement du mandat britannique un État d'Israël sans

coopérer avec les Arabes, c'est-à-dire avec les Palestiniens qui vivaient sur place. L'activisme politique et terroriste en Palestine combattu sans grande conviction par les Britanniques et la Société des Nations poussait depuis des années dans cette direction.

En mai 1948, l'État d'Israël fut fondé dans cette constellation politique que Magnes, Arendt et leurs amis sionistes considéraient comme fatale. C'était un État avec une majorité juive et une minorité arabe entouré d'États arabes hostiles. Magnes ne renonçait pas pour autant à son effort de convaincre. Durant toute l'année 1948, il essaya avec ses rares alliés de rallier à ses vues les communautés juives et les notables juifs, tout comme ses contacts au sein du gouvernement américain dans l'espoir d'influencer la création de l'État d'Israël.

Arendt ne partageait pas le grand projet politique de Magnes, mais elle le suivait dans sa critique de l'*establishment* sioniste. Elle travaillait comme son agent et sa femme de confiance aux États-Unis. Elle le mit en contact avec des membres du Bund et avec des personnalités influentes dans la politique. Elle rédigeait des avis pour la presse, écrivait des discours et des lettres de requête. Elle avait trouvé en Magnes un compagnon de débat du même esprit qu'elle et un ami paternel qu'elle admirait de tout son cœur. Au mois d'octobre 1948, elle lui écrivit :

> Je suis reconnaissante que l'année passée m'ait accordé le privilège de faire votre connaissance. La politique dans notre siècle est une affaire désespérée et j'ai toujours été tentée de la fuir. Je tiens à vous assurer que votre exemple me garde du désespoir et qu'il en sera ainsi pour de nombreuses années [46].

Magnes mourut soudainement à la fin du mois d'octobre. Sa mort créa un vide immense dans le réseau d'amis et de collègues qui s'engageaient pour un autre Israël. Arendt essaya par la suite de poursuivre l'objectif de Magnes dans le cadre d'une *Fondation Judah L. Magnes*. Elle récolta ainsi des fonds pour le système éducatif en Israël.

Le piège de la politique sioniste

Durant ces années, Arendt écrit des textes importants qui annoncent et préparent son livre *Les Origines du totalitarisme*. Il s'agit de travaux sur l'histoire culturelle de l'antisémitisme (« De l'affaire Dreyfus à la France d'aujourd'hui » et « Herzl et Lazare », tous les deux de 1942), sur le problème des réfugiés et des minorités (« Nous réfugiés » de 1943, « À propos des minorités » de 1944 et « Le peuple sans État » de 1945), sur la question des races (« La pensée raciale d'avant le racisme » de 1944) et sur le sionisme (sa chronique et de nombreux autres articles dans *Aufbau* de 1941-1945).

Dans le numéro de l'automne 1945 du *Menorah Journal*, elle publie un article programmatique de trente-huit pages, *Réexamen du sionisme*. C'était une sorte de résumé, une somme qui condensait tout ce qu'elle avait écrit et dit depuis son arrivée à New York en 1941 dans différents journaux, dans les groupes de discussion et dans les lettres à ses amis et à ses détracteurs. La Palestine, dont elle ne remettait pas en cause le rôle religieux et mythique central tout comme le caractère explosif de la création d'un État à la suite du massacre allemand des Juifs européens, ne devait pas être un État national. Pourquoi ? Car la fondation d'un État de ce genre provoquerait des « conflits nationaux » semblables à ceux qui ont conduit à la catastrophe des deux guerres mondiales en Europe. Les sionistes de gauche et de droite (révisionnistes) faisaient selon Arendt la même erreur que celle qui avait été fatale aux États-nations du XIXᵉ siècle. Ils voulaient fonder une nation sur une base ethnique, ce qui privait les minorités d'un statut politique[47]. À la suite d'un long développement sur l'histoire des Juifs en

Europe et particulièrement en Allemagne, Arendt soutient que le sionisme en faisant le choix de l'État-nation devra affronter les mêmes conséquences que le nationalisme européen, à savoir les conflits de race et les guerres. Aux yeux d'Arendt, il ne restait plus que deux voies praticables : celle de la fondation d'un empire sur la base d'un État national avec son lot de guerres et d'incertitudes, et celle de l'instauration d'une fédération ou d'un *Commonwealth*[48]. Elle plaidait bien sûr en faveur de la solution fédérative.

Son article fut considéré comme un affront par les sionistes de tous bords et de toutes factions. Elle reçut des réactions indignées.

C'étaient ses années de travail dans les organisations sionistes, sa familiarité de longue date avec la théorie et la pratique du sionisme qui lui avaient donné cette assurance dans le jugement, qui pour les générations d'après est si difficile à comprendre. Son expérience en Allemagne, ses connaissances théoriques et pratiques sur l'histoire des Juifs en Allemagne et en Europe, son engagement à Paris pour l'*aliyah* des jeunes Juifs allemands, sa connaissance de la littérature sioniste et des programmes des principaux hommes politiques constituaient visiblement un terrain propice au développement de cette assurance qui lui était caractéristique. Pourtant avec le recul, il peut sembler aventureux qu'une femme petite et menue entreprenne sans le soutien d'alliés puissants de s'en prendre à l'establishment sioniste. Jusqu'alors, la politique sioniste s'accomplissait à travers différentes factions puissantes réparties sur plusieurs continents, il y avait les leaders sionistes de la Diaspora comme Chaim Weizmann, les fondateurs de l'État juif en Palestine (Golda Meir et David Ben Gourion) et les groupes paramilitaires et terroristes de la droite révisionniste. Tous voyaient en elle un traître et pas simplement un adversaire politique. Ici se dessinait une constellation politique dont elle devrait plus tard prendre la mesure à ses dépens lorsqu'elle ferait l'objet d'attaques féroces après la publication de son livre sur le procès d'Eichmann.

C'était la voix de son cœur qui parlait dans cet essai. Elle disait : « Voilà ma position, je n'en ai pas d'autre. Si vous voulez me condamner pour cela, faites-le. » Dans l'atmosphère surexcitée des luttes de clan au sein du sionisme, une telle attitude était une invitation à se faire battre.

Ce qui fut pour elle le plus dur à affronter fut la trahison de certains de ses amis. Elle se montrait perdue face à ces trahisons et, allant sans doute à l'encontre de ses convictions, elle demandait encore pardon dans le seul but de préserver l'amitié. C'était là un trait de sa personnalité. Elle avait déjà accumulé quelques expériences en la matière avec Kurt Blumenfeld lors des réunions du « groupe de la jeunesse juive ». Et pourtant l'attitude de Blumenfeld à l'égard du sionisme était conflictuelle. Sa position sur la création d'un État israélien était nuancée. Il penchait en faveur d'un fédéralisme modéré. Mais en même temps, c'était un homme de la Realpolitik et du pouvoir et il préférait se soumettre, en cas de doute, à la ligne majoritaire. Son grand point de désaccord avec Arendt était qu'il soumettait sa critique au principe transcendant de la volonté populaire israélienne. Arendt se refusait à un tel compromis.

Blumenfeld vivait à cette époque à Jérusalem. Il lui demandait dans une lettre du mois de janvier 1946 de lui envoyer ses articles les plus récents[49]. Au moment où il écrivait la lettre, il n'avait pas encore lu son article, *Réexamen du sionisme*. À peine quatorze jours plus tard, il écrivait à son compatriote juif allemand Martin Rosenblüth à New York, qui était également un ami de Hannah, ce qu'il pensait de l'essai. Il se dit horrifié par les thèses de l'article. Scholem aurait exprimé, selon lui, une opinion « encore plus sévère et méprisante » à l'égard de l'article[50]. Blumenfeld poursuit sa lettre ainsi :

Je regrette d'avoir écrit à Hannah [51]. Non tant parce que cet article est un méli-mélo insupportable écrit par une personne qui ne s'y connaît pas vraiment en la matière, mais parce que s'y dévoilent des traits de caractère qui m'ont déjà fait envisager de rompre ma relation avec Hannah. Cette fois, tout ressort de façon plus claire et plus laide encore. Peu m'importe qu'elle nous traite de sectateurs. Son ignorance du sionisme (je ne pense pas seulement à sa remarque sur les « sionistes généraux » qui n'apparaîtrait pas sous la plume d'un chercheur sérieux) ne m'étonne pas. Je connais trop bien la superficialité et l'empressement journalistiques de Hannah. Ce qui est terrible, c'est la bassesse dont elle fait preuve dans ses jugements sur les personnes. Un être totalement indifférent, sans cœur et disposé à une insolence à laquelle elle n'a pas le moindre droit écrit sur une vie qui se développe dans les conditions les plus difficiles, dont elle s'est fait une idée tarabiscotée à travers les récits qu'elle a entendus. Elle dit de l'armée juive qu'elle nous a été imposée, et qui nous l'a imposée ? Ce torchon de journal en lequel elle croit, qui s'occupait de ces affaires en Amérique, n'est jamais parvenu jusqu'ici [...] Je n'ai jamais cru au sionisme de Hannah. Quand une fois, lors d'une réunion, j'ai dit « il y a entre nous une lutte à mort », j'avais raison dans ce que je ressentais, même si la formulation excessive de mes propos était à mettre sur le compte de la colère. Nous nous sommes retrouvés ensuite régulièrement et toujours en très bons termes amicaux. Hannah me donnait l'impression que je lui manquerais. Moi, en tout cas, je me suis souvent entretenu avec elle mentalement. Nous n'avons plus eu ces dernières années en Amérique de discussions politiques. Si par hasard je commençais à parler politique, elle détournait la conversation. L'article dans *Menorah Journal* me révèle un fort côté psychopathologique dans la personnalité de Hannah. On y perçoit un ressentiment porté jusqu'à la folie. L'étrange controverse menée avec tant de vigueur sur la question de savoir si l'antisémitisme va perdurer ou disparaître est sur ce point caractéristique. Son pronostic sur la disparition de l'antisémitisme est nécessaire pour la situation humaine de Hannah, pas pour sa position politique [...]

Je serais prêt à passer sereinement sur l'antisionisme de Hannah, si je parvenais à surmonter la malveillance et la méchanceté de son argumentation. Mais je n'y parviens pas [...] Je ne sais pas si j'irai jusqu'à m'opposer publiquement à cet article de Hannah. J'ai une part de responsabilité à cette évolution. Il est possible que par le passé, je l'ai un peu éloignée de l'assimilation. Elle aurait dû poursuivre seule son chemin d'« opportuniste révolutionnaire ». Cette lettre est bien sûr adressée également à Hannah [52].

Il s'agissait là d'une lettre de justification face à son ami Rosenblüth et de séparation vis-à-vis de Hannah. Blumenfeld ne pouvait ni ne voulait faire la distinction entre discours politique et lutte d'anéantissement. Il l'avait montré dans les disputes du « groupe de la jeunesse juive » et il le montrerait de nouveau et de façon tragique après la publication des reportages d'Arendt sur le procès Eichmann. Scholem écrivit à Arendt une lettre semblable [53].

Ces deux lettres avaient durement touché Arendt. Elle avait confiance en ces deux hommes. Elle tenait à leur amitié et appréciait leur travail. Ses profondes divergences aussi bien avec Blumenfeld qu'avec Scholem s'étaient bien sûr déjà manifestées. Elle savait d'ailleurs très bien quelle polémique son article allait déclencher.

Je viens de finir un long essai sur le sionisme. Si *Menorah* [54] qui me l'a commandé le prend, je vais perdre tous mes amis sionistes. Plus sérieusement, toute cette affaire fut un vrai brise-cœur. C'est aussi la raison de mon long silence. Je n'étais pas d'humeur à parler [55].

Les querelles entre le courant majoritaire du sionisme et les groupes minoritaires avaient atteint visiblement une intensité telle qu'elles avaient poussé Arendt à se lancer dans cette critique radicale du sionisme. Elle avait déjà elle-même été sévèrement critiquée pour ses positions. À la différence de Scholem et de Blumenfeld, elle tenait à ce que leurs différences de vue ne détruisent pas leur amitié. Mais les deux hommes ne voulaient pas séparer le plan du politique de celui des relations amicales.

Pour Scholem et Blumenfeld, toutes les critiques devaient se taire quand il était question du but suprême, la création de la patrie, Israël. Qui n'adoptait pas une telle attitude se positionnait, de leur point de vue, hors du peuple juif et méritait le mépris, du moins verbal et temporaire.

Arendt ne pouvait accepter que le fondement théologique du sionisme arrache celui-ci au discours politique séculier. Blumenfeld, Scholem et d'autres ne voulaient pas comprendre de leur côté que les disputes sur *Eretz Israel* faisaient partie intégrante du processus de fondation de l'État. Arendt réagit quelque temps plus tard à sa façon aux marques d'hostilité qu'elle avait reçues. Elle rappelait à Blumenfeld que l'amitié est quelque chose qui doit survivre aux disputes, sinon ce n'est pas une amitié. Dans un passage où elle se plaint que Rosenblüth ait fait visiblement une croix sur elle, elle s'écrie :

Ah ! mes enfants, quels fous êtes-vous ! Croyez-vous vraiment que dans notre monde inhumain, de jour en jour plus inhumain, il y ait encore assez de loyauté pour que vous puissiez vous permettre, quand elle vient à votre rencontre, de la flanquer au placard comme une paire de chaussures éculées et qu'on ressort à l'occasion pour les faire retaper avant de les remettre ? L'amitié est suffisamment rare, on ne peut désormais guère y goûter que sur le fil du rasoir.

Mais c'est ce que bien entendu je ne voulais pas écrire. Car, cette fois, ce n'est pas toi qui es en cause – ou l'es-tu aussi ? Ce que je voulais t'écrire en fait, c'est seulement cela : je me fais toujours du souci pour toi, je ne cesserai jamais de me faire du souci pour toi [...]. Bref, une déclaration d'amour, comme ça, sans motif particulier[56].

Des formules de ce genre reviennent souvent sous sa plume. Arendt maintient fidèlement l'amitié, elle y voit quelque chose de stable qui survit aux affrontements politiques, se situant au-delà de ceux-ci et s'appuyant sur une confiance originaire qui doit rester inébranlable. Ses amis sont, par contre, blessés par la dureté de ses jugements, ils se sentent personnellement remis en cause par ce qui n'est que pure critique politique aux yeux d'Arendt.

Mais Blumenfeld ne supporte pas d'être arraché à son amie ; quelques années plus tard, il lui assure de nouveau combien il se sent proche d'elle. Elle le remercie pour cet aveu d'amitié et en écho à lui, elle lui révèle ce qu'il lui a appris :

> Je suis si contente que tu me parles de nos atomes crochus. À vrai dire, j'ai toujours pensé à t'écrire une fois pour te dire tout ce que je te dois dans ma façon de comprendre la condition juive [...]. Autrefois, à Heidelberg, tu m'as ni plus ni moins ouvert une sorte de monde [57].

Dans les discussions enflammées entre sionistes, un style de pensée et de discours s'était créé. Arendt le cultivait également. Elle décrivait tout d'abord un objet, un événement ou un contexte et, soudain, elle changeait de ton au cours de son développement. Elle sortait de son approche immanente et attaquait frontalement l'objet de son analyse avec une grande neutralité dans le ton. Certains y ressentaient là une grande froideur. Mais ceux pour qui le débat argumenté et la clarté de pensée sont aussi importants que la croyance percevaient bien son engagement passionné pour la cause juive. Aux yeux de ceux qui mêlaient croyance et politique, cette femme était une vraie diablesse de la provocation.

Le projet d'un livre sur l'impérialisme

Le questionnement sur le sionisme et sur la Palestine se poursuivit chez Arendt jusqu'à la fin des années 1940. Il cessa ensuite d'être au centre de ses préoccupations. C'était bien sûr le résultat des critiques personnelles sévères qu'elle avait reçues qui revenaient de plus en plus régulièrement et lui montraient que les lignes de démarcation qui s'étaient depuis longtemps imposées au sein du mouvement sioniste ne pouvaient plus être modifiées. Le travail de recherche d'Arendt sur l'impérialisme prit par la suite le pas sur le sionisme, il annonçait la gestation des *Origines du totalitarisme*.

Dans ses lettres à Gurian, elle parle de ses lectures, elle lui conseille ainsi de lire *Au cœur de l'obscurité* de Joseph Conrad. Ce livre sera au centre de sa critique de l'impérialisme dans *Les Origines du totalitarisme* :

> Encore à propos d'*Au cœur de l'obscurité* : ce que je voulais dire, c'est que pour la première et l'unique fois à ma connaissance, ce petit livre fait le portrait d'un « nazi ». Par ailleurs, c'est un document remarquable sur l'avenir inéluctable de l'« homme blanc » sur le « continent noir [58] ».

Au mois d'août 1943, elle écrit à Gurian qu'elle va lui envoyer la première partie de son travail sur l'impérialisme [59]. Elle l'informe six mois plus tard qu'elle travaille sur les mouvements nationalistes de l'entre-deux-guerres, principalement en Europe centrale et orientale [60].

À la fin de l'automne 1944, elle remit à l'éditeur Houghton and Mifflin une première ébauche de son projet de livre. Le 17 décembre 1946, elle écrit à Gurian : « Houghton Mifflin viennent de m'envoyer le contrat pour le livre sur l'impérialisme [61]. » Elle sollicita l'autorisation de reprendre dans son livre deux articles publiés dans la *Review of Politics* : *La pensée raciale avant le racisme* et *Impérialisme, nationalisme et chauvinisme*.

Les articles d'Arendt et leur style argumentatif si inhabituel commençaient à éveiller l'attention de certains lecteurs en dehors des cercles sionistes. Elle était devenue un auteur bien vu de la scène des revues de la gauche libérale, car elle n'avait pas peur d'aborder des sujets polémiques. Il ne faut donc pas s'étonner que Philip Rahv, le rédacteur de la *Partisan Review*, lui demandât un jour d'écrire un article sur l'existentialisme. L'Europe et son intelligentsia exerçaient alors une profonde fascination sur l'Amérique de la côte Est. Le théâtre de Sartre et la prose de Camus éveillaient un grand intérêt chez les intellectuels new-yorkais. Les Américains voyaient en Jean-Paul Sartre et Albert Camus les deux hérauts d'une nouvelle ligne de pensée stimulante. Il allait de soi qu'une revue de gauche comme *Partisan Review* se devait de parler de ces deux étoiles montantes du monde intellectuel. Arendt fut conviée par Rahv à une discussion avec le comité de rédaction de la revue. Il s'agissait de lui expliquer dans quel sens l'article devait aller. Mais Arendt ne se laissa pas guider sa conduite. À mesure que l'interview avançait, comme l'écrit William Barret, un des rédacteurs de la *Partisan Review*, les rôles s'inversaient. Arendt menait la discussion et Rahv se contentait d'écouter. Finalement, ils acceptèrent de lui laisser écrire un article sur la philosophie de l'existence selon sa propre vision des choses [62].

De ce projet naquirent deux articles. Elle publia dans le premier numéro de 1946 de la *Partisan Review* un article sur la philosophie allemande de l'existence et dans le numéro de février de *The Nation* un article sur l'existentialisme français. Ces deux articles nous font découvrir la réflexion d'Arendt sur la philosophie de l'existence allemande et française de son temps.

L'article « allemand » commence là où l'article « français » finit. La présentation que fait Arendt de Jean-Paul Sartre et d'Albert Camus mène à une double conclusion. D'une part, elle attribue à ces deux écrivains une modernité absolue dans la mesure où ceux-ci ont définitivement rompu avec la tradition. Cela s'accordait avec sa vision des choses. Elle insistait sans cesse sur le fait qu'avec le national-socialisme et le communisme, un nouveau type de domination était apparu qui reposait sur une rupture totale avec la tradition. Elle retrouvait chez Sartre et Camus cette même rupture accomplie sur un plan intellectuel. Mais elle n'était absolument pas d'accord avec les conséquences que Sartre et Camus tiraient chacun à sa manière. Elle reprochait à ces deux figures de la philosophie et de la littérature françaises de procéder de façon hypocrite. Le nihilisme que ces deux auteurs défendaient montrait, selon elle, qu'ils ne s'étaient pas détachés du passé, et que bien au contraire, ils cherchaient à s'inscrire dans la lignée de la pensée du XIXᵉ siècle, notamment celle de Nietzsche et de Kierkegaard [63].

L'article sur la philosophie allemande de l'existence prend pour point de départ cette question du nihilisme.

Ce travail sur la philosophie allemande de l'entre-deux-guerres, et surtout sur les deux rebelles devenus vieux entre-temps, Karl Jaspers et Martin Heidegger, qui avaient remis en question le néokantisme, dut être une épreuve difficile et étrange pour Arendt. La relecture des textes de ses deux maîtres éveilla sûrement en elle des sentiments contradictoires : familiarité, confirmation de ses propres vues, souvenir de son amour pour Martin Heidegger, fureur, étrangeté. L'article prend un ton emphatique par endroits, mais reste sec et didactique.

C'était sa première confrontation avec Heidegger depuis plus de dix ans. Heidegger était resté cependant sans cesse présent toutes ces années. Elle avait suivi ce qu'on avait écrit sur lui aux États-Unis [64] et s'était entretenue avec Hermann Broch et d'autres à son propos. Elle mentionnait également à ses amis qu'elle allait utiliser la lettre de recommandation que Heidegger lui avait écrite en 1929 pour essayer d'obtenir un poste dans une université américaine.

C'était donc un article qui devait expliquer au public américain ce qu'était la philosophie allemande de l'existence dont on parlait tant et qui était pourtant fondamentalement différente de sa consœur française.

Quand elle écrivit cet article, elle savait déjà que Jaspers et sa femme vivaient encore. Depuis l'automne 1945, elle était en contact épistolaire régulier avec eux. Elle envoyait des paquets avec des livres, des articles, des conserves et surtout des lettres. Cette reprise des liens avec Arendt devait être pour Jaspers comme une fenêtre qui s'ouvrait sur le monde. Le jeune intellectuel Melvin Lasky qui, à l'époque, était officier de l'armée américaine lui apportait des lettres et des paquets de vivre avant même que la poste ne fût remise en service. Lasky décrivait à Arendt la situation en Allemagne, il lui parlait de sa rencontre fortuite avec son ami de jeunesse, Hans Jonas, devenu sergent des « brigades juives ». Il lui racontait dans ses lettres ses visites chez les Jaspers qui songeaient à s'installer en Suisse.

Arendt apprit par un autre de ses professeurs de Marbourg, Rudolf Bultmann, que Hans Jonas était passé à Marbourg et que Bultmann plaçait toujours en lui de grands espoirs philosophiques comme avant la guerre. Elle envoyait également à Bultmann des livres, des articles et des vivres. Mais ce ne fut qu'avec Jaspers que se développèrent à nouveau des liens étroits et continus. Leurs lettres renouent avec le passé et l'ancien monde. La relation élève-professeur devient vite une relation d'amitié.

La situation chaotique de l'après-guerre resurgit sans cesse dans leur correspondance. L'expérience différente de la catastrophe sépare à chaque fois le maître de son ancienne élève. Les perspectives politiques de l'Allemagne divisée en zones n'étaient absolument pas claires à l'époque. Le régime d'occupation avait tout d'abord imposé une cessation absolue de toutes les activités pendant quatre mois. Pas de poste, pas d'Université, pas de nouveaux livres et de nouveaux articles, pas de journaux, pas de voyages... La jeunesse universitaire était comme hébétée, elle oscillait entre colère, frustration et apathie.

Les premiers signes d'espoir se manifestèrent plus tard dans l'année 1945. À l'automne, les premiers journaux furent autorisés à paraître. Jaspers fonda avec le journaliste Dolf Sternberger, le sociologue Alfred Weber, le spécialiste des langues romanes Werner Kraus et l'éditeur Lambert Schneider *Die Wandlung*, une revue qui voulait accompagner le passage culturel et politique de l'Allemagne de l'Ouest à la démocratie. Arendt y publia en 1946 son article *De l'impérialisme* qui allait être plus tard inséré dans son livre *Les Origines du totalitarisme*.

L'après-guerre en Allemagne : le problème de la culpabilité

La fin de la guerre révéla la gravité des dommages matériels et mentaux que le régime national-socialiste avait causés chez les Allemands. Renouer avec le passé était devenu un acte presque impossible, même si beaucoup d'Allemands ne pouvaient ni ne voulaient faire autrement. Personne ne savait alors comment les Allemand allaient faire pour se sortir de ce désastre.

Après huit années de silence, Jaspers put enfin faire cours au semestre d'hiver 1945-1946. Il consacra celui-ci à « la situation spirituelle de l'Allemagne ». Le philosophe s'adressait à ses étudiants en employant le pronom « nous », il s'incluait lui-même à son public au moyen de cet artifice rhétorique et faisait de la confusion de ses sentiments le sujet de son enseignement. Les étudiants étaient de jeunes soldats libérés des combats, des invalides de guerre et beaucoup de jeunes femmes. Selon Jaspers, « ils s'enivraient de gloire, de désespoir, d'indignation, d'esprit de contradiction et de vengeance » ; il exigeait quant à lui que « nous laissions reposer ces sentiments sur la glace et que nous regardions ce qu'il en est véritablement [65] ».

Jaspers distingue quatre types de culpabilité et de rapports à celle-ci : la culpabilité criminelle, politique, morale et métaphysique. Au travers de cette dimension multiple de la question de la culpabilité, il souhaitait impliquer tous ceux qui voulaient échapper au débat sur la culpabilité. Jaspers initia, par sa caractérisation du problème, un débat qui allait resurgir régulièrement en Allemagne au fil des années sans jamais se départir pourtant des paramètres qu'il avait fixés. Le concept de culpabilité hérité de la tradition judéo-chrétienne était pour Jaspers, mais aussi pour les deux Églises chrétiennes et pour une part de l'intelligentsia, l'unique instrument qui pouvait encore permettre à la réflexion d'approcher le crime tout comme ses conséquences sur la culture et les mentalités allemandes.

Arendt adopta une autre perspective. Dans son article écrit en 1944, *Culpabilité organisée*, elle partait certes, elle aussi, du concept de culpabilité, mais pour le critiquer aussitôt : « quand tout le monde est coupable, plus personne ne peut finalement porter un jugement, car cette culpabilité est aussi la simple apparence, l'hypocrisie de la responsabilité [66] ».

Pour Arendt, il n'y a pas de culpabilité sans responsabilité. La responsabilité commune est l'unique cadre qui permet de thématiser une quelconque culpabilité. Jaspers reçut cet article au mois de janvier 1946. Il signale dans sa lettre de remerciement son accord, mais il n'empêche que la ligne argumentative d'Arendt est fort éloignée de la sienne. Jaspers incarnait la vision de l'intérieur (comment pouvait-il en être autrement après douze ans d'enfermement !), Arendt la vision de l'extérieur. À ses yeux, le « problème allemand » ne pouvait être résolu que dans une nouvelle constitution de l'Europe en tant qu'État fédéral [67]. Avec le recours au concept de culpabilité, Jaspers restait dans le cadre de la tradition. Arendt ne cessait, elle, d'insister sur le fait que le régime national-socialiste (et communiste) avait généré une rupture telle avec la tradition qu'il n'était plus possible d'y revenir.

On discutait dans le monde entier de ce qui devait advenir maintenant de l'Allemagne et de la façon dont il fallait juger le peuple allemand et les crimes perpétrés en son nom. Il y avait le camp de ceux qui haïssaient l'Allemagne représenté par Lord Vansittard. Vansittard tenait plus ou moins le même raisonnement que les puissances victorieuses de la Première Guerre mondiale. À leurs yeux, l'Allemagne était le principal responsable de la catastrophe, elle devait maintenant payer, et encore plus qu'à la fin de la Première Guerre mondiale. Une partie des émigrés allemands se ralliaient à ce point de vue. Hannah Arendt rejetait fermement une telle approche. Elle accusait ses porte-parole d'être des « Allemands avides de butin [68] ».

Sur cette question, elle se sentait proche du point de vue de la gauche libérale posttrotskiste, notamment de Dwight MacDonald. Il avait écrit dans le numéro de mars 1945 de la revue *Politics* un article sur « la responsabilité des peuples ». L'article reprend quasiment mot pour mot certaines idées d'Arendt. « Quand tout le monde est coupable, plus personne ne l'est vraiment », écrit-il en se référant à l'article d'Arendt, « La culpabilité organisée » [69]. Il rejetait complètement la thèse de la culpabilité collective. Il s'agissait selon lui d'une reprise (involontaire certes) du concept organiciste de peuple utilisé par les nazis. À l'époque, l'opinion publique américaine se ralliait quasi unanimement à la thèse de la culpabilité collective. La thèse de la « culpabilité allemande » n'était pas simplement répandue parmi les vétérans de la Grande Guerre, elle l'était également dans les partis libéraux et de gauche aux États-Unis et en Grande-Bretagne, dans les syndicats, les gouvernements et les journaux. MacDonald défendait à l'encontre de cette doxa la thèse marxiste-trotskiste selon laquelle ce sont les gouvernements, pas les peuples, qui mènent les guerres. Mais on avait appris entre-temps que la participation du peuple allemand aux crimes de la Guerre était bien plus importante que ce que l'on avait supposé. Sur ce point, il ne servait à rien de citer des passages de Simone Weil sur la guerre moderne où elle définissait celle-ci comme « une lutte des gouvernements et de leur appareil contre tous les hommes en armes[70] ». La majorité avait déjà opté pour la thèse opposée.

Pour finir, MacDonald plaide en faveur d'une approche plus nuancée. Il s'arrête là où Arendt poursuit la réflexion plus avant. Le véritable problème serait, selon lui, qu'on ne peut pas se reposer sur cette vision réconfortante des choses selon laquelle seuls les Allemands sont capables de crimes effroyables de ce genre. Il faut bien plutôt se pénétrer de l'idée que ce sont des personnes tout à fait normales qui ont commis ces méfaits terribles et pas des êtres venus d'une autre planète. Arendt pousse plus loin cette idée. Ces conversations avec son mari lui avaient appris que le concept de culpabilité ne pouvait servir de cadre conceptuel à un événement « qui n'aurait pas dû avoir lieu » (Arendt). Après la lecture du livre de Jaspers sur la culpabilité, Blücher écrivit au mois de juillet 1946 une lettre à Arendt qui se trouvait alors chez une amie historienne de l'art à Hanover dans le New Hampshire :

> Comme je te l'ai déjà dit, toute cette question de la culpabilité n'est qu'une tartufferie ; chez les vainqueurs pour servir leur propre cause, et chez les vaincus pour pouvoir continuer à s'occuper exclusivement d'eux-mêmes (ne serait-ce que dans le but louable d'une prise de conscience de soi) [...] Tous ces discours éthiques sur la purification conduisent Jaspers à s'intégrer par solidarité dans la communauté nationale allemande, avec les nationaux-socialistes s'il le faut, au lieu d'être solidaire de ceux qui ont été le plus humiliés [...] En cherchant la vraie identité allemande, Jaspers ne trouvera que le vrai conflit allemand, celui qui oppose la volonté républicaine et libre de quelques-uns aux penchants serviles et cosaques de la majorité[71].

Bien avant cette lettre, Arendt avait abouti à des conclusions diamétralement opposées à celles du livre de Jaspers. Elle avait opté pour une interprétation politique du nazisme et de la guerre, Jaspers avait choisi, lui, une interprétation morale. Elle voulait au-delà du crime et de la responsabilité morale éveiller l'attention sur quelque chose qui avait été détruit durablement : la communauté politique dont les citoyens auraient dû se porter garant. Plus de vingt ans plus tard, elle définira ainsi le concept de « responsabilité collective » :

> [Pour qu'il existe] une responsabilité collective, [il faut que] deux conditions soient remplies [...] Je dois être tenu pour responsable de quelque chose que je n'ai pas fait. Le fondement de ma responsabilité doit être mon appartenance à un groupe (un collectif) qu'aucun acte volontaire de ma part ne peut abolir. Il s'agit d'une appartenance totalement différente d'une relation d'affaire que je peux annuler par un simple acte de ma volonté [...] En ce sens, nous serons toujours tenus pour responsables des péchés de nos pères tout comme nous récoltons les fruits de leurs mérites passés [72].

Et pourtant, les porte-parole du monde occidental (et de l'Union soviétique de Staline) s'accrochaient alors fermement à la thèse de la culpabilité collective. Les élites ébranlées de l'Allemagne de l'Ouest s'y cramponnaient encore plus, si tant est qu'elles se laissassent effleurer par de telles idées.

Heidegger vu des États-Unis

Le discours politique et intellectuel d'Arendt sur l'avenir de l'Allemagne et sur la responsabilité des Allemands avait été précédé par sa réflexion sur l'existentialisme et il s'accompagnait encore de celle-ci. Ce fut dans ce contexte particulier qu'elle se rapprocha à nouveau de la philosophie allemande de l'existence.

À partir des rares informations auxquelles elle avait accès et que d'autres – Hermann Broch et ses anciens camarades d'études à Fribourg et à Heidelberg – lui fournissaient, elle s'était fait une image de cette philosophie qui se rattachait directement à son dernier échange épistolaire avec Heidegger au cours de l'hiver 1932-1933. L'image disait que Heidegger n'était plus « le roi secret du royaume de la pensée », mais le prince des ténèbres. Il était devenu membre du parti national-socialiste et c'est en tant que tel qu'il avait pris la fonction de recteur de l'université de Fribourg. Arrivé à ce poste, il avait interdit à son ancien professeur Edmund Husserl de pénétrer l'enceinte de l'université, ce qui l'avait presque tué sur place. Après la guerre, il s'était proposé aux autorités françaises d'occupation pour être le rééducateur de la jeunesse. Autrement dit : il avait poussé les jeunes vers le national-socialisme pour se faire passer ensuite pour leur sauveur.

Elle laisse s'exprimer sa rage dans ses lettres à Jaspers. Jaspers la corrige aussitôt. Non, ce ne fut pas Heidegger en personne qui interdit à Husserl de franchir le seuil de l'université. Il s'agissait bien plutôt d'une circulaire d'exclusion du ministère que chaque université, c'est-à-dire chaque recteur d'une université allemande, devait envoyer aux professeurs juifs précédemment limogés[73]. Mais Arendt est d'un tout autre avis :

> En ce qui concerne Heidegger, vous avez parfaitement raison en évoquant la lettre de Husserl. Je savais moi aussi que cette lettre était une circulaire et je sais que c'est pour cette raison que beaucoup de personnes l'excusent. Moi j'ai toujours pensé qu'au moment où il a été contraint d'apposer sa signature sous ce texte, Heidegger aurait dû démissionner. Quel qu'ait pu être le degré de folie qu'on lui attribuait, il était capable de comprendre cette histoire. On pouvait attendre de lui qu'il ait suffisamment le sens de ses responsabilités. Il savait très bien que cette lettre aurait été plus ou moins indifférente à Husserl si elle avait porté une

autre signature. Vous pourriez naturellement me dire que cela suivait le cours des événements. Et je répondrais sans doute que ce qui est vraiment irréparable surgit souvent presque – de manière trompeuse – comme un accident, que parfois, sur une ligne insignifiante traversée dans la certitude qu'elle n'a plus tellement d'importance, se dresse cette muraille qui sépare réellement les hommes. En d'autres termes, bien que je ne me sois intéressée ni objectivement ni personnellement au vieux Husserl, je compte rester solidaire sur ce point ; et comme je sais que cette lettre et cette signature l'ont quasiment assassiné, je ne puis m'empêcher de tenir Heidegger pour un meurtrier potentiel[74].

Toute cette affaire la tourmentait beaucoup. Elle demandait régulièrement et partout des nouvelles sur Heidegger. Elle avait parlé de lui avec Jean-Paul Sartre – qu'elle appréciait peu – lors de sa visite à New York en 1946. Elle rapporte à Jaspers que Sartre lui a dit :

Quatre semaines (ou huit semaines) après la défaite allemande, Heidegger a écrit à un professeur de la Sorbonne (j'ai oublié le nom) et a parlé d'un « malentendu » entre l'Allemagne et la France et proposé une « entente » franco-allemande. On ne lui a pas répondu, naturellement. Plus tard, il a écrit à Sartre. Vous devez connaître les différentes interviews qu'il a données ensuite. Rien que des mensonges insensés, avec, me semble-t-il, une teinte nettement pathologique. Mais c'est là une vieille histoire[75].

Son amie Anne Weil (née Mendelssohn) qui vivait à Paris lui faisait part de rumeurs semblables[76].

Heidegger, un être pathologique ? Tout semble indiquer qu'Arendt en a fini avec cet homme et qu'elle n'a plus besoin que de l'assentiment de Jaspers. Celui-ci considérait Heidegger exactement comme elle.

Son article pour *Partisan Review* informe le lecteur américain de la préhistoire de l'interrogation philosophique sur l'existence et de l'émergence de cette question à la suite de Kant, surtout chez Kierkegaard et Husserl. Il parle ensuite de l'élaboration proprement dite d'une philosophie de l'existence chez Heidegger et Jaspers.

Le passage sur Heidegger est une présentation en apparence objective des principaux points de l'ontologie fondamentale heideggérienne dans *Être et Temps*. Au début de cette présentation, elle exprime dans une note de bas de page un jugement extrêmement négatif sur Heidegger en tant que personne :

> Heidegger est de fait (espérons-le) le dernier romantique – semblable à un Friedrich Schlegel ou un Adam Müller aux gigantesques talents dont la totale irresponsabilité relevait d'une frivolité due en partie à la folie du génie, en partie au désespoir [77].

La version anglaise de la note de bas de page va encore plus loin dans la critique [78]. Elle donne à l'article le sens d'un règlement de compte. Celui qui avait lu la note d'Arendt savait tout. Il n'avait plus besoin de lire le reste de l'article et encore moins Heidegger lui-même. Pour comprendre la teneur de cette note, il faut bien sûr prendre en compte l'immense déception d'Arendt devant la coopération des élites allemandes avec le nazisme. Il faut ajouter à cela l'espoir qu'avait placé Arendt dans cet homme qu'elle avait aimé et qu'elle n'avait pas oublié. Elle s'attendait au moins à recevoir *post festum* une explication critique de son attitude, un aveu de son erreur. Au lieu de cela, elle entendait des rumeurs qui, combinées à ses faits et dires dans les années 1930, l'obligeaient à tirer la conclusion suivante : cet homme a perdu la raison et tout sens de la dignité.

Dans les deux paragraphes de conclusion, Arendt compare Heidegger et Jaspers. Heidegger apparaît comme le penseur d'un existentialisme individualiste qui à la suite de son analyse de l'« être-pour-la-mort » doit logiquement chercher refuge dans des superstitions naturalistes (ou populistes-nationalistes) afin de recoller plus ou moins les morceaux du monde en décomposition de l'être-là condamné à la mort.

Heidegger a par la suite cherché dans différents cours à redonner un fondement commun, après coup, à ses Sois isolés par de non-concepts mythologisants, tels « peuple » et « terre ». Il est évident que de telles conceptions ne peuvent que conduire en dehors de la philosophie et vers quelque superstition naturaliste. S'il ne fait pas partie du concept de l'homme que ce dernier habite la Terre avec d'autres qui sont ses semblables, il ne reste qu'une réconciliation mécaniste dans laquelle un fondement essentiellement hétérogène est donné aux Sois atomisés. Cela ne peut servir qu'à organiser les Sois, qui ne s'occupent que d'eux-mêmes, se voulant exclusivement, en un Sur-soi, pour qu'on arrive, d'une façon ou d'une autre, à effectuer une transition de la culpabilité résolument acceptée à l'action[79].

Voilà comment selon Arendt, Heidegger en est arrivé au national-socialisme. Mais cela ne l'a pas empêché de sombrer dans le nihilisme ; au contraire, d'après elle, cela l'a fait ressortir de façon encore plus nette.

Durant son voyage en Allemagne l'hiver 1949-1950, cette image négative de Heidegger s'inverse pour ainsi dire. Arendt s'investit pour transmettre au public intellectuel américain une compréhension plus juste de la pensée de Heidegger. En 1952, le révérend Oesterreicher, le fameux prêtre d'origine juive, lui écrivit pour savoir jusqu'où était allé l'engagement de Heidegger en faveur du national-socialisme. Il voulait vérifier si son jugement négatif sur Heidegger était correct. Arendt formule dans sa lettre de réponse une appréciation critique plus nuancée qui s'écarte des jugements spontanés de son article de 1945-1946[80]. Trois ans plus tard, le doctorant Calvin Schrag lui écrivait. Il faisait son doctorat sous la direction de Paul Tillich, notamment sur l'analytique de l'être-là chez Heidegger. Il lui posait quelques questions à propos de la pensée de Heidegger et se référait à son article, *Qu'est-ce que la philosophie de l'existence ?* Arendt clôt sa réponse par cette phrase :

> Je dois vous mettre en garde contre mon essai sur l'existentialisme, particulièrement sur la partie qui traite de Heidegger. Elle n'est pas seulement inadéquate, elle est par endroits tout simplement fausse. Je vous prie d'oublier cet essai [81].

Jaspers apparaît dans cet article comme la lumière de la philosophie allemande, comme l'unique penseur qui ait émergé de façon authentique et concluante de cette révolution contre la métaphysique traditionnelle. Avec Jaspers, la philosophie de l'existence a renoncé à son égoïsme :

> Le mouvement de la transcendance dans la pensée, un mouvement fondé sur la nature de l'homme, et l'échec de la pensée qui est son corollaire, permet au moins d'atteindre à ceci : que l'homme, comme « maître de ses pensées », est non seulement plus que tout ce qu'il pense – ce qui serait vraisemblablement la condition fondamentale suffisante pour une redéfinition de la dignité humaine – mais également que l'homme est préalablement défini comme un être qui est plus qu'un Soi et qui veut plus que lui-même. La philosophie de l'existence a ainsi quitté la période de sa soïté [82].

Jaspers est donc présenté au public américain comme le vainqueur du « solipsisme » heideggérien. Dans les années qui suivirent cet article, Arendt allait s'efforcer de faire connaître Jaspers aux États-Unis. Elle s'occupe de lui trouver un éditeur et suit avec attention le travail des traducteurs. Jaspers lui en est reconnaissant. Il n'est pas question de faire la même chose pour Heidegger.

Une Européenne en Amérique

Des exposés comme celui d'Arendt sur la philosophie de l'existence restaient probablement étrangers aux préoccupations du grand public américain, tout comme d'ailleurs Arendt restait elle aussi une figure étrangère aux groupes *in* de la culture américaine. Pour William Barrett qui avait traduit son article sur la philosophie de l'existence pour la *Partisan Review*, Hannah Arendt s'était inscrite dans sa mémoire comme une immigrante européenne :

> Elle aurait pu rester vingt ans parmi nous, elle serait toujours restée une figure étrangère. Une partie d'elle n'avait jamais vraiment débarqué en Amérique [...] elle était toujours consciente qu'elle venait d'ailleurs – et qu'elle représentait quelque chose de plus ancien et de plus profond qu'elle considérait comme étant la culture européenne et qu'elle protégeait en son for intérieur. Elle devint ainsi pour nous une sorte d'incarnation de la présence européenne qui se faisait de plus en plus sentir à New York durant les années 1940 [83].

Certains intellectuels américains élevés dans le pragmatisme non seulement ne comprenaient pas la haute culture intellectuelle d'Arendt, mais ils la rejetaient, ce qui la rendait agressive. Certains la trouvaient arrogante et prétentieuse à l'égard des États-Unis [84]. Delmore Schwartz, un écrivain et un poète extrêmement talentueux et célèbre pour ses jeux de mots, aurait fait, selon Barrett, cette remarque acerbe à son propos : « That Weimar Republic flapper [85] ! » Ce qui signifiait : cette dame extravagante sortie du temps où Weimar dansait encore, où les jeunes filles se coiffaient à la Jeanne d'Arc, fumaient des cigarettes, avaient des affaires avec les hommes et tenaient des discours hyperintelligents. Mais derrière cette remarque se cachait le fait qu'Arendt n'avait pas trouvé drôle une de ses blagues et qu'il l'avait mal pris.

Il y avait pourtant des personnes qui étaient sur la même

longueur d'onde que Hannah : Dwight Macdonald et Mary McCarthy. Issu de la gauche staliniste, Macdonald avait rejoint les trotskistes, mais à l'américaine, c'est-à-dire de façon libérale et non sectaire. Macdonald écrivait visiblement comme il parlait. Il volait par exemple à son ami l'écrivain Nicola Chiaromonte un paradigme que celui-ci avait jeté dans la conversation, le mettait en titre de son fameux article, « La responsabilité des peuples », et révélait dans le corps du texte que ce titre provenait de « mon ami Nicola Chiaromonte ». Macdonald aimait la polémique, mais il ne savait pas bien argumenter et défendre ses idées. Il se frayait son chemin dans les débats à la hache, ce qui l'obligeait souvent à s'excuser par la suite. Il ne se faisait bien sûr pas que des amis en agissant de la sorte, mais Arendt aimait sa spontanéité et Macdonald de son côté la vénérait un peu. Dwight fut l'un des amis les plus fidèles de Hannah. Du moins, il resta son ami à travers toutes les périodes de fortune et d'infortune qu'elle connut, ce qui ne fut pas, loin de là, le cas de tous ses amis.

Mary McCarthy avait le même tempérament. Malgré tout ce qui les distinguait, Hannah Arendt et elle avaient ceci en commun : elles étaient toutes les deux des femmes aux facettes multiples et souvent contradictoires. Toutes les deux avaient un rapport direct au monde, elles ne craignaient pas de le juger, ni de s'exposer. Dire que l'une – McCarthy – était écrivain et l'autre – Arendt – philosophe serait induire le lecteur en erreur, car leur talent était très similaire. Toutes deux étaient douées d'un entendement très analytique, parfois presque tranchant. Elles exprimaient tout de suite ce qu'elles pensaient sur tel ou tel sujet. Elles étaient très sensibles aux mensonges organisés dans la sphère publique. Elles étaient toutes deux douées pour les essais politiques, mais Mary écrivait des romans et des nouvelles et Hannah des essais politiques.

Ce qui les distinguait, c'était bien sûr le fondement de leur éducation et de leur pensée. Là où Mary McCarty était éduquée, Arendt était sage grâce à ses solides connaissances classiques. Là où Mary McCarthy recourait au bon sens, Arendt se référait toujours à une dimension historique. C'était là une capacité qui humiliait souvent ses amis à tel point qu'ils commencèrent à s'en insurger.

Nous nous situons dans les années 1940. Mary, qui venait d'une bonne famille, avait perdu ses parents à l'âge de six ans. Elle fut envoyée au fameux Vassar College dont son roman à succès, *Le Groupe*, dépeindra plus tard l'ambiance et la culture des jeunes filles. Elle se marie à l'âge de vingt et un ans et divorce trois ans plus tard. Elle fait la connaissance du groupe formé autour de Dwight Macdonald, Philip Rahv et William Philips et fonde avec eux *Partisan Review*. Elle écrit des critiques de pièces de théâtre et vit en couple avec son collègue Philip Rahv. En 1938, elle se marie avec l'écrivain et critique littéraire Edmund Wilson. Leur mariage est un échec, mais elle commence à cette époque à écrire des nouvelles, encouragée par Wilson. En 1942, elle publie son premier livre, *Dis-moi qui tu hantes*, qui met déjà en valeur son style narratif particulier. Profondément attirée par la réalité qui l'entoure, elle ne se soucie pas de l'intimité des personnes qu'elle présente à peine déguisées dans ses récits. Elle avait la réputation d'être une diva dévoreuse d'hommes. On craignait sa langue acerbe, son ex-compagnon Philip Rahv ira même jusqu'à lui intenter un procès pour diffamation parce qu'il se voyait caricaturé dans l'un de ses livres. Il retira sa plainte, et Mary écrivit à sa mort un article nécrologique plein d'amour.

Quand ces deux femmes firent connaissance, Mary McCarthy était critique de théâtre et tenait une rubrique sociale. Toujours élégamment habillée, elle se mouvait avec aisance en société. Mary McCarthy avait de la « classe ». Avec son visage ovale clair et sa chevelure sombre attachée en chignon démodé dans la nuque, c'était une figure qu'on ne pouvait manquer de remarquer.

Elle avait une ouïe très fine pour les discours hautement

intellectuels, pour leurs faiblesses cachées et leur côté comique. Elle exprimait cela dans la conversation et dans ses livres d'une façon désarmante et souvent blessante. Si l'on veut caractériser de façon neutre le caractère de Mary McCarthy, l'adjectif anglais *outspoken* (franc, direct) est sans doute celui qui convient le mieux. Sa façon de parler reposait sur le principe freudien du *Witz* (le jeu de mots, le mot d'esprit). Dans les discussions, c'était elle le plus souvent qui interrompait les querelles par une remarque acerbe ou drôle. Si certains étaient piqués au vif par la remarque insolente de Mary, les autres se réjouissaient de la précision de sa verve. Le ton de McCarthy n'était pourtant pas la marque d'une naïveté exagérée contre laquelle la société intellectuelle new-yorkaise pouvait s'irriter. Ce n'était pas une attitude qu'elle se donnait, c'était sa personnalité qui parlait ainsi.

Quand Mary McCarthy et Hannah Arendt se rencontrèrent pour la première fois au début de l'année 1945 dans le bar de Murray Hill, Hannah avait trente-huit ans et Mary trente-deux. Le bar servait ce soir-là de lieu de rencontre amical pour la rédaction de *Partisan Review*. Jouant les enfants terribles, elle soutenait que « Hitler lui faisait vraiment de la peine, il ne comprenait pas ce qui lui arrivait, il espérait que les Juifs l'aimeraient[86] » – pour ce qu'il leur avait fait. Arendt qui participait à la discussion était révoltée. Plus tard, elle raconta qu'elle avait compté jusqu'à 120 pour laisser à Philip Rahv, qui était alors son compagnon, le temps de répondre. Voyant qu'il se taisait, elle explosa[87]. Elle cria à Mary : « Comment pouvez-vous me dire une chose pareille à moi, une victime de Hitler, qui ai connu les camps de concentration ! » Les tentatives de justification de Mary McCarthy furent vaines. « Je me retirai honteusement », raconte McCarthy. Mais Arendt continuait à se plaindre auprès de Philip Rahv : « Comment pouvez-vous accepter ce genre de conversation chez vous, vous, un Juif[88] ? »

Les réconciliations n'eurent lieu que plusieurs années

après, quand les deux femmes se retrouvèrent cette fois à la rédaction du magazine de Dwight Macdonald, *Politics*. À la fin de la soirée, elles étaient seules sur le quai désert du métro. Arendt prit l'initiative et dit qu'elle avait remarqué que très souvent dans les discussions, elles étaient du même avis et qu'elles se trouvaient fréquemment dans le camp de la minorité. « "Nous concevons les choses, toutes deux, d'une façon si semblable." Mary McCarthy trouva enfin l'occasion d'offrir une explication de ses propos et Arendt avoua alors qu'elle n'était jamais allée dans un camp de concentration, mais seulement dans un camp d'internement [89]. »

Commença alors une amitié de plus de vingt ans qui reposait sur une reconnaissance et une confiance réciproques, mais aussi sur l'étonnement et l'admiration. Mary McCarthy admirait la capacité de penser d'Arendt, son don inhabituel pour interpréter des situations d'une façon nouvelle, et sa connaissance de la culture et de la littérature de l'Antiquité. Hannah admirait chez son amie sa façon d'écrire, sa beauté, son rayonnement érotique et ses mots d'esprit spontanés. McCarthy était également importante pour Arendt, car elle lui permettait de décoder et de comprendre la scène intellectuelle américaine. C'était par elle qu'elle apprenait l'arrière-plan, le contexte politique et les histoires personnelles des gens qu'elle connaissait. Plus âgée, Arendt avait tendance à adopter une attitude protectrice, presque maternelle à l'égard de McCarthy.

Arendt était active dans ces années-là dans plusieurs domaines. Elle était engagée dans les débats sionistes. Elle écrivait ses études sur l'antisémitisme, sur l'impérialisme et sur le racisme. Elle gagnait sa vie de plusieurs façons, une bourse, les honoraires de ses articles et un cours à l'université... Elle était toujours à la recherche d'un « travail » pour vivre. Salman Schocken, l'éditeur, qu'elle avait connu à Berlin par l'entremise de Kurt Blumenfeld, l'engagea un temps comme lectrice. Elle s'occupait chez Schocken de trouver des écrivains européens de premier plan à faire découvrir au public américain. Walter Benjamin, Bernard Lazare, Franz Kafka, tels sont les principaux auteurs dont elle s'occupe. Pendant la période où elle est lectrice, le *Journal* de Kafka, et le manifeste sioniste-symboliste *Le Fumier de Job* de l'écrivain et poète français Bernard Lazare sont publiés[90]. Chez Schocken Books, elle fit la connaissance du poète Randall Jarrell dont elle admirait la sensibilité pour la langue anglaise et allemande. Jarrell l'aida également un temps à traduire ses propres textes en un anglais conforme à sa pensée[91].

Elle devait également à Schocken Books la rencontre de toute une série de collègues qui devinrent par la suite ses amis ou de bonnes connaissances. Il s'agissait notamment de Irving Howe, de Nathan Glazer, de Martin Greenberg et d'autres qui étaient alors actifs sur la scène journalistique new-yorkaise.

Ce fut sans doute pour elle une gageure quand on lui proposa de donner un cours au Brooklyn College de New York.

Elle commença à enseigner au mois de février 1946. C'était son premier poste d'enseignant à l'Université aux États-Unis[92]. Gurian lui avait écrit une lettre de recommandation pour obtenir ce cours. Ce cours fit également partie des études qui allaient être intégrées dans son livre *Les Origines du totalitarisme*. Elle travaillait à ses articles jour et nuit, comme le raconte sa biographe Elisabeth Young-Bruehl. Elle écrivait à la pause de midi, après le dîner et jusque tard dans la nuit[93].

Au milieu du mois de mai 1945, Arendt accepta de mener une sorte de mission de recherche commandée par la *Conference on Jewish Relations*. Elle écrit à Gurian qu'à la demande de cette organisation, qui fera partie plus tard de la *Commission on European Cultural Reconstruction*, elle allait dans les six mois à venir « accomplir une recherche spéciale sur la situation des institutions juives en Europe. Cela ne sera sûrement pas très gai, mais peut-être un peu utile[94] ». C'était en fait un projet sisyphien, Arendt devait se mettre à la recherche des biens juifs volés que les nazis avaient amassés partout en Europe. Elle devait trouver qui en étaient les propriétaires et dans les mains de qui ces livres, ces objets d'art et de culte étaient tombés par la suite. Elle devait donner son avis sur la question de savoir à quelle personne ou à quelle institution chaque bien devait être restitué, si cela était possible, ou remis, si la restitution était impossible. Pendant six ans, elle sera active au sein de cette organisation, elle se mettra en quête de biens juifs volés tout comme de l'histoire juive détruite. C'est dans le cadre de cette mission qu'elle fera son premier voyage en Allemagne après la guerre.

Ce travail fut une préparation douloureuse à sa nouvelle rencontre avec l'Allemagne dont elle avait été chassée en 1933.

CHAPITRE V

Rupture de la tradition
et nouveau commencement,
Arendt et Heidegger en contrepoint

Au mois de février 1950, après des années de fuite, de persécution, de déception, de colère et d'éloignement, Hannah Arendt rencontre à nouveau son grand amour de jeunesse, Martin Heidegger.

Elle raconte « sur le vif » cette rencontre à son amie Hilde Fränkel :

> Sinon, je suis revenue hier de Fribourg où des affaires impératives m'avaient rendue. Y serais-je allée sinon ? Je ne sais pas. Quoi qu'il en soit, H. est apparu immédiatement à mon hôtel et alors a commencé une sorte de tragédie dans laquelle, semble-t-il, j'aurais joué un rôle dans les deux premiers actes. Il ne se rend pas compte que tout cela remonte à vingt-cinq ans et qu'il ne m'a pas vue depuis plus de dix-sept ans, si ce n'est maintenant sur le mode de la culpabilité, pour le dire diplomatiquement, ou plus franchement comme un chien penaud, la queue entre les jambes. (Ne montre pas, s'il te plaît, cette lettre à ton homme[1] !) À cela s'ajoute une scène fantastique de sa femme qui, emportée dans sa colère, s'est mise à dire « votre mari » au lieu de « mon mari ». Des choses sont sorties soudain dont je ne me doutais absolument pas : elle me disait savoir ce dont il m'était redevable en rapport avec sa production philosophique, etc. Tout cela était entrecoupé de reproches à son mari pour le manque de fidélité. Visiblement c'est là une scène récurrente chez eux. Malgré cela ou plutôt à cause de cela, je remercie Dieu d'être

venue à Fribourg. Je te raconterai à mon retour ce véritable roman dans ses derniers développements. Je fais en parallèle autre chose, comme tu sais. En fin de compte, je suis heureuse de cette confirmation que j'ai eu raison de ne jamais oublier [2].

Aux yeux d'Arendt, Martin Heidegger s'était rangé du côté de ses ennemis. Cette trahison d'un ami – c'était ainsi qu'elle comprenait sa compromission avec le nazisme – la rendait furieuse. Pourtant il y avait quelque chose qu'elle ne pouvait pas oublier, un lien entre eux auquel ni l'un ni l'autre n'avait voulu porter atteinte.

Hannah voyageait à travers l'Europe et l'Allemagne. Elle avait fini avant son départ une première version de son livre *Les Origines du totalitarisme*. À cette époque, elle était déjà une personnalité connue en Allemagne. En 1948, l'éditeur Lambert Schneider – il faisait partie du cercle autour de la revue *Die Wandlung* – avait publié un volume avec six de ses essais, dont sa contribution au débat germano-américain sur la culpabilité allemande, *La Culpabilité organisée*. Ses articles dans *Wandlung* étaient lus attentivement dans les cercles intellectuels en Allemagne. Les journaux rapportaient qu'Arendt accomplissait en Europe une mission de la *Commission on European Jewish Cultural Reconstruction*.

Au début du mois de décembre 1949, douze ans après avoir été déchue de sa nationalité allemande, elle revenait en Allemagne [3] pour établir la liste de ce qui pouvait encore être sauvé des biens culturels juifs que les nazis avaient pillés.

Les Allemands avaient à cette époque autre chose en tête que de restituer les bibliothèques, les tableaux et les objets de culte volés aux Juifs. Le génocide des Juifs d'Europe perpétré par les Allemands n'avait pas encore pénétré la conscience publique allemande. Dans le récit de son voyage en Allemagne qu'elle écrivit pour *Commentary* [4], elle décrit l'état d'abrutissement général dans lequel se trouvent les Allemands. L'Allemagne était le pays d'Europe où l'on déplorait le moins les horreurs perpétrées par les Allemands. « Les Allemands » de l'après-guerre se caractérisent par leur indifférence, leur apathie, leur absence de sentiment et leur manque de cœur[5]. Fuite devant la réalité, « fuite devant la responsabilité », relativisme nihiliste et apitoiement sur son propre sort marquent le comportement quotidien des Allemands à l'égard des puissances occupantes, mais aussi entre eux. Les Allemands « sont amoureux de leur impuissance[6] », écrit-elle. Ce sont des « fantômes vivants que les mots, les arguments, les regards et les pleurs de l'homme ne peuvent plus toucher[7] ». Cette métaphore des « fantômes vivants » renvoie chez Arendt à une autre expression qu'elle avait employée dans un autre contexte avec plus ou moins le même sens. « Cadavres vivants », c'est ainsi qu'elle avait décrit les réfugiés et les apatrides dans l'entre-deux-guerres, tout comme les prisonniers des camps de concentration et d'extermination. À ses yeux, ces hommes avaient ceci en commun qu'ils avaient perdu la capacité d'agir et de juger en citoyens autonomes, les uns étaient des victimes, les autres avaient perpétré des crimes ou en étaient coresponsables. Il y avait pourtant un point de lumière dans ce jugement extrêmement sévère sur l'Allemagne. Berlin, la ville divisée dont elle n'avait pu voir dans son voyage que la partie Ouest, se voyait attribuer une bien meilleure note. Dans les lettres qu'elle écrit à son mari, elle fait l'éloge du caractère différent des Berlinois, de leur humour, de leur lucidité et de leur bon sens. Ce jugement positif tenait en partie aux conducteurs de taxi berlinois et à son amour de jeunesse Ernst Grumach qu'elle avait retrouvé là-bas. Elle raconte à son mari :

C'est à peine croyable, mais me voici de nouveau à Berlin, après dix-sept ans. Grumach est venu me chercher à l'aéroport, et nous ne nous quittons plus. Sa femme, originaire de

Prusse-Orientale, est ravissante et leur enfant charmant [...].
Ernst s'est remis à la poésie[8].

Elle se réjouit de pouvoir à nouveau parler le dialecte
de Prusse-Orientale. Grumach lui est d'une grande aide
dans son travail de recherche et de sauvegarde des biens
culturels juifs volés. Elle le reverra au fil des années à
chaque voyage qu'elle fera à Berlin pour la *Commission on
European Jewish Cultural Reconstruction*.

Ernst Grumach était un philologue de l'Antiquité et un
spécialiste renommé de Goethe. Il avait survécu à la
période nazie à Berlin grâce à sa femme non juive. Pendant la guerre, il avait été réquisitionné par les services
généraux de sécurité du Reich – avec beaucoup d'autres
Juifs hellénistes, latinistes, spécialistes de Byzance, de
l'Égypte antique et du judaïsme – pour faire le catalogue
et l'inventaire des bibliothèques juives spoliées avant que
leurs livres soient redistribués dans d'autres institutions
du Reich pour faire partie de ce que les nazis appelaient
la « bibliothèque de l'ennemi ». Il avait accumulé un
savoir infini sur les biens juifs volés et devint un expert
très recherché dans les différents procès de restitution
après 1945[9].

L'article d'Arendt sur l'Allemagne s'adressait au public
américain qui depuis des années ne recevait que très peu
d'informations sur la situation de ce pays. Le ton neutre
pour lequel elle opte ne parvient pas à cacher à quel point
elle est ébranlée par la destruction du pays et par le traumatisme de la population. L'Allemagne était maintenant
divisée. La frontière traversait Berlin, la ville à laquelle elle
était toujours restée fidèle et qu'elle avait épargnée dans
son jugement dévastateur sur le reste de l'Allemagne et des
Allemands. La partie Ouest de l'Allemagne et la zone occidentale de Berlin venaient d'adopter une Constitution
démocratique. À l'Est, les leaders politiques communistes
prétendaient vouloir construire un État « démocratique
et antifasciste » qui se voulait un contre-modèle de la

démocratie libérale occidentale. Les dirigeants de l'Est commençaient à employer la terreur, avec l'appui de l'occupant soviétique, pour faire taire leurs opposants.

Arendt voyagea à travers toute l'Allemagne. Elle faisait parfois un saut à Paris, Londres, Zurich ou Bâle, le nouveau lieu de résidence de son professeur Karl Jaspers. Elle négociait avec des institutions allemandes tout comme avec les autorités de l'occupation militaire. Elle parlait avec des hommes politiques, des journalistes, des étudiants, des professeurs et des connaissances fortuites. Elle rencontrait d'anciens amis. Elle parle dans ses lettres à son mari Heinrich – toujours de façon sarcastique – du choc psychique qu'a provoqué en elle la vision des villes allemandes détruites et des hommes abattus, amers, spirituellement misérables et vides.

Pendant toutes ces semaines, elle se demandait sans cesse si elle allait se rendre à Fribourg pour revoir Heidegger. « En Allemagne, tout est de nouveau inondé de Heidegger », écrit-elle à Heinrich dans ce style acerbe qui lui est propre.

> Je t'enverrai ou te rapporterai les *Chemins qui ne mènent nulle part*. Je ne sais pas encore si je verrai [Heidegger], je m'en remets au hasard. Ses lettres à Jaspers, qu'il m'a fait lire [10], sont tout comme avant : le même mélange de vérité et de mensonge ou plutôt de lâcheté, tous deux venant vraiment du fond de lui-même. Chez Jaspers, l'envie de Heidegger m'est un peu passé. Ça reste quand même toujours pareil : la loi d'après laquelle une relation peut s'établir [11].

Elle écrit cette lettre de Londres, un mois avant son voyage à Fribourg, cet éloignement la rassure.

Pourtant elle va suivre une tout autre loi. Même après cette trahison supposée de l'ami, leur relation n'était pas finie à ses yeux. Elle ne voulait pas laisser détruire ses anciennes amitiés par la polarisation de la politique.

Les amis tenaient lieu chez elle de patrie et ils étaient pour cela irremplaçables. Le vieil amour recelait en lui les réminiscences d'un foyer intellectuel détruit.

Elle se rendit donc à Fribourg pour négocier avec l'administration la restitution de biens culturels juifs. Elle rencontra tout d'abord son ami d'études, le spécialiste des langues romanes Hugo Friedrich. Il lui fit part des dernières nouvelles sur Heidegger et lui fournit son adresse. Elle lui envoya ensuite une lettre de son hôtel.

Heidegger : la lutte pour l'honneur

Le couple Heidegger se trouvait depuis la fin de la guerre dans une situation précaire. Peu après l'entrée de l'armée française à Fribourg, leur maison avait été réquisitionnée. En 1945, leur piano à queue et un de leurs tapis furent confisqués. De l'été 1945 au mois de mars 1949, un sergent de l'armée française et sa famille furent logés chez eux. En outre, des amis et des parents venaient régulièrement trouver refuge chez les Heidegger, comme par exemple Laslowski et sa femme à la fin des années 1940. On menaça les Heidegger de leur enlever toute leur bibliothèque. Ils ne disposèrent pendant des années que du bureau de Heidegger aussi bien pour vivre que pour y travailler. S'ajoutait à cela la crainte pour la vie de leurs enfants. Leurs deux fils étaient prisonniers de guerre en Russie. Le premier revint malade en 1947 et le second seulement en décembre 1949. Elfride Heidegger devait gérer cette situation difficile. Elle s'occupait de la maison, essayait de préserver l'unité de sa famille et faisait son possible pour libérer son mari de tout souci.

Dès le début de l'occupation française en 1945, Heidegger comme beaucoup d'autres universitaires avait été relevé de son poste de professeur. Cette situation nouvelle ne le surprenait pas entièrement. Dans un appendice à une lettre à Elfride du mois d'avril 1945, il lui faisait déjà part de son pressentiment : « Bien que l'avenir soit sombre et sinistre, j'ai confiance dans le fait qu'il existe des possibilités d'œuvrer même si l'enseignement me reste interdit à l'avenir [12]. »

Heidegger écrit cette lettre de Messkirch avant qu'il ne revienne à Fribourg, et bien sûr à l'université. Il s'attendait à ce que des mesures soient prises contre lui.

Vers la fin de la guerre, la faculté de philosophie et de théologie avait été déplacée provisoirement dans le château de Wildenstein sur les bords du Danube. Les bombardements et l'invasion imminente des Alliés rendaient tout travail intellectuel impossible. Dans ce château dans les hauteurs, les professeurs pouvaient enseigner dans un cadre improvisé et les étudiants (pour la plupart des étudiantes) pouvaient étudier. Ils y vécurent tous quelques semaines, aidant aux travaux des champs pendant que Fribourg était conquise par les Alliés. Personne n'était pressé de rentrer. Après que tout le monde eut quitté Wildenstein, Heidegger se rendit d'abord à Messkirch.

L'université réagit avec vigueur à la fin du régime national-socialiste. Dès le printemps 1945, le recteur, les membres du sénat et quelques professeurs qui s'étaient opposés au national-socialisme décident de se lancer dans une auto-épuration de l'université. Les autorités de l'occupation militaire poussaient certes à adopter de telles mesures, mais l'élite de l'université voulait éviter l'arbitraire de l'occupant et de l'administration locale. Un chaos impénétrable de vrais et faux opposants au régime s'était créé. Chacun essayait de profiter de cette situation pour s'en sortir. Les dénonciations et les idées préconçues sur l'ennemi étaient pendant les premiers mois et les premières années de l'après-guerre aussi courantes que sous le régime nazi. Les organes exécutifs de l'État jugeaient à leur guise ou s'empressaient de se soumettre au bon vouloir de l'occupant français. L'opportunisme régnait.

Les dirigeants officiels et officieux de l'université dans l'immédiat après-guerre étaient l'historien Gehrard Ritter et les économistes Walter Eucken, Constantin von Dietze et Adolf Lampe. Ils appartenaient tous à l'école fribourgeoise d'économie. Ils avaient fait partie durant les dernières années du national-socialisme du *Cercle de Fribourg* qui entretenait des contacts avec la résistance allemande[13]. Ils furent tous emprisonnés en 1944 et devinrent après la guerre les hommes de confiance de l'officier français de liaison auprès de l'université[14]. Ces personnalités formaient le noyau de la « Commission d'épuration » interne à l'université dont von Dietze était le président. S'y ajoutaient le botaniste Friedrich Oehlkers et un théologien. Franz Böhm, vice-recteur en fonction, juriste en vue sans antécédents politiques et ami de Walter Eucken, avait un rôle de conseiller. La première réunion de la Commission eut lieu au mois de juillet 1945.

La rapidité avec laquelle ils s'emparèrent du cas Heidegger n'est étonnante qu'en apparence. Deux faits l'expliquent : Heidegger était un philosophe célèbre et son engagement en faveur du national-socialisme avait fait l'objet de discussions dans le monde entier. Maintenant tout le monde attendait de voir ce qu'on allait faire de lui. De plus, Heidegger, pendant la brève période où il avait été recteur, s'était fait de nombreux ennemis qui n'attendaient que de se venger et de l'exposer à la réprobation publique.

En France où l'attitude traditionnelle était plutôt bienveillante à l'égard des intellectuels, l'opinion sur le célèbre philosophe était divisée. Dans les dernières années de la guerre et dans l'immédiat après-guerre, l'existentialisme s'était affirmé comme la nouvelle tendance de la philosophie et du théâtre français. L'existentialisme réagissait à l'effondrement de la culture et de la tradition par un mélange de nihilisme, de tristesse et de révolte. Tout un « milieu existentialiste » se développait alors, qui allait de la philosophie à la chanson en passant par la mode. Les philosophes existentialistes avaient lu Heidegger. Jean-Paul Sartre avait étudié les écrits de

Husserl et de Heidegger lors de son année de boursier à l'Institut français de Berlin en 1934. *L'Être et le Néant*, sa grande œuvre philosophique influencée par la philosophie de l'existence allemande, était sortie en 1943 sous l'occupation allemande.

Dès le mois de juillet 1945, Heidegger fut interrogé pour la première fois par Adolf Lampe, membre de la Commission d'épuration. Il devait être difficile pour lui d'accepter que cet interrogatoire soit mené par un collègue avec lequel il avait eu au début de l'année 1934 un accrochage qui avait conduit à sa démission du poste de recteur [15].

Au cours de l'interrogatoire, Lampe s'indignait de la remarque de Heidegger selon laquelle, par répugnance pour son contenu, il n'avait lu que partiellement *Mein Kampf* de Hitler. Il le renvoyait au fait qu'il avait jeté dans les bras des nazis des foules d'étudiants et de jeunes professeurs. D'après le rapport de Lampe, la réponse argumentée de Heidegger fut la suivante :

> Il avait vu dans le soutien au national-socialisme la seule et dernière possibilité d'enrayer la progression du communisme ;
>
> il n'avait accepté la charge de recteur qu'à contrecœur et uniquement dans l'intérêt de l'université ;
>
> en dépit d'expériences toujours malheureuses, il n'était demeuré en fonction que pour éviter le pire ;
>
> on devrait lui concéder les conditions particulièrement turbulentes dans lesquelles il avait dû exercer son rectorat ;
>
> il avait pu effectivement écarter de nombreux risques imminents, qui auraient encore entraîné une aggravation de la situation, sans que ces services soient aujourd'hui mis à son actif ;
>
> il n'avait pas trouvé chez ses collègues le moindre écho favorable pour les objectifs véritables qu'il poursuivait ;
>
> par la suite, il avait pratiqué dans ses cours une critique ouverte, surtout dans ses séminaires sur Nietzsche [16].

Lampe soutint à l'encontre de ces affirmations que Heidegger avait imposé le principe du *Führer* de façon si radicale qu'il avait détruit l'administration autonome de l'université. Il avait endoctriné les étudiants en faveur du national-socialisme [17]. Il portait l'entière responsabilité de ce qui était arrivé à la suite de sa démission. Sa critique tardive ne pouvait contrebalancer son soutien au régime, car il s'agissait de prises de position qui ne le mettaient absolument pas en danger [18].

Le juriste et vice-recteur, Franz Böhm, soutenait et même développait les arguments de Lampe. Heidegger avait risqué toute sa réputation scientifique pour Hitler. Il n'était pas concevable qu'il conserve son grade et reste en poste, alors que des jeunes professeurs que Heidegger avait convertis aux « vertus » du national-socialisme étaient eux menacés de limogeage, voire même d'incarcération. Heidegger avait combattu pour ses idées « avec une intolérance fanatique et terroriste ». Il ne pouvait pas faire valoir l'argument selon lequel il s'était trompé sur le national-socialisme. Böhm prend pour exemple le pillage du foyer juif à Fribourg et un appel affiché dans l'université à la dénonciation des étudiants communistes.

> Je ressens avec amertume que le fait que l'un des intellectuels les plus responsables de la trahison politique des universités allemandes, un homme qui, placé au moment décisif au poste clé, recteur d'une grande université allemande frontalière, et philosophe internationalement connu, a mal orienté le gouvernail politique et a prêché de vive voix et avec un fanatisme intolérant des doctrines fallacieuses et funestes – doctrines sur lesquelles, à ce jour, il n'est jamais revenu –, qu'un tel homme, donc, soit uniquement touché par une mesure de « mise en disponibilité » et, apparemment, ne ressente même pas le besoin de répondre des conséquences de ses actes responsables [19].

Au mois d'octobre 1945, Heidegger informait la faculté de philosophie que les autorités militaires françaises lui avaient fait savoir qu'il avait été placé en « disponibilité » et que, formellement, il demeurait en fonction. L'université pouvait donc disposer de lui [20]. Böhm fit savoir immédiatement qu'il démissionnerait de son poste de vice-recteur si Heidegger était réintégré dans ses fonctions ou même seulement mis à la retraite. Lampe adopta également cette position [21].

Il est clair dès le début que les collègues de Heidegger et la direction de l'université placent bien plus haut la responsabilité de Heidegger que lui-même ne le fait. On remarque que les détracteurs de Heidegger situent leur argumentation sur un autre plan que lui. Ils mettent en avant des principes politiques. Heidegger doit, selon eux, assumer la responsabilité de son action politique au-delà de sa période de recteur. La défense de Heidegger se confine à la sphère privée : il parle d'une erreur personnelle et de son retrait des affaires universitaires suite à son changement d'opinion sur le national-socialisme.

Les années qui suivirent ne changèrent pas grand-chose à la forme de ce débat. Heidegger considérait les accusations portées contre lui disproportionnées. La sanction envisagée – mise en retraite forcée et limogeage de l'université – était à ses yeux sans aucune mesure avec son délit. Une partie de ses détracteurs maintenait leur critique sévère de sa conduite et exigeait une sanction réelle, les autres adoptaient un jugement plus clément et faisait valoir la renommée mondiale de Heidegger en tant que philosophe.

La lecture des documents de la Commission révèle à quel point les blessures que le rectorat de dix mois de Heidegger avait causées étaient profondes. Nombre de ses collègues n'étaient pas d'accord avec la décision de l'autoriser à réintégrer l'université, alors que les recteurs qui avaient pris sa succession avaient été suspendus de toute activité à l'université. Derrière l'argument du traitement égal se cachait une situation délicate. Aux yeux de ses opposants, le rectorat, certes court, de Heidegger avait une valeur symbolique qui allait bien au-delà de sa démission et qui concernait l'ensemble de la période national-socialiste. L'indignation face à l'adhésion du philosophe allemand le plus célèbre au national-socialisme résonnait encore dans les débats de la Commission d'épuration au cours de l'été 1945.

C'était aussi la façon dont Heidegger s'était comporté en tant que recteur qui mettait en rage ses collègues plus de dix ans après. À leurs yeux, Heidegger avait durement porté atteinte à l'honneur de l'université et de ses enseignants en introduisant un style de direction que nombre de ses collègues méprisaient et jugeaient inapproprié à l'université. On lui attribuait en grande partie la destruction de l'autonomie de l'université. Il était jugé coresponsable de l'introduction d'une nouvelle charte des universités allemandes contenant le principe du *Führer*, d'après laquelle le recteur, entre autres, était nommé par le ministère. En introduisant des étudiants dans le sénat de l'université et en les montant contre les professeurs, Heidegger avait fait jouer les uns contre les autres les différents groupes qui composaient l'université. Sa femme Elfride apparaît dans le rapport comme le mauvais génie qui insuffla en lui la haine des Juifs. Quelle que puisse être la vérité de cet argument, un tel mélange de la sphère publique et privée ne peut s'expliquer que par l'agitation de la période[22]. Cela montre également que ses collègues avaient espéré tout autre chose de sa part et qu'il y avait là quelque chose qu'ils n'arrivaient pas à comprendre.

Heidegger a été mis devant une responsabilité qui ne concernait pas seulement ses actes, mais leur effet réel et symbolique. Il dut être ébranlé par la force de ces accusations. Il avait visiblement pensé que son retrait de la politique et son autocritique de la « philosophie de l'action » avaient effacé l'impression laissée par son premier engagement en faveur du national-socialisme.

Au fil des années que durait cette procédure, le front uni contre Heidegger se fissurait. Adolf Lampe, Franz Böhm et Walter Eucken souhaitaient toujours obtenir son éviction du corps professoral par une mise à la retraite forcée, ce qui aurait eu des conséquences négatives sur sa pension et sur ses autres droits à l'université. D'autres, comme Friedrich Oehlkers et l'historien Gerhard Ritter qui s'éloignaient progressivement de la ligne radicale de Lampe, considéraient qu'une mise à la retraite marquait une prise de distance suffisante de l'université à l'égard de son ancien recteur. Les recteurs de l'après-guerre (Janssen, Allgeier et Tellenbach) adoptèrent une attitude modérée à son égard – et ce dans les conditions légales confuses de l'époque contre lesquelles l'université essayait de se protéger. Le gouvernement militaire et le ministère suivirent l'attitude contraire : les autorités françaises édictèrent en 1946 un décret d'interdiction d'enseignement à l'encontre de Heidegger[23].

On pourrait tirer de ce procès qui dura plus de six ans un tableau de mœurs exemplaire sur l'attitude des universités allemandes à l'égard de leur passé national-socialiste et leur intégration fragile dans une nouvelle ère. Mais ce qui attirait l'attention, c'était le lien intellectuel de Heidegger au nazisme et ses conséquences historiques.

Ces différences de vue sur son action en tant que recteur, mais aussi la surprise qu'avait provoquée en lui la réaction violente de ses anciens collègues qui dirigeaient maintenant l'université, tout cela avait contraint Heidegger à prendre position sur son engagement passé en dehors des interrogatoires de la Commission d'épuration. Le 4 novembre 1945, il écrivit une longue lettre au recteur de l'université qu'il reprit et développa plus tard dans un texte intitulé « Le rectorat. Faits et pensées ». Il décrit dans cette lettre son travail de recteur, son entrée au NSDAP et ses rapports ultérieurs avec le parti. Il affirme n'avoir accepté le poste de recteur que sous la pression de ses collègues et de son prédécesseur. Il dit en outre – ce fut là le plus haut degré de sincérité dont il fut capable à l'égard de ses collègues – avoir eu la conviction que « la collaboration indépendante d'intellectuels pouvait permettre d'approfondir et de transformer de nombreuses positions de départ du « mouvement national-socialiste [24] ».

Comme nombre de ses concitoyens à l'époque, il était profondément touché par la crise de l'Allemagne qui était à ses yeux l'expression d'une crise existentielle de l'Occident. Paraphrasant son discours inaugural de 1933, il revient sur la nécessité alors d'un tournant spirituel. Il vient ensuite à parler des difficultés de son rectorat, mais il se contente de quelques qualificatifs généraux : déception, frictions, concessions, compromis. Malgré tout, il restait convaincu « qu'à la suite du discours de paix de Hitler le 1er mai 1933, ses conceptions et positions fondamentales sur le rôle des universités étaient compatibles avec la volonté politique du gouvernement [25] ».

Durant le semestre d'hiver 1933-1934, il lui était ensuite apparu clairement « que c'était une erreur de croire qu'il pourrait à partir de ses positions fondamentales nées d'un long travail philosophique avoir une influence *immédiate* en faveur d'un changement des fondements spirituels, ou plutôt a-spirituels, du mouvement national-socialiste [26] ».

Dès le début de l'année 1934, il avait pris la décision de démissionner de son poste de recteur, mais il avait dû attendre jusqu'au mois d'avril pour pouvoir le faire. En conséquence, il ne se serait identifié que huit mois en tout avec sa fonction de recteur.

Heidegger prétend avoir adhéré au NSDAP sous la pression du ministère et de la direction locale du parti. Mais cette adhésion ne lui avait servi à rien. Le parti n'a jamais voulu entendre ses conseils. Dans les années qui suivirent, il s'est détourné toujours plus du national-socialisme dont il a même critiqué le nihilisme dans son cours sur Nietzsche. Les dirigeants du parti avaient bien

perçu sa « résistance intellectuelle » et il avait été continuellement puni pour cela. On l'empêchait de participer
à des congrès internationaux, on interdisait la publication de ses écrits et on faisait circuler un rapport de la
police secrète à son propos. Il s'était opposé aux nombreuses tentatives du ministère des Affaires étrangères de
l'envoyer à l'étranger pour faire la propagande du régime.
En fin de compte, « je n'attribue aucun mérite particulier
à la résistance intellectuelle que j'ai menée ces onze dernières années. Mais quand on ne cesse de mettre en avant
l'affirmation grossière selon laquelle mon année de
rectorat a contribué à "faire tomber" de nombreux étudiants "dans les bras du national-socialisme", alors le sens
de la justice exige au moins de reconnaître ceci : de 1934
à 1944, j'ai éveillé par mes cours des milliers d'auditeurs
à la réflexion sur les fondements métaphysiques de notre
époque, tout comme je leur ai ouvert les yeux sur le
monde de l'esprit et sa grande tradition dans l'histoire de
l'Occident [27] ».

Heidegger adopta également par la suite cette ligne
de défense. Dans d'autres textes plus tardifs, il tente à
chaque fois de réfuter telle ou telle accusation concrète
en renvoyant à sa critique intellectuelle du national-
socialisme. C'est ainsi qu'il explique dans une lettre à
Constantin von Dietze sa politique à l'encontre de l'Association des universités allemandes (*Hochschulverband*) au
début de l'année 1933, tout comme sa compréhension particulière du terme de « mise au pas » qu'il interprétait
comme un processus d'unification contrairement au sens
politique courant qui renvoyait à des manipulations et à
des privations de droits [28]. Il avait voulu faire le bien. Il
s'était fait des illusions. Quand il s'était rendu compte de
ses illusions, il s'était retiré de toute fonction publique et
avait opté pour une attitude de résistance intellectuelle.
Sa rupture aurait eu lieu, selon lui, vers la fin de l'année
1933 et au début de l'année 1934. Il aurait cru encore

quelque temps qu'on pouvait changer quelque chose au système du national-socialisme.

C'est dans ce contexte que Friedrich Oehlkers, qui était aussi membre de la Commission d'épuration, écrivit à Jaspers pour lui demander un rapport sur le rectorat de Heidegger. Oehlkers et Jaspers s'étaient rapprochés pendant la période nazie, car tous les deux étaient mariés à des femmes juives et avaient eu à subir des mesures discriminatoires. Heidegger espérait que son ami – qui savait bien qu'il avait voulu mettre en pratique dans les années 1930 ce qu'ils avaient désiré et imaginé tous les deux dans les années 1920 – parlerait en sa faveur. Mais Jaspers formula un jugement sibyllin. D'un côté, il fournissait à la Commission une nouvelle pièce à conviction qui aggravait sa faute – il s'agit de la lettre de Heidegger où il exprime un jugement négatif sur le philosophe Eduard Baumgarten (voir p. 198 et suiv.) –, de l'autre, il faisait référence à des faits qui le disculpaient – la lettre de recommandation qu'il écrivit à son assistant juif, Brock, afin de trouver un poste en Angleterre. Il était d'accord avec la critique radicale de Lampe, Böhm et Eucken sur le fait que Heidegger ne devait en aucun cas échapper à une mesure punitive, mais il plaidait en faveur du droit de ce véritable érudit – formulé de façon très ambivalente – de continuer à enseigner.

> Heidegger est une puissance importante, non seulement pour la valeur d'une conception du monde philosophique, mais aussi dans le maniement des instruments spéculatifs. Il a un organe philosophique dont les perceptions sont intéressantes, bien que, à mon avis, il soit incroyablement dépourvu de sens critique et qu'il soit éloigné de la science véritable. Il agit parfois comme si le sérieux d'un nihilisme s'alliait à la mystagogie d'un magicien. Dans le flux de sa spécificité linguistique, il peut occasionnellement, de manière secrète et imposante, toucher le nerf de l'activité philosophante [29].

Jaspers présentait certes des arguments contre ceux qui prétendaient que Heidegger était un antisémite juré dès avant l'avènement du régime national-socialiste, mais il soutenait que Heidegger était devenu par la suite un antisémite. Il confirmait la thèse selon laquelle Heidegger avait voulu s'élever jusqu'au sommet du régime nazi. Il soulignait également que la question de savoir quand il s'était détaché du national-socialisme restait ouverte. Sa proposition était donc : mise en retraite et « suspension de l'enseignement pour quelques années [30] ». Après une période de temps fixée, il conviendrait d'examiner ce qu'il aurait écrit entre-temps et de jauger si les conditions à l'université permettent de confier l'éducation des étudiants à un homme de la stature de Heidegger avec un tel passé.

Le télégramme que Heidegger avait envoyé en mai 1933 à Hitler (voir p. 195) resurgit alors dans les discussions de la Commission. Walter Eucken contredisait la présentation de Heidegger selon laquelle sa prise de position publique contre l'Association des universités – dont le télégramme à Hitler faisait partie – ne relevait que d'un débat d'idées qui opposait la conception de l'*universitas* à celle d'une Université professionnelle [31]. Eucken qui lui aussi était présent à cette conférence de l'Association des universités affirmait que Heidegger n'avait absolument pas mentionné ce point lors de la conférence. Eucken faisait valoir également que l'argument de Heidegger selon lequel il s'était trompé sur le compte de Hitler était cousu de fil blanc. Le télégramme était un signe clair de l'admiration qu'il portait au national-socialisme et il eut un effet sur son entourage. Deux visions opposées du même dossier. Heidegger avait visiblement fait du *Führer* nazi un leader du peuple sur le modèle antique. S'imaginait-il être sur le même plan que lui ? Hitler, le *Führer* politique et lui le *Führer* spirituel ?

Ceux qui portent un jugement rétrospectif sur cette affaire butent généralement sur le même mystère. Comment est-il possible qu'un penseur de la dimension de Heidegger, comme d'autres grands de la science, de la littérature et de l'art, ait pu être fasciné par les apparitions bruyantes de Hitler et de ses acolytes ? Quelle honte abyssale ont-ils dû ressentir quand ils se sont rendu compte comme Heidegger du piège dans lequel ils étaient tombés ?

Heidegger : les années difficiles

Heidegger menait de front pendant les premières années de l'après-guerre plusieurs combats de défense. Il se défendait contre l'interprétation de Jaspers de l'*Aktion*, contre l'enseignant Eduard Baumgarten. Il parvint à prouver que la transcription de mémoire que Jaspers avait fait circuler ne correspondait pas exactement avec la lettre du rapport de Heidegger (voir p. 199)[32].

Au mois de mars 1947, le ministère du Culte et de l'Enseignement du Bade confirma l'interdiction d'enseignement de Heidegger. Il allait par là à l'encontre des efforts de l'université pour trouver un solution rapide au cas Heidegger.

Il est intéressant de voir qu'à la même époque, l'Église catholique s'intéresse à Heidegger. L'archevêque de Fribourg Conrad Gröber, sous l'effet de la procédure engagée contre lui, le convoqua à une entrevue.

Visiblement à la demande de l'ordre des Jésuites, Max Müller, un ancien élève devenu plus tard collègue de Heidegger – qui était loin d'avoir toujours été bien traité par celui-ci –, rédigea une sorte de rapport sur l'évolution philosophique et les états d'âme de son maître. Ce qui intéressait l'Église, c'était bien évidemment l'attitude de Heidegger vis-à-vis du catholicisme et la façon dont il fallait interpréter son hostilité à l'égard de celui-ci après 1933. Ils cherchaient également à comprendre les raisons de la distance prise ultérieurement par Heidegger à l'égard du national-socialisme et les actes concrets qu'il avait faits dans ce sens. Le texte de Müller présente une vision équilibrée des choses. Il s'oppose au jugement courant selon lequel Heidegger est un athée, tout comme à l'idée que sa philosophie pousse au nihilisme. Dans la conclusion de son rapport, Müller met en avant le combat intérieur de Heidegger avec la théologie et la foi comme étant au centre de sa pensée :

> Heidegger est un homme extrêmement profond, mais torturé intérieurement et déchiré qui a été pris par l'hameçon de Dieu à la suite de son baptême et de son éducation très pieuse et qui n'a jamais pu se le retirer de la chair quand bien même il s'avère souvent une souffrance intenable au point de vouloir l'arracher. On comprend mieux peut-être pourquoi il hait et aime autant l'Église. Le tourment de cet être intérieurement déchiré obscurcit souvent l'image qu'il nous donne de lui-même et ne nous permet pas de parvenir à un jugement tranché. Mais une chose est sûre : le problème religieux et le problème chrétien est un des problèmes centraux de sa pensée tout comme la question de l'absolu autour duquel il ne cesse de tourner[33].

Il fallut attendre jusqu'au mois de mars 1949, jusqu'à la fin du processus de dénazification qui aboutit finalement à classer Heidegger comme sympathisant du national-socialisme, pour que les choses se remettent en branle. Une lettre de Jaspers, cette fois entièrement positive, y contribua beaucoup. D'autres personnalités prirent le parti de Heidegger. Le philosophe Romano Guardini, les deux médecins de Heidegger, le physicien Werner Heisenberg et le sous-préfet Bröse, un ancien étudiant de Heidegger écrivirent tous des lettres en sa faveur. L'effet de cette initiative des amis de Heidegger sur le recteur et la faculté fut ambigu. On se rendit compte que Heidegger, encouragé par les suppositions de ses amis, les bruits et les soupçons, avait une vision étroite des choses.

Au début du mois de septembre 1949, le ministère du

Culte et de l'Enseignement reçut une lettre du haut-commissaire de la République française au sujet de Heidegger. Il y était écrit que « je ne m'oppose en rien à la retraite de Monsieur le Professeur Heidegger [34] ». C'était maintenant le ministère qui faisait obstacle pour des raisons de procédure. Il fallut attendre l'automne 1951 pour clore la procédure.

Les membres de la Commission d'épuration prenaient mal le fait que Heidegger recevait pendant les premières années de l'après-guerre des invitations venant de France. Ainsi par exemple, la revue *Fontaine*, qui prit la suite de la *Nouvelle Revue française*, souhaitait publier des textes encore inédits du philosophe. Il était question en outre d'une invitation à Baden-Baden. Il devait, dit-on, s'y rendre pour une discussion avec Jean-Paul Sartre. Mais il n'en fut rien, tout d'abord parce que Sartre ne vint pas et ensuite parce que le recteur et la faculté furent indignés de la nouvelle – les collègues qui étaient bien disposés à son égard tout comme ceux qui voulaient le limoger. On considérait impossible que Heidegger puisse se donner du bon temps alors qu'il devait répondre devant la Commission à de graves accusations. Même lorsque Heidegger fit savoir qu'il s'en remettait entièrement au recteur pour la suite à donner à cette invitation, l'indignation ne retomba pas. L'attitude générale à l'Université lui était devenue très hostile, ce qui montre à quel point les émotions guidaient les conduites des gens à cette époque.

Heidegger fut certainement profondément ébranlé par cette remise en cause de sa personne au sein de l'Université. Mais la procédure à son encontre n'était pas la seule raison de son effondrement psychique et physique à la fin de l'année 1945 et au début de 1946. Il y avait aussi sa relation amoureuse avec Margot, la princesse de Sachsen-Meinigen, qui fut une de ses élèves. À nouveau, Heidegger devait choisir entre sa femme et sa maîtresse. Mais il ne le voulait pas. Il se retira alors auprès de son ami le psychiatre Viktor von Gesattel dans son sanatorium près de

Badenweiler. Le médecin l'emmena plusieurs fois faire des promenades dans la Forêt-Noire. Il lui conseilla d'abandonner au plus vite l'Université et de se concentrer sur son œuvre [35].

L'interrogation sur ce que deviendra sa vie s'il ne peut plus enseigner et penser à l'Université traverse les lettres de Heidegger à sa femme et probablement les lettres à sa maîtresse.

> Et je suis certain d'une autre chose encore, c'est qu'il est nécessaire que je prenne totalement mes distances avec l'atmosphère de l'Université pour que ma pensée et l'œuvre qui grandit conservent leur style et leur fondement [...]. De par la rupture que j'ai vécue en rapport avec l'Université, c'est aussi ma relation avec la ville et le reste qui s'est rompue. Seule notre maison et la patrie des enfants sont chose durable [36].

Le séjour au sanatorium dura de la mi-février au mois de mai 1946. Il se rendit ensuite à sa hutte de Todtnauberg, car il ne parvenait pas à se concentrer et travailler dans le réduit où ils vivaient à Fribourg-Zähringen.

Réflexion sur les conséquences

Alors que les événements des premières années de l'après-guerre l'ébranlaient profondément, Heidegger écrivit un texte qui éclairait son cheminement de pensée dans cette situation de détresse existentielle. Le texte est une lettre de l'année 1946 à Jean Beaufret [37]. Ce jeune philosophe français avait rendu visite à Heidegger dans sa hutte au mois de septembre 1946. Il fut très profondément marqué par leur discussion. Dans une lettre qu'il écrit à Heidegger après leur rencontre, il lui pose la question : « Comment redonner un sens au mot "humanisme" ? »

L'humanisme comme réponse au nihilisme de l'avant-guerre et de la guerre était alors un sujet vivement discuté et critiqué en France, à Paris comme en province où enseignait Beaufret. Les jeunes intellectuels autour de Sartre, Camus et Merleau-Ponty remettaient en question l'humanisme comme fondement moral de la société de l'après-guerre. Ils cherchaient un nouveau fondement et pas simplement une reprise du vieil humanisme idéaliste. On peut lire dans ce texte de Heidegger quel fut le cheminement de pensée qui libéra Heidegger de son engagement en faveur du national-socialisme – il y procède d'une façon différente de ses écrits de justification de 1945 et 1946 et renoue avec son cours sur Nietzsche des années 1930. Allant à l'encontre du débat sur la « culpabilité allemande [38] » que la fin du régime national-socialiste et la réaction unanime de l'opinion publique mondiale avaient déclenché au sein des deux Églises chrétiennes et de la bourgeoisie allemande cultivée, Heidegger refusait de se rattacher au courant de ceux qui, suite à la destruction ou l'autodestruction de toutes les valeurs, réclamaient maintenant le début d'une ère morale. Il ne fondait pas sa critique du sens moral traditionnel de l'humanisme sur une « rupture de la tradition » comme Arendt, mais sur une échéance (une chute) de l'être-là. On peut ici saisir comment Heidegger intègre la parenthèse historique du national-socialisme dans son diagnostic de l'Occident. Sa réponse à Beaufret commence par une critique radicale du concept d'humanisme. Il y remet en question le paradigme de l'humanisme en soulignant qu'il s'agit une formule passe-partout qui peut servir des finalités contraires.

> Lorsque la pensée, s'écartant de son élément, est sur son déclin, elle compense cette perte en s'assurant une valeur [...] comme instrument de formation, pour devenir bientôt exercice scolaire et finir comme entreprise culturelle. Peu à peu, la philosophie devient une technique de l'explication par les causes ultimes [39].

S'il en est ainsi, comme le pense Heidegger, alors on ne doit pas comprendre l'humanisme comme un ensemble de directives pour agir de façon irréprochable. Il ne faut pas d'une manière générale soumettre la pensée à la question de son application, mais aborder l'être-là depuis l'être – on retrouve ici la vieille problématique d'*Être et Temps*. L'humanisme selon la conception de Heidegger ne se manifeste pas dans la mobilisation de positions morales déjà ébranlées ni dans leur mise en *praxis*, mais dans la mise au jour d'une capacité de penser et d'exister à partir de l'être. Cela signifie que celui qui pense doit absolument se retirer dans la pure et libre pensée :

> Mais si l'homme doit un jour parvenir à la proximité de l'Être, il lui faut d'abord apprendre à exister dans ce qui n'a pas de nom. Il doit savoir reconnaître aussi bien la tentation de la publicité que l'impuissance de l'existence privée. Avant de proférer une parole, l'homme doit d'abord se laisser à nouveau revendiquer par l'Être et prévenir par lui du danger de n'avoir, sous cette revendication, que peu ou rarement quelque chose à dire. C'est alors seulement qu'est restituée à la parole la richesse inestimable de son essence et à l'homme l'abri pour habiter dans la vérité de l'Être [40].

Heidegger jette ici une passerelle avec *Être et Temps*. L'homme doit être ramené à son essence : « car l'humanisme consiste en ceci : réfléchir et veiller à ce que l'homme soit humain et non in-humain, « barbare », c'est-à-dire hors de son essence. Or en quoi consiste l'humanité de l'homme ? Elle repose dans son essence [41] ».

Là encore, Heidegger se détache d'une pensée orientée vers son application directe. Le texte ne contient aucune « confrontation avec le national-socialisme ». Son concept, ou plutôt son phénomène historique, n'est pas thématisé, mais il fait partie de l'arrière-fond de cette lettre, notamment sous la rubrique de l'oubli de l'être de l'être-là. Mais sous celle-ci se cachait toute l'histoire moderne. La généralité de sa problématique ne permettait pas à Heidegger de thématiser sa propre action. C'était là son dilemme. Sa réflexion critique ne dépasse pas la critique de la pensée « appliquée ». Le tournant autocritique reste dans le cadre de la pensée philosophique. Aborder l'attitude du citoyen Heidegger aurait bien sûr fait sauter ce cadre.

Dans la *Lettre sur l'humanisme*, Heidegger échappait à la nouvelle réflexion sur la philosophie axiologique qui se développait depuis 1945 dans le monde intellectuel européen, et notamment en Allemagne sous l'impulsion de Jaspers. Il se démarquait également du courant existentialiste français et de son activisme. Jean-Paul Sartre avait publié également en 1946 un pamphlet *L'existentialisme est un humanisme* qui contenait un programme radical en faveur d'une nouvelle responsabilité individuelle. Heidegger voyait dans cet engagement activiste de la philosophie française l'envers de ce nihilisme enjolivé de technique qui selon lui, constituait le fond du XXᵉ siècle, et donc du national-socialisme. Il voulait ramener sa position à une mise au jour du rapport de l'homme à l'être. L'homme doit vivre et penser à partir de l'être et non pas à partir de ce qui est déjà donné, c'est-à-dire de ce qu'il a fait. Si l'on pouvait encore déceler dans *Être et Temps* un appel à la réalisation d'une vie authentique conçue en rapport à l'être, la position fondamentale de la *Lettre sur l'humanisme* a pris un tour plus modeste. L'éthique d'après la catastrophe est pour Heidegger la mise au jour de cette pensée, « qui pense la vérité de l'Être comme l'élément initial de l'homme en tant qu'ek-sistant [42] ». Heidegger remettait ainsi en cause la dichotomie entre être et devoir, mais d'une tout autre manière que Sartre et ses amis. Alors que ceux-ci annonçaient la venue d'une philosophie de l'engagement permanent et contingent, Heidegger se retirait attendant, guettant et s'ouvrant à ce qui pouvait venir. Une contradiction se cachait sous le nom commun d'existentialisme qu'on employait aussi bien pour Heidegger que pour Sartre.

La *Lettre sur l'humanisme* de Heidegger suscita un intérêt mondial – nous avons déjà mentionné l'approbation de Hermann Broch (voir p. 257). Arendt et Blücher lurent avec attention ce texte. C'était le premier texte philosophique publié de Heidegger après la fin du désastre national-socialiste. Cependant tout le monde lisait ce texte à la lumière de sa compromission avec le régime national-socialiste. Des commentateurs doués comme Eric Voegelin commencèrent à spéculer sur le dilemme de Heidegger :

> Une étrange impression : il est beaucoup plus conservateur-classique (platonicien) que je ne m'en étais rendu compte, et en même temps étrangement germano-chauvin. J'en viens presque à croire que son national-socialisme provient des mêmes raisons que celui de Carl Schmitt ou que le racisme de Laski, à savoir une anticipation intelligente du politique sur le plan de l'histoire intra-mondaine – du moins plus intelligente que « l'honnêteté » de nombreux autres dont le caractère borné les a protégés de se lancer dans des aventures dangereuses – mais d'une stature spirituelle inférieure pour pouvoir se sortir de la folie de la séduction immanente et terrestre – tout cela ne parvient jamais vraiment au « périagogue » (tournant) platonicien [43].

Dans la correspondance avec Jaspers, le dilemme de Heidegger se révèle comme une sorte de captivité intellectuelle dont il ne trouve pas le moyen de se libérer malgré toutes les personnes qui l'entourent et lui tendent la clé de sa cellule.

Heidegger et Jaspers :
après la fin de l'amitié

La riche correspondance entre Jaspers et Heidegger s'était tarie en 1936. Treize ans plus tard, au mois de février 1949, Jaspers essaie de renouer les fils. Il parle de son rapport sur Heidegger en 1945, notamment de l'affaire Baumgarten et des formules assassines de l'ancien recteur[44]. Il déplore le silence de Heidegger « dans ces longues années où j'étais proscrit et où ma vie était menacée ». Cependant il lui disait son espoir que malgré l'obscurité qui les séparait, « dans notre activité philosophique et peut-être aussi dans notre vie privée, un mot passe entre nous de l'un à l'autre[45] ».

Une demi-année plus tard, Heidegger remercie son ancien ami. La nouvelle de sa lettre lui était parvenue, mais il n'avait bien sûr pas reçu cette lettre. Il assure à Jaspers que « à travers tant d'erreur et de confusion et une contrariété temporaire, rien n'a jamais porté atteinte à ma relation à vous, telle qu'elle s'est établie pendant les années vingt, quand nos chemins en étaient à leur commencement[46] ».

La lettre contient une autre allusion à leur échange intellectuel des années 1920, Heidegger exhume la métaphore des « gardiens de la vérité ». Le souvenir des années 1920 si fructueuses dans leurs échanges rebâtit ce continuum, ce fond de certitude dans cette correspondance renouée, duquel se réclament les deux parties, y compris les épouses. Heidegger jure que la solitude est « l'unique localité où les hommes qui pensent et poétisent, dans la mesure des possibilités humaines, se tiennent dans la proximité de l'être[47] ». La lettre console et remet à plus tard. Jaspers joint à sa réponse du 25 juin une copie de sa première lettre. Cette fois, Heidegger doit réagir. Mais que peut-il répondre ?

Pendant toutes ces années, je suis resté sûr que le rapport établi entre les centres de gravité de notre existence de penseurs n'a pas été ébranlé. Mais je ne trouve pas de chemin qui mène au dialogue. Celui-ci m'est même devenu plus malaisé depuis le printemps 1934, quand je suis rentré dans l'opposition et me suis intimement détaché de la nature même de l'Université, car le désarroi augmentait[48].

Il n'a pas la prétention de comprendre et de ressentir le destin qu'ont connu Jaspers et sa femme. Il ajoute juste une remarque sur son propre malheur, l'un de ses fils est toujours en détention en Russie, l'autre en est revenu malade. Il n'entre pas dans les années 1933-1945 : « Ne faire qu'expliquer entraîne aussitôt sur une pente sans fin[49]. » Bien évidemment, la confrontation avec ce qui s'est passé « durera aussi longtemps que ce qui nous reste de vie[50] ! ». Heidegger inclut Jaspers dans un « nous » commun : victimes et coupables, sympathisants et persécutés sont tous rattachés au même événement historique dont ils ne peuvent plus se départir. Mais le passage de Heidegger à une critique générale de la culture – à un jugement du national-socialisme et du communisme comme l'expression de la crise de l'Occident – était pour Jaspers trop flou. Les lettres de Heidegger restent ambiguës. On peut les lire comme une tentative d'esquiver la question de sa responsabilité personnelle, mais aussi comme l'expression de la leçon que Heidegger a tirée du désastre de 1933-1934 qu'il n'a surmonté qu'au prix d'immenses efforts. Dorénavant, il ne quitterait plus jamais le lieu de la philosophie pour s'immiscer dans le domaine de l'action et du raisonnement politiques, pas même pour s'expliquer sur son engagement passé en faveur du national-socialisme. Mais Jaspers ne cède pas facilement. Quand Heidegger renvoie au dualisme platonicien de l'Idée réelle et du monde de l'apparence dont il faudrait, selon lui, se détourner, Jaspers accepte l'invitation à un débat d'idées, mais refuse de s'allier à une solitude commune de la pensée :

Le « lieu » d'où vous m'adressez vos sentiments – peut-être n'y ai-je jamais été, mais c'est bien volontiers, avec étonnement et curiosité que je les reçois [51].

Y a t-il là un sous-entendu ironique ?

Jaspers revient sur leur expérience divergente de l'époque nazie et exprime avec une sincérité émouvante sa douleur devant ce qu'est devenue l'Allemagne :

Être le voyageur et l'invité, voilà mon sort allemand tel que je le connais clairement depuis 1934, quand mon père, alors âgé de quatre-vingt-quatre ans, me dit : Mon garçon, nous avons perdu notre patrie ! Une tristesse étend son voile sur tout. Je ne m'en sors plus, malgré toute la sérénité de façade [52].

Il explique par la suite pourquoi il a quitté en 1948 l'Allemagne, son pays où il ne se sent plus à l'aise depuis des années. Trop de mensonges, on avait voulu se servir de lui comme d'un pantin. Jaspers remet en question la tentative de Heidegger de se tirer d'affaire avec l'argument platonicien, le réel est l'apparence. Il faut parler à partir de l'ici et du maintenant. « Même ces pensées mystico-spéculatives » (une allusion au mode de questionnement de Heidegger) « doivent perdre leur naïveté pour ne pas nous faire tomber sous leur charme et nous faire manquer ce qu'il y a de nécessaire dans la réalité de l'époque [53] ». Heidegger ne saisit pas cet appel à la responsabilité du penseur en tant que citoyen.

Les deux anciens amis s'échangent à nouveau livres et textes de conférences. Heidegger ne répond pas à l'invitation de Jaspers de s'exprimer sur l'épineux problème du passage de la pensée à l'action. Il préfère entamer un débat sur la « technique ». Il se plaint de la lenteur de la procédure contre lui à l'Université.

Une petite affaire de compte rendu révèle toute la crispation de leur relation. Paul Hühnerfeld écrivit dans le journal *Die Zeit* une recension du nouveau livre de Jaspers *Origine et sens de l'histoire* dans laquelle il interprétait certains passages comme une critique de Heidegger. Jaspers s'empresse d'assurer Heidegger qu'il n'a rien à voir avec cette prétendue attaque. Heidegger fit une réponse sibylline. Jaspers fit publier une lettre dans le journal où il se défendait de l'imputation de Hühnerfeld. Heidegger s'en montra satisfait.

On retrouve dans cette histoire ce ton ambivalent entre les deux philosophes qui caractérise la dernière phase de leur amitié avant l'avènement du régime national-socialiste. Tous deux savaient qu'ils étaient pleins de réserves l'un envers l'autre. Ils se critiquaient l'un l'autre en privé et dans leurs livres, mais n'osaient pas aborder dans leurs lettres leurs divergences de vues.

Jaspers, Arendt et Heidegger

Jaspers montra à Hannah Arendt les lettres que Heidegger et lui avaient échangées après la guerre. Ce fut lors de sa première visite à Bâle en décembre 1949, avant sa rencontre avec Heidegger. Dans une lettre à Blücher, elle fait les remarques suivantes :

> Jaspers est fantastiquement ouvert pour la première mise en accusation. Heidegger se laisse tout dire et est à la fois désespéré et heureux que Jaspers lui réécrive. C'est bien touchant, c'est plus que ça, il y a aussi de l'hypocrisie [54].

Dans la suite de la lettre, elle raconte la réaction de Jaspers à l'aveu de sa relation amoureuse avec Heidegger :

> J'ai dit ouvertement à Jaspers ce qu'il en avait été entre Heidegger et moi. Lui : ah bon, mais c'est tout à fait passionnant. Impossible d'imiter l'évidence spontanée de sa réaction.

Le ton des lettres entre les deux anciens amis change par moments sous l'influence du dialogue qu'entretient Hannah séparément avec ces deux penseurs. Jaspers cherchait à provoquer entre eux un véritable débat qui aurait pu prendre la forme d'une correspondance, mais cela supposait une entière sincérité à l'égard de sa propre pensée et de celle de l'autre. S'ils parvenaient à exhiber ce qui les séparait, mais aussi ce qui dans cette séparation les rapprochait, alors il vaudrait sans doute la peine de publier cette correspondance. Plutôt qu'une réponse à ces invitations au dialogue, vient enfin – probablement suite à des discussions avec Hannah – la lettre que Jaspers avait attendue des années. Heidegger essaie d'expliquer ce qui s'était produit et qui avait conduit à la rupture de leurs échanges au milieu des années 1930.

> Cher Jaspers, si je ne suis pas venu dans votre maison depuis 1933, ce n'est pas simplement parce que y habitait une femme juive, mais *parce que j'avais simplement honte* [55].

Pour cette même raison, il n'était plus retourné à Heidelberg, mais s'était assuré que l'administration locale du NSDAP ne ferait rien contre Jaspers et sa femme [56]. Il ne se rendait pas compte du peu de valeur d'une telle assurance. Plus tard, Jaspers remarquera avec amertume que la honte de Heidegger n'avait été qu'une « excuse [57] ».

Dans sa réponse, Jaspers essaie avec entêtement de conduire Heidegger à une réflexion plus poussée. Il dit avoir pensé parfois « que vous sembliez vous être conduit, à l'égard des phénomènes du national-socialisme, comme un enfant qui rêve, ne sait ce qu'il fait, s'embarque comme en aveugle et comme sans y penser dans une entreprise qui lui apparaît ainsi autrement qu'elle n'est dans sa réalité, puis reste bientôt avec son désarroi devant un amas de décombres et se laisse entraîner plus loin [58] ».

Il lui envoie également son livre paru en 1946 *La Culpabilité allemande*. Heidegger ne répond pas à ce texte, mais il réagit à la métaphore de l'« enfant qui rêve ». Dans une lettre bouleversante, il s'exhibe sans protection et sans crainte de révéler ses faiblesses. Il présente l'élection au rectorat comme un événement auquel il se serait rendu comme un somnambule poussé par ses collègues. Il n'était absolument pas conscient de la signification de cette décision tout comme de l'effet qu'elle eut sur la génération de ses étudiants. Il n'avait de pensées que pour l'Université et pour son projet d'une grande réforme.

> Mais en même temps, je me trouvais pris dans la mécanique de la fonction, des influences, des luttes pour le pouvoir et des factions, j'étais perdu et je me trouvais pris, ne fût-ce que pour quelques mois, comme ma femme me l'a dit, dans une « ivresse de pouvoir ». C'est seulement à partir de Noël 1933 que j'ai commencé à y voir clair, si bien qu'en février, en manière de protestation, j'ai démissionné de mes fonctions et refusé de participer à la cérémonie de passation des pouvoirs à mon successeur (Eduard Kern), qui est de nouveau en fonction depuis 1946[59].

Pourquoi datait-il ici la fin de son rectorat du mois de février et non du mois d'avril comme cela apparaissait dans les actes de l'université ? Sa mémoire avait-elle simplement déplacé la date ou bien considérait-il que son retrait avait pris effet avec sa décision de démissionner ?

Sa démission du rectorat n'avait pas éveillé d'intérêt, selon lui, alors qu'il s'agissait bien pour Heidegger d'une démarche de protestation. Le cours que prirent les choses au fil des années 1930 le plongea dans un désespoir toujours plus grand. S'ajoutait à cela qu'il était surveillé par les services de sécurité du parti. Il dit dans cette lettre avoir été particulièrement blessé par la procédure entreprise contre lui alors que « *personne* ici, à l'université, n'a osé ce que j'ai osé[60] ». Il n'avait pas encore compris en 1945-1946 ce qu'avait signifié sa démarche en 1933 sur la scène publique. Seule sa notoriété douteuse due aux débats sur « l'existentialisme » le lui avait fait comprendre. Puis, il situe à nouveau la question de la culpabilité sur le plan de l'ontologie. Ici, on se rend à nouveau compte du caractère problématique du recours au concept de culpabilité comme paradigme ultime pour juger des événements de l'époque nazie, notamment avec des personnalités comme Heidegger ou Carl Schmitt. Est-ce qu'un débat sur la responsabilité morale *et* politique aurait changé les choses ? Mais qui pouvait entreprendre à l'époque un tel débat ?

Heidegger ne se considère pas comme responsable, il se voit au contraire comme une victime. Extrapolant sur un futur où les Russes s'empareraient de toute l'Europe – ce qui était alors une crainte que beaucoup partageaient –, il craint déjà les représailles. Vers la fin de la lettre, il évoque à nouveau ce « nous » commun du « défaut de chez soi » dans lequel « *se dissimule un avent* ».

Ce n'est que deux ans plus tard que Jaspers revient sur cette lettre. Entre-temps, ils s'étaient certes écrit, mais n'avaient rien échangé de substantiel. Des rumeurs très négatives couraient à droite et à gauche. Jaspers fait savoir son malaise à la lecture de la lettre de Heidegger du mois d'avril 1950. Il insiste sur le caractère partial de la réponse de son ancien ami et se plaint qu'il n'ait pas voulu affronter les questions que pose son livre sur la culpabilité. Il s'en prend à la tendance de Heidegger d'aborder le national-socialisme et sa propre expérience ces années-là sur un mode ontologique. Cette tendance le dérange également dans sa perception du communisme. Heidegger argumente sa position de la façon suivante :

> Pour nous, il n'y a pas de dérobade possible. Et chaque mot, chaque écrit *est* en soi une contre-attaque, même si tout ceci ne se joue pas dans la même sphère du « politique », qui est elle-même mise depuis longtemps hors jeu par d'autres rapports d'être et mène une vie illusoire [...] [61].

Jaspers se sentait remis en cause dans son rôle de citoyen par ces affirmations. S'ils étaient assis l'un en face de l'autre, Heidegger ferait l'expérience de son déluge verbal « dans la colère et l'invocation de la raison [62] ». La question qui le préoccupait était celle de savoir si des vues semblables ne favorisaient pas la perdition. Heidegger obscurcissait avec ses « visions » le regard que chacun porte sur le proche, le présent et le concret.

Une philosophie qui devine et poétise dans ces phrases de votre lettre, qui réalise la vision de quelque chose de monstrueux, ne prépare-t-elle pas d'un autre côté la victoire du totalitaire, du fait qu'elle se sépare de la réalité ? De même qu'en grande partie la philosophie d'avant 1933 a effectivement préparé à accepter Hitler ? [...] Êtes-vous sur le point de jouer au prophète qui montre le suprasensible à partir d'une connaissance occulte, au philosophe qui se fourvoie loin de la réalité ? [...] Avec de tels personnages, il faut poser la question du mandat et de la vérification [...] [63].

Jaspers avait perçu dans la remarque de Heidegger sur Staline le Heidegger fougueux d'avant-guerre qui déclarait nulles et non avenues toutes les autres choses existantes. Pour comble, il l'enjoignait de lire « le magnifique livre » d'Arendt, *Les Origines du totalitarisme*.

Dans cette attaque, Jaspers avait thématisé certains points fondamentaux de la pensée heideggérienne, notamment la jonction entre pensée, action et responsabilité. Jaspers ressentait dans l'argumentation philosophique de Heidegger une sorte de volonté d'effacer. Le lecteur lit entre les lignes de cette lettre la déception, l'impatience et le sentiment de supériorité morale. Heidegger aurait dû lui répondre de façon argumentée. Mais il ne le fit pas. Le ton de leurs lettres se fait de plus en plus contrit. Tous deux implorent le bon vieux temps où ils pouvaient encore communiquer sincèrement l'un avec l'autre. Jusqu'à la fin de leur correspondance en 1963, Jaspers s'obstine à évoquer dans chacune de ses lettres ce qu'il attend encore de son ancien ami. Mais Heidegger ne réagit pas.

Comme nous le verrons par la suite, Jaspers est « le tiers invisible » des retrouvailles d'Arendt et de Heidegger. Elle devait affronter le jugement négatif de Jaspers sur Heidegger, supporter la tension entre eux tout en essayant de jouer le rôle de médiatrice.

Hannah et Martin : les retrouvailles

Ce dut être un moment bouleversant quand le 7 février 1950 dans le hall d'un hôtel de Fribourg, ils se dirigèrent l'un vers l'autre. Elle lui avait envoyé un message, le soir même, il était venu avec une lettre au ton formel :

> Je me réjouis de l'occasion de recueillir en propre à présent notre première rencontre au sein d'un âge plus avancé de la vie, comme quelque chose qui demeure [...] Ma femme, qui est au courant de tout, aurait plaisir à vous saluer[64].

Malheureusement, Elfride avait un empêchement. Il apporta lui-même la lettre à l'hôtel. Il n'y avait pas de téléphone à proximité dans la partie de la ville où il habitait (Zähringen). Il avait apparemment eu l'intention de simplement déposer la lettre et de laisser à Hannah le temps de réagir. Mais une fois arrivé, il demanda au maître d'hôtel de remettre la lettre et de transmettre qu'il attendait dans le hall. Elle mit la lettre dans sa poche sans même la lire et descendit. La rencontre eut lieu.

Ils se rendirent le soir même à Zähringen et parlèrent longtemps. « Nous avons, pour la première fois de notre vie je crois, parlé ensemble[65] », écrit-elle à son mari. Ils parlèrent sans doute des mêmes choses que Jaspers et Heidegger dans leur correspondance : la rupture de 1933, son rectorat, l'affaire avec Husserl, quand et comment s'était-il détaché du national-socialisme, son éloignement de Jaspers... Ils abordèrent également la fin de leur liaison, le mariage d'Arendt avec Stern, l'interruption de leurs contacts au tournant de l'année 1932-1933, son exil, et toute cette période où elle s'était juré d'abandonner le travail intellectuel à jamais.

Que ressentit Heidegger en la revoyant ? Hannah qui l'avait aidé à atteindre ces sommets d'émotion au cours de l'écriture d'*Être et Temps*, Hannah, l'élève chassée et forcée à l'exil, Hannah, la célèbre essayiste juive aux États-Unis, Hannah, le rappel de sa propre honte.

Lors de cette visite à Fribourg, Hannah rencontra Elfride Heidegger. Le 8 février dans la matinée, elle se rendit à nouveau à Zähringen. Cette rencontre donna lieu à une discussion explosive.

Les lettres que les deux anciens amants s'envoyèrent après un silence de dix-sept ans témoignent du bouleversement profond de Hannah. Martin s'efforçait d'intégrer sa femme à cette nouvelle relation. Il se servait toujours de cette stratégie d'intégration pour conserver ses maîtresses sans perdre sa femme. Il demandait à Hannah et à Elfride que cette nouvelle relation à trois soit menée dans la plus grande sincérité et confiance. Il voulait y joindre Jaspers dont il connaissait la grande amitié qui le liait à Arendt :

> « Belle est la clarté. » Ce mot de Jaspers, que tu m'as rapporté hier soir, n'a eu de cesse de me remuer, tandis que dans le dialogue entre ma femme et toi trouvèrent finalement à s'accorder, après malentendus et tâtonnements, les bonnes volontés qui, de part et d'autre, avaient à cœur de s'entendre.
>
> Le dialogue ainsi noué n'avait pas d'autre sens que de permettre à la rencontre qu'il y eut *entre nous deux*, et à ce qui en elle est appelé à demeurer, de s'installer dans un climat serein de confiance réciproque entre nous trois, pour toi comme pour moi. Ce que ma femme a pu te dire ne visait

qu'à cela, et non à t'extorquer l'aveu d'une faute vis-à-vis d'elle [...] Alors que je savais bien que ma femme serait à même non seulement de comprendre combien notre amour nous comblait et nous enrichissait mutuellement, mais encore de l'accueillir comme un présent de notre destinée, j'ai tout simplement bafoué sa confiance[66].

Il joint à cette lettre une feuille de lierre, donnée par sa femme, qui provient de la Forêt-Noire et décore leur hutte à Todtnauberg.

Elfride est une femme amère quand elle rencontre Hannah. Son mariage, ses nombreuses années de vie commune avec Martin, allaient à vau-l'eau à cause de toutes les aventures érotiques de son mari. C'était elle, certes, qui lui permettait de mener la vie qu'il souhaitait, mais elle ne recevait pas en échange la reconnaissance et l'affection qu'elle attendait de son mari. Issue du mouvement féministe de Gertrud Bäumer et intimement liée au mouvement de jeunesse, Elfride avait grandi dans un milieu qui oscillait entre la culture de groupe nationaliste-populiste, l'antisémitisme et la nostalgie de l'authenticité. Elle n'avait rien su à l'époque et par la suite de la passion de son mari pour Hannah, du moins rien de concret. Elle dut se sentir oppressée par l'apparition de cette femme qui était à la fois une ex-maîtresse de son mari, une intellectuelle et une Juive convaincue. Il est presque impossible de distinguer chez Elfride ce qui relève de la jalousie concrète contre Hannah, de la jalousie globale contre toutes les femmes de Martin ou de l'antisémitisme. Elfride se sentait humiliée en tant que femme, mère et épouse qui veillait à ce que Martin puisse vivre une vie retirée sans le moindre souci ou besoin matériel, mais aussi en tant que partenaire intellectuelle. Pendant la guerre et l'immédiat après-guerre, c'était elle qui avait assumé tous les soucis de leur survie. Son rôle de partenaire érotique avait visiblement disparu au fil des années. Elle savait – même si cela ne rendait en rien les choses plus faciles pour elle – que son mari avait besoin d'un dialogue érotique pour pouvoir avancer dans sa pensée. Un simple brouillon de lettre d'Elfride, écrit des années plus tard sans être finalement envoyé, révèle son amertume à l'occasion d'une nouvelle liaison de son mari. Elle parle de « mensonge », d'« abus de ma confiance le plus inhumain qui soit », de « désespoir », de « tromperie » et de « solitude d'airain[67] ». Elle ressentait les aventures de son mari comme une trahison de leur amour dont l'intensité passée lui manquait tant. Il répondait à ses reproches toujours sur le même ton contrit qui devait lui paraître de plus en plus creux au fil des années.

Arendt était partagée. Elle éprouvait, comme elle l'écrivit à Martin, « un sentiment soudain de solidarité avec » Elfride. Le jour suivant, elle lui écrivit une lettre. Dans la première partie, elle s'explique et essaie même de se rapprocher de l'épouse de Heidegger. Dans la deuxième partie, elle se démarque nettement d'elle. Hannah n'avait pas perdu la face lors de leur rencontre. Elle lui dit franchement qu'elle n'a pas changé ses convictions (« vous n'avez jamais fait mystère de vos convictions, aujourd'hui aussi peu qu'hier, même en ce qui me concerne »). Elle l'exhortait à séparer le personnel du politique. Politiquement, elles étaient des ennemis, mais elles avaient également une histoire commune :

> J'ai toujours été disposée, et je l'ai d'ailleurs également donné à entendre à Martin, à engager sur ces questions une franche discussion politique ; à tort ou à raison, je me flatte d'entendre quelque chose en ces questions, mais à la condition que reste hors de cause l'élément humain pour autant qu'il engage quelque chose de personnel[68].

Hannah était prête à aller à l'encontre d'Elfride. Elle avait appris à ses dépens à distinguer le personnel du politique. Dans son ressentiment, Elfride mêlait quant à elle le privé et le politique. Comment expliquer sinon qu'elle lui ait reproché lors de leur première rencontre de refuser de prendre le rôle de la « femme allemande » ? Hannah restait fidèle à elle-même et exigeait l'impossible de son entourage. Mais elle non plus ne pouvait pas comprendre Elfride, car de nombreuses choses lui étaient cachées :

> Cette soirée et cette matinée apportent sa confirmation à toute une vie. Une confirmation tout à fait inattendue. Lorsque l'employé de l'hôtel a prononcé ton nom [...], c'est comme si le temps s'était soudain figé. C'est alors que m'est soudain revenu à l'esprit, en un éclair, ce qu'auparavant je n'avais avoué ni à toi ni à personne, et que je ne m'étais pas non plus avoué à moi-même, à savoir qu'un élan irrépressible, après que Hugo Friedrich m'eut remis l'adresse, eut la bonne grâce de m'éviter de commettre la seule infidélité vraiment impardonnable, en commettant pour ma vie l'irréparable. Il faut que tu saches (vu que nos rapports n'ont pas été après tout si fréquents, ni d'une excessive franchise) que si je l'avais commis, ce n'eût été que par fierté, à savoir par pure stupidité insensée de ma part. Et non pour de quelconques raisons [69].

Elle lui fait savoir entre les lignes que leur histoire est un champ de ruines sur lequel la méfiance et le doute se sont répandus comme les mauvaises herbes. Mais même au milieu de ce champ de ruines, on pouvait encore sentir l'ancienne fidélité. Elle touche là aux métaphores dramatiques qui lui étaient souvent venues à l'esprit dans ses périodes d'ébranlement psychologique.

> C'est mon droit à vivre que j'aurais perdu, si j'avais dû perdre mon amour pour toi, mais c'est et de cet amour et de sa *réalité* qu'il me faudrait faire mon deuil, si d'aventure je me soustrayais à la tâche à laquelle me contraint cet amour [70].

Cette phrase est tirée d'une lettre de 1928, elle décrit la croisée des chemins existentielle où elle se trouvait alors avant de décider de se séparer de Heidegger et de se marier « avec le premier venu, sans l'aimer[71] », comme elle l'écrit à Elfride en 1950. En 1950, la métaphore resurgit : « commettre la seule infidélité vraiment impardonnable, en commettant pour ma vie l'irréparable », écrit-elle à Martin. C'est une fidélité si radicale qui parle ici qu'elle peut à peine être vécue. Hannah était une femme à la fois passionnelle et pragmatique. Sentiments radicaux et perception froide des choses se mêlaient en elle. Il en résultait sûrement un déchirement intérieur continuel.

Hannah ne chercha pas tout au long de la rencontre à comprendre pourquoi Heidegger tenait tellement à intégrer Elfride à cet amour ressuscité. Elle fit bonne figure à cette mauvaise farce, mais déversa ensuite sa colère dans de nombreuses lettres à Blücher. Elfride y apparaissait comme le mauvais génie, elle était envieuse, vindicative et rancunière.

Ni Elfride ni Martin n'avaient mentionné lors de la discussion que Martin avait eu sans cesse de nouvelles liaisons. L'attitude nerveuse et sûrement confuse d'Elfride et ses allusions ont dû paraître à Hannah « sombrement idiotes » parce qu'elle n'en connaissait pas les antécédents. Elle ne pouvait pas non plus comprendre qu'Elfride s'en prenait à elle en lieu et place de toutes les autres maîtresses de son mari.

Les histoires de femmes de Heidegger n'étaient pas de simples affaires charnelles. Il y avait toujours en elles une dimension intellectuelle. Ses femmes sont des auditrices, des partenaires de discussion qui le stimulent érotiquement. Ce sont les consolatrices de la solitude de la pensée. Elles remplacent le dialogue avec ses étudiants, ses assistants et ses collègues. Elfride n'en était pas capable. Ou du moins ne l'était plus. À chaque fois, Heidegger se retrouvait entre deux femmes, toujours aussi avide d'harmonie. Ainsi s'expliquait son entreprise, aventureuse au premier regard, de faire se rencontrer deux femmes aussi fondamentalement différentes. Il ne voulait pas perdre Elfride et, ayant retrouvé maintenant Hannah, il voulait garder également toutes ses autres maîtresses. Elfride connaissait ce rituel à la différence de Hannah. Pourtant elle sentait bien que Heidegger menait là un double jeu.

Elfride forçait à nouveau Martin à justifier sa conduite. Il y vit une nouvelle occasion d'expliquer son rapport au mariage, à elle et à lui-même. Il écrivit donc une semaine après les retrouvailles avec Hannah, le 14 février 1950, une lettre remarquable à Elfride :

> L'autre chose, qui d'une manière différente est inséparable de mon amour pour toi et de ma pensée, est difficile à dire. Je l'appelle Éros, le plus ancien des dieux selon le mot de Parménide.
>
> Je ne te dis rien par là que tu ne saches par toi-même ; néanmoins je ne trouve pas vraiment la dimension pour l'exprimer de manière appropriée. Cela sonne facilement plat et succombe à une forme qui en apparence semble vouloir justifier vilenies et défaillances.
>
> Le battement d'ailes de ce dieu m'effleure chaque fois que je fais dans ma pensée un pas essentiel et me risque sur des chemins non fréquentés. Peut-être m'effleure-t-il d'une manière plus puissante et plus inquiétante que d'autres au moment où il convient d'amener dans la sphère du dicible des choses longuement pressenties et quand bien même ce qui a été dit devra être encore pour longtemps abandonné dans la solitude. Être purement en concordance avec *cela* et malgré tout revenir à bon port, accomplir ces deux choses en les considérant comme tout aussi essentielles et appropriées l'une que l'autre, voilà en quoi j'échoue trop facilement et soit je glisse ensuite dans la pure sensualité, soit je tente de forcer par le pur travail ce qui ne peut être forcé. Mon tempérament et la manière dont j'ai été tôt éduqué, l'instabilité et la lâcheté dans ma capacité à faire confiance mais aussi l'indélicatesse qui abuse de la confiance donnée, tels sont les pôles entre lesquels je suis ballotté et ce faisant manque et méconnais trop facilement et trop souvent la mesure face à Héra et Éros [72].

Ce dévoilement de soi, cet aveu de son mari, ne dut pas consoler Elfride.

Hannah et Martin : sentiments ambigus

La signification symbolique de la rencontre de Martin Heidegger et de Hannah Arendt dépassait de loin le simple plan personnel. Le philosophe humilié et reclus avait reçu la visite d'une célèbre essayiste juive qui était au cœur des débats publics. Cela pouvait être compris comme une réconciliation du passé et du présent, des Juifs et des non-Juifs, c'était du moins ce qu'il espérait. Après le départ de Hannah, les données de cette réconciliation étaient posées. L'esprit de Martin était enflammé. Hannah fut inondée d'un flot de lettres et de poèmes. Parmi eux, un poème qui renoue avec l'image de la jeune Hannah qu'ils avaient inventée ensemble en 1925 :

« Celle qui vient d'ailleurs »

Ailleurs,
où tu es toi-même ailleurs,
c'est comment ?
– Forteresse de ravissement,
mer d'amertume,
la désolation du désir,
première lueur d'un avent.
Ailleurs : où est chez soi ce regard unique
qui entame un monde.
Entamer : opérer le sacrifice.
Sacrifice : foyer de toute fiance,
qui après les embrasements
survit à la cendre et –
allume :
ardeur douceur
éclat silence.
D'ailleurs qu'ailleurs, ô toi –
puisses-tu séjourner à l'entame[73].

Ce poème est une réélaboration poétique du poème de Schiller qui porte le même titre (voir p. 101), il fait allusion au coup de foudre de leur première rencontre en 1925 et situe leur relation dans cette tension intérieure et extérieure qu'ils ont connue.

Hannah était soulagée que leur relation ait pu reprendre, mais elle se faisait aussitôt du souci. C'est du moins ce qu'on peut comprendre de ses remarques sur Heidegger dans ses lettres à Blücher, à Jaspers et à d'autres. Cependant, la méfiance n'avait pas disparu pour autant, elle avait simplement été reléguée en arrière-fond.

Une question se pose tout de même : comment Hannah présentait ses retrouvailles avec Martin ? Qu'écrivait-elle à son mari Heinrich Blücher, à Jaspers et à ses amies à propos de cette reprise de leur relation ?

Elle écrivait emportée tantôt par la colère, tantôt par le soulagement, l'amour, le souci et une profonde scission intérieure. Son état émotionnel oscille sans cesse. Ce n'est pas étonnant. Que pouvait produire d'autre en elle la rencontre de cet homme auprès duquel elle avait appris à aimer et à penser ?

Le jour de leur première rencontre, le 7 février 1950, elle écrit à Heinrich Blücher :

> Ce matin il y a eu encore une discussion avec sa femme – qui, depuis 25 ans, ou en tout cas depuis qu'elle est au courant de cette histoire, fait de sa vie un enfer. Et lui qui est notoirement un menteur invétéré n'a visiblement jamais lors de ces vingt-cinq ans, du moins c'est ce qui est apparu lors d'une pénible discussion à trois, nié que cela avait été la grande passion de sa vie. Je crains que, tant que je serai en vie, sa femme ne soit bien décidée à noyer tous les Juifs. On n'y peut rien, c'est une sombre idiote. Mais je vais essayer d'arranger les choses dans la mesure du possible [74].

Le lendemain, elle écrit de nouveau :

L'affaire de Fribourg avait quelque chose de fantoma-tique. La scène avec l'épouse, qui aurait peut-être eu lieu d'être il y a 25 ans et qui s'est déroulée comme si le temps n'existait pas [75].

Elle rapporte à son mari qu'elle essaie de faire la paix entre Heidegger et Jaspers.

Blücher était bien plus critique qu'elle à l'égard de Heidegger. Il jugeait les choses de loin, tout occupé qu'il était lui-même à une liaison amoureuse. Hannah qui n'en savait rien avait pris symboliquement Heinrich comme compagnon de route dans ce premier voyage en Alle-magne après la guerre. Qu'aurait-elle fait sans lui à qui elle racontait sans le moindre fard tout ce qu'elle vivait quand elle le voulait ? Blücher avait lu les derniers textes de Heidegger qui, dès leur publication sur le marché alle-mand, étaient parvenus aux États-Unis par différents canaux. Il en faisait des commentaires ironiques remar-quables. Heidegger essaie dans *Chemins qui ne mènent nulle part* « de miner le concept occidental de l'être et de le faire exploser, il espère trouver du nouveau là où il n'y a rien d'autre à trouver que son néant qui le mène par le bout du nez [76] ».

L'ironie se heurte pourtant à la fascination pour cette pensée si différente. Heinrich écrit à Hannah le 8 mars 1950 :

L'histoire avec Heidegger est une véritable tragédie, et je souffre de ce malheur métaphysique tout comme je me réjouis du fait que tu aies eu la chance de connaître Jaspers. Tous deux m'ont plongé davantage encore dans mes propres spéculations métaphysiques et je travaille de manière inin-terrompue, dans la mesure où ma fatigue me le permet [77].

Arendt et Blücher souffraient tous les deux tout en étant fascinés par les dilemmes de pensée dans lesquels se mouvait Heidegger et au travers desquels il tissait un lien secret au réel.

Elle partageait également avec Jaspers ce déchirement affectif et intellectuel sur la personne de Heidegger. Avant ses retrouvailles avec Martin, elle lui attribuait dans ses lettres à Jaspers les défauts suivants : faiblesse de caractère, hypocrisie, babillage, mauvaise foi et mensonge[78]. À lire ces qualificatifs, on ne croirait jamais qu'elle souhaiterait revoir un tel personnage à moins de connaître mieux ses sentiments. Karl Jaspers s'exprimait et se comportait de la même façon. Il essaya plusieurs fois de renouer les liens, mais il préférait éviter tout contact. Il était lui aussi déchiré par sa correspondance à la même époque avec Heidegger.

Elle dissimulait parfois ses sentiments ambigus, sa colère et sa critique sévère de Heidegger derrière le sarcasme, comme dans cette lettre à Kurt Blumenfeld :

> Comme tu l'écris du tien, mon voyage en Europe aussi a été tout un roman. Car je suis passé à Fribourg [...]. J'y avais des engagements professionnels, et Heidegger a fait son apparition à l'hôtel. N'empêche, indirectement, j'aurai enrichi la langue allemande de quelques très beaux poèmes. On fait ce qu'on peut[79].

À la mi-mars, Hannah retournait à New York. Elle se jeta dans la correction de son livre *Les Origines du totalitarisme*. À la fin de l'année 1950, le chapitre, « La populace et l'élite » fut publié dans *Partisan Review*. Dans les années qui suivirent, elle sortit plusieurs articles sur certains aspects particuliers de son livre.

Entre-temps, elle avait ouvert les pages de *Partisan Review* aux principaux intellectuels de l'Allemagne de l'Ouest. Jaspers écrivit en 1949 un article sur *Philosophie et science* et en 1952 sur Nietzsche. Jürgen von Kempski publia en 1952 un article sur le communisme et Walter Dirks en 1953 sur le caractère inachevé des Lumières. Le nom de Heidegger était également évoqué pour un article à la *Partisan Review*, comme elle le lui écrit[80], mais la chose ne se fit pas. Au mois de mars 1950, l'éditeur Henry Regnery Company annonçait la publication d'une anthologie de textes de Heidegger qui portait le titre *Existence and Being*. Cette publication annonçait la présence future de Heidegger sur la scène intellectuelle américaine.

À partir de cette année, Hannah se mit à voyager régulièrement en Europe. Elle se rendait la plupart du temps à Bâle et rarement à Fribourg. De 1953 à 1967, elle fit de grands détours pour éviter de passer par Fribourg lors de ses séjours en Allemagne.

Heidegger au milieu de la guerre des blocs

Hannah entretenait des rapports extrêmement ouverts avec Jaspers. Mais quand il lui proposa en 1958 de faire le discours de *laudatio* à l'occasion de la remise du « prix de la paix des libraires allemands » qui lui était octroyé – distinction à laquelle elle avait elle-même contribué –, elle craignit soudain de froisser Heidegger.

> Certes tout cela ne ferait que confirmer ce qui est, ou qui n'est pas – et pas par ma faute –, mais ça m'obligerait à prendre une position univoque, du moins en apparence, qui bien sûr ne me sied pas. Et on peut y voir un acte de solidarité politique, et c'en serait un d'ailleurs, qui ne correspond pas exactement à ce que je suis[81].

La réponse de Blücher est comme d'habitude inimitable. Il faut selon lui qu'elle saisisse cette occasion pour « parler une bonne fois de la notion de bon Européen. And that is just what Heidegger has coming to him anyhow[82], cet Allemand en culotte courte[83] ». Ce ton dépréciateur ne doit pas induire en erreur le lecteur. Il ne s'agissait pas d'un rejet dédaigneux, mais tout au plus

340 / <i>Hannah Arendt et Martin Heidegger</i>

d'une attaque acerbe. La critique virulente du citoyen Heidegger n'aveuglait pas Blücher sur la réelle profondeur de sa pensée.

Depuis le retour de son premier voyage en Allemagne, Hannah s'occupait de la traduction des œuvres de Heidegger aux États-Unis. Ralph Manheim, qui traduisait les livres de Heidegger et de Jaspers, lui proposa d'écrire une introduction à l'édition américaine d'*Introduction à la métaphysique*[84]. Elle se mit en rapport avec Edward Schouten Robinson, le traducteur d'*Être et Temps*, et corrigea sa traduction. En 1961, elle proposa à l'éditeur Kurt Wolff de lire le livre de Heidegger sur Nietzsche dans le but de juger des chances de sa publication sur le marché américain. Arendt et Blücher admiraient profondément ce livre.

Les lettres de Heidegger à Arendt révèlent une confiance sans réserve de sa part. Mais ce qui les séparait n'avait pas disparu, il était simplement relégué en arrière-fond. Ils étaient séparés par des mondes politiques et ils le savaient très bien, mais ils étaient liés par une tradition de pensée et des sentiments profonds.

Après leurs retrouvailles, Arendt était travaillée par un conflit intérieur entre accord et divergence, entre confiance et méfiance. Dans une note du mois de novembre 1952 dans son carnet de pensées, elle décrit cette situation difficile à l'aide d'une métaphore :

> Quel que soit l'angle qu'on adopte, il est clair que je suis allée à Fribourg dans un piège (*sans* tomber dedans). Il est tout aussi indiscutable que Martin [Heidegger], qu'il le sache ou pas, séjourne dans ce piège, s'y sent chez soi et a construit sa maison autour de ce piège. Ainsi on ne peut lui rendre visite qu'en se rendant dans le piège. Je lui ai donc rendu visite dans le piège. Le résultat est qu'il est à nouveau seul dans son piège[85].

Ce rapprochement sceptique de l'Allemagne l'avait plongée bien sûr dans les méandres de la vie intellectuelle allemande après la Seconde Guerre mondiale. Au début de l'année 1952, elle voyage de nouveau en Europe. Son voyage commence à Paris où elle habite chez son amie Anne Weil. Elle rencontre Alexandre Koyré, Jean Wahl et Raymond Aron. Elle avait vu Koyré et Wahl plusieurs fois à New York. Elle fait la connaissance de Camus – et change le jugement qu'elle avait porté sur lui dans un article publié dans *The Nation*. Entre-temps, Camus avait pris ses distances avec la revue *Les Temps modernes*. Arendt s'enthousiasme pour cet écrivain qui est également un penseur. « C'est sans aucun doute pour le moment le meilleur homme en France. Tous les autres intellectuels sont tout juste supportables [86] », écrit-elle à Blücher. Elle rend visite bien sûr à Jaspers et va deux fois pendant son séjour chez Heidegger. Elle travaille avec lui et assiste à son séminaire « Qu'appelle-t-on penser [87] ? ». Il semble que les tensions avec Elfride reprirent de plus belle, car Heidegger lui demande instamment dans une lettre de ne pas venir.

Arendt était profondément affectée par le fait que l'atmosphère intellectuelle de l'après-guerre était marquée par de profonds déchirements et des rancunes personnelles provinciales. Cela n'était pas seulement vrai pour Heidegger et ses amis, mais aussi pour bien d'autres en Allemagne. Au mois de juillet 1952, elle raconte à son mari une visite à Heidelberg. Elle avait donné à l'université une conférence sur *Terreur et idéologie*. Il s'agissait là du dernier chapitre qu'elle avait ajouté à l'édition allemande des *Origines du totalitarisme* pour présenter à un public européen ses thèses sur la nouveauté du régime totalitaire. Elle avait rencontré à Heidelberg quelques bons étudiants, mais elle dut affronter aussi les différents courants au sein de l'université. Elle participa en compagnie de son ami Waldemar Gurian à une discussion au cours de laquelle Gurian serait devenu « extrêmement vulgaire » en réponse à ce qu'il avait ressenti comme une provocation. Plusieurs étudiants et professeurs, tout comme le doyen de la faculté de théologie, quittèrent la salle. Les intellectuels étaient également divisés sur la position à adopter vis-à-vis de Heidegger. Sur ce point, il était bon qu'une personne comme Löwith enseigne à Heidelberg[88]. Arendt attendait de lui une critique plus objective de Heidegger.

En face, il y avait des gens comme Dolf Sternberger et Alexander Rüstow qui affirmaient haut et fort que la métaphysique était devenue totalement superflue. Cette affirmation était dirigée à son encontre. « C'est un affreux panier de crabes[89] », écrit-elle.

Dolf Sternberger, le corédacteur en chef de *Wandlung* et *Gegenwart*, était une figure importante dans l'opinion publique allemande. La compromission de Heidegger avec le national-socialisme avait provoqué en lui le rejet de toute sa pensée. L'article qu'il publia sur Heidegger dans le numéro de *Wandlung* de l'été 1952 fut l'occasion d'un véritable clash. Les lettres d'Arendt et de Sternberger nous éclairent largement sur la situation intellectuelle de l'Allemagne dans les années 1950 et sur le combat intérieur de Hannah avec la personne et la pensée de Heidegger. Hannah se sentait cataloguée par Sternberger, son ancien camarade d'études, d'une façon qu'elle voulait éviter :

> Ta lettre [...] donne l'impression [...] que tout tourne autour d'une lutte entre écoles de pensée. Si une telle lutte doit avoir lieu, alors c'est sans moi. Je n'y participerai même pas en tant que spectatrice[90].

Il lui répond qu'il n'avait jamais eu une telle intention[91]. Dans une autre lettre, elle lui dit que la véritable raison de sa méfiance était qu'il avait fait dans un article un plaidoyer du bon sens contre la métaphysique :

Tu crois *te tirer d'affaire* avec une analyse stylistique qui dit beaucoup de choses justes. Je pense que cela est impossible. Tu reproches ici à Heidegger et à son entêtement souvent *désespéré* (*désespéré* en raison de la difficulté objective immense d'écrire *contre la tradition* avec les moyens conceptuels de la tradition, ou – et cette difficulté est peut-être encore plus grande – de s'approcher de la tradition avec de nouveaux concepts tout en conservant une certaine compréhension de celle-ci) des débordements qu'on trouve en termes plus clairs et plus méchants chez Nietzsche. Ce dernier ne devient pas un philosophe moins important parce qu'il nous énerve très souvent indiscutablement. Quand ceux qui sont encore véritablement enracinés dans la tradition sont obligés de découvrir que le fil de cette tradition est rompu et que la grande sagesse du passé ne répond à nos questions que par un silence d'airain, ils s'effraient et se mettent à proférer des paroles à tue-tête comme les enfants qui sifflent dans les bois. Notre situation est différente. Nous autres savons cela comme une des évidences fondamentales de notre vie intellectuelle commune ou bien sommes-nous déjà si déracinés, si en dehors de la tradition au point de ne pas craindre de répéter les vieilles vérités comme des lapalissades. Cette inertie, à l'inverse de la tentative heideggérienne dont on doit au moins s'incliner devant *l'immense courage*, me semble une escroquerie. Les dissonances qui parcourent la pensée de Heidegger sont bien moins graves que l'escroquerie professionnelle de Rüstow et compagnie sans laquelle ce genre d'entreprise ne pourrait se poursuivre[92].

Sternberger, qui n'avait rien à envier au style direct et parfois brutal d'Arendt, répond :

Heidegger est bien évidemment un problème *philosophique* en premier, en second et troisième lieu, ce n'est qu'ensuite un problème politique (et par-dessus le marché encore aujourd'hui). Mais comme tu sais, je m'opposais à sa pensée à l'époque où il n'était pas encore un nazi, du moins pas un nazi déclaré. Toutefois, j'ai été surpris de voir dans cette « sortie de la métaphysique » de 1935 à quel point la pensée radicale peut s'infecter – tout en étant bien sûr critique à l'égard du nazisme *trivial* tout comme à l'égard du libéralisme, de l'humanisme, de l'idéalisme, du démocratisme trivial, c'est-à-dire contre tout ce que les autres pensent en général. Cependant cette pensée peut en même temps être infectée par la conjoncture au sens plus élevé, à savoir la conjoncture tragique-héroïque. Mais d'un point de vue *philosophique*, ce qui me déplaît le plus *profondément* – pour le dire brièvement et grossièrement –, c'est le fait qu'il ne veuille pas voir le péché originel. Et donc la mort aussi, c'est-à-dire toute la condition humaine. Voilà ce que je voulais montrer avec mon analyse linguistique. Cela m'a un peu froissée que tu n'aies visiblement pas compris ou pas voulu comprendre le point où je voulais en venir.

À la suite de ce passage vient une explication sur les différents courants intellectuels en Allemagne :

> Des personnalités comme *Heidegger* sont aujourd'hui très appréciées, des milliers d'auditeurs bouche bée viennent l'écouter (comme récemment à Munich), il n'y a presque plus personne qui ose contredire le *magus*, rompre le charme, même Löwith et Krüger le font sur la pointe des pieds sans tirer les conséquences qui s'imposent.

Selon Sternberger, il s'agit là d'une véritable Restauration à l'allemande. Dans la suite de la lettre, il se moque de la langue de Heidegger et du fait qu'à nouveau, les gens « s'empoisonnent d'obscurité, de désespoir, *de manque d'amour* et de fausse poésie »... La métaphysique lui importe peu, mais s'il est question de métaphysique, il préfère encore la théologie qu'Arendt a bien oublié – c'est là une allusion à ses anciennes études de théologie. « *In puncto* Heidegger, tu es sur les chemins qui ne mènent nulle part et c'est très regrettable[93]. » Cette joute épistolaire troubla quelque temps les relations de ces deux anciens camarades d'université. Arendt s'énervait contre ce qu'elle percevait comme un recul par rapport à la critique de la métaphysique des années 1920. Elle s'élevait également contre ce qui était monnaie courante dans les universités allemandes des années 1950 et 1960 : des professeurs de philosophie et de sociologie (l'école de Francfort) se moquaient de Heidegger ou du moins le soumettaient à une critique moralisante pour revenir finalement à une philosophie des valeurs considérée comme dépassée ou à un type de critique de la culture qui existait déjà dans les années 1920. Certains d'entre eux n'étaient tout simplement pas prêts à se soumettre à l'effort que demandait une approche critique du cheminement de pensée heideggérien.

Mais pour ce qui concerne Sternberger, l'amitié l'emporta sur la colère. Que ce soit dans les lettres à son mari, à Jaspers ou à Sternberger, on se rend compte à quel point Arendt est susceptible dès qu'il est question de Heidegger. Elle ne voulait partager sa propre critique de Heidegger qu'avec son mari, tout au plus avec Jaspers et parfois avec Kurt Blumenfeld dont l'éloignement facilitait les aveux. Elle était allergique à tous les appels et à toutes les campagnes en faveur du bon sens. Cette attitude était aussi le fruit de l'étude reprise de la pensée heideggérienne. Ses carnets de notes – son « journal de pensée » – révèlent à quel point après 1951, elle se plonge à nouveau dans les catégories fondamentales de la pensée heideggérienne. Elle tira de cette étude une plus grande clarté pour sa propre réflexion sur le monde après la rupture de la tradition.

À chaque fois qu'elle venait en Allemagne, elle entendait des rumeurs et des histoires à propos de Heidegger.

Löwith m'a raconté, et sans la moindre arrière-pensée (il a une photo de Heidegger accrochée dans son bureau), qu'il organise des séminaires pour les professeurs dans une ferme à Todtnauberg pour vraiment « bûcher » sa philosophie. Il ne fait pas de doute que c'est la seule chose un tant soit peu vivante en Allemagne, mais les effets sont vraiment sans aucun doute de mauvais augure. Dans les bibliothèques, on ne trouve ni Jünger, ni Heidegger, mais Goethe et encore Goethe[94].

Arendt n'aimait pas la façon qu'avaient les élites culturelles d'Allemagne de l'Ouest de chercher refuge dans les classiques ou plutôt dans le classicisme.

Elle se plaint sans cesse du maniérisme de Heidegger :

> Je lisais hier le dernier texte de Heidegger sur « Identité et différence » – extrêmement intéressant mais – il se cite lui-même et s'interprète lui-même comme si c'était un texte tiré de la Bible. Voilà ce que je ne peux tout bonnement plus supporter. Or, il est, lui, vraiment génial, et pas simplement surdoué. Alors : pourquoi éprouve-t-il ce besoin ? Des manières si incroyablement moches [...][95].

Se citer soi-même, cela allait à l'encontre de son éthique d'intellectuelle. Ce qui ne signifiait pas qu'elle ne reprenait pas parfois d'anciens textes à elle ou certains développements de pensée. Mais elle ne revenait sur le passé que pour l'insérer dans un cadre narratif nouveau.

Arendt et Heidegger : rupture de la tradition et modernité

Les cheminements de pensée qu'elle suivait étaient si éloignés de ce que faisait Heidegger qu'on peut en toute tranquillité parler de deux mondes à part. Pourtant derrière l'éloignement se cachait une confrontation vivante avec la crise de la modernité au sein de laquelle ils se débattaient tous les deux en tant qu'acteurs et observateurs jetés et impliqués dans ce drame.

La grande différence qui les séparait procédait des motifs de leur pensée. Hannah Arendt avait accédé à sa pensée à travers une prise de conscience traumatique de la rupture de la tradition dans le monde réel dont la manifestation extrême était les camps d'extermination du régime totalitaire. Heidegger percevait, lui, la rupture de la tradition de la modernité par rapport à l'Antiquité. Il lui fallait pour cela s'abstraire du monde vivant, ce qui lui fermait le chemin de l'analyse des situations historiques concrètes. Il voulait visiblement éviter tout ce qui risquait de le rapprocher d'une « philosophie de l'action ». Il avait déjà dans les années 1920 liquidé le sujet moderne de l'action. La maxime, je fais quelque chose pour obtenir autre chose, était selon lui l'une des idées fausses les plus fatales de tous les temps. Il se reprochait sans doute d'avoir agi en tant que personne et citoyen selon cette même maxime. Mais maintenant, tel un sculpteur, il travaillait sans relâche sur le même modèle. Il approfondissait la perspective de pensée à laquelle il avait accédé et la purifiait de toute erreur. Arendt, elle dont le lieu de pensée s'étendait sur deux continents, était contrainte de s'élever à la pensée à partir de la rupture de la tradition dans l'histoire intellectuelle et politique concrète.

Tous deux partaient cependant de la même question : comment est-on arrivé à cette rupture de la tradition dans la modernité ? Pour Heidegger, la rupture provenait de la maxime cartésienne *cogito ergo sum* et de l'éloignement de la pensée de l'être qu'elle avait provoquée, tout comme du tournant vers l'individu réfléchissant qui porte en lui l'illusion de pouvoir produire le réel. Le monde et le sujet modernes se sont livrés, aux yeux de Heidegger, à un dispositif ou arraisonnement (*Gestell*) autoproduit au sein duquel aucun accès au monde « non caché » n'est plus possible. Depuis 1933, Arendt nourrissait une certaine méfiance à l'égard de ce genre de critique de la culture. Dès son arrivée aux États-Unis, elle avait étudié en profondeur les dimensions historiques du totalitarisme. Pour ce faire, elle s'était plongée dans l'étude des composantes, des motifs et des mentalités de l'antisémitisme, de l'impérialisme, de l'idéologie raciale, du national-socialisme et du régime soviétique.

Heidegger et Arendt étaient convaincus que le libéralisme moderne était l'expression d'une automystification de l'homme et de la société modernes. De nombreux intellectuels de leur génération partageaient cette conviction.

> Le national-socialisme est l'avorton de cet enfer qui porte le nom de libéralisme, dans le gouffre duquel se sont éteints le christianisme et les Lumières [96].

Ce jugement péremptoire d'Arendt en 1942 s'accorde non seulement avec ce que pense Heidegger, mais avec les positions de Georg Lukács, Theodor W. Adorno, Max Horkheimer, Herbert Marcuse et bien d'autres encore. Heidegger était aussi d'avis que la démocratie de masse moderne (en tant que fondement du libéralisme) empêchait les hommes d'accéder à ce qui est essentiel. Tous deux étaient d'accord sur le fait que la modernité était à l'origine de cette rupture et que celle-ci ne lui avait pas été imposée de l'extérieur. Heidegger exprimait cette conception à partir d'une position philosophique sur la vie, l'action et l'expérience. Arendt remettait en question cette position philosophique elle-même. Son étude de l'antisémitisme, du racisme, de l'impérialisme et du totalitarisme l'avait conduite à une critique du mode de pensée philosophique purement contemplatif et de son positionnement à l'égard du monde de l'expérience. Même après ses retrouvailles avec Heidegger, elle ne revint pas sur cette critique.

Le résultat de cette critique était le livre qu'elle avait fini avant de partir pour son premier voyage en Europe et en Allemagne.

« *Les Origines du totalitarisme* »

Elemente und Ursprünge totaler Herrschaft (1955), tel était le titre de l'édition allemande de *The Origins of Totalitarianism* (1951)[97]. Le livre comprenait trois parties plus ou moins indépendantes qui traitaient de l'antisémitisme, de l'impérialisme et du totalitarisme[98]. Ces trois parties sont construites comme un récit. Dans la première partie sur l'antisémitisme, le lecteur est conduit en Allemagne, en France et en Angleterre. Arendt parle d'une structuration sociale et politique des sociétés européennes qui fait apparaître un nouveau type d'antisémitisme et des personnes qui l'articulent et lui donnent forme. Elle évoque Wilhelm von Humboldt avec sa phrase « mais je n'aime en vérité les Juifs qu'*en masse, en détail,* je fais tout pour les éviter[99] », Marcel Proust le chroniqueur de la société fin de siècle ou Benjamin Disraeli l'incarnation du Juif parvenu. Derrière son analyse structurale déguisée en histoire de la culture se cache une critique radicale de toutes les théories de l'antisémitisme. Arendt insiste sur le fait que c'est le positionnement social des Juifs dans la société moderne qui a provoqué la naissance de l'antisémitisme moderne et non la vieille haine des Juifs, chrétienne et populaire. Elle semble par là se rapprocher de la critique marxiste qui établissait que la cause de l'antisémitisme était le « détachement » social du judaïsme. Mais à la différence de Marx, la perspective qu'elle adopte n'est pas celle du déclin de la bourgeoisie et du capitalisme, mais celle de l'organisation politique des Juifs. À l'inverse, elle voit dans l'auto-organisation politique déficiente une des raisons cachées de l'isolement politique et social des Juifs qui permit par la suite leur anéantissement. Ce sont là les fruits de sa critique du sionisme qui sont au centre de ses préoccupations tout au long des années 1940.

Arendt prend en compte la situation des Juifs dans ses différentes variantes nationales. Elle se démarque par là de la thèse selon laquelle l'antisémitisme est un phénomène typiquement allemand. L'antisémitisme moderne existait dans tous les pays européens, comme le montre de manière exemplaire l'affaire Dreyfus en 1894. La modernité se caractérise selon elle par le fait, entre autres, qu'elle a engendré un type d'antisémitisme qui n'avait jamais existé auparavant. La spécificité de cet antisémitisme est qu'il s'agit d'une haine meurtrière des Juifs qui vise à leur anéantissement. Il est accompagné d'un nihilisme dans lequel s'exprime la rupture insidieuse de la tradition.

La deuxième partie du livre éclaire la modernité à partir d'une autre perspective, celle de la naissance du racisme. Elle montre d'une autre façon que le racisme qui émergea dans la deuxième moitié du XIXᵉ ne put être appliqué avec tant de succès contre les Juifs que parce que ceux-ci n'avaient aucun parti qui aurait pu prendre leur défense. La fragilité politique des Juifs permit, selon Arendt, au racisme de s'emparer de la prétendue question juive et de s'imposer sans avoir à affronter une résistance digne de ce nom de la religion, de la tradition et de la morale. Mais quelle était la caractéristique essentielle de ce racisme moderne ? Arendt décrit sa naissance à partir d'un processus de déclin des grandes traditions politiques dans les principaux pays d'Europe. Ce ne sont plus les États-nations qui comptent à l'ère de l'impérialisme, mais les zones d'influence où la « métropole » est réduite à un simple agent fonctionnel de l'expansion.

> Ce qui caractérisait le mieux la politique de la puissance à l'ère impérialiste [Arendt situe l'apogée de l'impérialisme en 1884 [100] et 1914], c'était de substituer à des objectifs d'intérêt national localisés et limités, donc prévisibles, la recherche illimitée de toujours plus de puissance, qui pouvait sillonner et dévaster la planète entière sans finalité nationale ou territoriale bien définie et par conséquent sans orientation prévisible.

Voilà ce qu'elle écrit dans l'introduction à la seconde partie sur l'impérialisme [101].

Par leur politique effrénée d'expansion, les classes dirigeantes en Europe vidèrent de leur substance en l'espace de quelques décennies tout le corpus de normes politiques qu'elles avaient construit depuis le XVIIᵉ siècle : le rôle de contrôle du Parlement, la séparation des pouvoirs et l'équilibre entre les intérêts économiques et politiques. La bourgeoisie ne voyait plus d'intérêt à conserver cette tradition politique qu'elle avait elle-même créée. En lieu et place de celle-ci, la protection de la propriété et des zones d'influence s'affirma comme l'intérêt primordial de la bourgeoisie expansionniste.

Dans ces deux études sur l'antisémitisme et l'impérialisme, Arendt dévoile un phénomène structurel de la modernité aux effets destructeurs : l'alliance du capital et de la populace [102]. Sur la base de la conquête du continent africain, elle décrit comment les intérêts des principales entreprises capitalistes s'alliaient avec une sorte d'aventurisme international qui apparut au milieu du XIXᵉ siècle et provenait des victimes déracinées de la révolution industrielle en Europe. De cette alliance naquirent de nouvelles idéologie et praxis de l'exploitation. Les instincts les plus bas s'unissaient aux classes les plus élevées de la société. Arendt s'appuie beaucoup sur le récit de Joseph Conrad de son dernier voyage en Afrique (*Au cœur des ténèbres*, 1902) pour décrire le changement mental qui se produisit chez les acteurs de l'impérialisme. Elle voit leur mentalité magistralement dépeinte dans le personnage de Kurtz : « "creux jusqu'au noyau", "téméraire sans hardiesse, gourmand sans audace et cruel sans courage [103]" ». Arendt perçoit dans le portrait que fait Conrad de cet homme l'ancêtre de l'exécuteur sans conscience du totalitarisme qui a perdu tout sens de la mesure dans ses actes. Le parallélisme avec la figure d'Adolf Eichmann s'impose rétrospectivement.

Aux yeux d'Arendt, ce nouveau type d'homme avait perdu tout lien à la civilisation. Elle considérait comme un nouveau phénomène le fait que l'idéologie raciale s'était installée au sein des classes les plus élevées sur la base de la collusion d'intérêt entre le capital et la populace. Cet arrière-fond permit au racisme – l'idéologie de la suprématie de l'homme blanc – de conquérir l'Europe. L'impérialisme serait donc rétrospectivement un tournant dans la modernité où l'expansion économique et le racisme auraient détruit la tradition politique et permis par là l'émergence d'un nouvel antisémitisme meurtrier. Dès avant le début de la Première Guerre mondiale, les conditions préalables au déclin et à l'autodissolution des États nations organisés plus ou moins démocratiquement étaient déjà créées.

Arendt décrit en détail comment le nouveau type de pouvoir, *le totalitarisme*, s'est érigé sur les ruines de la société de classe et de sa culture des partis. À la place de la culture politique traditionnelle et de ses institutions, des « mouvements » se développaient rapidement dans l'Europe de l'entre-deux-guerres, accélérant ainsi le déclin des gouvernements parlementaires. L'« ère des masses » était pour Arendt l'expression de ce déclin au sein duquel les mouvements totalitaires du socialisme soviétique et du national-socialisme accroissaient leur emprise sur la société. L'idéologie, la propagande, la terreur et une rotation permanente du nouveau groupe au pouvoir issu de la populace produisent, selon Arendt, un monde fictif dans lequel le mépris pour le monde réel se lie à une promesse de rédemption[104]. Les individus sont livrés sans la moindre défense à cette nouvelle domination. La tradition qui aurait pu les protéger était détruite. En ce sens, la prise de pouvoir des nationaux-socialistes incarne à ses yeux un moment historique où un parti en marge de l'ordre politique saisit une opportunité et s'empare d'une société en pleine décomposition. La nouveauté de la « révolution » national-socialiste consiste selon elle dans le fait que l'idéologie et la terreur deviennent les fondements d'un régime sous lequel aucune résistance ne peut plus s'élever contre la construction de camps de concentration et d'extermination où les Juifs et les Tziganes sont exterminés en tant que races [105].

Dans la dernière partie du livre, Arendt porte un regard sur son propre milieu intellectuel et sur son grand amour, Martin Heidegger. Elle fait un portrait saisissant du déracinement de l'intelligentsia allemande après la Première Guerre mondiale. Les artistes et les intellectuels étaient sortis de la guerre avec la même idée fixe que celle avec laquelle ils y étaient entrés : détruire la charpente pourrie de la société bourgeoise. Pour Arendt, le rôle et l'influence des élites au XXᵉ siècle s'étaient radicalement inversés par rapport à l'époque impérialiste. Ce n'étaient plus les élites qui commandaient la populace – les mouvements de masse anti-étatiques et antipolitiques à travers l'Europe –, c'était plutôt la populace qui donnait des ordres aux élites jusqu'à ce que son *Führer* s'en débarrasse finalement :

> Il faut être juste envers les membres de l'élite qui, à un moment ou un autre, se sont laissé séduire par les mouvements totalitaires, et qui, à cause de leurs capacités intellectuelles, sont même accusés quelquefois d'avoir inspiré le totalitarisme : ce que ces désespérés du XXᵉ siècle ont fait ou non n'eut absolument aucune influence sur le totalitarisme. Ils ne jouèrent de rôle qu'au début, lorsque les mouvements contraignirent le monde extérieur à prendre leurs doctrines au sérieux [106].

Ce qui au premier regard semble une relativisation de la responsabilité historique des intellectuels était en fait une critique dévastatrice, qui ne pouvait être plus sévère, de la mentalité de toute une classe.

Arendt avait écrit le dernier chapitre *Idéologie et terreur* en vue du public allemand ou européen. Elle y résume de façon saisissante les répercussions de la destruction de la société civile, qui était le programme même des nazis : la terreur totale et la destruction de l'existence civile des Juifs dont le résultat fut leur abandon collectif et leur anéantissement. Même les survivants, les témoins de l'anéantissement, ont été dépossédés de leur existence civile, car la société civile à laquelle ils auraient pu se rattacher avait été détruite.

La question qui se pose à partir de là pour Arendt est celle des effets du totalitarisme sur la modernité. D'après elle, le totalitarisme signe l'accomplissement d'une rupture irréparable de la tradition qui met sens dessus dessous l'entendement de l'Occident. Les hommes sortent de ce processus historique abandonnés et désolés, faisant face à un monde qu'ils ont eux-mêmes détruit [107]. Quant à savoir s'ils inventeront un nouveau commencement et percevront par là la promesse qu'Augustin a formulé dans le passé – *initium ut esset, creatus est homo* (« pour qu'il y eût un commencement, l'homme fut créé ») –, la question doit rester ouverte [108].

Ce livre n'était pas seulement original dans son mode narratif et dans son orientation historique et événementielle, il allait à l'encontre de la façon dont la plupart des historiens et des politologues de l'époque, sans parler des philosophes, expliquaient scientifiquement les phénomènes historiques. Quand on regarde comment les collègues d'Arendt comme Carl J. Friedrich, Franz Neumann, Sigmund Neumann, Ernst Fraenkel ou Eric Voegelin abordaient un phénomène historique à partir de leur perspective respective de juriste, d'historien, d'économiste, de philosophe, de sociologue ou de critique des idéologies, le style argumentatif d'Arendt se révèle dans sa dimension antisystématique, voire presque anarchique.

Il serait plus juste de parler d'un rejet systématique de la méthodologie scientifique. Arendt voulait approcher le phénomène totalitaire d'une façon entièrement originale qui semblait au premier regard presque artisanale. Une telle approche reposait sur une critique radicale des différentes méthodes.

Elle se montrait en cela le disciple de son maître Heidegger. Elle tentait d'élucider méthodiquement un

phénomène, elle ne pouvait d'ailleurs pas faire autrement
« dans la mesure de ses facultés conceptuelles »
(Kleist[109]). Elle se refusait à soumettre le phénomène
totalitaire à des analogies avec d'autres formes conven-
tionnelles de gouvernement comme la dictature ou la
tyrannie, et de prétendre par là expliquer le phénomène.

Ce livre, si jamais il le prit entre ses mains, fut certainement une offense pour Heidegger. En effet, la dimension philosophique du livre n'était pas immédiatement
accessible, c'était au lecteur de la découvrir petit à petit au
travers des différentes études d'Arendt. Heidegger était
un lecteur lent, comme il le disait souvent dans ses lettres.
Blücher pensait que Heidegger ne lirait jamais ce livre,
quand bien même Jaspers avait écrit une préface pour
l'édition allemande[110]. S'il en prit jamais connaissance
– ne serait-ce qu'à travers les propos de certains amis –,
sa réaction dut être ambiguë. D'un côté, il ne pouvait
qu'apporter son assentiment à ce travail de dévoilement
du gouffre qui se tapit dans la modernité, de l'autre, il ne
pouvait accepter le passage d'Arendt de la philosophie au
récit politique. À la lecture de sa critique sévère de la
« génération du front », il se serait certainement senti profondément caricaturé. Ce n'est d'ailleurs pas un hasard si
leur correspondance se tarit entre 1955 et 1959.

Les difficultés de méthode qu'elle dut affronter durant
l'écriture de son livre et les critiques qu'elle reçut par la
suite perdurèrent bien après sa parution. Elle répondit à
ces différentes critiques de façon diverse. En 1953, elle
dédia un article (*Compréhension et politique*) aux problèmes méthodologiques que soulevait son livre. Elle y
faisait une critique radicale de la méthode historiogra-
phique et sociologique et abordait les conséquences
méthodologiques qu'il fallait en tirer pour l'étude scientifique du phénomène du totalitarisme. L'attitude profondément critique des spécialistes de science politique
jusqu'à nos jours s'explique par la radicalité de son refus
des instruments méthodologiques « reconnus » de la

discipline. Sa thèse était que l'avènement de ce nouveau pouvoir total avait « pulvérisé nos catégories politiques, ainsi que nos critères de jugement moral [111] ». Elle accomplissait là une volte-face que la corporation ne jugeait pas nécessaire – y compris ses collègues en exil. Pour eux, même la catastrophe la plus grave ne pouvait rien changer au fait que la réflexion (et par là également la personne) restait autonome face à l'événement qu'elle essaie de penser. Arendt affirmait le contraire : une forme de pouvoir qui repose sur la négation de l'homme en tant qu'homme ne peut être analysée à l'aide d'un appareil conceptuel qui présuppose l'unité du monde et le lien entre le sujet jugeant et son objet.

La critique d'Arendt n'aboutissait pas à une nouvelle méthode rigide, elle renversait le lien hiérarchique entre le chercheur-penseur et son objet. Ce qui devait être au centre, c'était l'événement en tant qu'événement historique et l'objet de recherche. Il convenait ensuite de pénétrer cet événement avec les méthodes les plus diverses. Elle n'appréciait pas la rigueur méthodologique. Elle recourait pourtant à la catégorie de compréhension (hérité des débats phénoménologiques des années 1920), à la réhabilitation de l'imagination, du bon sens et de la faculté spontanée de jugement dans l'approche du sens des événements – ce qui bien sûr ouvrait la porte aux erreurs et aux préjugés.

Son aversion pour la systématicité scientifique rendait furieux certains de ses collègues européens. Le spécialiste de science politique Alfred Schütz, qui avait fui les nazis et enseignait depuis à la *New School for Social Research*, pouvait à bon droit s'insurger contre cette dimension dérangeante de la pensée d'Arendt :

J'ai entendu plusieurs fois l'auteur [112] en société et à notre séminaire général [à la *New School for Social Research*], et bien que des personnes comme Gurwitsch et Jean Wahl la placent très haut, je suis très méfiant à son égard. J'ai entendu dire qu'elle a elle-même été dans un camp de concentration[113]. Il n'est que trop compréhensible qu'une telle expérience ait eu des effets négatifs sur sa personne et sur sa pensée. Elle sait sans aucun doute beaucoup de choses, mais quand elle en vient aux problèmes centraux, elle ne veut pas faire de théorie. Je crois qu'elle est quelque chose dans le genre de ce qu'on appelait à l'époque des mouvements de jeunesse un « activiste ». Vouloir traiter théoriquement de choses comme le totalitarisme, cela signifie les approuver, tel est son principal argument[114].

Ce jugement d'Alfred Schütz était partagé de tout cœur *cum grano salis* par son ami Eric Voegelin et par nombre d'autres collègues. Qui lit la correspondance entre Schütz et Voegelin a l'impression d'assister à un échange entre deux érudits pour qui le national-socialisme – sans parler du communisme soviétique – n'a eu aucun effet sur leur approche des questions scientifiques et extrascientifiques. Entre eux régnait la continuité qu'Arendt ne cessait de remettre en question en insistant sur la rupture de la tradition qui l'affectait également dans sa personne.

Les discussions sur son livre, notamment avec Gurian et Blücher, lui avaient fait comprendre une importante lacune : elle n'avait pas suffisamment analysé le marxisme en tant qu'idéologie du pouvoir soviétique. Arendt prit au sérieux cette critique et décida d'entreprendre une nouvelle recherche sur les « éléments totalitaires du marxisme[115] ». Cette étude avait pour but de compléter substantiellement le livre.

Heidegger : le dilemme de ses élèves

Les Origines du totalitarisme contenait en filigrane toute une réflexion d'Arendt sur son passé, sur ses origines et son histoire en tant que Juive, sur son appartenance à l'intelligentsia de l'entre-deux-guerres et sur ses années d'études auprès de Heidegger. Arendt tout comme les autres élèves juifs de Heidegger étaient malmenés par ce passé. Ils avaient tous vécu un choc, chacun à sa façon, et s'efforçaient d'en faire sens. Tous ou presque, d'Arendt à Marcuse en passant par Löwith, se rendirent après la guerre auprès de leur maître et exigèrent de lui une claire remise en cause du national-socialisme. Tous souffraient après la guerre d'être confrontés si directement à la compromission de Heidegger avec le nazisme. Ils étaient tous déçus, mais cette déception cachait à peine le fait qu'ils étaient *a posteriori* effrayés d'eux-mêmes ? Comment avaient-ils pu en tant que Juifs choisir un tel maître ? Les reproches à Heidegger et les reproches personnels sont souvent indissociables dans nombre de travaux des disciples de Heidegger. Leur rapport à Heidegger après la guerre oscille entre la vénération et la répulsion, entre l'admiration et le mépris, entre l'amour et la haine. Il sera question ici de trois de ses élèves : Karl Löwith, Herbert Marcuse et Hans Jonas.

Karl Löwith (1897-1973) vint à Fribourg en 1919 pour étudier auprès de Husserl et de son assistant Martin Heidegger. Il fit sa thèse à Munich et se rendit ensuite à Marbourg pour faire sous la direction de Heidegger son habilitation sur « L'individu en tant que prochain ». Alors que les relations avec son maître devenaient impossibles, il partit en 1934 pour Rome, d'abord avec une bourse de la fondation Rockefeller. L'université de Marbourg lui versa un salaire misérable jusqu'en 1936[116].

Löwith fut profondément et personnellement déçu quand il revit Heidegger à Rome au mois d'avril 1936. Ses rapports avec Heidegger avaient connu des conflits (voir p. 208 et suiv.). Mais quand il vit son maître arborer les insignes honorifiques du NSDAP et sa femme les insignes du Parti et quand il se rendit compte qu'il ne se démarquait pas le moins du monde du national-socialisme, Löwith, qui espérait peut-être encore un changement, comprit qu'il n'y avait plus rien à attendre de Heidegger. Après un séjour au Japon, Löwith arriva finalement aux États-Unis en 1941, la même année qu'Arendt et son mari. Ils se rencontrent lorsque Löwith obtint un poste à la *New School for Social Research* en 1949. En 1952, il retourne en Allemagne où il a reçu un poste de professeur de philosophie à Heidelberg. Une photo de Heidegger trônait dans son bureau. Tous les livres de Löwith après la guerre traitent de Heidegger, le plus célèbre d'entre eux est *Heidegger, un penseur en des temps misérables*. Löwith tente d'y situer le lieu de la philosophie de l'existence dans le cadre de la philosophie du XXᵉ siècle. Par ailleurs, il critique la tentative de Heidegger de refonder la métaphysique à partir de l'esprit de la philosophie antique. Löwith se situait à l'Université dans les années 1950 entre le camp des anti-heideggériens et celui des pro-heideggériens. Hannah Arendt rapporte plusieurs fois dans ses lettres à son mari que Löwith était le seul intellectuel – avec Hans-Georg Gadamer – qui s'efforçait d'injecter un peu d'objectivité dans l'hystérie autour du cas Heidegger. Löwith rendit visite à Heidegger après la guerre, mais il se sentit obligé toute sa vie de lutter contre son maître [117].

Heinrich Blücher cerne avec justesse le dilemme des élèves juifs de Heidegger quand il écrit à sa femme qu'il est entièrement de son avis concernant Löwith : quand on est l'élève d'un grand homme et qu'on n'a rien à proposer en son propre nom, il faut alors interpréter la parole du maître.

> Mais il faut dire que cette voie particulière, le maître l'a coupée à ses disciples, en particulier lorsqu'ils étaient juifs, et tout s'envenime. Naturellement il ne reste à Löwith qu'une lassitude de sceptique libéral, avec en plus pour concepts ceux de Heidegger. Ce serait fort drôle si ce n'était pas si triste [118].

Herbert Marcuse (1895-1975) étudia également dans les années 1920 auprès de Heidegger à Fribourg. Vers la fin des années 1920, il voulait faire son habilitation sous sa direction, puis finalement renonça à cette idée. Il alla par la suite au *Frankfurter Institut für Sozialforschung* qui était dans les années 1920 et 1930 *le* centre de recherche sociale d'orientation marxiste. Comme les autres membres de l'Institut – Theodor W. Adorno, Max Horkheimer, Leo Löwenthal, Franz Neumann, Friedrich Pollock –, il émigra aux États-Unis au milieu des années 1930. Il travaillait et faisait de la recherche pour le « groupe de Francfort », mais il gagnait sa vie grâce à des travaux de recherche pour le gouvernement américain comme tant d'autres scientifiques qui avaient fui l'Allemagne.

Sa fascination pour Heidegger provenait selon lui du vide politique consécutif à l'échec de la révolution de novembre en 1918-1919. Heidegger lui était apparu alors – ainsi d'ailleurs qu'à beaucoup de jeunes gens de l'époque – comme le rédempteur de la stérilité politique et intellectuelle de l'immédiat après-guerre[119]. Il fait pourtant valoir qu'il s'était détaché de Heidegger avant 1932. Marcuse avait profondément été marqué par la lecture des « manuscrits économico-philosophiques » de Karl Marx qui furent publiés pour la première fois en 1932. Cette lecture lui fit prendre ses distances à l'égard de la philosophie de l'existence. Dans ses premières publications, il essayait de lier le mode de pensée heideggérien et la question héritée de Marx de l'aliénation de l'homme dans le monde moderne.

« Ni moi ni mes amis, écrit-il des décennies plus tard dans un article à la mémoire de Heidegger, nous ne savions ni n'avions remarqué quoi que ce fût concernant les rapports de Heidegger avec le nazisme avant 1933[120]. » Marcuse rendit lui aussi visite à son ancien maître après la guerre. Dans ses deux lettres des années 1947-1948 auxquelles Heidegger ne répondit que par une unique lettre, il lui faisait le reproche de ne pas avoir pris ses distances à

l'égard du national-socialisme. Il lui exprimait sa déception et son profond sentiment d'avoir été trahi. Pire, il
considérait qu'il avait trahi la philosophie. À l'instar des
membres de la Commission d'épuration à l'université de
Fribourg, il attribuait même rétrospectivement une valeur
hautement symbolique à la brève liaison de Heidegger
avec le régime national-socialiste [121].

La réponse de Heidegger à Marcuse suivait dans sa
structure sa lettre de justification de 1945. Il disait avoir
espéré du national-socialisme un renouveau spirituel et
avoir pris ses distances dès 1934. Durant la période nazie,
il s'était clairement démarqué dans ses cours et dans ses
écrits du national-socialisme. Il n'avait pas pu déclarer
ouvertement son opposition, car il ne voulait pas mettre
en danger sa famille. Après 1945, il n'avait pas voulu se
présenter publiquement comme un opposant au régime
nazi, car alors il se serait ravalé au niveau de ceux qui,
après guerre, faisaient savoir leurs petites prises de distance à l'égard du nazisme. À la critique de Marcuse pour
qui un véritable philosophe aurait dû saisir la nature du
régime aux assassinats qu'il perpétrait contre les Juifs
– argument qui ne pouvait être appliqué au comportement de Heidegger en 1933 qu'en forçant les faits – et
n'aurait pas dû se taire face à de tels crimes, Heidegger
répondit par une analogie où il mettait sur le même plan
les Juifs victimes de la terreur nazie et les Allemands de
l'Est qui depuis 1945 étaient soumis à la domination
soviétique. Il s'était déjà servi d'un argument de ce genre
dans une de ses lettres à Jaspers, mais l'analogie renvoyait
alors à l'Union soviétique et à son désir de suprématie sur
l'Europe entière qui risquait de faire de l'Allemagne la
victime de ses prétentions impériales. En se servant
d'arguments de cette sorte, Heidegger faisait écho à la
crainte alors répandue d'une expansion de l'Union soviétique vers l'Europe de l'Ouest. Le cœur de l'autojustifica-
tion de Heidegger consistait donc à répondre à la critique
par une mise en scène de son propre rôle de victime

(individuelle et collective, notamment à travers le sort des Allemands de l'Est). Il ne se rendait visiblement pas compte de la banalité et de la faiblesse de cet argument[122].

Dans sa seconde lettre, Marcuse caractérise la réponse de Heidegger comme « hors du Logos ». Elle n'est pas digne d'un philosophe selon lui. Sa lettre se clôt sur cette remarque amère :

> Il semble donc que la semence soit tombée sur un sol fertile. Peut-être assisterons-nous à l'avenir à l'éclosion de ce qui avait commencé à germer en 1933. Parlerez-vous alors de « renouveau », je ne le sais pas[123].

Le bilan que tirait Marcuse était sans nuance ; ce n'était pas étonnant deux ans après la fin des crimes et du génocide.

Malgré cette critique définitive, les écrits plus tardifs de Marcuse rejoignent certains points de la pensée de Heidegger, notamment dans la critique qu'il fait de la technique et sa remise en question de l'image de l'homme dans la société de masse. Mais il n'y eut plus d'échange direct entre le maître et son ancien élève.

Hans Jonas (1903-1993) avait étudié la philosophie, la théologie et le judaïsme à Fribourg, à Berlin, à Heidelberg et à Marbourg. En 1928, il avait fait sous la direction de Bultmann et de Heidegger sa thèse sur « le concept de gnosis ». Depuis ses études à la *Hochschule für die Wissenschaft vom Judentum* à Berlin au début des années 1920, il était devenu un sioniste convaincu[124]. Après 1933, il partit *via* Londres pour Jérusalem et servit plus tard, jusqu'en 1945, comme soldat britannique dans la *brigade juive*. En 1955, il s'installa, après un bref séjour au Canada, aux États-Unis où il enseigna dans diverses universités, notamment à Columbia University et à Princeton. Il évita après la guerre son ancien maître, mais il rendit visite en uniforme à Bultmann et à Jaspers à Marbourg et à Heidelberg. Pourquoi ne voulait-il pas voir Heidegger ?

Ce sont là des choses qu'on ne peut pas pardonner, qui vont bien plus loin que quelque chose d'humainement impardonnable. C'était également une faillite philosophique. Un philosophe ne pouvait pas se leurrer sur le nazisme. Il ne le pouvait pas moralement. Le fait que cette exigence avait échoué chez le plus grand philosophe de l'époque, le fait que l'effet d'élévation de l'homme qu'une vie au service de la vérité était censée produire ne s'était pas produit, le fait que la proximité et la recherche de la vérité n'avaient pas fait naître une humanité compatissante, j'éprouvais tout cela, bien au-delà de mes déceptions personnelles, comme une débâcle de la philosophie. Il y avait quelque chose de faux dans la présupposition selon laquelle quiconque pense ce qu'il y a de plus profond élève par là sa propre humanité et son rapport aux autres hommes. On pouvait être pris d'un doute profond quant à la force de la philosophie telle qu'on la pratiquait jusqu'alors. Ce doute fut en partie balayé par ma rencontre avec Jaspers après la guerre. Je pus alors m'apercevoir qu'il y avait un prince de la philosophie qui était aussi un homme [125].

Jonas consacra sa vie de professeur d'université et de philosophe à la fondation d'une éthique de la responsabilité au sein de l'espace social et politique. Il tenta de créer une éthique moderne de la responsabilité à partir de l'éthique kantienne et de la philosophie pragmatique et communautariste américaine. Telle fut sa réponse au défi existentiel de ce philosophe auquel il devait tant.

Tous les autres élèves comme Günther Anders, l'ex-mari de Hannah, ou ceux dont les noms sont un peu oubliés aujourd'hui comme le philologue de l'Antiquité et spécialiste de Goethe, Ernst Grumach, ou ceux qui n'ont jamais étudié auprès de Heidegger, mais qui étaient fascinés par sa pensée comme le poète Paul Celan qui aimait Hölderlin comme Heidegger, tous ne purent jamais se détacher de lui. Ils étaient habités de sentiments de colère et de doute tout en ayant bien conscience que cet homme, Heidegger, était entré dans des sphères où presque personne ne pouvait le suivre et où il avait perçu des choses de la plus grande importance.

En ce qui concerne Hannah Arendt en tant qu'élève de Heidegger, il est presque inutile de chercher la moindre différence entre sa critique de la modernité et celle de Heidegger.

Nous allons voir comment Arendt retourne dans les années 1950 vers la pensée heideggérienne.

Dans *Les Origines du totalitarisme*, elle montre de façon saisissante en quoi la pensée politique exige d'autres modes de perception, d'autres catégories, d'autres critères de jugement et d'autres perspectives que la pensée philosophique. Elle marque par là leur différence pour essayer ensuite de renverser la pensée heideggérienne et s'en servir à la fois *pour et contre* son inventeur et la conduire vers un champ politique authentique. Arendt fut la seule de ses élèves à dépasser, dans sa critique de Heidegger, le renoncement à la critique de la métaphysique de la philosophie de l'existence (Löwith), la critique de l'idéologie (Marcuse) et le retour à l'impératif catégorique (Jonas).

Il valait la peine à ses yeux de tenter un nouveau commencement sur les ruines de la philosophie de l'existence, sans chercher à élever de nouveau ce qui avait été détruit, mais sans pour autant faire table rase de ce champ de ruines.

CHAPITRE VI

Amor mundi :
Penser le monde après la catastrophe

Tu verras que le livre ne comporte pas de dédicace. Si tout s'était passé toujours entre nous comme cela aurait dû – et en disant *entre* nous, je ne vise ni toi ni moi –, je t'aurais demandé la permission de te le dédier ; sa conception remonte au tout début de mon séjour à Fribourg, et, pour ainsi dire, il te doit tout à tous égards. Mais vu la situation, cela ne m'a pas semblé pouvoir se faire ; d'une façon ou d'une autre, je tenais au moins à te le dire[1].

Pourquoi Hannah Arendt ressentait-elle le besoin impérieux de faire part à Heidegger de cette dédicace projetée à laquelle elle avait finalement renoncé au lieu de garder le silence comme elle aurait très bien pu le faire ? Voulait-elle qu'il remarque cette non-dédicace ? Que s'était-il passé ?

En 1960, la traduction allemande de *The Human Condition* (1958) était parue sous le titre *Vita activa oder vom Tätigen Leben* (*Vita activa ou de la vie active*). Arendt fit envoyer un exemplaire du livre à Heidegger. Deux mots dans cette lettre presque brusque éveillent particulièrement l'attention : « entre nous ». La dédicace aurait été une confirmation tangible de cet « entre nous ». Quelque chose s'était passé visiblement qui ne pouvait se résoudre sous le signe de l'amitié, comme ce fut le cas avec d'autres. Mais le lien d'Arendt à Heidegger n'était pas celui de l'amitié. L'amour plus encore que l'amitié exige une confiance et une sincérité profondes. La confiance entre eux était régulièrement rompue, la sincérité avait disparu. Elle voulait au moins le lui faire savoir. Mais malgré tout, elle ne voulait pas lui devenir infidèle. Infidèle ? Au mois d'octobre 1950, une demi-année après leurs retrouvailles, elle écrivait dans son « journal de pensée » :

> Fidélité : fidèle : vrai *et* fidèle. Comme si ce à quoi on ne sait être fidèle n'avait jamais été vrai. De là le grand crime de l'infidélité quand il ne s'agit pas de l'infidélité pour ainsi dire innocente, on assassine ce qui a été vrai, on abolit ce qu'on a soi-même apporté au monde, véritable anéantissement, parce que c'est dans la fidélité et par elle seulement que nous avons la maîtrise du passé [...] C'est justement en raison de cette cohésion de la fidélité et de la vérité qu'il convient d'éliminer du concept de fidélité toute notion d'obstination et de rigidité. La jalousie est la perversion de la fidélité. Son contraire n'est pas l'infidélité telle qu'on l'entend habituellement – qui relève plutôt de l'avancée de la vie et de la vivacité –, mais uniquement l'oubli. C'est le seul véritable péché parce qu'il annihile la vérité, la vérité de ce qui a été[2].

Ce passage ne fait sûrement pas seulement allusion à sa liaison avec Heidegger. Il parle aussi de sa confrontation aux liaisons amoureuses de son mari. La dédicace refusée prend dans ce contexte une signification supplémentaire : elle ne pouvait pas lui dédicacer le livre, car l'infidélité s'était immiscée entre eux. Par ailleurs, elle ne pouvait pas savoir s'il l'avait oubliée. Peut-être pensait-elle à sa lettre du mois de janvier 1926 qui avait provoqué son départ de Marbourg (voir p. 112 et suiv.) :

> Je ne t'ai pas oubliée par indifférence, ni non plus parce que nombre de circonstances extérieures se sont interposées, mais parce qu'il me fallait t'oublier et que je t'oublierai aussi

souvent que mon travail atteindra sa phase d'ultime concentration[3].

De toute façon, elle ne voulait pas laisser cet oubli, quand bien même il avait eu lieu, à son sort d'antan. Elle ne pouvait pas oublier. Elle ne pouvait pas faire disparaître cet amour. Son livre qu'elle avait finalement refusé de lui dédicacer parlait d'amour. Son grand thème était l'*amor mundi*. Cette petite note qu'elle lui avait envoyée était donc un grand honneur. Elle lui insinuait qu'il était au cœur de ses souvenirs et de ses pensées. Mais était-il à même de déchiffrer les allusions de ce billet ?

Un court texte retrouvé dans les papiers qu'elle laissa après sa mort – il s'agit donc d'un billet qu'elle n'avait pas joint à sa lettre – montre à quel point elle était aux prises avec ses propres sentiments :

Re Vita Activa :
La dédicace de ce livre est laissée en blanc.
Comment pourrais-je le dédier
à celui, si proche,
envers qui j'ai gardé toute fidélité
et je ne l'ai point gardée, tous deux avec amour[4].

Heidegger : une vie dans l'eros

À l'époque de cette lettre, leur relation ne tenait plus qu'à un fil. Depuis 1952, elle n'était plus retournée le voir. Elle évitait Fribourg lors de ses voyages en Europe et en Allemagne. Ils avaient échangé des lettres jusqu'en 1954. Il lui envoyait ses nouveaux écrits et lui demandait à quoi elle travaillait. Elle se réjouissait de son intérêt et lui faisait savoir qu'à la suite de son livre sur le totalitarisme, elle travaillait à trois projets dont deux donnèrent naissance à un livre, *Condition de l'homme moderne* et *Essai sur la révolution*. Heidegger espérait encore à cette époque que la médiation de Hannah le rapprocherait de Jaspers. Il attendait d'elle des réponses aux questions de Jaspers qu'il n'avait pas bien comprises. Par exemple celles contenues dans la lettre de Jaspers du mois de juillet 1952 où il faisait savoir à Heidegger à quel point ses remarques « ontologiques » sur la guerre froide l'avaient rendu furieux (voir p. 327). Heidegger se sentait probablement mal compris à nouveau.

Entre-temps, Hannah s'était engagée vigoureusement pour la diffusion de son œuvre aux États-Unis. Elle prit contact avec son traducteur, l'essayiste Glenn Gray, qui devint par la suite son ami. Elle corrigeait ses traductions avec beaucoup d'attention, à la grande satisfaction de Heidegger, bien sûr. Il savait que son œuvre était entre de bonnes mains. Puis les salutations et les félicitations se firent plus rares jusqu'à ce que le silence reprenne le dessus. En 1959, il lui fit envoyer deux de ses dernières publications, dont *Acheminement vers la parole*. La lettre d'aveu sur la dédicace impossible fut envoyée huit mois plus tard. Elle contenait aussi une question très simple : m'as-tu oubliée ?

Il ne l'avait pas oubliée, mais il était de nouveau plongé dans une liaison, cette fois avec la peintre munichoise Sophie-Dorothée, comtesse de Podewil. Il lui fallait encore expliquer à sa femme pourquoi elle ne devait pas se sentir blessée ni menacée. Hannah était loin, il ne se sentait pas obligé de lui raconter ses histoires. Cette liaison l'avait éloigné d'elle.

Cette fois, ses justifications à l'égard d'Elfride prennent une autre tournure. Il lui assurait comme d'habitude que cette liaison ne lui ôtait rien, mais au contraire ajoutait quelque chose à leur relation. Puis il poursuivait :

> Je ne me suis pas éloigné de toi ; bien au contraire, c'est simplement la proximité indestructible de ceux qui franchissent le seuil où l'on « prend de l'âge ».
> Mais ma nature est plus complexe que la tienne ; et aucun

argument ne me permettra de te démontrer que je dois vivre dans l'*eros* pour pouvoir au minimum encore donner à la créativité, que je sens en moi comme une réalité encore non libérée et ultime, une forme préliminaire imparfaite [5].

Il comprenait visiblement sa vie et sa pensée comme une forme d'existence reposant sur l'*eros* qui pour vivre avait besoin d'amour comme de pain. Heidegger avait soixante-cinq ans, Elfride était plus jeune de quatre ans.

Elfride s'occupait du « foyer » qu'il abandonnait régulièrement, mais qui était toujours là à attendre son retour. Ce « foyer » comprenait sa femme, ses enfants, la famille, surtout son frère Fritz à Messkirch, ses maisons à Zähringen et à Todtnauberg et sa patrie Messkirch. Toutes ses liaisons amoureuses se déployaient sur le fond d'une certitude : le « foyer » était là. Mais c'était une vieille maison où l'on connaissait bien ses désirs. Il lui fallait quitter ce « foyer » pour trouver de nouvelles stimulations, pour éveiller en lui l'*eros* dont il avait besoin pour penser et écrire – tout en ayant toujours la garantie du « foyer » qui l'attendait derrière.

Connaissant cette dimension fondamentale de sa vie, Elfride ne devait absolument pas se sentir blessée ni affectée d'une manière ou d'une autre par ses liaisons, car celles-ci se situaient selon lui à un tout autre niveau que son mariage. Dans le meilleur des cas, il la tenait au courant de ses relations. Parfois, il les tenait secrètes et devait ensuite s'expliquer longuement quand le secret était découvert. Cette fidélité revendiquée sur la base d'une promiscuité continuelle avec d'autres femmes était un arrangement pratique pour Heidegger, mais il était bien plus problématique pour Elfride. Elfride était désexualisée, le rôle qui lui était attribué était celui de la ménagère et de la gardienne des enfants. Mais cela ne lui convenait pas, elle se rendait bien compte que les amours de son mari lui prenaient le temps et l'attention dont elle avait besoin.

Entre-temps à l'université, tout était rentré dans l'ordre pour lui. Il était devenu professeur émérite et pouvait enseigner quand il voulait. Il faisait en outre une partie de son enseignement en dehors de l'université. Son rayon d'action, qui mêlait intérêts professionnels et relations amicales, allait de sa hutte à Todtnauberg à la résidence de cure « Bühler Höhe[6] » à Baden-Baden en passant par Constance, la ville de ses années de lycée, Zurich, le lieu de travail de son ami psychiatre Medard Boss, et Munich avec l'Académie des arts (et sa nouvelle maîtresse). Il avait des liens avec Heidelberg par son élève et fidèle ami, Hans-Georg Gadamer, et par l'Académie des sciences. Pendant des années, il entretint des contacts soutenus avec la ville de Brême, et particulièrement avec un cercle de personnes autour de la figure de Heinrich Wiegand Petzet et du « Club de Brême » pour lequel il fit de nombreuses conférences. Et enfin, il cultivait ses liens avec la France à travers Jean Beaufret et René Char. Dans la seconde moitié des années 1960, il se rendit de nombreuses fois aux séminaires organisés à Le Thor.

Il y avait autour de lui un réseau d'étudiants et d'admirateurs avec lesquels il collaborait, parfois sur des années. Il recevait des invitations à donner des conférences ou des séminaires des institutions les plus prestigieuses. En 1957, il fut nommé à l'Académie des sciences de Heidelberg et à l'Académie des arts de Berlin. Il n'avait plus rien à prouver. Il pouvait parler en public quand il le souhaitait et choisir où et avec qui il le ferait. Ce furent ses meilleures années, ce fut aussi une époque sans Hannah.

Hannah Arendt au milieu de son temps

Entre-temps, Hannah s'était forgé aux États-Unis une solide réputation d'essayiste politique. Le succès des *Origines du totalitarisme* lui avait assuré une place au sein de l'élite intellectuelle de la côte Est. En 1953, elle avait été

la première femme à être professeur invité à la prestigieuse université de Princeton. Depuis, on ne cessait de la
convier dans les grandes universités américaines à donner
des séries de conférences ou à enseigner. En 1954, elle
enseigne à l'université de Notre Dame où travaille son
ami Waldemar Gurian, en 1955 à Berkeley, en 1960 à
l'université de Columbia à New York, et dans les années
1960 à l'université de Chicago, dont trois années au pres-
tigieux *Committee on Social Thought*. En 1967, elle obtient
finalement un poste de professeur à la *Graduate Faculty* de
la célèbre *New School for Social Research*, surnommée
l'« université en exil ». Elle était devenue une professeure
très en vue et faisait partie du monde universitaire même
si elle le déniait avec passion.

Comme leur situation financière s'était nettement amé-
liorée, les Blücher pouvaient se permettre un nouvel
appartement. Ils déménagèrent en 1959 de Morningside
Drive à Riverside Drive dans un beau quartier du Upper
West Side. L'appartement comptait cinq pièces. Chacun
avait son bureau, il y avait une salle à manger et une
chambre pour les invités. Des pièces qui donnaient sur
rue, on pouvait voir la rivière Hudson.

En Allemagne de l'Ouest, Hannah Arendt était
devenue une conférencière très demandée. Son livre *Les
Origines du totalitarisme* avait été bien accueilli par les
conservateurs, mais vivement critiqué par les gens de
gauche. La comparaison structurelle qu'Arendt faisait
entre le national-socialisme et le communisme soviétique
de l'époque de Staline mettait en cause le jeu des oppositions de bloc et des opinions politiques qui y étaient liées.
Dans toute l'Europe, elle eut à affronter une sévère critique de gauche. L'Union soviétique ne faisait-elle pas
partie – comme l'entourage de Sartre ne se lassait pas de
le répéter jusque dans les années 1960 – des défenseurs de
la liberté de l'Europe ? L'Union soviétique de Staline fut
une composante essentielle du camp démocratique pendant la Seconde Guerre mondiale. Et le Goulag ? Aux

yeux d'un bon nombre de gens de gauche, il s'agissait simplement d'une excroissance du système, du résultat d'une politique qui pouvait encore être corrigée. C'est ce que l'on pensait dans certains cercles jusqu'en 1989. Après la chute du communisme, on apprit que des groupes de lecture clandestins en Europe centrale et orientale avaient lu *Les Origines du totalitarisme* comme un manuel pour comprendre la dictature à laquelle ils étaient soumis. La lecture de ce livre les encouragea dans leurs aspirations de liberté. Ce n'était pas un hasard si l'édition anglaise de 1958 contenait un épilogue inédit sur la révolution hongroise de 1956. Arendt avait vu dans le soulèvement des ouvriers hongrois la résurgence de l'idée politique de sa jeunesse – les conseils. L'idée des conseils contenait à ses yeux une réponse possible aux apories de l'État-nation. Par contre, le soulèvement des ouvriers est-allemands du 17 juin 1953 ne fit pas l'objet de la moindre remarque de sa part.

Dans le monde germanophone, Arendt était perçue comme une femme polémique qui suscitait à la fois curiosité et rejet. Elle était souvent invitée à parler à la radio. À la Freie Universität de Berlin, on envisagea un temps de lui proposer un poste de professeur en science politique. L'université de Würzburg lui proposa en 1959 une chaire de pédagogie et de sociologie[7]. En 1958, elle fut nommée membre correspondant de l'Académie de Darmstädter pour la langue et la poésie allemandes. Cette nomination dut la réjouir beaucoup, car la langue allemande et sa poésie étaient sa patrie, comme elle le mettait sans cesse en avant au grand dam de ses amis américains. Pourtant en public et face à ses amis, elle avait tendance à déprécier de façon sarcastique et ironique de tels honneurs.

Elle était au courant de ce que faisait Heidegger au travers des rumeurs et des histoires que lui colportaient ses vieux amis. Elle était à nouveau déchirée à son égard. Elle le considérait comme politiquement irresponsable, mais voyait en lui le plus grand penseur de son époque. En 1953, elle formula ses sentiments ambivalents dans la parabole suivante :

Heidegger rapporte, très fièrement : « Les gens disent : ce Heidegger, c'est vraiment un renard. » Or voilà l'histoire très-véridique du renard Heidegger.

Il était une fois un renard si peu rusé que non seulement il tombait régulièrement dans les pièges, mais ne savait même pas faire la différence entre un piège et ce qui n'en est pas un. Ce même renard avait en outre une infirmité, liée à quelque léger défaut de son pelage, en sorte que lui manquait totalement la protection naturelle dont jouissent les autres renards face aux intempéries auxquelles est exposée une vie de renard. Après que notre renard eut passé le plus clair de sa jeunesse à se démener dans les pièges tendus à d'autres comparses, tant et si bien qu'il n'était pour ainsi dire plus une seule touffe de fourrure qui s'en sortît indemne, il prit la résolution de se retirer entièrement du monde des renards et se mit à construire son terrier. Dans son ignorance inimaginable de la différence entre les pièges et les non-pièges, mais fort de son incroyable expérience en matière de pièges, il eut soudain une riche idée, qui, de mémoire de renard, n'était jamais venue à aucun goupil : il s'aménagea un piège en guise de terrier, s'y établit à demeure, et le fit passer pour un terrier parfaitement normal (non par ruse, mais parce qu'il avait toujours pris les pièges où il arrivait aux autres renards de tomber pour leurs terriers), mais il s'avisa néanmoins de devenir rusé à sa manière en apprêtant le piège arrangé par ses soins, et qui ne convenait qu'à lui seul, en piège accueillant pour quiconque voudrait seulement se donner la peine d'entrer. Ce qui témoignait une fois de plus de sa grande ignorance en matière de pièges : nul ne pouvait se trouver à l'aise dans son piège, vu que lui-même occupait déjà les lieux. Et cela le contrariait beaucoup ; on sait bien, malgré tout, qu'il arrive à tous les renards de tomber à l'occasion dans des pièges, si rusés soient-ils. Comment donc se pouvait-il qu'un piège à renards, disposé de surcroît par le plus expert en pièges de tous les renards, fît piètre figure en comparaison des pièges tendus par les hommes et les chasseurs ? Pour la bonne raison, se dit-il, que le piège n'était pas assez clairement signalé comme piège. Notre renard eut donc l'idée de décorer son piège fort joliment et de disposer partout des signaux indiquant fort clairement : venez tous, venez donc voir un piège, le plus beau piège du monde. Une chose devint parfaitement claire, c'est que si d'aventure un renard allait se fourrer dans ce piège, ce n'était pas faute d'avoir été prévenu. Et pourtant, ils furent nombreux à venir. Car, nous l'avons dit, ce piège faisait office de terrier pour notre renard. Voulait-on lui rendre visite dans le terrier qui était son chez-lui, il fallait bien entrer dans le piège. Tout autre que lui pouvait assurément aller voir ailleurs. Lui non, parce que son piège lui était au sens propre du mot taillé sur mesure. Ce qui fait que notre renard ayant élu domicile dans son piège disait fièrement : mon piège attire beaucoup de monde, me voilà devenu le meilleur de tous les renards. Il y avait bien là une part de vérité : nul ne s'y entend mieux en matière de pièges que celui qui, sa vie durant, a élu domicile dans un piège [8].

Cette parabole évoque dans son ton et sa construction les fables d'Ésope, mais elle ne se termine pas par une morale claire et didactique. Elle semble plutôt s'inspirer du récit de Kafka, *Le Terrier*. Il s'agit d'un morceau de littérature aux « sens » bien sûr multiples. Le maître d'Arendt y apparaît comme un constructeur de pièges qui se prend à ses propres pièges, comme un imbécile qui ne sait pas distinguer l'intérieur de l'extérieur de son piège alors que tout le monde sait faire la différence, et comme un philosophe qui renverse le lien de la pensée à la réalité. Selon lui, l'idée est le réel et la réalité n'a qu'à s'adapter à la pensée. Elle dépeint son maître en renard nu qui a perdu sa fourrure au fil de ses mésaventures et qui se retrouve sans sa protection naturelle, exposé aux attaques de son environnement et de ses ennemis. Cependant le lecteur ressent à l'ambivalence du texte qu'Arendt y décrit tout simplement le dilemme de la pensée. Le renard au centre de son piège : Heidegger au centre de la philosophie. Ne dépeint-elle pas ici le problème du passage de la pensée pure au monde et du monde à la pensée ? Ce dilemme n'a pas de solution. Mais s'il était question de ce passage, le texte ne serait pas une parabole sur Heidegger reclus du monde. Ce serait alors un texte littéraire sur le dilemme de la pensée philosophique appliquée à la figure d'un grand penseur du XXᵉ siècle.

Dans ses rapports personnels avec Heidegger, elle n'était pas, comme dans ce texte, dans une position qui lui permettait de pénétrer le sens des situations. Hannah avait un sentiment d'échec par rapport à sa relation avec son ancien amant Martin. Elle ne parvenait pas à réconcilier Martin et Jaspers. Au contraire, Jaspers devenait au fil des années de plus en plus rigide et fermé. Il avait attendu un temps une réponse convaincante de Heidegger sur les raisons de son enthousiasme national-socialiste, puis il avait essayé de la lui extorquer, finalement il avait pris définitivement ses distances et avait limité leurs rapports à des échanges conventionnels. Heidegger ne pouvait pas sortir de son terrier…

De plus, sa relation à Heidegger lui-même était différente de celles qu'elle entretenait avec ses autres amis allemands. Avec Karl Jaspers, Dolf Sternberger, Hugo Friedrich ou Benno von Wiese, elle savait toujours à quoi s'en tenir. Mais elle ne parvenait jamais à saisir complètement Heidegger, elle n'était jamais sûre qu'il existât entre elle et lui un lien indestructible.

À certains moments, elle se sentait si déstabilisée qu'elle se plaignait auprès de Jaspers du rôle que Heidegger lui attribuait dans leur relation, celui de l'éternelle jeune fille, de l'élève, de la muse qui ne doit pas se mettre en valeur. Ils finirent même par se disputer à cause de cela. Arendt raconte à son mari que Jaspers « a presque posé un ultimatum à cause de Heidegger » et qu'elle fut contrainte de le remettre à sa place[9]. Elle écrit à Heinrich qu'elle est prête à assumer, c'est-à-dire à jouer le rôle de la jeune fille qui n'a jamais écrit la moindre ligne[10]. Ce jeu paradoxal cachait avec peine ses nombreuses frustrations.

Elle va même chercher secours dans la graphologie. La femme d'un ami éditeur lui assura à la suite d'un examen graphologique que Heidegger avait un rapport fort au langage, qu'il n'avait pas de tendance homoérotique (c'était là visiblement une crainte récurrente chez elle) et que le mariage n'avait pas la moindre signification pour lui[11].

Que pensait Heidegger d'Arendt dans ces années de silence ? Pensait-il à elle souvent ? À quelles occasions ? Nous en savons très peu. Il existe certains signes qui montrent que Heidegger et son cercle d'amis la rejetèrent pendant un temps. Ils avaient mal pris le discours d'éloge à Jaspers à l'occasion de la remise du prix de la paix en 1958. Dans cette *laudatio*, elle présentait Jaspers comme un exemple remarquable de personnalité publique, comme l'incarnation de l'*humanitas* et comme un digne successeur d'Emmanuel Kant[12]. Plus encore, elle avait mis au cœur de son éloge un élément de la pensée de Jaspers que Heidegger qualifiait de dévoiement de la tâche philosophique : la vie publique[13]. Elle ne reçut pas de félicitations de Fribourg quand elle reçut le Prix Lessing de la ville de Hambourg. Son discours de remerciement est une preuve supplémentaire de sa confrontation avec son ancien amant. Elle y parla d'amitié, d'humanité et du danger de la perte des valeurs. Cet hommage au génie de l'amitié Lessing peut se lire comme une allocution à Heidegger, comme un plaidoyer pour l'amitié en des temps difficiles, pour une amitié qui s'ancre dans le monde et s'adapte aux différences que les amis ont entre eux.

Le message codé de Hannah au travers de la dédicace absente de *Condition de l'homme moderne* avait probablement aggravé encore la méfiance de Heidegger et de son cercle à son égard. Elle eut l'occasion d'en faire l'expérience quand au mois de juillet 1961, de retour d'Israël, elle fit une halte à Fribourg à l'invitation du juriste international Joseph H. Kaiser. Elle en avait informé Heidegger et n'avait reçu aucune réponse. Elle apprit ensuite qu'un collègue qui faisait partie du cercle Heidegger avait « brusquement » refusé de la voir « en se référant clairement à Heidegger, qui semble le lui avoir interdit [14] ». Elle dut se sentir blessée. Cette affaire la préoccupe pendant des mois. Elle s'en plaint à Jaspers [15]. Elle supposait que c'était son livre *Condition de l'homme moderne* qui avait causé la fureur du cercle Heidegger, bien qu'elle pensât qu'elle ne fût pas capable d'une telle performance [16]. Ce fut sans doute cette non-dédicace explicite qui provoqua l'irritation de Heidegger.

Arendt : penser un nouveau commencement

Quiconque lit *Condition de l'homme moderne* se rend compte rapidement qu'Arendt discute entre les lignes avec la pensée de Heidegger. Mais ce livre n'était pas seulement une explication avec son ancien maître, celle-ci avait eu lieu depuis longtemps. Elle *devait* écrire ce livre, parce qu'elle avait laissé ses lecteurs aux États-Unis et en Europe, à la fin du récit compliqué des *Origines du totalitarisme*, avec une question. Après avoir dépeint la désolation totale des hommes dans les camps de concentration des deux grands régimes totalitaires et avoir parlé des « tempêtes de sable dévastatrices » qui ont traversé le siècle et rendu la terre inhabitable, elle concluait par une citation d'Augustin : « *initium ut esset, creatus est homo* – pour qu'il y eût un commencement, l'homme fut créé [17] ». Elle laissait ouverte la question de savoir si et comment il pouvait y avoir un nouveau commencement après la fin de la catastrophe. Elle prenait par là ses distances à l'égard d'autres analyses du totalitarisme qui aboutissaient à une critique radicale de la culture et à un rejet du monde présent, comme par exemple celle de Theodor W. Adorno et Max Horkheimer dans *La Dialectique des Lumières*, ou qui cherchaient, après la rupture de la tradition, à guérir celle-ci notamment à l'aide d'une nouvelle philosophie morale, ou qui supposaient que le régime totalitaire viendrait à disparaître comme il était apparu et que l'on reviendrait alors à la normalité. Ce n'était pas un hasard si l'on célébrait dans l'Allemagne d'après 1945 les classiques allemands comme la pureté indestructible de la culture et de l'histoire allemandes.

Mais quelles étaient les conditions de possibilité d'un nouveau commencement ? Ce nouveau livre qui procédait de cette question s'appuyait sur les recherches qu'elle avait accomplies dans les années 1940 sur l'antisémitisme, le racisme et le totalitarisme. Maintenant, il fallait réfléchir aux conséquences de cette analyse du totalitarisme. Elle était consciente du lien qui unissait ce nouveau projet au précédent, elle en faisait d'ailleurs part à Heidegger dans une lettre de 1954 [18].

Condition de l'homme moderne était pourtant un nouveau type de texte. Si on peut encore percevoir *Les Origines du totalitarisme* comme un entrelacs de récits historiques sur la crise européenne dont les soubassements philosophiques n'étaient accessibles qu'aux initiés, ce nouveau livre était informé et travaillé par les débats qui enflammaient les esprits aux États-Unis et en Europe depuis les années 1940. Partout en Occident, on assistait à des débats politiques et idéologiques sur l'avenir de l'homme et de la culture occidentale. Tout tournait autour de la question de savoir quelles conséquences allait avoir la rupture existentielle qu'avait générée l'avènement du totalitarisme. À la *Partisan Review* et dans d'autres revues d'idées, deux courants dialoguaient. Ceux qui avaient une approche de critique de la culture s'interrogeaient sur la crise de la modernité comme un contexte culturel au sein duquel il fallait redéfinir le « rôle » de l'homme et de l'intellectuel. Ceux qui avaient une approche politique voulaient tirer des leçons politiques de cette crise[19]. Arendt qui appartenait bien sûr à ce dernier groupe publia en 1954 un article sur cette question (*Tradition et modernité*) dans *Partisan Review*[20]. Mais elle ne proposait aucune recette ou stratégie pour se sortir de la crise. Elle considérait comme sa tâche intellectuelle de traquer la rupture de la tradition qui s'ancrait dans cette scission de la pensée philosophique d'avec le monde et l'action qui en découlait. Cette scission qui avait commencé chez Platon et à laquelle Marx voulait mettre un terme avait éloigné à tel point ces deux mondes qu'ils semblaient s'opposer désormais de façon antagoniste – le monde inutile de la pensée et le monde de l'action orienté vers l'utilité. Cette situation provenait, selon elle, de l'érosion de l'ordre politique et du sens dans la modernité, et non pas d'une quelconque crise de la modernité.

Elle se demandait comme de nombreux intellectuels et scientifiques de son temps en quoi l'accélération des transformations techniques agissait sur les sociétés modernes. Les thèmes des débats de l'après-guerre s'imposaient à sa pensée : la transformation de l'industrie, du monde du travail, l'automatisation du travail, la disparition de certains groupes sociaux (l'ouvrier manuel), l'apparition de nouveaux groupes (les managers), l'avènement d'une « culture de masse », les faiblesses du libéralisme, la signification de la religion et de l'agnosticisme des intellectuels... Il n'est pas étonnant de remarquer ici que les intellectuels américains étaient en avance sur ces questions. Alors que les élites intellectuelles européennes regardaient dans les années 1950 vers le passé et se confrontaient à un présent de destruction et de dépression, aux États-Unis, on étudiait les tendances actuelles et on extrapolait sur leurs conséquences à venir. En 1952, la rédaction de *Partisan Review* eut l'idée de lancer dans les pages de la revue un forum de discussion avec cette même optique – « *our country and our culture* » (notre pays et notre culture) –, auquel participèrent des intellectuels de gauche de renom de la côte Est. Il y avait notamment James Burnham, Leslie A. Fiedler, Norman Mailer, Reinhold Niebuhr, Philip Rahv, David Riesman, Lionel Trilling et d'autres. Plusieurs d'entre eux soutinrent la thèse selon laquelle la relation des États-Unis à l'Europe avait connu un véritable changement de paradigme. La culture américaine était maintenant indépendante et n'avait plus fondamentalement besoin de l'Europe. D'autres revues – comme la revue intellectuelle juive *Commentary* – embrayèrent le pas.

Le débat n'aurait bien sûr pas pris cette forme si les États-Unis n'exerçaient pas un leadership économique aussi net. La reprise économique qui se fit sentir quelques années après la guerre en Europe avait tout d'abord commencé aux États-Unis. La conscience qui en résultait se répercutait également sur les élites culturelles.

La reprise faisait naître un nouveau type de société qui exigeait une nouvelle réflexion politique et scientifique. Dans cette ère post-totalitaire, le développement technologique du monde occidental semblait accélérer sans cesse l'expansion d'une société de *job-holders*. C'était du moins ce dont étaient convaincus Arendt et nombre de ses amis et détracteurs. La question qui se posait alors était de savoir si le travail allait devenir l'unique source de sens pour l'existence et quel rôle allait être attribué à la culture dans cette transformation.

Après la première utilisation de la bombe atomique en 1945 qui avait montré que les États-Unis (et ensuite l'Union soviétique) étaient capables de détruire le monde créé par l'homme, vint la première exploration de l'espace par un satellite dans les années 1950. En 1969, le premier homme marchait sur la Lune. La perspective de l'autodestruction totale tout comme de l'expansion infinie du monde humain éveillait des questions sur le sens de l'existence auxquelles la société du travail ne savait pas répondre. En effet, celle-ci réservait ces questions à la tradition ou à des penseurs professionnels.

Arendt comparait la rupture fondamentale de son époque

avec le tournant décisif que Descartes avait accompli dans le rapport de l'homme à son environnement. Dès lors qu'ils firent dépendre l'existence du monde de leur perception subjective, les hommes commencèrent, selon Arendt, à s'emparer de l'espace au-delà du monde terrestre et à remettre en cause les conditions de leur existence qu'ils avaient acceptées depuis l'Antiquité.

Condition de l'homme moderne est une reprise et une élaboration de ces différentes approches du problème. Le livre s'adresse à un public occidental, il traite de l'Europe et des États-Unis comme faisant partie d'un espace commun.

Au début des années 1950, elle oriente sa réflexion, comme en témoignent ses carnets de pensées, vers les conditions de possibilité d'un nouveau commencement politique dans la modernité. Elle se remet à étudier la pensée de Heidegger et à la mettre en rapport avec les grands textes de la philosophie grecque.

Quiconque suit avec attention l'utilisation que fait Arendt dans les années 1950 et 1960 des catégories heideggériennes se rend compte à quel point celles-ci sont transformées par ce retour aux grands textes de la tradition philosophique grecque. Quelle est la raison de ce changement ? De son analyse de la rupture de la tradition au cours de l'histoire de l'Occident, elle avait tiré la conclusion que le fil rompu de la tradition ne pouvait être renoué. Elle était sur ce point en parfait accord avec Heidegger. Mais elle prenait également en considération la dimension de la tradition *politique*. C'est à partir de cette perspective qu'elle s'engageait dans un dialogue critique avec Heidegger sur la question de savoir comment il faut fonder en général la vie politique commune des hommes.

En réponse au sens de l'être-là qui chez Heidegger émerge de la mort, elle renvoie à la naissance comme possibilisation équivalente de l'être-là. De la naissance à la mort s'étend le champ d'action de l'homme. Le sens ne se rompt pas avec la mort. Les hommes produisent quelque chose qui peut être transmis à l'avenir : le récit de ce qui s'est passé (les hauts faits et gestes, les catastrophes), et ce qui est commun à tous et que les classiques désignent depuis l'Antiquité par les concepts de *summum bonum* et de « bonheur public ».

Arendt partageait également la critique heideggérienne tardive de l'activisme – qui était également une autocritique – et l'utilisait positivement. Ce qui est au centre de nos actions n'est pas la volonté de puissance, ce retour en soi de la volonté, ni non plus le laisser-avoir-lieu que Heidegger défendit après son grand échec. L'alternative arendtienne à la sommation meurtrière du monde est de rendre possible un monde pluriel au sein duquel les individus peuvent entrer en relation. Tel est le sens du mot *monde* sous la plume d'Arendt.

Elle ne pouvait pas s'abstraire des expériences qui avaient développé en elle un rejet de la pensée pure. Elle se sentait portée à envisager un point de départ pour la pensée politique qui l'ouvrait à l'expérience du monde. Mais elle avait en même temps besoin de la pensée pure, de la pensée de Heidegger, pour éviter de retomber dans la vieille attitude du scientifique qui pense et écrit « sur » quelque chose. Elle s'appuyait donc sur la « méthode de Heidegger » quand elle se mettait sur la trace de l'usage historique et linguistique des catégories fondamentales de la politique.

Elle lisait les textes de l'Antiquité et de Heidegger à rebrousse-poil et gagnait ainsi un sens nouveau à certains concepts, tout en remettant d'abord en question leur sens traditionnel, comme le faisait son maître. Il s'agissait là d'un accès méthodique à certains phénomènes que Heidegger avait élaborés dès sa jeunesse et qu'il poursuivait depuis des années. Il se créait de la sorte un « espace de pensée pure » dont il avait déchu lors de son saut dans l'action – et vers lequel il s'était de nouveau retiré après avoir pris conscience de sa chute et de son échec. Arendt employait cette méthode à l'égard de Heidegger lui-même. Oscillant sans cesse entre l'espace de la pensée pure et l'expérience, elle « bombardait » pour ainsi dire cet espace de pensée des expériences du XXᵉ siècle, le faisant sans cesse exploser pour accéder à un nouvel aperçu des choses et à une nouvelle conception.

Heidegger et Arendt étaient de nouveau en contrepoint. Alors que Heidegger avait quitté le monde de l'action pour se retirer dans le domaine de la philosophie et de la langue, Arendt tirait la conclusion qu'on ne pouvait pas trouver dans la philosophie de réponses aux questions nouvelles que la modernité posait. En outre, la pensée et l'action étaient, selon elle, deux sphères si fondamentalement différentes qu'on ne pouvait sauter de l'une à l'autre. Il fallait forger des passages de l'une à l'autre.

Dans une note de son carnet de pensée du mois de mars 1952, Arendt écrit après la lecture du texte de Heidegger *La chose* :

> Heidegger : « Nous sommes, au sens rigoureux du mot, ceux qui sont pourvus de choses (*die Bedingten*). Nous avons laissé derrière nous la prétention de tout ce qui est dépourvu de choses (*alles Unbedingten*)[21]. »
> « … de la pensée qui représente seulement, c'est-à-dire de la pensée expliquante, à la pensée qui se souvient[22]. »
> (C'est le vrai tournant…)[23].

Indépendamment de son appréciation positive de la compréhension heideggérienne de la pensée comme pensée qui se souvient (par opposition à la pensée sur quelque chose), Arendt renverse le questionnement de Heidegger. Elle part de la justesse de la supposition heideggérienne selon laquelle « la prétention de tout ce qui est dépourvu de choses » doit être laissée derrière nous, et entreprend d'étudier comment les « choses conditionnées », les limitations du monde pénètrent l'action humaine. Dans quelle mesure faut-il se détacher de la représentation de l'homme et de la vie pour rendre à nouveau compréhensible à l'homme-citoyen la perspective de l'action ?

Il ne s'agissait pas essentiellement pour Arendt de confirmer ou de réfuter Heidegger. Elle reconnaissait volontiers qu'il avait découvert quelque chose qui avait échappé aux autres penseurs. Il avait identifié dans sa pensée le fait que la connexion moderne entre le savoir et le développement technique avait conduit à une aliénation et un éloignement irréversible de l'homme par rapport au monde. Beaucoup d'intellectuels de sa génération étaient parvenus à un diagnostic semblable. Mais Heidegger avait entrepris le chemin inverse pour saisir le moment charnière où la pensée s'était détournée du monde. Il poursuivait cette démarche tout au long des étapes de l'histoire intellectuelle occidentale et des transformations de ses concepts. Il déterrait ainsi des couches enfouies de compréhension qui ouvraient de nouveaux cheminements de pensée. Mais il se référait toujours dans sa réflexion à l'individu pensant. Il ne mettait en jeu le monde dans sa réflexion que comme une dimension philosophique de l'être. Là s'arrêtait son cheminement de pensée. Il ne pouvait ni voulait penser la pluralité, le conflit et l'action. Son ontologie était délimitée par des frontières que Heidegger ne *voulait* pas franchir – surtout après son expérience du national-socialisme. Il ne pénétra plus pour cette raison cette zone inconnue du passage à la pensée politique.

Au travers de l'ébranlement existentiel de la rupture radicale de la tradition dans le national-socialisme et dans le communisme soviétique, Arendt était parvenue à comprendre que la pensée de Heidegger était trop étroite et qu'il fallait en faire sauter le cadre trop restrictif. Selon elle, une des raisons de la rupture de la tradition était que les hommes avaient perdu la possibilité de façonner par l'action leur vie en commun. La centralisation du pouvoir dans l'État-nation, le totalitarisme et la disparition de l'espace politique à l'époque moderne avaient engendré un ensemble d'obstacles qui rendaient cet espace inaccessible. Il était donc clair qu'il ne s'agissait pas seulement de la pensée qui se souvient du monde comme chez Heidegger, mais de l'action politique au sein de ce monde, c'est-à-dire de l'agir en commun de nombreux individus.

Heidegger suivait Platon en ce qu'il considérait la politique comme essentiellement une éducation à la vérité. La politique était l'affaire des gardiens, de « ceux qui savent mieux », des monarques et des éducateurs solitaires. Heidegger avait lui-même essayé d'appliquer le raisonnement platonicien et avait échoué. Arendt devait donc revenir sur les principes de cette réflexion sur la politique pour comprendre l'échec de son maître. Suivant la maxime selon laquelle la pensée commence par le fait de contredire, elle se mit à partir de 1951 à lire les Grecs à l'encontre des interprétations établies. Elle étudiait Platon tout en mettant à l'épreuve les catégories fondamentales de la pensée heideggérienne. Qu'appelle-t-on l'être ? Qu'appelle-t-on l'être-là ? Qu'est-ce que la vérité ? Comment naît la communauté politique ? Son « journal de pensée » témoigne de la manière dont elle aborde la pensée occidentale et jauge les nouvelles idées qu'elle se forge à l'aune de la pensée heideggérienne.

Au cours de ce processus de lecture et de pensée auquel se joignait Heinrich Blücher qui travaillait sur les mêmes questions, elle découvre petit à petit une nouvelle façon d'aborder les catégories fondamentales de la pensée sur le monde. Tout d'abord, la pensée du politique n'est pas une pensée *sur* le monde – point sur lequel Heidegger aurait été d'accord –, mais une pensée *dans le* et *auprès* du monde. Mais qui est-ce qui pense ? Et qu'est-ce que le monde ?

Dans cette façon d'aborder la pensée dans le monde, on perçoit le « tournant » qu'opère Arendt à l'égard de Heidegger et de Platon. À la différence de ces deux philosophes, elle doit quitter la philosophie pour pénétrer l'espace politique. La pensée politique à ses yeux se rapporte au monde, mais celui-ci se fonde dans l'agir des hommes et non pas dans la réflexion philosophique. Elle opposait à ses lectures de l'Ancien et du Nouveau Testament, des textes de Platon et de son maître une autre compréhension du monde. Adam, dont Ève avait été formée à partir de l'une de ses côtes, n'avait pas surgi seul de l'acte créateur, Dieu avait bien plutôt créé Adam *et* Ève. Il créa deux êtres humains différents, et non pas un seul ni deux semblabes [24]. Dans son carnet de pensée, elle développe cette idée :

> La pluralité qui se présente sous sa forme la plus pure dans la série des nombres qui se poursuit à l'infini et s'engendre d'elle-même *n'a pas son origine dans la multiplicité des choses, mais dans le besoin de l'homme qui une fois né, a besoin de l'autre pour s'assurer une descendance dans un troisième, un quatrième, etc.* [25].

Les êtres humains ont besoin les uns des autres, ce n'est qu'en se mettant en relation qu'ils gagnent leur existence. Ce qui constitue le monde, c'est ce qui se passe entre les différents et nombreux êtres humains. La pluralité ne naît que de la friction continue *entre* les nombreux individus. Elle a sa demeure dans le langage, c'est pourquoi la pluralité des langues constitue le monde.

La pluralité. Arendt rencontre ici une des différences fondamentales entre l'Amérique et l'Europe. La compréhension nord-américaine de la pluralité était le fruit de la guerre civile et de l'élaboration postérieure de ce traumatisme. Elle s'était cristallisée autour d'un « procès » historique. L'anarchiste Jacob Abrams et d'autres activistes avaient jeté du toit d'une maison des tracts pacifistes sur la 2e Avenue à New York. Le groupe fut accusé d'avoir porté atteinte à la sécurité des États-Unis et d'avoir boycotté les efforts de guerre. Les accusés furent condamnés à de lourdes peines [26]. Olivier Wendell Holmes, théoricien respecté du droit et juge à la Cour suprême des États-Unis (qui ne pouvait être suspecté de la moindre sympathie pour les accusés), exprima en 1919 dans un avis divergent sur le cas Abrams une compréhension inhabituelle de la pluralité :

> Nous permettons la libre expression parce que nous avons besoin des ressources de l'ensemble du groupe pour nous former les idées dont nous avons besoin. *Penser est une activité sociale*. Je reconnais la légitimité de ta pensée, parce qu'elle fait partie de ma pensée – même quand ma pensée se définit en opposition à la tienne [27].

Dans l'histoire française et allemande, la compréhension de la pluralité reposait plutôt sur la tolérance, c'est-à-dire sur le commandement de supporter la différence au nom d'une idée de l'humanité. Mais si l'on suit la pensée d'Oliver Wendell Holmes qui avait été préparée par Charles Peirce, Henry James, John Dewey et d'autres penseurs, la société *a besoin* des idées et des intérêts divergents, elle ne doit pas seulement les tolérer. La société a besoin de ceux qui pensent autrement, car dans leurs actes et opinions divergentes se révèle une partie de la richesse de pensée de la société elle-même.

Arendt fut sûrement fascinée par cette compréhension du concept de pluralité même si dans la réalité américaine, les choses se passaient en partie autrement.

L'action et la pluralité vont de pair. L'action est une activité au travers de laquelle les hommes interviennent dans un contexte historique construit par d'autres, dans une structure, un réseau qui brasse beaucoup de personnes qui ne sont pas du même avis.

Arendt ne pouvait donner son accord au renoncement de son maître à la volonté d'agir – telle était la véritable conséquence que Heidegger avait tirée de sa chute et de son échec en 1933.

Elle reprenait de saint Augustin l'idée que la vie n'est pas simplement limitée par la mort, mais qu'elle est rendue possible également par la naissance : *initium ut esset, creatus est homo*. La naissance et la mort créent l'espace, l'espace unique où nous pouvons nous mouvoir, que nous pouvons façonner – et détruire. Heidegger n'était pas étranger à la métaphore de la naissance, il s'en approchait au travers de sa réflexion sur le « dévoilement » et sur le concept grec de vérité (*alètheia*), mais ne la mentionne jamais explicitement.

Arendt transforme l'être-jeté dans le monde heideggérien en un *être-ensemble* dans le monde[28]. Mais l'être-ensemble ne recèle aucune harmonie. La pluralité est censée veiller avec sa multiplicité de perspectives à ce que le monde naisse sans cesse à nouveau entre les acteurs humains. C'est dans la friction des nombreuses opinions, dans l'espace *entre* que surgissent la nouveauté, l'espace de l'action, le monde.

Pour faire du monde le champ d'action historique, Arendt devait développer un nouveau rapport à la vérité. Elle renverse le concept platonicien de vérité selon lequel la vérité se trouve dans les Idées des choses et pas dans les choses elles-mêmes. La vérité n'est pas pour Arendt ce que les éducateurs (les philosophes) peuvent « contempler » et transmettre ensuite aux habitants de la Terre. La vérité ne réside pas dans les Idées. Mais même la pensée heideggérienne du dévoilement, qui est censée conduire au rayonnement de la vérité de l'existence, ne va pas assez loin, à son sens. Par un acte de pensée périlleux, elle place le concept de vérité dans le monde de la pluralité. Ainsi chacun *peut* avoir part à la vérité, mais il ne peut qu'y *avoir part*, car la vérité reste toujours un objet de dispute *entre* la multiplicité des hommes. La vérité en tant que dévoilement de ce qui jusqu'alors était invisible ne manifeste donc pas ce qui est valable de façon *évidente*. Dans la vérité se montre ce qui est valable *dans l'action*. Et cette chose valable, cette chose non cachée et dévoilée inclut également les hommes qui agissent.

Arendt oppose à la méfiance heideggérienne à l'égard du monde public une compréhension ouverte de celui-ci.

Le monde du « on » n'est pas seulement dérangeant (même s'il l'est aussi), il est aussi existentiel pour les hommes[29]. L'espace public naît du monde commun de l'être-là. Il est vital. Dans l'espace public, les opinions se heurtent les unes aux autres non dans un concert harmonieux, mais souvent de façon cacophonique, mais c'est justement ça qui fait jaillir des impulsions de renouveau au sein de la communauté.

La signification du domaine public dépend bien sûr du non-public, du privé et de la place qui lui est reconnue. Ils se conditionnent l'un l'autre. Pour clarifier son propos, Arendt va jusqu'au bout de la critique systématique que Heidegger fait de l'espace public. Si l'espace public n'est pas comme Jaspers le pense la pure clarté, mais au contraire ce qui obscurcit tout, alors l'éloignement de l'espace public serait le seul mode authentique possible pour l'être-là. Mais alors, soutient Arendt, on aboutirait à ce que tout devienne privé et il n'y aurait plus d'espace où les hommes pourraient se rencontrer dans l'action. Cela reviendrait à faire disparaître le monde du prochain.

L'action a besoin de la tribune de l'espace public. Les *polis* grecques parvenaient à créer cet espace parce que leurs membres distinguaient le domaine politique du monde des besoins privés, ce monde du travail, de l'action, de la reproduction et de la famille. La participation à l'espace public repose donc sur la capacité de séparer ce qui relève du public de ce qui relève du privé. Seul celui qui sait distinguer ce qui appartient au domaine public de ce qui doit rester dans le domaine privé est capable de percevoir l'espace public. Ce n'est que dans cet espace public que peut naître la dimension politique – au sens d'une dimension qui concerne tout ce que les hommes ont en commun[30].

En ce qui concernait le lien de la pensée à l'action, Heidegger posait d'une part leur identité, d'autre part, il remplaçait aux yeux d'Arendt la sphère de l'action par celle de la pensée. En raison de son expérience de vie et de sa critique de l'histoire intellectuelle moderne, Arendt s'opposait entièrement à l'idée de l'identité de la pensée et de l'action. Son livre *Les Origines du totalitarisme* est une réfutation de cette thèse. Si la pensée et l'action étaient un, alors les hommes d'action seraient tout simplement des intellectuels. Mais n'avait-elle pas justement prouvé que ces derniers s'étaient laissé fasciner, en tant que penseurs professionnels, par le totalitarisme ? De nombreux « penseurs de métier » avaient produit une réalité idéologique et la faisaient passer pour la réalité elle-même. Avec l'avènement du totalitarisme, la mission éducative de la philosophie s'était discréditée. La réalité authentique devait naître de l'action de la multitude et du *bon sens*. Or comme la pensée ne provient pas du *bon sens*, mais du retrait du philosophe du monde commun, la pensée et l'action sont donc bien deux choses radicalement distinctes [31]. Mais il y a une faculté qui les relie, c'est la parole et le jugement.

Soudain au mois de juillet 1955, l'idée directrice d'un nouveau livre surgissait :

> *Amor mundi* : il s'agit d'un monde qui se constitue comme un espace-temps dès que les hommes sont plusieurs – non pas les uns avec les autres ou les uns à côté des autres, mais une simple pluralité suffit ! (le pur entre) – (le monde) dans lequel nous construisons ensuite nos bâtiments, dans lequel nous nous installons, nous voulons laisser quelque chose de permanent, auquel nous appartenons dans la mesure où nous *sommes* pluriels, auquel nous restons toujours étrangers dans la mesure où nous sommes aussi singuliers, ce n'est d'ailleurs qu'à partir de cette pluralité que nous pouvons définir notre singularité. Voir et être-vu, entendre et être-entendu dans l'entre [32] [...].

Amor mundi, tel était le titre qu'elle voulait, à l'origine, donner à ce livre avant de se décider finalement pour *The Human Condition* pour l'édition américaine et *Vita activa oder vom Tätigen Leben* pour l'édition allemande.

Arendt mesure dans ce livre l'espace – le monde – dont les hommes disposent quand ils veulent agir. La question qui sous-tend tout le livre est : qu'est-ce qui rend possible ce monde ? Et qu'est-ce qui le détruit ?

Dans son récit des bas-fonds de la société moderne, elle met en avant surtout la disparition du domaine public au profit du domaine social. Dans ce type de « société », le domaine du travail est au centre. Mais dès le début de son exposé, Arendt rejette la thèse selon laquelle la société moderne est une pure « société de travail ». Il est certain que vivent dans la société moderne des travailleurs, mais le travail n'est pas son unique caractéristique. La société produit également un monde de choses. Critiquant Marx, elle distingue entre « travailler » et « produire ». Elle définit le travail comme l'ensemble des activités qui sont nécessaires au maintien du cycle de la reproduction humaine (naître – vivre – se reproduire – mourir). Ce travail ne distingue pas l'espèce humaine de l'espèce animale, d'où la formule « *animal laborans* ». Dans ce contexte, la finalité existentielle de l'homme est de dépenser sa force de travail de manière à se maintenir en vie, à se forger une descendance et à finalement mourir. Cette vie de travail n'ouvre pas selon elle un accès au monde commun.

Le travail artisanal qu'elle nomme « production » sert à la création d'une sphère dans laquelle sont produits des biens indépendants des hommes. C'est le monde des choses. Ce monde commence quand le cycle de reproduction du travail et de la consommation – qui chez elle équivaut à la destruction – est assuré. Dans ce monde, des choses sont produites qui dépassent la durée d'une vie individuelle. Ce n'est d'abord que dans la parole et l'action que l'homme fait l'expérience de ce monde commun de l'*entre* dont nous sommes redevables aux Grecs de sa découverte.

L'action dépasse donc – comme l'indique la métaphore de la naissance – le monde du travail et des choses. L'action marque le début de quelque chose d'autre. Cette idée se retrouve chez d'autres penseurs. Mais Arendt se distingue à nouveau. Le commencement ne doit pas être identifié à l'anticipation de la fin. La question de savoir si je vais ou non atteindre le but que mon action se fixe reste ouverte. Les conséquences de mon action qui impliquent également les autres hommes peuvent me mener dans une direction que je n'avais pas du tout envisagée. L'action crée un « tissu de liens » auquel tous se réfèrent, individus et groupes. « Agir consiste à tirer un fil dans une trame que l'on n'a pas faite soi-même[33]. » Mais cela n'est possible que dans l'espace public.

Elle était d'accord avec Heidegger sur le fait que la technique, le travail et le monde des choses obstruaient l'accès aux choses importantes de la vie. Elle admirait sa vision d'ensemble des conséquences radicales qu'allaient avoir la cybernétisation et la numérisation de la communication sur le rapport de l'homme au monde qu'il a créé[34].

Le concept difficile de « dis-positif » (*Ge-stell*) autour duquel se cristallise la critique heideggérienne de la modernité dans les années 1950 suggère que le « véritable » accès à l'être est tellement occulté qu'on peut douter même de la possibilité de son dévoilement. Arendt acquiesçait entièrement à cette pensée[35]. Tous deux attribuaient à la pensée philosophique et scientifique moderne une grande responsabilité dans ce dilemme. Mais Arendt voyait dans l'action politique la chance de rompre le charme. Elle s'opposait là entièrement à Heidegger. Aucun destin, aucun envoi, aucun dispositif ne peut empêcher de rompre le charme si les hommes rompent effectivement avec le charme dans leurs actes.

Arendt avait introduit avec *Condition de l'homme moderne* un nouveau type de pensée. Ce n'était pas de la science qu'elle écrivait, mais une pensée philosophique, ou du moins une pensée fondée philosophiquement et ouverte aux autres disciplines et à l'expérience. Mais au fond, elle ne faisait que continuer ce que Platon et Aristote avaient commencé et que Heidegger avait repris. Elle réfléchissait aux présuppositions de l'organisation politique des hommes dans les conditions complexes de la modernité.

À la fin de *Condition de l'homme moderne*, Arendt laisse son lecteur quelque peu perplexe. Elle constate la victoire de la société du travail et de la production et passe en revue les obstacles qui empêchent l'instauration d'un nouvel espace public politique. Et pour finir, elle cite à nouveau la formule de saint Augustin, « pour qu'il y eût un commencement, l'homme fut créé ». La phrase de saint Augustin résonne toujours de la même façon, mais elle est appliquée cette fois au politique. Elle semble vouloir dire : Qu'est-ce qu'un commencement en politique ? Comment peut-on le façonner ?

Un « *petit livre de politique* »

À la question de Heidegger : à quoi travaillait-elle ?, Arendt signale dans sa réponse de 1954 tout d'abord le projet suivant :

> En partant de Montesquieu, une analyse des formes de gouvernement visant à découvrir où le concept de pouvoir exercé sur autrui a fait son entrée dans le domaine du politique [...] et comment l'espace politique se constitue chaque fois diversement selon ces différentes formes [36].

Dans sa correspondance avec Jaspers, elle parle d'un « petit livre de politique ». Il reposait sur une série de conférences qu'elle avait données au début de l'année 1959 à l'université de Princeton et qui portaient essentiellement sur la révolution américaine.

Quand elle s'était préparée à sa naturalisation dans les années 1950-1951, Arendt avait commencé à se plonger dans l'histoire américaine et dans sa tradition politique spécifique. Elle avait lu les écrits des pères fondateurs des

États-Unis et leurs débats sur la constitution politique de cette société d'immigrants. Elle ne voulait pas seulement comprendre comment on était arrivé au « Mayflower Compact » et à la « Déclaration d'indépendance », mais aussi comment les États-Unis étaient devenus ce qu'ils étaient : un havre de liberté.

Sous l'impulsion de son éditeur allemand Klaus Piper, elle avait tout d'abord envisagé de transformer ces conférences en un livre sur la politique. Piper pensait qu'un tel livre viendrait à point pour le public allemand. Mais plus elle travaillait sur le manuscrit de ses conférences, plus son approche du sujet changeait et faisait du livre un écrit polémique sur les modes de fondation d'une communauté politique et sur la manière dont on ouvre la sphère politique – et également dont on peut la détruire malgré la bonne volonté. Le livre sortit en 1963 aux États-Unis. Deux ans plus tard, il sortait en traduction allemande sous le titre *Über die Revolution* (*De la révolution*).

Dans *Condition de l'homme moderne*, elle avait abordé le caractère conditionné de l'existence humaine tout comme la disparition de la perspective de l'homme comme être agissant dans le monde moderne. Dans ce nouveau livre, elle expliquait comment des communautés politiques s'étaient fondées au cours de l'histoire politique occidentale. Arendt renouait avec le débat sur la perte de la tradition à l'époque moderne et évoquait les dilemmes qui avaient accompagné la fondation de plusieurs communautés politiques. Elle faisait ici un long détour qui la ramenait à la question laissée ouverte à la fin des *Origines du totalitarisme*. Cherchant une réponse à la question de savoir pourquoi les démocraties de masse de l'Europe du XXᵉ siècle n'avaient pas su tenir tête au déferlement des mouvements totalitaires, elle étudiait la fondation américaine de la liberté politique et la différence entre l'histoire politique des États-Unis et celle de l'Europe.

Que signifiait pour Arendt le concept de fondation ?

Une fondation commence quelque chose de nouveau

dans l'espace politique ou met un terme à autre chose. Les fondations dans l'espace public sont des actions des citoyens qui conduisent à l'établissement d'une communauté politique. Le moyen de ce commencement est une révolution. Elle ne surgit pas spontanément comme une rébellion, mais elle est, comme ce fut le cas de la révolution américaine, « attisée consciemment et de concert et est menée à bien sur la base d'obligations et de promesses réciproques [37] ». Par cette référence à des « obligations et des promesses réciproques », Arendt renvoyait à la promesse devant Dieu fortement enracinée dans la tradition piétiste qui est en même temps une promesse entre les hommes, chacun devant Dieu et tous entre eux *et* devant Dieu – ce principe d'action est par ailleurs présent dans la tradition juive dans le livre de l'Exode. Cette promesse est le principe du célèbre « Mayflower Compact » des colons américains en 1620, tout comme de la Déclaration d'indépendance de 1776. Une assemblée d'hommes libres semblable à celle des citoyens grecs de la *polis* s'engageait dans une promesse solennelle devant Dieu et devant les membres de l'assemblée à fonder une communauté qui reposerait sur le principe de la liberté et de l'obligation de l'homme envers Dieu. Telle est la substance du récit mythique.

Il y a donc une *constitutio libertatis*, une véritable fondation de la liberté. Dans ce contexte, le concept de liberté va bien au-delà de l'usage courant de ce terme. Il est question de l'être-libre de quelque chose, de l'espace de liberté garanti par une Constitution, des lois et des institutions. La liberté au sens de l'interprétation arendtienne de la révolution américaine est la liberté de fonder une communauté, par exemple une république.

Dans la fondation et le récit qui l'accompagne, une perspective s'ouvre qui dépasse les simples faits historiques. Dans le cas américain en particulier, cela voulait dire qu'on avait fondé consciemment une communauté politique sur une tradition politique et sur une promesse terrestre. Aux yeux d'Arendt, les hommes à l'époque moderne, qui ne vivent plus dans la certitude de la foi, doivent cependant continuer à porter la question des sources du sens. Sans ce dépassement de soi, sans cette référence à un au-delà de soi-même, la communauté s'épuiserait dans la répétition du cycle de reproduction, dans la gestion de ses besoins sociaux, dans la production de choses utiles et dans l'instauration de règles plus ou moins morales.

Arendt s'aventurait là dans le saint des saints de la pensée heideggérienne, la question du rapport à la métaphysique, c'est-à-dire avec tout ce qui se situe au-delà du monde des choses. Elle essayait toutefois de mettre en rapport cette dimension avec celle de l'action et ainsi d'éviter le piège dans lequel Heidegger était tombé. Alors que ce dernier en était resté au saut de l'ontologie à l'action et au dualisme du commandant et du commandé, elle reliait la sphère transcendantale à celle de la pluralité des individus qui entrent en rapport les uns avec les autres et créent quelque chose entre eux qui les dépasse.

La problématique se compliquait avec son concept aux multiples facettes du *politique*. Celui-ci désigne une sphère où tous les hommes peuvent établir des relations les uns avec les autres dans l'action. Arendt définit également cette sphère comme un « espace politique ». De l'échange qui a lieu au sein de cet espace – au travers de l'action et de la parole – naît un sens de la vie humaine en commun. Il ne s'agit pas d'un sens canonique atemporel, mais au contraire d'un sens qui doit constamment être renouvelé.

Dans ce contexte, Arendt redécouvre un des concepts centraux de la politique : le pouvoir. Les pères fondateurs américains créèrent une république dans laquelle le pouvoir n'était pas divisé – selon le principe de la division des pouvoirs –, mais ramifié horizontalement et par là même augmenté. D'un côté, ce pouvoir descendait jusque dans les assemblées du *townhall* des villages et des villes où il se manifestait par des décisions concrètes. De l'autre, on établissait une fédération de républiques avec un pouvoir central fort bien évidemment.

Le but des Constitutions que se donnèrent les États avant la Constitution de l'Union, qu'elles fussent rédigées par des congrès provinciaux ou par des assemblées constituantes (comme ce fut le cas pour le Massachusetts), était de créer, après l'abolition par la Déclaration d'indépendance de l'autorité et du pouvoir de la Couronne et du Parlement, de nouveaux centres de pouvoirs. Les fondateurs et les hommes de la révolution s'attaquèrent à cette tâche, la création d'un nouveau pouvoir, avec l'aide de tout l'arsenal de ce qu'ils appelaient eux-mêmes leur « science politique », car la science politique, selon leur propres termes, consistait à essayer de découvrir « les formes et combinaisons du pouvoir dans les républiques [38] ».

Ici Arendt esquisse déjà la voie particulière qu'empruntera la révolution américaine. Elle ne procéda pas à la fondation d'un État-nation centraliste, mais à celle d'une fédération républicaine.

S'appuyant sur le concept américain de pouvoir et se démarquant volontairement des théories continentales de la centralisation du pouvoir, Arendt proposait un concept « positif » du pouvoir. Elle reliait le phénomène du pouvoir à l'action humaine commune [39].

La liberté politique naît et se maintient dans l'action commune de la multiplicité qui cherche à fonder une communauté qui repose sur une redistribution et une expansion horizontale du pouvoir du peuple.

Pourquoi cette voie n'avait-elle pas été empruntée en Europe ? Arendt répondait à cette question en prenant l'exemple de la Révolution française et d'un de ses grands penseurs, l'abbé Sieyès. Dans cette conception qui s'imposa avec la Révolution française, la nation devait être considérée comme l'autorité suprême. Elle devait être instituée comme « la source des lois au-dessus de la loi [40] ».

Arendt critiquait sur ce point Sieyès et soutenait que dans la mesure où il « éloignait le pouvoir constituant, c'est-à-dire la nation, du domaine politique et le plaçait dans un "état de nature" indépassable et inaliénable [41] » d'où procédait toute légitimité, il ouvrait grande la porte à ces forces qui dégradaient la Constitution en un moyen pour réaliser leurs intérêts de groupe. En effet, la volonté de la nation change sans cesse, comme le dit Arendt dans son interprétation de Sieyès. C'est pourquoi la Constitution française fut régulièrement amendée. Par contre, dans l'histoire américaine, le « lieu du pouvoir [...] a été placé dans le peuple [42] » et non dans la nation. C'est le peuple qui a recours à l'État pour ses propres fins, et non pas la nation qui a recours au peuple.

Ce n'est qu'en adoptant cette perspective qu'on peut saisir le sens de la république fédérative tel que James Madison l'a formulé. La raison de cette spécificité était que « les hommes de la révolution américaine comprenaient sous le terme de pouvoir exactement le contraire d'une force naturelle politique ; ils y voyaient des institutions et des organisations qui reposaient seulement sur des promesses mutuelles et des obligations et des conventions réciproques [43] ».

Les révolutionnaires français en identifiant la volonté du peuple avec la nation et en élevant celle-ci au rang d'une instance métaphysique avaient fait valoir la volonté sacrée du peuple contre le déploiement politique du pouvoir au sein du peuple. Le reproche qu'Arendt fait à la Révolution française est le suivant : le « droit supérieur de la Révolution (la nation) » qui ne s'ancrait plus dans le champ réel de l'action aurait miné la possibilité d'un processus de fondation révolutionnaire par l'intermédiaire du peuple. Alors que la voie française s'orientait vers une unification de la volonté du peuple par le biais d'une divinisation de la nation, la voie américaine selon Arendt se fondait sur le respect de la multiplicité des intérêts conflictuels qui, dans le mesure où ils étaient représentés au sein des institutions politiques, pouvaient devenir une pluralité organisée à même d'être le support du mécanisme politique (le corps politique, comme on disait au XVIIIᵉ siècle) et de ses organes.

Arendt en concluait que la centralisation du pouvoir était une des causes du dilemme de l'évolution européenne postérieure.

Une autre cause de l'échec des révolutions comme la Révolution française était pour Arendt la défaite de la politique face aux besoins et aux intérêts sociaux. Elle avait déjà expliqué dans *Condition de l'homme moderne* que la sphère sociale à l'époque moderne repoussait la sphère politique au second plan au point que l'espace public ouvert à l'action et la capacité des citoyens à agir tendent à disparaître. Dans *Essai sur la révolution*, elle montre comment la volonté de fonder une communauté politique stable fut remplacée en Europe par la question : comment résoudre le « problème social » ? Les révolutionnaires français considéraient que c'était leur tâche d'éliminer la pauvreté. Arendt évoque d'autres raisons au succès des révolutionnaires américains et à l'échec des révolutionnaires français :

> L'Amérique n'était pas soumise au fléau de la pauvreté. La fondation de la liberté ne put réussir que parce que la question sociale insoluble politiquement n'entravait pas la marche des « pères fondateurs ». Mais cette fondation ne parvint pas à devenir un modèle de la liberté universellement applicable, car le reste du monde était dominé par la misère des masses et le resta par la suite[44].

La pitié pour les pauvres tout comme la haine des riches s'opposaient, aux yeux d'Arendt, diamétralement au succès de la révolution en tant qu'acte de fondation politique. La constitution de la liberté devait alors nécessairement échouer face à l'exigence de « produire » l'égalité réelle de tous dans leurs conditions de vie et non pas seulement l'égalité formelle devant la loi. Une telle exigence ne pouvait être accomplie que par la force et se traduisit rétrospectivement par l'instauration de la Terreur et du totalitarisme.

Ce livre d'Arendt sur la fondation de la liberté était dédié à ses amis Karl et Gertrud Jaspers. La dédicace disait : « Pour Gertrud et Karl Jaspers en signe d'admiration, d'amitié et d'amour. » Jaspers considérait, comme il l'écrit à Arendt lors de sa première lecture, « que c'est un livre qui, par la profondeur de la pensée politique et sa rédaction magistrale, égale et dépasse peut-être même ton livre sur le totalitarisme [45] ».

Suite à la dédicace refusée à Heidegger, cette marque de reconnaissance claire et globale à l'égard du couple Jaspers dut être pour lui une véritable gifle, si tant est qu'il lût jamais le livre.

Deux concepts irréconciliables de la liberté

Y avait-il donc chez Heidegger une perspective de liberté ?

Au semestre d'été 1936, alors qu'il essayait encore de se remettre intellectuellement de la période traumatique du rectorat et commençait à se plonger intensément dans la pensée de Nietzsche, Heidegger fit un cours sur le traité de Schelling *De l'essence de la liberté* [46].

En plein milieu de cette période de succès du national-socialisme, un séminaire sur la liberté ! Heidegger y convenait avec Schelling du caractère ambivalent de la liberté. La liberté peut être interprétée en bien *et* en mal. Le bien et le mal ne seraient alors pas deux options ou une alternative à la disposition de celui qui agit, l'un est déjà toujours inclus dans l'autre [47].

Par la suite, Heidegger relie clairement le concept de liberté à la volonté.

Dans un passage à la formulation presque hégélienne sur

la relation entre liberté et nécessité, il élève la nécessité au rang de condition préalable déterminante de la liberté :

> Cette nécessité elle-même est la liberté de son propre acte. La liberté est nécessité, la nécessité est liberté. Les deux propositions, bien comprises, n'entretiennent pas un rapport formel de pur et simple renversement ; il y a là une progression selon une démarche qui revient sur soi sans pour autant jamais revenir au même, puisqu'elle reprend son départ en une compréhension toujours plus radicale [48].

On peut voir dans ce passage où s'arrête la pensée de Heidegger. Il aurait pu poursuivre ici jusqu'au renversement de la liberté dans l'action, mais il bloque ce passage. Il n'avait visiblement plus l'intention – après 1934 – de s'approcher de l'espace politique. Ce refus irrite le lecteur d'aujourd'hui. N'aurait-il pas été normal de prêter au moins attention à l'effet symbolique d'un cours sur la liberté en 1936 ? Il aurait pu délimiter plus systématiquement le lieu du passage sans pour autant en réaliser les conséquences. Mais il ne le fit pas.

Dans ses textes des années 1950, Heidegger retire la liberté du domaine de la volonté :

> L'essence de la liberté n'est pas ordonnée *originellement* à la volonté, encore moins à la seule causalité du vouloir humain.
>
> La liberté régit ce qui est libre au sens de ce qui est éclairé, c'est-à-dire dévoilé. L'acte de dévoilement, c'est-à-dire de la vérité, est ce à quoi la liberté est unie par la parenté la plus proche et la plus intime [...]. La liberté de ce qui est libre ne consiste, ni dans la licence de l'arbitraire, ni dans la soumission à de simples lois. La liberté est ce qui cache en éclairant et dans la clarté duquel flotte ce voile qui cache l'être profond (*das Wesende*) de toute vérité et fait apparaître le voile comme ce qui cache. La liberté est le domaine du destin qui chaque fois met en chemin un dévoilement [49].

Il renonçait là à une bonne partie des imputations des années 1930, la volonté, la causalité et par là aussi la nécessité. Il se rapprochait ainsi de ce qu'Arendt avait développé dans ses approches de la liberté dans *Essai sur la révolution*, mais il ne situait pas la liberté dans le contexte de l'action.

C'est justement là que réside la différence avec le concept de liberté d'Arendt qui comprend plusieurs niveaux. Ce concept est fondé ontologiquement tout en étant ouvert à l'espace politique. S'appuyant sur la littérature de l'Antiquité dans laquelle liberté et politique sont une et même chose, elle délimitait d'une part la liberté par rapport à l'acte volontaire, se référant ici à la spontanéité kantienne. D'autre part, elle la distinguait du retrait du monde que la tradition chrétienne avait introduit en identifiant la liberté à la « liberté de se délivrer de la politique [50] ». Dans *Essai sur la révolution*, nous découvrons une définition de la liberté qui identifie celle-ci à l'acte collectif de *fonder*.

Si l'on compare ces deux approches du concept de liberté, il s'avère clairement qu'Arendt tente de faire sortir la pensée philosophique de l'étroitesse de l'ontologie. Elle ouvre les concepts au monde humain en les extrayant du monde de la pensée pour les exposer au monde de l'action et de l'expérience.

La compréhension heideggérienne n'est pas moins ambiguë. Dans *Être et Temps*, il avait révélé l'historialité du monde philosophique et de l'être-là. Ce fut alors une véritable révolution. Mais ses explications restaient strictement dans le cadre de l'ontologie. Quand, au début des années 1930, il commence à être question d'avènement (*Ereignis*), Heidegger associe ce terme aux *topoi* du destin (*Schicksal*), de la volonté (*Wille*) et de l'envoi (*Geschick*). L'histoire recèle donc quelque chose de mystérieux. L'interprétation des événements historiques prenait un tour majestueux et solennel qui, aux yeux d'Arendt, ne pouvait leur être attribué de prime abord. On bute là à nouveau sur le problème du passage et de l'application précaire. Avant 1933, Heidegger reliait l'histoire à l'attente de voir se réaliser en

Allemagne et en Occident une mission historique. Il projeta cette attente sur les nationaux-socialistes. Il était prêt même à leur passer leur violence, s'il s'agissait véritablement d'accomplir une visée supérieure. Durant cette période, il associe l'histoire aux concepts de *vouloir*, de *guider*, et de *garder*. Après sa séparation d'avec les nationaux-socialistes, l'aspect sombre, inquiétant et mystérieux de l'histoire prend de plus en plus d'importance et tend à être défini comme envoi.

Confronté à l'expérience du totalitarisme, Arendt développa au contraire une idée de l'histoire comme interaction de l'événement et de l'action qui intervient dans le cours des choses. L'histoire ne peut être « produite », mais elle est indissociablement liée à l'action sans laquelle elle ne pourrait tout simplement pas avoir lieu[51]. Ce sont les hommes qui agissent qui engendrent l'histoire. Celle-ci n'est pas « faite » par eux, pas plus qu'elle n'est le produit de forces anonymes. L'histoire a lieu dans des événements qui interrompent le cours du temps[52]. Les hommes qui agissent sont les « héros » de l'histoire mais pas au sens héroïque du terme. Ils ont le courage de parler et d'agir[53]. L'histoire naît en outre des histoires que les hommes se racontent. Arendt avait l'impression qu'au contraire chez Heidegger, le règne de l'histoire est un substitut à l'action[54].

Plus Heidegger vieillissait, plus ce règne de l'histoire s'accentuait. L'histoire devenait un envoi (un destin) qui régissait. Dans une lettre du 15 décembre 1952, il lui révélait sa vision des choses :

En attendant, le monde s'assombrit de jour en jour. Chez nous, la polémique bat son plein. Pris en étau comme nous sommes, et comment pourrait-il en être autrement vu notre situation géographique, c'est tout le contraire de l'esprit de polémique que l'on serait en droit d'attendre. « Europe » n'est plus qu'un nom vide, tout juste susceptible de recevoir, après coup, tel ou tel contenu. Ce qui se déploie à la mesure d'une histoire se fait chaque jour plus énigmatique, comme gagne chaque jour en étrangeté le fossé qui sépare de toute efficacité à court terme ce à quoi l'être humain consacre le meilleur de ses forces. Tout cela indique assez que notre mode habituel de représentation s'essouffle cahin-caha à la traîne d'une situation qu'il n'est plus à même de rattraper[55].

Mais en même temps, il apercevait « les signes annonciateurs d'arcanes nouveaux, ou plutôt fort anciens ».

Karl Jaspers considérait la gravité et l'obscurité de la pensée heideggérienne de l'histoire comme une manœuvre de diversion. À ses yeux, Heidegger allait chercher refuge dans un monde de rêves. Heinrich Blücher écrivait également des commentaires acerbes sur cette tendance à la fuite. Alors qu'Arendt, lors de son voyage en Europe et en Allemagne de 1952, lui racontait les dernières nouvelles heideggériennes, les bruits et les histoires qui couraient et son jugement sur ces affaires, il attira son attention sur la critique radicale que Karl Löwith faisait de Heidegger[56]. Il partageait sa critique du concept heideggérien d'historialité et enjoignait Hannah « de remettre un peu en question son concept d'historicité[57] ». Hannah était réticente, elle trouvait l'attitude de Löwith à l'égard de son ancien maître très problématique. Mais Blücher ne lâchait pas l'affaire :

> Je voulais simplement dire que Löwith avait trouvé là le point faible de Heidegger et que le maître ferait mieux d'oublier sa douleur et de se concentrer sur ça. Parce que malheureusement son concept d'histoire, qui est très discutable et mensonger, joue encore un grand rôle chez lui. Il renvoie maintenant le peuple allemand à sa *Geschicklichkeit* (adresse et destin historique), et il suffit d'une lettre pour que tout explose. Voilà qui est fort symbolique pour un penseur si linguiste[58].

Quand bien même Heidegger voyait l'histoire d'une façon si sombre et n'en parlait qu'en chuchotant, nombre de ses intuitions se sont avérées *a posteriori* clairvoyantes, notamment celles dès les années 1950 sur la révolution de la technique (cybernétisation et numérisation)[59]. Ces intuitions s'accordaient avec ce qu'Arendt avait montré dans *Condition de l'homme moderne*, à savoir la puissante influence de la technique sur la perception et sur les perspectives d'action de l'homme.

Le procès Eichmann

Dans une lettre du 4 octobre 1960, Arendt faisait savoir à son ami intime Jaspers qu'elle allait se rendre à Jérusalem pour assister au procès d'Eichmann[60]. Elle avait demandé au célèbre magazine *The New Yorker* s'il serait intéressé à faire une couverture journalistique du procès. On lui confia cette mission[61].

Eichmann, planificateur de second rang du génocide des Juifs d'Europe, fut kidnappé par les services secrets israéliens au mois de mai 1960 et conduit en Israël. Cet enlèvement avait suscité une forte émotion internationale, car il s'agissait d'une entorse au droit international. Les journaux étaient remplis d'articles sur le pour et le contre d'une telle action et de ses conséquences. Quoi qu'il en soit, après le procès de Nüremberg en 1947 où il avait été jugé par contumace, Eichmann était le premier haut fonctionnaire nazi à être conduit devant un tribunal. En Allemagne à cette époque, la poursuite des responsables du génocide piétinait. Il apparaît clairement rétrospectivement que le procès Eichmann eut un rôle clé dans l'évolution de la justice ouest-allemande. Après ce procès, les tribunaux allemands se montrèrent plus enclins à poursuivre les criminels nazis.

Au mois d'avril 1961, le procès commence. Arendt fait plusieurs voyages à Jérusalem pour assister aux audiences et voir l'accusé. Elle avait lu les milliers de pages du protocole de la police, avait parlé avec le Premier ministre israélien David Ben Gourion, avec le ministre des Affaires étrangères Golda Meir, avec le ministre de la Justice Rosen et avec le président de la Cour, le juge Moshe Landau. Elle s'était entretenue avec les témoins et avec les auditeurs du procès. Elle s'enquérait de l'opinion des gens. Elle s'assit dans la salle du tribunal et se fit sa propre opinion. Dans ses reportages parus le 16 et le 23 février et le 2, le 9 et le 16 mars 1963 dans *The New Yorker* sous le titre « A Reporter at Large : Eichmann in Jerusalem » (Pages ouvertes à un reporter : Eichmann à Jérusalem), la question centrale qui la préoccupe est : quel rôle a joué la personne de l'accusé dans le contexte historique global ? Et comment faut-il juger la situation des Juifs et la politique de leurs organisations (par exemple les Conseils juifs) face aux actions d'annihilation ?

Entre les lignes resurgissait la question très délicate soulevée dans *Les Origines du totalitarisme*, à savoir est-ce que le génocide des Juifs d'Europe n'était pas *aussi* la conséquence d'une situation historique où les Juifs d'Europe, ne s'étant jamais organisés politiquement et ne pouvant de ce fait opposer quelque résistance à l'antisémitisme meurtrier, durent finalement collaborer contre leur gré avec leurs assassins.

Les reportages et le livre paru la même année à New York firent l'effet d'une bombe. Tout d'un coup, Arendt eut toute la *Jewish Community* contre elle. Des réquisitoires hautement émotionnels et parfois pleins de haine paraissent dans la presse. Une campagne publique contre elle est lancée. Dans tout le pays, des réunions sur le livre d'Arendt sont organisées. Les rabbins prêchent contre elle dans les synagogues.

Le parallèle avec 1945 s'impose. Dans son article *Réexamen du sionisme*, elle critiquait l'establishment sioniste. Ses détracteurs l'avaient alors attaquée personnellement (voir p. 266 et suiv.). L'interruption brutale d'amitiés pour cause d'une dispute politique qui, selon elle, n'avait rien à voir avec les personnes, mais avec des opinions et des positions, avait été pour elle un choc qui l'avait rendue triste et déprimée. Elle s'était battue pour conserver ses amitiés, particulièrement celle de Kurt Blumenfeld.

La polémique de l'époque n'était rien par rapport à celle que déclencha ce nouveau livre.

Que s'était-il passé ? L'enlèvement d'Eichmann était à bien des égards un acte politique très particulier. Rétrospectivement, on a l'impression que le jeune État israélien alors âgé de quatorze ans avait voulu faire de ce cas un exemple. Tout d'abord, Eichmann devait être jugé comme un représentant des organisateurs du génocide. Pour cela, il fallait l'élever au rang de monstre, ce qui, aux yeux d'Arendt, ne convenait pas du tout au personnage. Deuxièmement, le procès devait prouver au monde que l'État d'Israël était capable de juger lui-même les meurtriers du peuple juif sans devoir attendre que l'Allemagne postnazie se décide enfin à poursuivre les criminels nazis. Troisièmement, le peuple juif devait se libérer de son attitude victimaire. Finalement, le procès devait mettre un terme aux profondes dissensions qui divisaient depuis la fin de la guerre, souvent de façon passionnelle, les pionniers israéliens et les communautés juives d'Europe. Il était question des survivants de l'Holocauste et des descendants des victimes auxquels les sionistes reprochaient ouvertement et en cachette de n'avoir rien appris d'autre que d'être des victimes. Le procès devait réconcilier les deux camps divisés. Avec l'aide de tous les participants, de l'accusé, des témoins, des procureurs, des juges, de l'avocat de la défense et de la presse, le procès devait prendre l'allure aux yeux de la postérité d'une sorte de seconde fondation symbolique d'Israël en tant qu'État fort et capable de se défendre.

Il y avait dès le début de ce procès un mélange de politique et de justice dont étaient responsables le fondateur de l'État et Premier ministre, David Ben Gourion, le ministre des Affaires étrangères, Golda Meir, et le procureur Gideon Hausner. On rapportait à propos de Ben Gourion qu'il aurait dit avant le début du procès :

> Il n'est pas question ici du simple individu qui est assis sur le banc de l'accusé dans ce procès historique, il n'est pas question seulement du régime nazi, c'est l'antisémitisme à travers l'histoire qui est assis sur le banc des accusés [62].

À cela s'ajoutait que l'assassinat de Rudolf Kastner en 1957 – fonctionnaire juif hongrois qui avait participé aux négociations entre des organisations sionistes et le régime nazi et qui, après la fondation de l'État d'Israël, avait été ministre – avait soulevé de vives émotions en Israël.

Les données ne pouvaient donc pas être plus défavorables à un jugement critique du procès Eichmann. L'opinion publique israélienne exigeait une participation positive à ce procès et n'était pas prête à entendre une critique sévère de ses contradictions internes et de ses effets superficiels.

Arendt avait suivi depuis New York la préhistoire du procès. Elle avait pris part à des discussions sur le rôle de l'État israélien, sur les problèmes de droit international que soulevait le procès et sur la question fondamentale du jugement d'un meurtrier qui a commis des « crimes contre l'humanité ». Elle avait dû recevoir des informations officieuses par l'intermédiaire de Kurt Blumenfeld et de ses parents, les Fürst [63].

Avec son acuité analytique habituelle, Arendt mettait le doigt dans son reportage sur les absurdités que produisait la surcharge symbolique de ce procès. Elle dépeignait les protagonistes du procès, tout d'abord l'accusé. À quoi ressemblait quelqu'un qui avait organisé le génocide ? Comment se présentait-il ? Comment présente-t-il ses actes ? Comment parlait-il ? Comment se comportait-il à l'égard des juges et des procureurs ? Ce qui lui sautait aux yeux, c'était l'écart entre la monstruosité du génocide, la perfection de son organisation et la superficialité du meurtrier. Elle décrivait Eichmann comme un homme intelligent, pourtant incapable de penser et sans la moindre imagination, qui ne maîtrisait pas vraiment la langue allemande et se réfugiait dans l'apparente sécurité du jargon administratif des années où il avait servi comme officier. Cet homme-là ne ressentait pas la moindre culpabilité. Pour Arendt, il incarnait le type moyen du meurtrier qui avait associé sa vie au régime « par destin » et pour des raisons de carrière et qui était prêt à assassiner s'il en recevait l'ordre.

Après la première audience du procès le 13 avril 1961, elle écrit à Jaspers : « Eichmann, pas un aigle, plutôt un fantôme qui, en plus, est enrhumé, et qui, dans sa cage de verre, perd de minute en minute un peu de sa substance[64]. » Deux jours plus tard, elle écrit à son mari : « Eichmann [...] on dirait la matérialisation d'une séance de spiritisme [...]. Il ne pense qu'à une chose, ne pas perdre contenance[65]. » Elle décèle en lui une « vantardise ». « Dans la bouche d'Eichmann, l'horreur semble souvent pas même macabre, mais véritablement comique[66]. »

Dans l'épilogue pour l'édition allemande de son rapport sur le procès Eichmann, elle faisait la remarque suivante :

> L'ennui, avec Eichmann, c'est précisément qu'il y en avait beaucoup qui lui ressemblaient et qui n'étaient ni pervers ni sadiques, qui étaient, et sont encore terriblement et effroyablement normaux. Du point de vue de nos institutions et de nos critères moraux de jugement, cette normalité était beaucoup plus terrifiante que toutes les atrocités réunies, car elle supposait – les accusés et leurs avocats le répétèrent mille fois à Nuremberg – que ce nouveau type de criminel, tout *hostis humani generis* qu'il soit, commet des crimes dans des circonstances telles qu'il lui est pour ainsi dire impossible de savoir ou de sentir qu'il fait le mal[67].

Le procureur incarnait à ses yeux toutes les faiblesses du procès. Elle écrit à Jaspers : « le procureur [...] très antipathique, fait constamment des fautes [...]. Le plaidoyer, artificiel, hyperlégaliste, avec de grosses erreurs, interrompu par des accès d'émotion. Surtout infiniment ennuyeux et bourré de précédents qui n'existent pas, au lieu de s'en tenir à ce cas sans précédent [68] ».

L'avocat allemand de la défense : « un personnage huileux, habile et sans doute tout à fait corrompu, mais bien plus intelligent que le procureur général [69] ».

La tribune des juges : « Et au-dessus de tout ce monde, les trois juges qui trônent, tous des Juifs allemands, avec au milieu le président, Moshe Landau, qui est tout à fait extraordinaire – plein d'ironie, de sarcasme et de patience aimable [70]. »

Avec le recul, on remarque, encore plus qu'à l'époque où son jugement sur le rôle des Conseils juifs avait soulevé l'indignation générale, qu'Arendt butait contre le mélange de justice, de politique et d'histoire qui caractérisait ce procès. À ses yeux, le procès, s'il avait voulu avoir un sens malgré ses défauts – l'entorse au droit international et la projection de tout le génocide sur *un* seul criminel –, aurait dû s'inscrire dans la tradition des procès de Nuremberg. Les juges étaient en effet partis du dilemme que pose le devoir de juger de crimes qui ont été commis contre le genre humain et qui, de ce fait, dépassent les cadres du droit reconnus par les hommes. De là vient l'« invention » d'une nouvelle catégorie : le « crime contre l'humanité ».

Un concept qui apparaît dans ce rapport souleva tout particulièrement la colère de nombreux lecteurs : la « banalité du mal ». Les détracteurs d'Arendt lui reprochaient de banaliser avec ce concept les crimes [71]. En fait, revenant à Kant et à Schelling, Arendt avait défini le concept de mal pour l'édition allemande des *Origines du totalitarisme* de façon essentialiste, c'est-à-dire comme un mal radical qui naît de la volonté de faire du mal. Le « mal radical », écrit-elle dans une lettre à Karl Jaspers,

« a en quelque sorte affaire avec les phénomènes suivants : déclarer les êtres humains superflus en tant qu'êtres humains – non pas les utiliser comme des moyens, ce qui n'entame pas leur humanité et ne blesse que leur dignité d'hommes, mais les rendre superflus bien qu'ils soient des êtres humains [72] ».

Cette caractérisation définissait le mal radical comme l'absolue négation de l'être-homme et du monde commun habitable. Il fallait cependant révéler ce qui dans le procès Eichmann était entièrement nouveau par rapport à la définition kantienne du mal. Elle ne voyait pas la nouveauté dans la rationalité ou l'irrationalité de l'annihilation humaine, ni dans la méchanceté des criminels, mais dans la combinaison d'un vide absolu de sens et d'un calcul minutieux et froid. De cette combinaison était née une destruction programmée de l'individualité comme il n'y en avait jamais eu dans l'histoire moderne, et ce par le biais des victimes elles-mêmes tout comme de leurs meurtriers – d'une autre façon. Lors de son séjour à Jérusalem, elle s'était confrontée au phénomène de la banalité du mal incarné en une personne. Au travers du concept de « banalité du mal » qu'elle forgeait alors, elle tentait de définir une dimension qui avait été très peu prise en considération jusqu'alors : la totale absence de pensée et donc de conscience morale et de réflexion sur soi dans la personne du criminel. Pour Arendt, Eichmann n'incarnait pas la « bête humaine » telle que la décrivait le procureur Gideon Hausner. Il ne lui semblait pas être poussé par une haine personnelle ni légitimer idéologiquement ses actes. Il était aux yeux d'Arendt un type « normal » d'homme moderne, un homme sans monde qui avait perdu le contact avec le monde habité par les hommes dont il avait fait partie à sa naissance, et pour lequel seule comptait la soumission aux ordres de la bureaucratie nazie.

En forgeant ce concept, Arendt voulait attirer l'attention sur le phénomène suivant : le mal peut très bien faire partie d'une normalité sans encombre. Un génocidaire pouvait être dans des circonstances normales un simple bouffon. Ses actes ne devaient pas nécessairement provenir de bas instincts. Il pouvait être un bon fonctionnaire et un père aimant.

Dans la controverse autour de son rapport sur le procès, elle répond à la critique de Gershom Scholem qui jugeait ce nouveau concept un simple « slogan » :

> À l'heure actuelle, mon avis est que le mal n'est jamais « radical », qu'il est seulement extrême, et qu'il ne possède ni profondeur ni dimension démoniaque. Il peut tout envahir et ravager le monde entier précisément parce qu'il se propage comme un champignon [...] Seul le bien a de la profondeur et peut être radical [73].

Au travers de ce livre, Arendt poursuit un questionnement qu'elle a déjà entamé bien avant et auquel elle ne cessera de revenir : comment doit-on aborder la disparition de la responsabilité dans les régimes totalitaires ? Comment peut-on rebâtir la responsabilité quand ses sujets potentiels ont été transformés en récepteurs d'ordres sans la moindre volonté autonome ? Quelle est la différence entre responsabilité personnelle et responsabilité politique ? À la différence des débats juridiques sur « l'état d'urgence », sur la responsabilité collective et sur la diminution de la culpabilité dans une situation de dictature, elle soutenait la position suivante : il existe une sorte de responsabilité qui ne peut être suspendue sous aucune circonstance, la responsabilité de tous pour les crimes commis en son nom. Au-delà du problème de la responsabilité, elle percevait un autre dilemme : les hommes renoncent à la responsabilité quand ils sont incapables ou qu'ils ne veulent pas juger les situations dans lesquelles ils se trouvent ou les actions auxquelles ils se confrontent et qu'ils accomplissent eux-mêmes. Cette question qui apparaissait ici, à savoir comment peut-on développer une capacité de jugement et l'appliquer y compris dans les situations les plus extrêmes, Arendt y reviendrait dans sa dernière œuvre *La Vie de l'esprit*.

Si son jugement sur Eichmann selon lequel il est l'incarnation de la « banalité du mal » éveille encore de nos jours le mécontentement de certains lecteurs, la façon dont Arendt aborde la coopération (forcée) des Conseils juifs et d'autres organisations juives au génocide rencontre encore de violentes critiques. Le style et le ton avec lesquels elle décrit les « pourparlers d'affaires » entre les institutions national-socialistes et les organisations d'entraide juives ou plutôt sionistes furent ressentis comme une « dérision des victimes ». Le ton qu'adopta Arendt et qu'elle maintint jusqu'à la dernière page était distancié, ironique, sarcastique, toujours sur le fil du rasoir où l'horrible se transforme en comique. C'était un ton qui marquait une grande distance à l'égard du sujet traité et ne laissait pas transparaître les sentiments de l'auteur en tant que personne. Ses détracteurs, comme Gershom Scholem, lui reprochaient ce manque d'empathie pour les Juifs assassinés tout comme pour les « auxiliaires » juifs involontaires des nazis.

Les vives réactions à son livre sur le procès Eichmann venaient de trois directions différentes : les protagonistes de la *causa Eichmann* en Israël, une partie de l'opinion publique américaine et des personnalités de la vie publique en Allemagne de l'Ouest.

Dans le camp des détracteurs, les sionistes donnaient le ton. Ernst Simon, un sioniste de la deuxième génération, qui avait émigré en Palestine à la fin des années 1920 et qui enseignait à l'université hébraïque de Jérusalem, lui reprochait d'avoir présenté les Conseils juifs comme l'ennemi des Juifs et d'avoir diffamé les Juifs assassinés après leur mort[74]. Il attaquait personnellement l'auteur d'*Eichmann à Jérusalem* et suggérait que son rapport sur le procès était la continuation de ses attaques injustes contre le sionisme dans les années 1940. Simon fut invité à faire des conférences aux États-Unis dans le but de combattre Arendt et son nouveau livre. Elle s'en plaignait auprès de Jaspers[75]. Marie Syrkin, également une sioniste de la deuxième génération, une militante de gauche, corédactrice de *Jewish Frontier*, qu'Arendt devait bien connaître à l'époque de son engagement sioniste dans les années 1940, publia des articles très critiques dans *Dissent* et dans *Partisan Review*[76]. Michael Musmanno, un juriste influent[77], publia une critique sentimentale et démagogique du livre dont le cœur était une attaque personnelle contre l'auteur[78]. Des sionistes d'autres pays s'efforçaient également de lutter contre le livre[79]. Gershom Scholem, son ami de longue date, qui ne lui avait jamais pardonné sa critique de l'establishment sioniste en 1945 et aux yeux duquel elle était soupçonnée de haïr « son peuple », lui reprochait « l'insensibilité, le ton souvent presque sarcastique et malveillant » dans son rapport sur le procès. Se faisant le porte-voix des critiques israéliennes, il soutient qu'elle adopte dans ce livre le ton de la « désinvolture ». Il manquerait à Arendt, selon lui, le « tact du cœur ». Elle n'aime pas le peuple juif. En bref, elle n'a pas « un jugement équilibré, [mais] une sorte de tendance démagogique à l'exagération[80] ». Arendt avait grandement estimé Scholem comme ami et comme érudit, y compris après son jugement blessant sur elle en 1945. Lui aussi se rangeait maintenant dans le camp de ceux qui la stigmatisaient comme un traître au peuple juif. Sa lettre de reproches et la réponse d'Arendt furent publiées dans *Neue Zürcher Zeitung* et dans *Encounter*.

Tout cela rendait d'autant plus tragique la mort de Kurt Blumenfeld au mois de mai 1963 des suites d'une grave maladie, en plein milieu de la polémique autour d'*Eichmann à Jérusalem*. Arendt lui avait rendu visite à l'hôpital et avait tenté de lui expliquer son point de vue. Elle devait craindre que comme à la suite de son article *Réexamen du sionisme*, il ne renonce à leur amitié. Et en effet, il se montra indigné de son rapport sur le procès, mais lorsqu'ils parlèrent, il s'emporta également contre deux articles publiés contre Arendt dans *Aufbau* [81].

Un an plus tard, alors que la controverse battait encore son plein, une lettre d'un parent de Martin Rosenblüth – récemment décédé – apprit à Arendt que Blumenfeld sur son lit de mort était assailli de personnes qui lui demandaient de faire savoir son indignation contre son amie. Il donna son accord, ce qu'on lui avait raconté du livre lui suffisait.

C'est précisément une des caractéristiques de ce scandale : les détracteurs d'Arendt ne *voulaient* pas séparer le débat d'idées des attaques personnelles. Pour eux, les deux allaient de pair. Ou bien Arendt soutenait l'État d'Israël et alors son reportage était entièrement faux, ou bien elle s'opposait à l'État d'Israël et alors il fallait lutter contre elle jusqu'au bout et lui ôter toute crédibilité aux yeux du monde.

Des journaux dans lesquels elle avait publié des articles pendant des années prirent position contre elle. *Aufbau*, le journal juif allemand de la côte Est pour lequel elle avait tenu une chronique dans les années 1941-1945 et où elle avait fait paraître de nombreux articles, publia cinq articles hostiles [82]. *Dissent*, dont le rédacteur en chef était censé être un ami de Hannah, organisa une sorte de tribunal dont le but était de réfuter les thèses d'*Eichmann à Jérusalem*. La *New York Times Review of Book* publia un brûlot contre le livre écrit par Michael Musmanno.

Le procureur Hausner qui avait publié en 1966 un livre sur le procès Eichmann attaqua sans relâche le reportage d'Arendt lors de son séjour aux États-Unis pour la promotion de son livre. Jacob Robinson, un des assistants de Hausner, publia également un livre bourré d'accusations à l'encontre d'Arendt [83].

La *Partisan Review* commanda toute une série d'articles sur le livre et publia de nombreuses lettres de lecteurs. Le comité de rédaction choisit d'ouvrir ce dossier par un article polémique de Lionel Abel. Abel, critique de théâtre et dramaturge, ancien marxiste qui vira bien à droite et fit partie un temps de l'entourage de *Partisan Review* et *Dissent*, contestait tous les jugements et les faits que contenait le livre d'Arendt. Sa critique culminait dans un jugement dévastateur où il soutenait que le livre d'Arendt reposait sur des jugements esthétiques – c'est-à-dire des jugements de goût[84]. Cela signifiait qu'elle relativisait les crimes d'Eichmann. Abel, tout comme Musmanno et Simon, tendait dans sa critique à déprécier l'importance de son travail sur *Les Origines du totalitarisme*. De vieux conflits resurgissaient.

Norman Podhoretz, une bonne connaissance d'Arendt, se rallia à la critique d'Abel. Lui aussi portait un jugement négatif sur la personne même d'Arendt. Il incluait dans sa critique toute son œuvre d'essayiste politique.

Le fait que tant de ses connaissances et amis américains l'attaquaient personnellement la blessait profondément. Il s'agissait pour la plupart de collègues qu'elle rencontrait à des événements politiques, des réunions sociales ou dans des comités de rédaction. Elle parlait avec eux, se disputait avec eux, elle les estimait plus ou moins, du moins elle croyait qu'ils sauraient faire la part des choses entre le débat d'idées et les attaques personnelles. Or c'était justement cette distinction qui était sans cesse remise en question. On avait l'impression que les détracteurs commençaient par critiquer ses idées pour ensuite s'attaquer à la personne.

Six mois après le début de cette campagne, Mary McCarthy essaya de s'opposer aux détracteurs d'Arendt. Tout le monde savait qu'elle était une amie intime de l'auteur d'*Eichmann à Jérusalem*. Elle écrivait qu'Arendt était devenue la cible des couteaux aiguisés d'une fronde juive et essayait de démontrer l'inexactitude évidente des critiques qui lui étaient adressées. Mais elle ne parvint pas à enrayer la dynamique enclenchée[85]. Dwight MacDonald, le vieil ami de Hannah, écrivit une longue lettre à la *Partisan Review* dans laquelle il soulignait que les attaques haineuses contre Arendt procédaient d'un patriotisme juif qui voyait dans son livre une trahison de la patrie[86]. MacDonald n'était sans doute pas loin de la vérité. Ce qui importait aux détracteurs juifs d'Arendt, c'était de maintenir une interprétation *univoque* de l'expérience terrible de la guerre et du génocide en tant que préhistoire de la création de l'État d'Israël. Le livre d'Arendt sur le procès Eichmann constituait un obstacle à la réalisation de cet objectif, c'était la raison pour laquelle Arendt était stigmatisée comme une ennemie du peuple juif et de l'État d'Israël.

Bruno Bettelheim, Georges Lichtheim et Daniel Bell tentèrent, sans grand succès, de faire justice au livre d'Arendt[87]. Mais on n'avait que faire des voix modérées. Même de très vieux amis de Hannah furent pris dans ce flot de condamnations. Son ami intime Alfred Kazin s'opposa, lors du débat sur le livre organisé par *Dissent* en 1964, au rédacteur en chef Irving Howe et à sa politique de dénonciation de la position d'Arendt[88]. Mais il pensait que ses thèses sur la coresponsabilité des Conseils juifs au génocide étaient fausses et que sa position sur Eichmann et les Juifs avait quelque chose de typiquement allemand – ce qui en l'occurrence était une remarque clairement négative[89].

Arendt considérait l'interprétation officielle du cas Eichmann comme une manipulation du contexte historique et elle ne voulait pas la laisser passer. Elle tenta plusieurs fois en participant à des débats publics de briser les fortes réticences de ses critiques, comme par exemple lors d'une discussion au mois de mai 1963 à Columbia où le rabbin de l'université l'avait conviée. La rencontre n'eut qu'un effet d'apaisement momentané[90], puis la campagne de diffamation reprit son cours.

La partie allemande du débat était très instructive. Les Allemands – c'est-à-dire les quelques intellectuels crédibles des années 1960 – se trouvaient dans une situation difficile. D'une part, ils étaient largement engoncés dans les polémiques autour des peines à appliquer aux crimes de masse et de la culpabilité collective allemande ; de l'autre, Israël et la République fédérale allemande avaient entamé des relations diplomatiques. C'est à cette époque que commença l'histoire de la « relation spéciale » entre les deux pays. L'avocat allemand d'Adolf Eichmann n'avait pas fait une bonne impression durant le procès. Comment les Allemands devaient-ils réagir quand ils se sentaient appelés à prendre position dans la polémique autour du livre sur Eichmann écrit par Hannah Arendt « l'Allemande » ? L'historien Golo Mann, un des fils de Thomas Mann, donna le ton aux débats en Allemagne en reprochant à Arendt son arrogance et son inversion des faits dans l'affaire Eichmann et surtout sa critique de la résistance allemande[91]. Il ne voulait même pas envisager de réfléchir à la critique sévère d'Arendt sur les carences démocratiques et sur l'antisémitisme latents des protagonistes de la résistance allemande. Heinrich Grüber, qui avait fait partie de la résistance protestante, s'opposait aux thèses d'Arendt dans la perspective d'une réconciliation judéo-chrétienne. Seul l'écrivain Rolf Schroers ne se laissa visiblement pas emporter par la vague d'excitation et d'émotion de l'époque. Il trouva le livre stimulant.

Klaus Piper, l'éditeur d'Arendt, lui écrivit une longue lettre dans laquelle il demandait des amendements au texte pour rendre le livre acceptable pour un public allemand. Il s'agissait des critiques acerbes d'Arendt contre les sympathisants du régime nazi qui faisaient partie des élites politiques de l'Allemagne de l'Ouest dans les années 1950 et 1960, comme par exemple Theodor Maunz[92].

L'impression qui s'impose au lecteur d'aujourd'hui est que de nombreux critiques de l'époque jugèrent le livre sur la base d'anciens conflits qu'ils avaient eus avec Arendt. Tantôt c'était son livre *Les Origines du totalitarisme*, tantôt les vieilles disputes au sein du camp sioniste, tantôt sa germanité, tantôt son arrogance. Tous cherchaient à régler leur compte avec un passé dérangeant au moyen de cette polémique autour de son livre sur l'affaire Eichmann.

Sa correspondance avec Jaspers et avec son amie Mary

McCarthy révèle les blessures que cette controverse produisait chez Arendt. Elle était certes habituée à la polémique, mais ce qu'elle vécut ces années-là dépassa tout ce qu'elle avait connu. Elle croyait être tombée dans un guet-apens et avait l'impression que la campagne contre elle était devenue un phénomène social qui se nourrissait de lui-même – ce qui d'ailleurs avait été prévu.

Un an après la publication de son livre aux États-Unis et l'année même où sortit l'édition allemande, Arendt répond à la question du journaliste Günter Gaus à propos des critiques israéliennes qui mettent en avant le ton problématique avec lequel elle présente les faits :

> Voyez-vous, il y a des gens qui prennent en mauvaise part le fait que maintenant encore je puisse rire et, dans une certaine mesure, je les comprends. J'étais pour ma part effectivement convaincue qu'Eichmann était un clown : j'ai lu son interrogatoire de police, soit 3 600 pages, et de très près, et je ne saurais dire combien de fois j'ai ri aux éclats ! Ce sont ces réactions que les gens ont mal interprétées. Et là, je n'y peux rien. Mais je sais une chose : j'aurais probablement encore ri trois minutes avant ma propre mort. Et c'est en cela que réside selon vous le ton. Le ton est bien sûr largement ironique. C'est parfaitement exact. Le ton, en ce cas, est effectivement indissociable de la personne. Quant au reproche que l'on m'adresse, d'avoir accusé le peuple juif, je répondrais qu'il s'agit là d'une propagande mensongère et rien de plus. Mais pour ce qui est du ton, c'est une objection contre ma personne et là, je n'y peux rien [93].

Heidegger et Arendt :
une confiance retrouvée

La controverse autour d'*Eichmann à Jérusalem* eut – au-delà des blessures personnelles et de la rupture de plusieurs amitiés – une conséquence claire : Arendt s'occupa le reste de sa vie de la signification paradigmatique d'Eichmann défini comme le pur et simple ennemi de l'humanité. Dans son dernier livre resté à l'état de fragment, *La Vie de l'esprit*, elle indiquait que l'origine de sa réflexion sur les activités fondamentales de l'esprit humain – penser, vouloir et juger – avait été sa rencontre de la *banalité du mal* dans la figure d'Adolf Eichmann.

Dans ses écrits politiques, Eichmann devint l'archétype du renversement de la normalité en terreur. Ses différents essais tournaient tous sous diverses formes autour du même thème central, à savoir qu'il y avait des hommes dont la capacité de pensée n'avait pas été développée, qui ne disposaient d'aucune faculté de juger, qui n'assumaient pas leur responsabilité personnelle et politique et qui, tout en étant parfaitement normaux malgré cette déficience ou en raison de celle-ci, étaient capables du pire.

Par ailleurs, elle se servit des vives attaques contre son intégrité morale, dont elle avait été victime, pour réfléchir sur le rapport à la vérité et au mensonge dans l'espace public[94].

Le concept d'*image-making*, à travers lequel elle comprenait la production propagandiste d'une pseudo-réalité et qu'elle considérait comme une variante du totalitarisme, provenait de la controverse autour de son livre sur Eichmann. Elle se servit de ce concept notamment durant la guerre du Vietnam, lorsqu'on apprit à quel point les services de sécurité des présidents Lyndon B. Johnson et Richard M. Nixon avaient menti à l'opinion publique américaine afin de créer une atmosphère favorable à la guerre. L'*image-making* comme substitut de l'action politique constituait un point de fracture où les démocraties modernes se mettaient à générer un potentiel totalitaire. En effet la production d'images équivalait à ses yeux à un « mensonge public organisé » au travers duquel on essayait de persuader les citoyens de quelque chose qui se dérobait à leur jugement et qu'ils devaient croire[95].

Tout cela n'avait que très peu à voir avec Heidegger.

Heidegger et Eichmann appartenaient à deux mondes opposés. Pourtant des questions surgissaient qui, nées de sa réflexion sur le cas Eichmann, s'insinuaient ensuite dans son débat avec la pensée de Heidegger, ou qui à l'inverse provenaient de la pensée heideggérienne et qui par la suite s'inséraient à sa réflexion sur le cas Eichmann. Il s'agissait d'abord de la question de la responsabilité. L'argumentation d'Arendt était la suivante : une personne qui a commis un ou plusieurs crimes dont l'existence et la nature doivent être établies par un tribunal doit être punie. Une personne comme Heidegger qui n'a pas commis de crimes doit assumer la responsabilité du fait que des crimes ont été commis au nom de la communauté à laquelle il appartenait. Personne ne peut s'exclure purement et simplement de cette communauté[96]. Arendt était bien consciente du fait que Heidegger n'avait jamais dépassé un sentiment de honte personnelle et que des concepts comme celui de responsabilité politique n'entraient pas dans son horizon de pensée. C'était ce qu'avait montré la rupture des liens avec Jaspers.

Par contre, d'autres concepts de ce discours, comme par exemple « la culpabilité » et « la conscience morale », étaient loin d'être étrangers à Heidegger. Il en avait fait une interprétation ontologique. Arendt ne s'opposait pas à lui sur ce point. Pour elle, la conscience morale était enfouie au cœur de la pensée au sens du dialogue socratique du moi avec lui-même. Mais ce moi ne peut co-exister avec un meurtrier. Dans le contexte de pensée arendtien, la conscience morale est une garantie contre la chute de l'individu dans la sphère du *hostis generis humani.* Du moins, c'est ainsi que les choses devraient être. Mais que se passe-t-il quand il n'y a pas, comme dans le cas d'Eichmann, de conscience morale et de pensée ?

Et que se passait-il quand, comme chez Heidegger, le dialogue du moi avec lui-même était pour ainsi dire gravé en lui depuis sa plus jeune enfance et qu'en tant que

citoyen, il était tout de même sujet à la tentation totalitaire ? Elle ne pouvait pas venir à bout de Heidegger avec
quelques jugements moraux. Mais l'origine de ce penchant totalitaire résidait dans sa pensée elle-même, dans
son inflexibilité première qui l'avait conduit à un excès de
vouloir tout comme à une fausse autolimitation de sa responsabilité à l'égard du monde.

La réflexion sur le cas Eichmann conduisait presque
directement à la question du sens de la pensée, de l'interprétation que les penseurs de différentes époques lui donnaient et de son lien au monde des vivants.

Alors que la polémique autour de son livre sur
Eichmann commence à se calmer, elle rencontre à nouveau Heidegger. Depuis l'histoire de la dédicace effacée
de *Condition de l'homme moderne* en 1960, ils n'avaient plus
échangé de lettres hormis quelques mots de félicitations
pour leurs anniversaires respectifs. Cette fois, ce fut
Heidegger qui prit les devants. Au mois d'octobre 1966, il
lui écrit pour son soixantième anniversaire une « lettre
d'automne ». Heidegger lui adresse ses félicitations, il
évoque son cours à Marbourg sur *Le Sophiste* auquel elle
avait assisté et qui avait été le début de leur amour. Il lui
raconte qu'entre-temps, il a fait trois voyages avec Elfride
en Grèce. Il était visiblement profondément ému de pouvoir, plus de deux mille ans après, ressentir l'esprit des
Grecs, « la puissance toujours en vigueur de toutes choses,
de tous les êtres dans l'irradiation même de leur présence. Et de cela, aucun dispositif n'est à même d'en disposer au point de le contrefaire [97] ». Il lui envoie le poème
de Friedrich Hölderlin *L'automne* et une photographie de
la vue de sa « pièce de travail » à Todtnauberg sur la fontaine et le flanc de la montagne. Hannah était soulagée,
elle se réjouissait grandement de cette lettre. Elle jubilait
pour ainsi dire :

> Ta lettre de cet automne fut la plus grande joie, et même
> la plus grande joie imaginable qui m'ait été réservée. Elle

m'accompagne – avec le poème et avec l'échappée sur la belle fontaine d'eau vive que l'on voit de la pièce où tu travailles en Forêt-Noire – et elle m'accompagnera longtemps. (À qui le printemps a apporté et brisé le cœur, l'automne est salutaire[98].)

Elle s'enquiert dans sa lettre de ses projets et lui avoue qu'elle aussi est souvent en pensée dans ce cours sur *Le Sophiste* où leurs regards se croisèrent.

L'été qui suit, elle lui rend deux fois visite à peu de temps d'intervalle. Le 26 juillet 1967, elle était invitée à faire une conférence sur Walter Benjamin à l'*auditorium maximum* de l'université de Fribourg. Heidegger avait été mis au courant de sa venue et était venu assister à sa conférence dans la salle comble. Hannah débuta sa conférence par les mots suivants : « Cher Martin Heidegger, chères mesdames et chers messieurs ! »

Cet incipit provoqua, comme l'écrit Heidegger quelques jours plus tard, une « réaction peu amène » de la part du public – comme on pouvait bien sûr s'y attendre[99]. Cette réaction n'échappa pas à Arendt. Elle craignait que cette interpellation directe lui ait causé du désagrément[100].

Lors de leur deuxième rencontre, ils travaillent ensemble. Il lui fit la lecture d'un texte qu'il venait d'écrire et lui offrit un tiré à part de sa conférence *La thèse de Kant sur l'être*. Elle lui donne en échange une transcription des *Esquisses de l'année 1920* (« Il ») de Kafka. Ils échangent leurs pensées sur la compréhension du temps chez Kafka.

Ces deux rencontres ressuscitent leur amitié et jettent les bases d'une nouvelle confiance. Dans les années qui suivent, ils approfondissent leur relation de pensée. Ce renouveau du débat intellectuel entre eux apparaît clairement dans leur correspondance. Arendt continuait en parallèle son soliloque philosophique et politique avec Heidegger. C'est ce que nous révèlent ses carnets de pensée.

À partir de ces secondes retrouvailles de 1967, elle rendait chaque année visite à Heidegger, parfois même deux

424 / *Hannah Arendt et Martin Heidegger*

fois. Ils s'inquiétaient l'un de l'autre, s'enquéraient réciproquement du travail de l'autre et échangeaient des
impressions personnelles. Hannah, toujours aussi spontanée, lui racontait ses impressions des États-Unis pendant la guerre du Vietnam et lui faisait part de son
souhait que cette guerre se termine par une défaite américaine. En 1967, il la félicite pour le Prix Sigmund Freud
qu'elle venait de recevoir. Lui-même avait été invité à
faire une conférence à l'Académie grecque des sciences à
Athènes. Elle s'occupe de la traduction anglaise des
nouveaux textes de Heidegger. Elle lui écrit combien elle
a été impressionnée par son texte *Qu'est-ce que penser ?*
Elle-même était déjà bien engagée dans l'écriture de *La
Vie de l'esprit*. Les échanges avec Heidegger étaient donc
d'autant plus profitables.

Tout semblait se passer comme si après le traumatisme
d'*Eichmann à Jérusalem*, une phase de détente, d'amitié et
de travail fructueux avait commencé.

Au mois de septembre 1968, elle note dans son carnet de
pensée : « Jaspers lors des adieux : "tu t'en vas maintenant
et me laisses dans une grande confusion[101]". » Cet été-là,
elle avait rendu visite à Jaspers et à Heidegger. Au mois
d'octobre, Jaspers tomba gravement malade. Le 26 février
1969, au lendemain de ses quatre-vingt-dix ans, Gertrud
Jaspers lui envoyait un télégramme lapidaire dans lequel
elle lui annonçait la mort de Karl. Karl Jaspers, son maître,
son ami et son compagnon à la critique bienveillante.
Toutes ces années, il avait incarné le lien d'Arendt avec
l'Allemagne. Elle avait fait beaucoup pour qu'il soit connu
aux États-Unis. Nombre de ses écrits avaient été entre-
temps traduits. Et maintenant, il n'était plus là.

Arendt se rendit aux funérailles à Bâle. Le 4 mars 1969,
une cérémonie en son honneur eut lieu à l'université de
Bâle. On la pria de faire le principal discours d'éloge
funèbre. Elle écrivit à Heidegger pour lui demander une
entrevue. La formulation sobre de sa demande – « Je te
verrais volontiers » – laisse deviner à quel point elle

devait impérativement se rassurer de sa propre existence et de celle de Heidegger, maintenant que le « tiers invisible » de la bande les avait quittés, même si sa présence perdurait entre eux. Le lendemain, elle était à Fribourg. Il n'existe aucune trace écrite de leur conversation.

Jaspers et Heidegger n'avaient pas réussi à « se réconcilier ». Même Arendt, ce génie de l'amitié, n'y était pas parvenue. Mais il y avait eu entre ces deux penseurs une amitié telle qu'aucun d'eux n'avait pu s'en défaire, quand bien même ils lui furent par la suite infidèles. Jaspers avait souffert de voir cette amitié passionnée de sa jeunesse se terminer si banalement. Mais le souvenir de cette amitié n'avait eu cesse de le provoquer intellectuellement. Jusque dans les dernières années de sa vie, il écrivait des notes de réflexion sur Heidegger :

Note 249

Heidegger
Ne pas toucher aux grandes questions :
la sexualité, l'amitié, le mariage – la praxis de la vie –
la profession – État, politique – éducation, etc.
et soudain tout cela fait éruption en 1933 –
aveuglé par la réalité du pouvoir et pris lui-même
par l'hystérie des masses –
aveugle, irréel et irresponsable –
livrer la parole aux brigands (?)
Soudain le salaire tant désiré de la philosophie
qui, sinon, est vide et à l'écart [102].

Note 250

Heidegger
On sent dans ses écrits de quelle souffrance intérieure et de son dépassement ils sont nés. C'est pourquoi il faut les prendre au sérieux dans une de leurs sources.

Ce que je dis à propos de Heidegger est plein de contradictions [...]. Nous sommes tous pleins de contradictions. À mon sens, chez Heidegger les contradictions sont grotesques et ne se limitent pas à une sorte d'empiétement [...].

La fatalité nous a guidés pendant plus de dix années. Ces années étaient à certains moments belles pour moi, et à d'autres déconcertantes.

Dois-je louer la fatalité ? Cela m'est impossible quand je pense comment je me suis séparé de Heidegger en silence d'une tout autre façon qu'avec n'importe quel autre homme – une façon qui me semble être une trahison de sa part. Je dois m'accorder à cette fatalité quand je pense aux expériences qui me sont restées inaccessibles et aux limites de mes possibilités humaines qui me sont restées cachées [103].

Les notes se terminent sur un récit onirique datant de l'année 1964. Jaspers décrit la rencontre de deux penseurs sur le plateau d'une montagne. Ils luttaient l'un avec l'autre, mettant au jour leurs oppositions sans jamais pourtant quitter le monde qui s'étalait sous leurs yeux. Aujourd'hui, « on ne rencontre personne » sur ce haut plateau.

C'était comme si cherchant en vain dans mes spéculations éternelles des hommes qui y porteraient de l'intérêt, j'en rencontrerais un seul ou bien aucun. Mais celui-ci était un ennemi courtois [...]. C'est ce qui se passa avec Heidegger. C'est pourquoi je trouve les critiques qu'on lui fait tout à fait insuffisantes, car elles ne se situent pas sur ce haut plateau. Je suis donc à la recherche d'une critique qui pénètre véritablement la substance de la pensée, d'un combat qui brise l'incommunicabilité de l'irréconciliable, d'une solidarité qui est encore possible avec ce qu'il y a de plus étranger, quand il est question de philosophie. Une critique et un combat de ce genre sont peut-être impossibles. Je voudrais pourtant tenter d'en saisir pour ainsi dire une simple ombre [104].

Nous savons très peu sur ce que Heidegger pensait de Jaspers dans ces années. Il compta un temps sur l'entremise d'Arendt. Puis il se tut. Peut-être ressentait-il une certaine gratitude, n'était-ce pas ce désaccord avec Jaspers qui l'avait poussé plus loin dans sa réflexion ?

Arendt et Heidegger se rencontrent au mois de juin de la même année. Entre-temps, Heidegger s'était décidé à faire construire un bungalow sur le terrain de sa maison à Zähringen pour se faciliter la vie et ôter à Elfride les soucis de l'entretien d'une grande maison. Ils avaient besoin d'argent pour cela. Elfride échange plusieurs lettres avec Hannah pour savoir quelle bibliothèque ou quel collectionneur privé donnerait un bon prix pour le manuscrit autographe définitif d'*Être et Temps* – qui a servi de base à l'édition imprimée du livre – afin qu'ils puissent construire leur petit pavillon. Hannah se renseigna. À la fin du mois de mai, Hannah et Heinrich partirent en vacances à Tegna en Suisse. Ils avaient trouvé dans ce petit village au bord de la vallée Maggia près du lac Majeur une petite pension qui leur convenait parfaitement. Elle pouvait contempler de sa table de travail la vallée et faire des petites ou des grandes promenades. Au début du mois de juin, Mary McCarthy vint leur rendre visite. Hannah avait beaucoup de visites, elle invitait ses amis américains et européens.

Elle se rendit à Fribourg à la fin du mois de juin, puis une deuxième fois le 16 août accompagnée, ce jour-là, d'Heinrich. Il fut reçu amicalement. Heinrich s'entretint longuement avec Heidegger sur son livre sur Nietzsche. Heidegger était plein d'estime pour Heinrich : « Je repense encore avec plaisir à ma discussion avec Heinrich sur le *Nietzsche*. Il est rare de rencontrer tant de discernement joint à tant de largesse d'esprit [105]. »

Cette même année fut l'année des quatre-vingts ans de Heidegger. Elle écrivit un hommage pour le jubilée qui eut lieu le 26 septembre, la date de son anniversaire. Le texte avait été écrit à l'origine pour la radio bavaroise. Elle l'enregistra à New York. Ses notes dans ses carnets de pensée des mois d'août et de septembre 1969 montrent à quel point elle s'efforçait d'écrire un éloge qui conviendrait aussi bien à lui qu'à elle.

Il fallait faire l'éloge de son œuvre et en même temps

marquer leurs positions respectives. Accord et divergence, proximité et distance tissent son argumentation.

Elle évoque dans ce texte toutes les questions auxquelles elle travaille dans ses deux premiers volumes en chantier de *La Vie de l'esprit* : Qu'est-ce que penser ? Quel est le lien de la pensée au monde et à l'action ? Que se passe-t-il quand la pensée s'allie à la volonté ?

L'hommage d'Arendt est un texte de réconciliation entre égaux qui ne recherche pas l'harmonie. Elle parle de sa relation à Husserl, de son amitié avec Jaspers, de cette volonté radicale de renouveler la pensée philosophique qui avait rapproché ces deux jeunes philosophes dans les années 1920 et qui plus tard les avait séparés. Elle évoque la fascination qu'exerçait ce professeur charismatique de la petite ville universitaire de Marbourg sur les jeunes étudiants venus de l'Allemagne tout entière. Entre les lignes, on sent qu'elle parle de sa propre fascination.

Pour définir sa place dans la philosophie du XXᵉ siècle, elle trouve ces mots éclairants :

> Car ce n'est pas la philosophie de Heidegger, dont on peut à bon droit se demander s'il y en a une, mais bien la pensée de Heidegger qui a contribué à déterminer de manière si décisive la physionomie spirituelle de ce siècle. Cette pensée a quelque chose de perforant qui n'appartient qu'à elle et qui, s'il faut la formuler, réside dans l'usage transitif du verbe penser. Heidegger ne pense jamais « sur » quelque chose ; il pense quelque chose. Dans cette activité absolument non contemplative, il s'enfonce dans la profondeur, mais il ne s'agit pas dans cette dimension – dont on pourrait dire qu'elle était auparavant, de cette manière et avec cette précision, tout bonnement non découverte – de découvrir ou de mettre au jour un sol ultime et rassurant, mais, séjournant dans la profondeur, d'ouvrir des chemins et de poser des « jalons » [106].

Elle fait allusion aux penchants tyranniques de la plupart des grands philosophes. Elle critique la *déformation professionnelle* dont sont victimes les grands philosophes, y compris Heidegger, quand ils envisagent de transformer leur philosophie en un programme éducatif. Son évocation de l'engagement national-socialiste du penseur ne cherche pas embellir les choses, mais elle essaie juste de lui donner ses justes proportions. La faillibilité structurelle de penseurs comme Heidegger ne lui échappait à aucun moment. Il n'y avait pas de raison de camoufler sa compromission avec le national-socialisme. Cette compromission ne diminuait pas son œuvre et sa contribution qui l'avaient élevé au rang des grands penseurs de l'histoire.

> Car la tempête que fait lever la pensée de Heidegger – comme celle qui souffle encore sur nous, après des millénaires, de l'œuvre de Platon – n'a pas son origine dans le siècle. Elle vient du fond des âges, et ce qu'elle laisse derrière elle est un accomplissement qui, comme tout accomplissement, fait retour au fond des âges [107].

L'accomplissement, ce n'était pas bien sûr une « doctrine » ni non plus l'œuvre, mais le chemin mis au jour.

Elle avait puisé la métaphore de la tempête dans la *République* de Platon. Dans son discours inaugural de recteur en 1933, Heidegger avait utilisé cette même métaphore : « Tout ce qui est grand se tient dans la tempête... [108]. » Mais les nazis n'avaient pas besoin d'un Platon.

Arendt se présente et présente son maître comme deux intellectuels à la recherche de leur chemin respectif dans l'histoire de la pensée. Ces chemins étaient différents, mais ils se croisaient sans cesse.

Rétrospectivement, ce texte éclaire sa proximité et sa distance à l'égard de la pensée de Heidegger d'une façon qui pouvait être comprise par son ancien maître et amant.

Elle lui envoya le texte de l'hommage pour son anniversaire, et ensuite un deuxième pour la *tabula gratulatoria* (le Livre d'or remis à Heidegger) [109].

Heidegger lui répondit :

C'est à toi qu'il est revenu de saisir mieux que quiconque le ressort interne de ma pensée et de mon enseignement. Il est demeuré le même depuis le cours sur *Le Sophiste* [110].

Arendt supervisait la traduction de *Zur sache des Denkens* (*Droit à l'affaire de la pensée*) qu'elle trouvait très bonne. Elle se réjouissait des paroles élogieuses qu'il avait pour elle en public. Les lettres tardives entre Arendt et Heidegger donnent à leur lecture l'impression que la digue qui les séparait s'était brisée et avait laissé la place à une confiance retrouvée. Il en résultait un approfondissement de leur relation personnelle et intellectuelle. Dans une lettre écrite le 25 décembre 1969, elle lui faisait part de ses condoléances pour la mort de la femme de son frère Fritz. Elle remarquait comme était étrange cette collusion de ces grands hommages pour ses quatre-vingts ans et de la mort de sa belle-sœur : « la vie se charge toujours de ponctuer les événements d'une manière qui n'appartient qu'à elle [111] ».

Au mois d'avril 1970, Martin eut une attaque dont il se remit fort bien. Hannah lui rendit visite au mois de juillet et au mois d'août. Heinrich séjourna avec elle à Tegna. Au mois de novembre, Heinrich Blücher mourut subitement d'un infarctus. En l'espace de deux ans, elle avait perdu deux des piliers de son monde.

Il est touchant de lire comment Martin essaie de la consoler. Il écrit de la façon qui est la sienne de parler des relations privées. Il essaie de les reconduire à la pensée et de reconduire la pensée à ces relations. Dans le cas du deuil de Hannah, cela signifiait briser le sentiment de rétrécissement provoqué par le choc du décès et se créer de nouveaux espaces de pensée.

Dans les premiers mois, elle ne pouvait à peine écrire obsédée qu'elle était par l'impression qu'une partie de son monde venait de s'effondrer :

Ce microcosme, ce monde en miniature qui constitue toujours un refuge face au monde, c'est ce qui se désagrège quand l'un des deux s'en va. Je vais mon chemin, je suis toute calme, et je me dis : *en allé*[112] !

Heidegger interprète autrement ses paroles dans sa lettre :

En lisant dans ta dernière lettre la ligne disant « je suis toute calme, et je me dis : *en allé !* », j'avais compris le dernier mot (*weg*) au sens de *Weg* : d'un chemin qui se dessine[113].

Cette mésinterprétation apparente renverse la perspective. L'arrêt provoqué par l'expérience de la perte devient la vision d'un chemin.

Ce qui dans la jeunesse de Heidegger avait pris des allures pompeuses et hypocrites, cette façon de traduire sa pensée dans ses relations avec les autres se manifestait maintenant comme une capacité d'acquérir une quiétude, par une certaine prise de distance, et de la transmettre.

Elfride avec laquelle Hannah entretenait de meilleures relations depuis 1967 participait également à cet effort de consolation.

Il fallut à Hannah de longs mois avant qu'elle puisse se tourner à nouveau vers l'extérieur. Le 20 mars 1971, elle lui écrit en prévision de son voyage en Europe. La lettre garde un ton neutre et professionnel, elle lui demande des informations philosophiques. Elle se termine sur cette question :

Une dernière question, que je n'oserais pas te poser de vive voix. Il n'est pas totalement exclu que je vienne à bout d'un livre encore à venir – un deuxième tome, en quelque sorte, de la *Vita activa*. Il porte sur les activités humaines qui échappent à la sphère de l'activité : penser, vouloir, juger. Quant à savoir s'il se fera, et surtout, quand j'en aurai terminé, je n'en ai aucune idée. Jamais peut-être. Mais si jamais ce projet devait aboutir – puis-je te le dédier[114] ?

Heidegger lui répond le 26 du même mois :

Ton deuxième tome de *Vita activa* sera aussi important que difficile à mener à bien. Je songe au début de la *Lettre sur l'humanisme* et au dialogue dans *Sérénité*. Mais tout cela demeure insuffisant. Il nous faut nous efforcer de satisfaire au moins à cette insuffisance. Tu sais quel plaisir tu me ferais en me dédiant l'ouvrage dont tu parles[115].

Finalement après toutes ces années, une dédicace d'un livre pas encore écrit. Cette question semble une manière de se rassurer. Es-tu encore là ? Puis-je compter sur toi ?

Elle s'occupa encore un peu de son ami Jaspers. À l'été 1975, elle fit de nouveau un voyage en Europe. Elle passa plusieurs semaines au Literaturarchiv de Marbach pour examiner les papiers laissés par Jaspers dont elle avait reçu la charge par testament. Il y avait parmi ces papiers ses propres lettres.

Puis elle partit pour le Tessin pour travailler dans le calme de la *Casa Barbatè* au deuxième et troisième tome de son livre *La Vie de l'esprit*. Elle se rendit trois jours à Fribourg au milieu du mois d'août. Cette visite fut traumatique pour elle.

Le 15 août 1975, un jour après son retour de Fribourg, elle écrit de Tegna à son ami Glenn Gray, l'ami et le confident sur les choses qui concernent Heidegger :

J'ai vu Heidegger sans le moindre incident ou accident désagréable. Mais ce fut une affaire bien triste [...]. Heidegger était fatigué, mais ce n'est pas le mot qui convient. Il était lointain, plus inapprochable que jamais, il était comme éteint (*erloschen*). Il est vrai qu'Elfride, comme tu l'as déjà remarqué, est beaucoup plus gentille avec lui que jamais auparavant. Elfride et moi avons échangé quelques mots en tête à tête, elle semblait vraiment soucieuse et pas du tout hostile. Elle m'a laissée seule avec Martin sans chercher sans cesse à regarder de tous les côtés. Je crois qu'elle était vraiment inquiète. Il a dit deux choses importantes : il travaille toujours à ses « 65 pages », je crois que je t'en ai déjà parlé. Ces pages sont censées condenser la quintessence de sa philosophie, mais je doute fort qu'il fasse autre chose que répéter ce qu'il a dit avant beaucoup mieux. La seconde chose qu'il a dite : dans dix ans – il l'a dit avec une certitude apodictique –, les Russes seront là. L'ambassadeur russe était déjà venu à Marbach pour jauger le butin. J'ai essayé de débattre avec lui de cette position, mais il sombrait dans une apathie étrange. Il ne réagissait tout simplement pas. Je ne l'ai pas trouvé très changé physiquement. Selon les médecins, il est visiblement en assez bonne santé. Pourtant la différence entre son état actuel et celui de l'année dernière – y compris dans ses mouvements – est énorme. Il est également très dur d'oreille. On n'est jamais bien sûr s'il a compris ou s'il laisse juste les gens parler. Bien évidemment, tout cela me déprime beaucoup [116].

Le 4 décembre 1975, Hannah Arendt meurt subitement à New York.

Le 26 mai 1976, Martin Heidegger s'éteint paisiblement à Fribourg-Zähringen.

Le 21 mars 1992, Elfride Heidegger quitte ce monde.

CHRONOLOGIE

23 février 1883	Naissance de Karl Jaspers à Oldenbourg, fils du haut fonctionnaire et directeur de banque, Karl Jaspers, et de sa femme Henriette, née Tantzen.
26 septembre 1889	Naissance à Messkirch (Bade) de Martin Heidegger, fils du sacristain et tonnelier Frie-drich Heidegger et de sa femme Johanna, née Kempf.
1901	Jaspers commence à étudier le droit puis la médecine.
14 octobre 1906	Naissance de Johanna Arendt à Hanovre, fille unique de l'ingénieur Paul Arendt et de sa femme Martha, née Cohn.
1908-1915	Jaspers travaille à la clinique psychiatrique de Heidelberg.
1909	Jaspers obtient son doctorat de médecine.
1909	La famille Arendt déménage à Königsberg.
1909-1911	Heidegger étudie la théologie et la philosophie à Fribourg.
1910	Jaspers se marie avec Gertrud Mayer.
1911	Au semestre d'hiver 1911-1912, Heidegger s'ins-crit à la faculté des sciences de la nature, mais continue à étudier la philosophie auprès de Heinrich Rickert.
1913	Le père de Hannah Arendt (Paul Arendt) et son grand-père (Max Arendt) meurent la même année.
	Jaspers obtient son habilitation en psychologie à l'université de Heidelberg.
26 juillet 1913	Heidegger obtient son doctorat de philosophie avec une thèse intitulée *La doctrine du juge-ment dans le psychologisme* (sous la direction d'Arthur Schneider, Heinrich Rickert est un des lecteurs de la thèse).
	Jaspers publie *Psychopathologie générale*.

Août 1914	Début de la Première Guerre mondiale. Le 10 novembre 1914, Heidegger est mobilisé.
27 juillet 1915	Première leçon de Heidegger à l'université. Il avait auparavant obtenu son habilitation avec une thèse intitulée *La doctrine des catégories et de la signification chez Duns Scot*. Heidegger enseigne en tant que maître de conférences à l'université de Fribourg jusqu'au semestre d'hiver 1923. En 1919, il devient l'assistant de Husserl. 1er novembre, Heidegger est affecté au service de la censure postale à Fribourg.
1916	Heidegger se détourne du catholicisme. Jaspers devient professeur titulaire en psychologie.
23 mars 1917	Heidegger se marie avec Elfride Petri.
16 novembre 1918	Heidegger est démobilisé.
1919	Naissance du fils aîné de Heidegger, Jörg. Jaspers publie *La Psychologie des conceptions du monde*.
1920	Naissance du second fils de Heidegger, Hermann. Le 8 avril à Fribourg, Jaspers rencontre Heidegger à la cérémonie en l'honneur des 61 ans de Husserl.
1922	Jaspers obtient une chaire de philosophie à l'université de Heidelberg.
18 juin 1923	Heidegger reçoit sa lettre de nomination à l'université de Marbourg.
1924	Arendt commence au semestre d'hiver ses études de philosophie (matière principale) à l'université de Marbourg. Elle prend comme matières secondaires la théologie protestante et la philologie grecque. Novembre, début de la relation amoureuse entre Hannah Arendt et Martin Heidegger.
1925	Arendt écrit au début de l'année le récit « Les ombres » dédié à Heidegger.
1926	Arendt part, au semestre d'été, étudier la philosophie auprès de Jaspers à l'université de Heidelberg. Au semestre d'hiver, elle étudie auprès de Husserl à l'université de Fribourg, puis retourne à Heidelberg. Elle y fait la connaissance par l'intermédiaire de Hans

Jonas, de Kurt Blumenfeld et découvre le sionisme.

1927	Heidegger publie *Être et Temps*.
Février 1928	Heidegger est nommé professeur ordinaire à l'université de Fribourg et prend la succession de Husserl à la chaire de philosophie.
	Arendt obtient son doctorat avec une thèse intitulée *Le concept d'amour chez Augustin*, sous la direction de Jaspers.
1929	Débat entre Heidegger et Ernst Cassirer aux journées de Davos. Heidegger publie *Kant et le problème de la métaphysique*.
	Arendt se marie au mois de septembre avec Günther Stern (Anders).
1930-1933	Arendt travaille comme journaliste et essayiste. Elle commence son travail de recherche sur Rahel Varnhagen.
Décembre 1931	Jaspers publie son ouvrage en trois volumes *Philosophie*.
1933	Stern se réfugie au mois de février à Paris.
	Le 21 avril, dernière longue visite de Heidegger chez Jaspers. Le 3 mai, Heidegger est élu recteur de l'université de Fribourg. Il adhère au mois de juillet au NSDAP.
	Hannah Arendt et sa mère sont arrêtées à Berlin. À leur libération, elles fuient l'Allemagne en passant par le massif forestier de l'Erzgebirge. Elles gagnent Karlsbad, puis Prague. Elles se rendent ensuite à Genève et enfin arrivent à Paris.
1933-1938	Arendt travaille à la section française de *Jugend-Aliyah* (émigration des jeunes Juifs allemands en Palestine).
1934	Arendt adhère à la *World Zionist Organization*.
Avril 1934	Heidegger démissionne de son poste de recteur.
1935	Arendt séjourne trois mois en Palestine.
1936	Stern émigre aux États-Unis.
	Arendt fait la connaissance de Heinrich Blücher au début de l'année.
1937	Arendt et Stern (Anders) divorcent.
	Jaspers est limogé de l'Université.
	Arendt est déchue de sa nationalité allemande.
16 janvier 1940	Hannah Arendt et Heinrich Blücher se marient.
	Arendt est internée cinq semaines au camp de

Gurs. Arendt réussit à s'échapper. Elle se réfugie avec son mari chez des amis à Montauban, puis ils fuient pour Lisbonne.

Mai 1941 Le couple Blücher arrive à New York.

1941-1942 Arendt tient une chronique dans le journal *Aufbau (Reconstruction)*.

Fin novembre 1942 Les représentants suisses du *Congrès juif mondial* informe le public et les gouvernements de l'extermination en masse des Juifs d'Europe.

1945 Les Américains réhabilitent Jaspers et le nomment à nouveau professeur à l'université de Heidelberg. Arendt travaille comme journaliste et essayiste dans plusieurs revues (dont *Partisan Review*).

1945-1950 Heidegger est interdit d'enseignement.

1947 Jaspers publie *De la vérité*.
Heidegger publie *La Doctrine de Platon sur la vérité* et *Lettre sur l'humanisme*.

1948 Jaspers est nommé professeur à l'université de Bâle.

1949-1950 Du mois de novembre au mois de mars, Hannah Arendt voyage en Europe chargée d'une mission par l'association *Jewish Cultural Reconstruction*.
Elle rend visite à Heidegger au mois de février.
Heidegger publie *Chemins qui ne mènent nulle part*.

1951 Arendt publie aux États-Unis *Les Origines du totalitarisme*.
Arendt et Blücher obtiennent la nationalité américaine.

1958 Jaspers reçoit le Prix de la paix des libraires allemands. Arendt fait le discours d'éloge.
Arendt publie aux États-Unis *Condition de l'homme moderne*.
Arendt publie aux États-Unis *Rahel Varnhagen. La vie d'une juive allemande à l'époque du Romantisme*.

1960 Heidegger publie son livre sur Nietzsche.

Mai-juin 1961 Arendt assiste au procès d'Eichmann à Jérusalem en tant que reporter pour le magazine *The New Yorker*.

1963	Arendt publie aux États-Unis *Eichmann à Jéru-salem. Rapport sur la banalité du mal.*
	Arendt publie aux États-Unis *Essai sur la révolution.*
1963-1967	Arendt est professeur à l'université de Chicago.
1967	Arendt est nommée professeur à la *New School for Social Research.*
26 février 1969	Mort de Karl Jaspers.
31 novembre 1970	Mort de Heinrich Blücher.
1975	Dernière visite d'Arendt à Heidegger.
	4 décembre, mort de Hannah Arendt.
26 mai 1976	Mort de Martin Heidegger.
21 mars 1992	Mort d'Elfride Heidegger.

NOTES

CHAPITRE PREMIER. Un monde hors de ses gonds
ou comment la révolution a-t-elle commencé
dans la philosophie ?

1. Theobald Ziegler, *Die geistigen und sozialen Strömungen im XIX und XX Jahrhundert*, Berlin, 1916.

2. Kurt Pinthus, *Menschheitsdämmerung*, Hamburg, 1959, p. 22, 25.

3. Georg Heym, *Tagebücher Träume und Briefe*, in *Dichtungen und Schriften*, vol. 3, 1979, p. 89.

4. Hans Saner, *Karl Jaspers in Selbstzeugnissen und Dokumenten*, Reinbek, 1970, p. 10 et suiv.

5. Voir Wolfgang Häubner, « Albert Fraenkel », *in* H. Maas et G. Radbruch, *Die Unvergessenen. Opfer des Wahns 1933 bis 1945*, Heidelberg, 1952, p. 49 et suiv., et la lettre de Jaspers à Albert Fraenkel, lettre du 1er juin 1934, *in* Saner, *op. cit.*, p. 57 et suiv.

6. Saner, *op. cit.*, p. 20.

7. Dans son article « Les névropsychoses-de-défense » (1894), *in* Sigmund Freud, *Œuvres complètes, Psychanalyse*, vol. 3, Paris, PUF, 1989, p. 1-18.

8. Hans Saner, *Karl Jaspers…, op. cit.*, p. 29 et suiv.

9. Karl Jaspers, *Philosophische Autobiographie*, Munich, 1977, p. 301. Il existe une édition française fondée sur l'édition allemande de 1958 qui est différente de celle de 1977. Karl Jaspers, *Autobiographie philosophique*, Paris, Aubier, 1963, p. 47.

10. Hans Saner, *Karl Jaspers…, op. cit.*, p. 31.

11. Karl Jaspers, « Mein Weg zur Philosophie », in *Recheschaft und Ausblick*, Munich, 1958, p. 383.

12. *Ibid.*, p. 389.

13. Karl Jaspers, *Philosophische Autobiographie*, p. 306, édition française, *op. cit.*, p. 54-55.

14. Voir Dieter Henrich, « Karl Jaspers : Denken im Blick auf Max Weber », *in* W. Mommsen (éd.), *Max Weber und seine Zeitgenossen*, 1988, p. 726.

15. Marianne Weber, *Max Weber. Ein Lebensbild, mit einer Einleitung von Günther Roth*, Munich, 1989, p. 580.

16. Hans Saner, *Karl Jaspers…*, *op. cit.*, p. 35.

17. Karl Jaspers, *Philosophische Autobiographie*, *op. cit.*, p. 307, édition française, p. 58.

18. *Ibid.*, p. 307, édition française, p. 60.

19. *Ibid.*, p. 307, édition française, p. 60.

20. *Ibid.*, p. 313, édition française, p. 67.

21. Martin resta le servant de l'église même après 1895, quand la Martinskirche fut de nouveau entre les mains des catholiques. Il fut celui qui, lors de la transition, reçut solennellement les clés de l'église. Cette transition était si difficile pour le vieux-catholique en charge de l'église qu'il préféra remettre les clés au servant immaculé qu'à son père le sacristain, voir Hugo Ott, *Martin Heidegger. Éléments pour une biographie*, Paris, Payot, 1990, p. 47 et suiv.

22. Lettre de Martin Heidegger à Elfride Petri datée du 13 décembre 1915, *in* Heidegger, « *Ma chère petite âme* ». *Lettres de Martin Heidegger à sa femme Elfride 1915-1970*, G. Heidegger (éd.), Paris, Seuil, 2007, p. 45-46.

23. Abraham a Santa Clara (1644-1709) appartenait à l'ordre augustinien des moines déchaux.

24. Je m'appuie ici sur l'ouvrage de Victor Farias, *Heidegger et le nazisme*, Lagrasse, Verdier, 1987, p. 39-55. Farias se sert de l'implication de Heidegger dans cet événement pour tisser un lien continu qui va du XVIIe siècle à la liaison plus tardive de Heidegger avec le nazisme. Pour lui, Abraham a Santa Clara est également un ancêtre du nazisme *cum grano salis*. Karl Lueger, l'admirateur du moine souabe, l'antisémite juré et le politicien conservateur et antimonarchique de la fin du XIXe et du début du XXe siècle, sert de figure intermédiaire dans cette lignée qui fait le lien avec l'époque moderne. Comme preuve de l'implication national-socialiste d'Abraham a Santa Clara *via* Lueger, Farias cite Adolf Hitler, qui fut présent à l'enterrement de Lueger en 1910 à Vienne et qui évoque le monument à la mémoire d'Abraham a Santa Clara tout en dépréciant Lueger comme un « faiblard » en matière de nationalisme, voir Farias, *op. cit.*, p. 68 et suiv.

25. Abraham a Santa Clara, *Merks Wien !*, Th. Ebner (éd.), Leipzig, 1895, p. 18.

26. Hans D. Zimmermann, *Martin und Fritz Heidegger. Philosophie und Fastnacht*, Munich, p. 27 et suiv., 34 et suiv., 43 et suiv.

27. Heidegger, Article sur Abraham a Santa Clara cité *in* Victor Farias, *Heidegger et le nazisme*, *op. cit.*, p. 48.

28. Cité in *ibid.*, p. 49.

29. *Ibid.*, p. 51.

30. Hugo Ott, *Martin Heidegger*, *op. cit.*, p. 53.

31. Victor Farias, *Heidegger et le nazisme*, *op. cit.*, p. 27.

32. Lettre de Martin Heidegger à Elfride datée du 13 décembre 1915, *op. cit.*, p. 46-47.

33. Hugo Ott, *Martin Heidegger, op. cit.*, p. 54.

34. *Ibid.*, p. 61.

35. *Ibid.*, p. 62.

36. Johannes Baptist Lotz, « Im Gespräch », *in* G. Neske (éd.), *Errinnerung an Martin Heidegger*, Pfullingen, 1977, p. 155. Lotzt remarque avec justesse que la raison officielle selon laquelle Heidegger aurait quitté le cloître pour des raisons de santé « semble un peu étrange ». Cette remarque n'est pertinente que si l'on met de côté l'aspect possiblement psychosomatique de cette maladie.

37. Hugo Ott, *Martin Heidegger, op. cit.*, p. 62.

38. Martin Heidegger, « Mein Weg in die Phänomenologie », cité *in* Walter Biemel, *Heidegger in Selbstzeugnissen und Bilddokumenten*, Reinbeck, 1973, p. 23.

39. *Ibid.*, p. 24.

40. Martin Heidegger, *Acheminement vers la parole*, Paris, Gallimard, 1976, p. 95.

41. Hugo Ott, *Martin Heidegger, op. cit.*, p. 66.

42. Romano Guardini (1885-1968) était un prêtre, un philosophe catholique et un théologien. Il prit la charge de la chaire de philosophie de la religion et de la conception chrétienne du monde à l'université de Berlin en 1923.

43. Oswald von Nell-Brening (1890-1991) était un jésuite. En 1928, il devint professeur de philosophie morale, de droit canon et de science sociale à l'école Saint-Georges des hautes études en philosophie et en théologie, à Francfort.

44. Martin Heidegger, « Mein Weg in die Phänomenologie », *op. cit.*, p. 21 et suiv.

45. Johannes Baptist Lotzt, « Im Gespräch », *op. cit.*, p. 155.

46. Les données fournies ici sur les cours et les séminaires que Heidegger a suivis comme étudiant s'appuient sur la synthèse faite par Alfred Denker sur la base des archives de l'université de Fribourg, *Freiburger Universitätsarchiv, Heideggers Briefwechseln und seines Kollegienbuches* cité dans http://www.freezebs.com/m3sm2/HeideggerStudent.html. Voir également les documents publiés en appendice du volume publié par Denker (éd.), *Martin Heidegger – Heinrich Rickert : Briefwechsel*, Francfort, 2002, particulièrement p. 77 et suiv., voir également le curriculum de Heidegger dans sa lettre officielle de 1913 en vue de l'attribution du titre de docteur.

47. Hugo Ott, *Martin Heidegger, op. cit.*, p. 79.

48. *Ibid.*, p. 79 et suiv.

49. Titre honorifique qui, avant 1919, était attribué aux membres des différents Conseils (Rat) de l'Empire germanique et des monarchies allemandes.

50. Hugo Ott, *Martin Heidegger, op. cit.*, p. 77.

51. *Ibid.*, p. 77.

52. Lettre de Heidegger à Rickert datée du 13 décembre 1912, *op. cit.*, p. 75.

53. *Ibid.*, p. 11.

54. Lettre de Martin Heidegger à Elfride datée du 15 décembre 1915, *op. cit.*, p. 47.

55. Lettre de Heidegger à Elfride datée du 15 décembre 1915, *op. cit.*, p. 22.

56. Hugo Ott, *Martin Heidegger, op. cit.*, p. 82.

57. Lettre de Heidegger à Rickert datée du 12 novembre 1913, *op. cit.*, p. 11 et suiv.

58. *Ibid.*, p. 22.

59. *Ibid.*, p. 13.

60. Voir le compte rendu de Rickert de la thèse d'habilitation de Heidegger daté du 19 juillet 1915, UAF, B 3 Nr. 522.

61. Lettre de Heidegger à Rickert datée du 5 novembre 1914, *op. cit.*, p. 20.

62. Lettre de Heidegger à Elfride datée du 17 octobre 1918, *op. cit.*, p. 123-124.

63. Hans-Georg Gadamer, « Selbstdarstellung », *in* Gadamer, *Gesammelte Werke*, Tubingen, 1986, vol. 2, p. 479.

64. Karl Jaspers, *Philosophische Autobiographie, op. cit.*, p. 343.

65. *Ibid.*, p. 344.

66. Voir le commentaire de Gertrud Heidegger qui relie la lettre de Heidegger du 13 décembre 1915 à celle du 16 décembre 1915, *op. cit.*, p. 48-50.

67. Lettre de Martin Heidegger à Elfride datée du 13 décembre 1915, *op. cit.*, p. 48.

68. Voir le commentaire de Gertrud Heidegger, in *op. cit.*, p. 88.

69. Hugo Ott, *Martin Heidegger, op. cit.*, p. 98.

70. *Ibid.*, p. 112-113.

71. *Ibid.*, p. 113.

72. Lettre de Natorp à Husserl datée du 7 octobre 1917, *in* Edmund Husserl, *Briefwechsel*, vol. 5, Dordrecht-Boston-Londres, 1994, p. 130.

73. *Ibid.*, p. 131 et suiv.

74. Lettre de Husserl à Natorp datée du 11 février 1920, *in* Edmund Husserl, *Briefwechsel, op. cit.*, p. 140.

75. Lettre de Natorp à Husserl datée du 29 janvier 1922, *in* Edmund Husserl, *op. cit.*, p. 145.

76. *Ibid.*, p. 145.

77. Lettre de Husserl à Natorp datée du 2 février 1922, *op. cit.*, p. 150.

78. *Ibid.*, p. 151.

79. Lettre de Natorp à Husserl datée du 30 novembre 1922, *op. cit.*, p. 161.

80. Karl Jaspers, *Philosophische Autobiographie, op. cit.*, p. 92.

81. Karl Jaspers, *Psychologie der Weltanschauungen*, Berlin-Göttingen-Heidelberg, 1960, p. XI.

82. *Ibid.*, p. XII.

83. Lettre de Heidegger à Jaspers datée du 27 juin 1922, *in* Martin Heidegger, *Correspondance avec Karl Jaspers*, Walter Biemel et Hans Saner (éd.), Paris, Gallimard, 1996, p. 24.

84. Lettre de Jaspers à Heidegger datée du 2 juillet 1922, *op. cit.*, p. 25.

85. Lettre de Heidegger à Jaspers datée du 27 juin 1922, *op. cit.*, p. 21 et suiv.

86. Hans-Georg Gadamer, *Gesammelte Werke, Philosophische Lehrjahre*, Francfort, 1977, p. 35.

87. Lettre de Heidegger à Jaspers datée du 14 juillet 1923, *op. cit.*, p. 35.

88. Hans-Georg Gadamer, *Gesammelte Werke, op. cit.*, p. 214.

89. Il est impressionnant de voir à quel point Heidegger se situait dans la lignée de Platon aussi bien pour ce qui concerne sa conception des rapports entre pensée philosophique et pensée politique que pour sa conception du sens de l'Université et des buts de l'éducation (voir également Ernst Wolfgang Böckenförde, *Geschichte der Rechts- und Staatsphilosophie*, Tübingen, 2002, p. 70 et suiv.)

90. « Heidegger est un professeur » (Hannah Arendt, *Denktagebuch, 1950 bis 1973*, U. Ludz et I. Nordmamm (éd.), Munich et Zurich, 2002, vol. 1, p. 13.

91. Lettre de Heidegger à Jaspers datée du 17 avril 1924, *op. cit.*, p. 40.

92. Paul Hühnerfeld, *In Sachen Heidegger. Versuch über ein deutsches Genie*, Hambourg, 1959, p. 57.

93. Karl Jaspers, *Philosophie*, vol. 1-3, Berlin, 1932.

94. Karl Jaspers, « Selbstporträt », in *Schicksal und Wille. Autobiographische Schriften*, H. Saner (éd.), Munich, 1967, p. 31.

95. *Ibid.*, p. 32.

96. Hans Saner, *op. cit.*, p. 26.

97. Lettre de Jaspers à Heidegger datée du 24 novembre 1922, in *op. cit.*, p. 30.

98. Ernst Arnold von Buggenhangen, *Philosophische Autobiographie*, Meisenheim am Glan, 1975, p. 102.

99. *Ibid.*, p. 108.

100. Lettre de Heidegger à Jaspers datée du 14 juillet 1923, *op. cit.*, p. 36.

101. Lettre de Heidegger à Jaspers datée du 16 décembre 1925, *op. cit.*, p. 52.

102. Oskar Becker (1889-1964) fut l'assistant de Heidegger à l'université de Fribourg. Il y fut nommé en 1928 professeur de philosophie sans chaire et il obtint en 1931 une nomination à l'université de Bonn.

103. Lettre de Heidegger à Löwith datée du 19 août 1921, *in* Hartmut Tietjen (éd.), « Drei Briefe Martin Heideggers an Karl Löwith », *in* D. Papenfuss et O. Pöggeler (éd.), *Zur philosophischen Aktualität Heideggers*, Francfort, 1990, vol. 2, p. 28.

104. Lettre de Heidegger à Jaspers datée du 17 avril 1924, *op. cit.*, p. 40.

105. Heinrich Rickert, *Die Philosophie des Lebens. Darstellung und Kritik der philosophischen Modeströmungen unserer Zeit*, Tübingen, 1922, p. VIII.

106. *Ibid.*, p. XI.

107. *Ibid.*, p. XIV.

108. *Ibid.*, p. 19 et suiv.

109. *Ibid.*, p. 155.

110. Karl Jaspers, *op. cit.*, p. 315.

111. Heinrich Rickert, *Die Philosophie des Lebens*, *op. cit.*, p. 143.

112. *Ibid.*, p. 184.

113. Voir lettre de Heidegger à Jaspers datée du 26 décembre 1926, *op. cit.*, p. 61 et suiv.

114. Voir lettre de Heidegger à Rickert datée du 15 février 1928, *op. cit.*, p. 58 et suiv.

115. Lettre de Heidegger à Jaspers datée du 24 juillet 1931, *op. cit.*, p. 127.

116. Lettre de Heidegger à Jaspers datée du 22 janvier 1921, *op. cit.*, p. 13 et n. 8, et lettre de Jaspers à Heidegger datée du 24 janvier 1921, *op. cit.*, p. 16 et n. 1.

117. Lettre de Jaspers à Heidegger, *ibid.*, p. 23.

118. « Qu'à plusieurs reprises j'aie manqué de justesse envers vous, Husserl l'a dit aussi ; pour moi, c'est une preuve que j'ai au moins *essayé* de mettre la main à la pâte. Le but est atteint, si vous en tirez matière à réflexion, peut-être même là où je n'y tendais pas. Jugé à l'échelle que je me fixais en travaillant, c'est ridicule et piètre chose de débutant, et je n'imagine pas être plus loin que vous ne l'êtes vous-même, d'autant que je me suis mis dans la tête de faire quelques détours. Est-ce que je trouverai l'issue, je ne sais ; si seulement je parviens et me tiens en tout état de cause à *aller* » (lettre de Heidegger à Jaspers datée du 5 août 1921, *op. cit.*, p. 20).

119. Lettre de Heidegger à Rickert datée du 27 août 1920, *op. cit.*, p. 51.

120. L'argument selon lequel Jaspers ne maîtrisait pas du tout l'instrument philosophique avait été rebattu des années durant par Rickert. Heidegger le savait. Pour parfaire la confusion, il est possible que Rickert ait compris que la remarque de Heidegger quant au fait que certains phénoménologues y allaient « trop généreusement » avec les évidences le visait également (*op. cit.*, p. 52).

121. Voir également la lettre de Heidegger à Jaspers datée du 27 juin 1922, *op. cit.*, p. 21.

122. Lettre de Heidegger à Jaspers datée du 19 novembre 1922, *op. cit.*, p. 28.

123. Lettre de Jaspers à Heidegger datée du 4 janvier 1928, *op. cit.*, p. 74.

124. Yoram Jacoby, *Jüdisches Leben in Königsberg/Pr. im 20. Jahrhundert*, Würzburg, 1983, p. 32.

125. Elisabeth Young-Bruehl, *Hannah Arendt*, Paris, Anthropos, 1986, p. 45.

126. Hannah Arendt, Curriculum vitae du protocole de la thèse de doctorat, UAH, H-IV-757/24.

127. « Le mot "juif" n'était jamais prononcé chez nous quand j'étais une petite enfant. Je l'ai rencontré pour la première fois [...] dans les remarques antisémites des enfants dans la rue. Je fus ensuite, pour ainsi dire, "initiée" au problème [...]. Je me disais : oui, c'est ainsi [...]. Enfant, je savais par exemple [...] que j'avais l'air d'une Juive. Ce qui voulait dire que j'avais l'air différente des autres enfants. J'en étais très consciente, mais pas sous la forme d'une infériorité, les choses étaient ainsi, c'était tout » (Hannah Arendt, « Seule demeure la langue maternelle », *Esprit* (1980), p. 24).

128. *Ibid.*, p. 25.

129. Lettre d'Arendt à Jaspers datée du 23 et du 25 mars 1947, *in* Hannah Arendt et Karl Jaspers, *Correspondance (1926-1969)*, Lotte Köhler et Hans Saner (éd.), Paris, Payot, 1995, p. 133.

130. Jürgen Manthey, *Königsberg. Geschichte einer Weltbürgerrepublik*, Munich, 2005, p. 442 et suiv., 486 et suiv., 493 et suiv.

131. Yoram Jacoby, *Jüdisches Leben...*, *op. cit.*, p. 9.

132. *Ibid.*, p. 13.

133. *Ibid.*, p. 8.

134. *Ibid.*, p. 55.

135. *Ibid.*, p. 65.

136. *Ibid.*, p. 65 et suiv.

137. Anson Rabinbach met en évidence dans le messianisme de l'époque quatre courants différents : 1. l'idée de la restauration, c'est-à-dire du retour à un état originaire du judaïsme ; 2. l'idée de la rédemption qui apparaît sous différentes formes, religieuses bien sûr, mais aussi politiques, notamment chez Georg Lukács dans son écrit *Geschichte und Klassenbewußtsein* (1923) ; 3. l'idée de l'apocalypse comme surgissement de l'époque messianique ; 4. le messianisme comme façon de s'abstenir de toute action et de tout comportement ambivalent à l'égard des pratiques en vue d'accélérer la venue du Messie (Anson Rabinbach, *In the Shadow of the Catastrophe*, Berkeley, Los Angeles et Londres, 1997, p. 31 et suiv.).

138. Selon un recensement, la ville de Königsberg comptait au 1er décembre 1919 245 995 habitants, voir GSTAPK Berlin, HA XX, Rep 2 II, Nr. 2983.

139. Dès le 8 janvier, il y eut à Insterburg une assemblée de tous

les conseils d'ouvriers et de soldats de la Prusse-Orientale, voir le protocole des « Verhandlungen der vereinigten Arbeiter- und Solda-tenräte Ostpreussens in Insterburg am 8 Januar 1919 », GSTAPK Berlin, HA XX, Rep 2 II, NR. 2983.

CHAPITRE II. La dimension événementielle fondamentale de la vie ou l'apparition soudaine de l'amour

1. En français dans le texte.

2. Karl Löwith, *Ma vie en Allemagne avant et après 1933*, Paris, Hachette, 1988, p. 61-62.

3. Paul Hühnerfeld, *In Sachen Heidegger. Versuch über ein deutsches Genie*, Hambourg, 1959, p. 54 et suiv.

4. Hannah Arendt, *Vies politiques*, Paris, Gallimard, 1974, p. 308.

5. Hans-Georg Gadamer, *Philosophische Lehrjahre*, Francfort, 1977, p. 14.

6. *Ibid.*, p. 25.

7. *Ibid.*, p. 27 et suiv.

8. *Ibid.*, p. 23.

9. *Ibid.*, p. 30.

10. Paul Hühnerfeld, *op. cit.*, p. 56-57.

11. Heinrich Schlier, « Denken im Nachdenken », *in* Günther Neske (éd.), *Erinnerung an Martin Heidegger*, Pfullingen, 1977, p. 218.

12. Hans Jonas, *Wissenschaft als persönliches Erlebnis*, Göttingen, 1987, p. 14.

13. Hannah Arendt, *Vies politiques*, Paris, Gallimard, 1974, p. 310 et suiv.

14. *Ibid.*, p. 310.

15. Hans Jonas, *Erkenntnis und Verantwortung. Gespräch mit Ingo Hermann*, Göttingen, 1991, p. 41 et suiv.

16. Karl Löwith, *op. cit.*, p. 62.

17. Hans-Georg Gadamer, *op. cit.*, p. 30.

18. *Ibid.*, p. 35.

19. Hans Jonas, *op. cit.*, p. 46 et suiv.

20. Karl Löwith, *op. cit*, p. 34.

21. Hans-Georg Gadamer, « Einzug in Marburg », *in* Neske, *op. cit.*, p. 111.

22. Cette rencontre est évoquée dans un poème de Heidegger écrit au mois de mars 1950 qui porte le titre « Novembre 1924 ». Heidegger y parle du début, de la fin et de la renaissance de leur amour.

23. Voir la lettre de Heidegger à Arendt datée du 4 mai 1950, Hannah Arendt et Martin Heidegger, *Lettres 1925-1975 et autres documents*, U. Ludz (éd.), Paris, Gallimard, 2001, p. 98.

24. Karl Löwith, *op. cit.*, p. 61.

25. Hans Jonas, article nécrologique pour la revue *Social Research* (hiver 1976), Hans Jonas, « Agir, connaître, penser », in *Entre le néant et l'éternité*, Paris, 1996, p. 83.

26. Lettre de Heidegger à Arendt datée du 10 février 1925, *op. cit.*, p. 15.

27. Il ne reste de cette correspondance que les lettres de Heidegger. Il existe des rumeurs sur les « lettres de réponse » d'Arendt (elles ont été détruites, ou elles sont encore gardées sous clé, etc.), mais nous ne disposons pas d'informations vérifiées sur leur histoire ni sur leur contenu.

28. Lettre de Heidegger à Arendt datée du 10 février 1925, *op. cit.*, p. 16.

29. *Ibid.*

30. Traduction Pierre Mathé.

31. Lettre de Heidegger à Arendt datée du 21 février 1925, *op. cit.*, p. 17.

32. Lettre de Heidegger à Arendt datée du 25 mars 1925, *op. cit.*, p. 21.

33. Lettre de Heidegger à Arendt datée du 27 février 1925, *op. cit.*, p. 19.

34. Lettre de Heidegger à Arendt datée du 25 mars 1925, *op. cit.*, p. 22.

35. Lettre de Heidegger à Arendt datée du 12 avril 1925, *op. cit.*, p. 24.

36. Lettre de Heidegger à Arendt datée du 25 mars 1925, *op. cit.*, p. 22.

37. Lettre de Heidegger à Arendt datée du 17 avril 1925, *op. cit.*, p. 25.

38. « Ombres », *op. cit.*, p. 26-30.

39. *Ibid.*, p. 26.

40. *Ibid.*, p. 30.

41. Lettre de Heidegger à Arendt datée du 24 avril 1925, *op. cit.*, p. 31.

42. Lettre de Heidegger à Arendt datée du 1er mai 1925, *op. cit.*, p. 32.

43. Lettre de Heidegger à Arendt datée du 21 mars 1925, *op. cit.*, p. 21.

44. Lettre de Heidegger à Jaspers datée du 13 mai 1928, Martin Heidegger, *Correspondance avec Karl Jaspers*, Paris, Gallimard, 1996, p. 85.

45. Lettre de Heidegger à Arendt datée du 24 avril 1925, *op. cit.*, p. 30-32.

46. Lettre de Heidegger à Arendt datée du 8 mai 1925, *op. cit.*, p. 33.

47. Lettre de Heidegger à Arendt datée du 24 avril 1925, *op. cit.*, p. 34.

48. Lettre de Heidegger à Arendt datée du 8 mai 1925, *op. cit.*, p. 34.

49. Lettre de Heidegger à Arendt datée du 13 mai 1925, *op. cit.*, p. 33-35.

50. Lettre de Heidegger à Arendt datée du 20 mai 1925, *op. cit.*, p. 36-37.

51. *Ibid.*, p. 36, 37, 41, 42.

52. Lettre de Heidegger à Arendt datée du 14 juin 1925, *op. cit.*, p. 39.

53. Lettre de Heidegger à Arendt datée du 22 juin 1925, *op. cit.*, p. 40-41.

54. Lettre de Heidegger à Arendt datée du 23 août 1925, *op. cit.*, p. 48.

55. *Ibid.*, p. 50.

56. Lettre de Heidegger à Arendt datée du 10 janvier 1926, *op. cit.*, p. 57.

57. Voir Hans Ulrich Gumbrecht, « Stichwort : Tod im Kontext. Heideggers Umgang mit einer Faszination der 1920er Jahre », *in* Dieter Thöma (éd.), *Heidegger Handbuch. Leben – Werk – Wirkung*, Stuttgart et Weimar, 2005, p. 98.

58. Lettre de Heidegger à Arendt datée du 10 janvier 1926, *op. cit.*, p. 59-60.

59. *Ibid.*, p. 59.

60. *Ibid.*, p. 62-63.

61. Lettre de Heidegger à Arendt datée du 8 février 1928, *op. cit.*, p. 64.

62. George Steiner, *Martin Heidegger*, Paris, Flammarion, 1987, p. 104-105.

63. Walter Biemel, *Martin Heidegger in Selbstzeugnissen und Bilddokumenten*, Reinbek, 1973, p. 44 et suiv.

64. George Steiner, *op. cit.*, p. 110.

65. George Steiner, *op. cit.*, p. 109-110.

66. Dietrich Papenfuss et Otto Pöggeler (éd.), *Zur philosophischen Aktualität Heideggers*, Francfort, 1990, vol. 36.

67. George Steiner, *op. cit.*, p. 114.

68. Martin Heidegger, *Être et Temps*, Paris, Authentica, hors commerce, 1985, p. 108.

69. George Steiner, *op. cit*, p. 124.

70. Il considérait en effet que sa pensée se limitait strictement à l'exposition de l'analytique de l'être-là et ne se prêtait à aucune « application concrète », comme il l'explique dans le cas du concept d'être-là : « La neutralité étrange du terme "être-là" est essentielle, car il convient de mener l'interprétation de cet étant avant toute concrétion factice [...]. Cette neutralité [...] n'est pas la nullité d'une abstraction, mais au contraire la puissance de l'*origine* qui porte en elle la possibilité interne de chaque humanité concrète factice »

(Heidegger, *Metaphysische Anfangsgründe der Logik*, 1928, p. 172 cité *in* Johannes Weiss, « Einleitung », in *Die Jemeinigkeit des Mitseins*, p. 24, n. 16).

71. Martin Heidegger, *Être et Temps*, p. 141-169.
72. George Steiner, *op. cit.*, p. 132.
73. George Steiner, *op. cit.*, p. 133.
74. Abraham a Santa Clara, *Merks Wien !*, Th. Ebner (éd.), Leipzig, 1895, p. 18.
75. George Steiner, *op. cit.*, p. 102.
76. George Steiner, *op. cit.*, p. 103.
77. Herbert Marcuse, « Enttäuschung », *in* Neske (éd.), *op. cit.*, p. 162.
78. Hermann Heimpel, « Der gute Zuhörer », *in* Neske (éd.), *op. cit.*, p. 115.
79. Otto Friedrich Bollnow, « Gespräch in Davos », *in* Neske (éd.), *op. cit.*, p. 25.
80. *Être et Temps*, p. 15.
81. *Ibid.*, p. 49.
82. Lettre de Heidegger à Arendt datée du 7 décembre 1927, *op. cit.*, p. 63.
83. Il s'agit de la première lettre d'Arendt dans la correspondance publiée si l'on met de côté « Ombres ».
84. Lettre d'Arendt à Heidegger datée du 22 avril 1928, *op. cit.*, p. 68.
85. *Op. cit.*, p. 66. La citation qui clôt la lettre provient d'un poème d'Elizabeth Barrett Browning (1806-1861) qu'Arendt a dû lire dans la traduction de Rainer Maria Rilke (voir Elizabeth Barret Browning, « How do I love thee ? », *43. Sonnett aus dem Portugiesichen, übertragen von Rainer Maria Rilke*, Leipzig, 1991, p. 90 et suiv.).
86. Elisabeth Young-Bruehl, *Hannah Arendt*, Paris, Anthropos, 1986, p. 96 et suiv.
87. Voir le compte rendu de Husserl sur la thèse de Stern, *Le rôle des catégories de situations dans les propositions logiques* daté du 12 juillet 1924, *in* Husserl, *Briefwechsel*, Dordrecht-Boston-Londres, 1994, vol. 3, p. 501 et suiv.
88. Lettre de Heidegger à Arendt datée du 18 octobre 1925, *op. cit.*, p. 54.
89. Lettre d'Arendt à Heidegger datée du mois de septembre 1930, *op. cit.*, p. 70.
90. *Ibid.*
91. Hannah Arendt, *Lebenslauf*, in UAH H-IV-757/24.
92. Hannah Arendt, *Der Liebesbegriff bei Augustin*, Berlin, 1929, p. 5 et suiv.
93. Lettre de Jaspers à Heidegger datée du 20 juin 1929, *op. cit*, p. 109.

94. Heinz Paetzold, *Ernst Cassirer – von Marburg nach New York. Eine philosophische Biographie*, Darmstadt, 1995, p. 86.

95. *Ibid.*

96. Lettre de Husserl à Rickert, Husserl, *Briefwechsel*, vol. 5, p. 187. Dans le rapport de la commission de nomination en philosophie daté du 28 janvier 1928 et signé par le doyen Honecker, il est écrit : « La commission pour l'attribution de la chaire de Husserl recommande à l'unanimité *uni loco* Martin Heidegger de Marbourg. » La commission émet l'argument suivant : « la position privilégiée qu'occupe Fribourg depuis des décennies comme capitale des études philosophiques doit être préservée dans les années à venir ». La commission estime Heidegger capable d'entreprendre une « réorientation philosophique et spirituelle de la philosophie dans son ensemble », sur les traces de Dilthey et de la phénoménologie (UAF b 3/788).

97. Michael Friedman, *Carnap Cassirer Heidegger. Geteilte Wege*, Francfort, 2004, 2004, p. 22.

98. Lettre de Heidegger à Jaspers datée du 21 décembre 1928, *op. cit.*, p. 106.

99. Englert, « Davoser Hochschulkurse », cité *in* Guido Schneeberger, *Nachlese zu Heidegger. Dokumente zu senem Leben und Denken*, Bern, 1962, p. 4 et suiv.

100. *Ibid.*, p. 4.

101. Heinz Paetzgold, *op. cit.*, p. 87.

102. *Ibid.*

103. *Ibid.*

104. Ernst Cassirer et Martin Heidegger, *Débat sur le Kantisme et la Philosophie (Davos, mars 1929)*, Paris, Beauchesne, 1972, p. 29.

105. Dieter Sturma, « Die Davoser Disputation zwischen Ernst Cassirer und Martin Heidegger : Kontroverse Transzendenz », *in* Dieter Thomä, *Heidegger Handbuch. Leben – Werk – Wirkung*, Stuttgart et Weimar, 2005, p. 111.

106. *Ibid.*, p. 27.

107. *Ibid.*, p. 41-42.

108. *Ibid.*, p. 44.

109. Voir Jürgen Habermas, « Der deutsche Idealismus der jüdischen Philosophen », in *Philosophische-politische Profile*, Francfort, 1987, p. 52 et suiv. ; Karlfried Gründer, « Cassirer und Heidegger in Davos 1929 », *in* H. J. Braun, H. Holzhey et E. W. Orth (éd.), *Über Ernst Cassirers Philosophie der symbolischen Formen*, Francfort, 1988, p. 297 et suiv.

110. Lettre de Heidegger à Elisabeth Blochmann datée du 12 avril 1929, Heidegger, *Correspondance avec Jaspers suivie de correspondance avec Elisabeth Blochmann*, *op. cit.*, p. 236-237.

111. Voir une lettre inédite de Heidegger à Bultmann datée du 9 mai 1929 citée *in* Dominic Kaegi, « Davos und davor

– Zur Auseindandersetzung zwischen Heidegger und Cassirer », *in* D. Kaegi et R. Enno (éd.), *Cassirer – Heidegger. 70 Jahre Davoser Disputation*, Hambourg, 2002, p. 67.

112. Peter Eli Gordon, *Rosenzweig and Heidegger. Between Judaism and German Philosophy*, Berkeley, Los Angeles et Londres, 2003, p. 279.

113. Emmanuel Poirier, *Emmanuel Levinas. Qui êtes-vous ?*, Lyon, 1987, p. 78.

114. Otto Friedrich Bollnow, *op. cit.*, p. 28.

115. Voir Heidegger, « Zur Geschichte des philosophischen Lehrstuhls seit 1860 », in *Gesamtausgabe*, I Abt., vol. 3, Annexe, Francfort, 1991, p. 306.

116. Peter Eli Gordon, *op. cit.*, p. 278.

117. Karl Löwith, « M. Heidegger und F. Rosenzweig. Ein nachtrag zu *Sein und Zeit* », in *Heidegger – Denker in dürftiger Zeit*, in *Sämtliche Schriften*, Stuttgart, 1984, vol. 8, p. 73 et suiv.

118. *Ibid.*, p. 74.

119. Les parents de Günther, Lewis et Clara Stern, étaient des pionniers dans le domaine de la psychologie de l'enfant. Sur la base, entre autres, du journal intime qu'ils avaient chacun tenu tout au long de la croissance de leurs trois enfants – dont l'un était Günther –, ils avaient écrit et publié en 1914 un ouvrage *La Psychologie de la petite enfance* qui encore aujourd'hui est considéré comme une œuvre innovatrice et décisive dans le domaine. L. W. Stern devint mondialement célèbre pour ses recherches sur le quotient intellectuel, notamment chez les enfants. Il devint en 1915 professeur de philosophie et de psychologie au *Hamburger Allgemeinen Vorlesungswesen und Kolonialinstitut*, ancêtre de l'université de Hambourg dont Stern fut l'un des fondateurs. En 1933, il en fut renvoyé par les nazis arrivés au pouvoir. Lui et sa femme émigrèrent aux États-Unis en 1935. Il enseigna là-bas à la Duke University et participa à un programme de recherche sur l'intelligence financé par l'armée. Stern mourut en 1938, sa femme Clara en 1945.

120. Hannah Arendt et Karl Jaspers, *Correspondance (1926-1969)*, Paris, Payot, 1995, p. 48.

121. Elisabeth Young-Bruehl, *op. cit.*, p. 105.

122. *Ibid.*

123. Lettre de Jaspers à Heidegger datée du 5 décembre 1929, *op. cit.*, p. 116.

124. Lettre de Jaspers à Heidegger datée du 24 décembre 1930, *op. cit.*, p. 122-123.

125. Lettre de Heidegger à Jaspers datée du 20 décembre 1931, *op. cit.*, p. 130.

126. Lettre de Jaspers à Heidegger datée du 24 décembre 1931, *op. cit.*, p. 132-133.

127. Karl Jaspers, *Notizen zu Martin Heidegger*, H. Saner (éd.), Munich et Zurich, 1978, p. 31.

128. *Ibid.*

129. *Ibid.*, p. 33.

130. *Ibid.*, p. 34.

131. Lettre de Heidegger à Jaspers datée du 8 décembre 1932, *op. cit.*, p. 135.

CHAPITRE III. L'échec de la symbiose judéo-allemande
dans les élites culturelles des années 1920,
ou quand les amis deviennent ennemis

1. Voir les lettres de Heidegger au doyen de la faculté de philosophie datées du 29 mars et du 6 juin 1930, UAF, Akte Heidegger, B 3, Nr. 788.

2. Lettre de Heidegger à Jaspers datée du 20 décembre 1931, Martin Heidegger, *Correspondance avec Karl Jaspers*, p. 131.

3. Après son expulsion d'Allemagne, Lederer (1882-1939) s'exila aux États-Unis et fut l'un des fondateurs de la « New School for Social Research » à New York qui portait aussi le surnom d'« université en exil ».

4. Paul Tillich, « Gibt es noch eine Universität ? », *Frankfurter Zeitung*, 22 novembre 1931.

5. Voir Lettre de Heidegger à Jaspers datée du 3 avril 1933 (peu de temps après sa nomination comme recteur), *op. cit.*, p. 137-138.

6. François Furet, *Le Passé d'une illusion. Essai sur l'idée communiste au XXe siècle*, Paris, Robert Laffont/Calmann-Lévy, 1995.

7. Yoram Jacoby, *Jüdisches Leben in Königsberg/Pr. im 20. Jahrhundert*, Würzbourg, 1983, p. 43.

8. *Ibid.*, p. 91.

9. *Ibid.*

10. Max Fürst, *Gefilte Fisch. Eine Jugend in Königsberg*, Munich, 1993, p. 194.

11. Kurt Blumenfeld, *Erlebte Judenfrage. Ein Vierteljahrhundert deutscher Zionismus*, Stuttgart, 1962, p. 45.

12. Yoram Jacoby, *op. cit.*, p. 49.

13. Stefanie Schüler-Springorum, *Die jüdische Minderheit in Königsberg/Preussen, 1871-1945*, Göttingen, 1996, p. 147 et suiv.

14. *Ibid.*, p. 276 et suiv.

15. Kurt Blumenfeld, *op. cit.*, p. 46 et suiv.

16. *Ibid.*, p. 57.

17. Elisabeth Young-Bruehl, *op. cit.*, p. 35.

18. *Ibid.*, p. 77.

19. Renato de Rosa, « Nachwort » *in* Jaspers, *Erneuerung der Universität. Reden und Schriften 1945/1946*, Heidelberg, 1986, p. 344.

20. Karl Jaspers, *Autobiographie philosophique*, Paris, Aubier-Montaigne, 1963, p. 105.

21. *Ibid.*, p. 106.

22. Voir les actes de l'université de Marbourg sur les affaires politiques, Sta MR, 305a, Acc 1959/9, Nr. 584, Rektor u. Senat, Sect. I, Lit. T Nr. 7.

23. Voir Akten Rektor u. Senat, Sta MR, 305a, Acc1959/9, Nr. 584, Sect. I, Lit T Nr. 7.

24. Martin Heidegger, « Gutachten über Herrn Arnold Ruge vom 18 Dezember 1933 », in *Gesamtausgabe, I. Abt. : Veröffentlichte Schrifen 1910-1976*, Francfort, 2000, vol. 16, p. 223.

25. Lettre de la faculté de philosophie (doyen Sölch) au sénat restreint datée du 11 mai 1931, UAH, H-IV-102/153, in *Akten der Phil. Fak.1930-1931*, vol. 1 a Dekan Sölch.

26. Lettre de la faculté de philosophie au ministère datée du 18 mai 1933, UAH, H-IV-102/157, *Akten der Phil. Fak.*, vol. 1, Dekan Arnold von Salis.

27. Jaspers évoque le texte de cette conférence dans une lettre à Arendt datée du 20 mars 1930, Hannah Arendt/Karl Jaspers, *Correspondance (1926-1969)*, Paris, Payot, 1995, p. 43-44. Ce texte n'a pas été retrouvé jusqu'à ce jour. Il ne se trouve pas non plus dans les papiers et écrits laissés par Jaspers.

28. *Ibid.*, p. 43.

29. *Ibid.*

30. Lettre d'Arendt à Jaspers datée du 24 mars 1930, *op. cit.*, p. 44-45.

31. Elle plaisante dans une lettre à propos du sous-titre qu'il conviendrait de donner à ce livre qui allait sortir chez Piper : « Rahel Varnhagen. Mélodie d'un cœur blessé siffloté avec quelques variations par Hannah Arendt. C'est exactement ce que j'ai fait ». Voir lettre d'Arendt à Hans Rössner datée du 12 janvier 1959, *Nachlass Piper Verlag*, Deutsche Literaturarchiv Marbach).

32. Elisabeth Young-Bruehl, *op. cit.*, p. 89-90.

33. *Ibid.*, p. 90.

34. Entretien télévisé avec Günter Gauss (28 octobre 1964), Hannah Arendt, « Seule demeure la langue maternelle », in *Esprit* (1980), p. 22-23.

35. Hannah Arendt, *Ich will verstehen. Selbstauskünfte zu Leben und Werk*, U. Ludz (éd.), Munich et Zurich, 1996, p. 107.

36. Après le démantèlement de l'Empire ottoman, la Palestine fut placée en 1920 sous protectorat britannique, cette décision s'insérait dans le nouvel ordre mondial de l'après Première Guerre mondiale.

37. Georg Lukács, *Die Theorie des Romans*, Darmstadt, 1971, p. 16.

38. *Op. cit.*, p. 17. La citation se réfère également au livre de Georg Lukács, *Die Zerstörung der Vernunft, Werke*, vol. 9, Darmstadt et Neuwied, 1962, p. 219.

39. Antonia Grunenberg, *Bürger und Revolutionär. Georg Lukács 1918-1928*, Cologne, 1976, p. 63 et suiv.

40. Lettre d'Arendt à Blücher, Hannah Arendt et Heinrich Blücher, *Correspondance 1936-1965*, Paris, Calmann-Lévy, 1999, p. 44.

41. *Ibid.*

42. Karl Löwith avait obtenu une bourse à Rome par l'intermédiaire de Heidegger.

43. Lettre de Heidegger à Arendt sans date (hiver 1932-1933), Hannah Arendt et Martin Heidegger, *Lettres et autres documents 1925-1975*, Paris, Gallimard, 2001, p. 70-72.

44. À la demande de Jaspers, Heidegger avait écrit une lettre de recommandation pour le projet de Hannah Arendt de faire une étude historico-culturelle de l'assimilation judéo-allemande au XIXᵉ siècle à partir de l'exemple de Rahel Varnhagen (voir la lettre de Jaspers à Heidegger datée du 20 juin 1929, *op. cit.*, p. 109, et la lettre de Heidegger à Jaspers datée du 25 juin 1929, *op. cit.*, p. 110).

45. Lettre d'Arendt à Jaspers datée du 1ᵉʳ janvier 1933, *op. cit.*, p. 50-51.

46. Lettre de Jaspers à Arendt datée du 3 janvier 1933, *op. cit.*, p. 52.

47. Lettre d'Arendt à Jaspers datée du 6 janvier 1933, *op. cit.*, p. 54-55.

48. Entretien télévisé avec Günter Gaus, *op. cit.*, p. 27-28.

49. Voir Hannah Arendt, *Lebenslauf*, *in* Akten Blücher, Archives du Hannah Arendt-Zentrum.

50. Entretien télévisé avec Günter Gaus, *op. cit.*, p. 22.

51. Axel Eggebrecht décrit remarquablement cette période, Axel Eggebrecht, *Volk ans Gewehr. Chronik eines Berliner Hauses 1930-1934*, Bonn et Berlin, 1980 ; Eggebrecht, *Der halbe Weg – Zwischenbilanz einer Epoche*, Reinbeck, 1981.

52. Kurt Blumenfeld, *op. cit.*, p. 186.

53. Hannah Arendt, *op. cit.*, p. 23.

54. *Ibid.*, p. 27-28.

55. Kurt Blumenfeld, *op. cit.*, p. 186.

56. Hannah Arendt, *op. cit.*, p. 28.

57. Karl Jaspers, *Philosophische Autobiographie*, Munich, 1977, p. 100.

58. Lettre de Heidegger à Jaspers datée du 3 avril 1933, *op. cit.*, p. 138.

59. Numéro d'adhérent 3 125 894. D'après les explications plus tardives de Heidegger, son adhésion eut lieu le 30 avril 1933 ou plutôt le 1ᵉʳ mai 1933. Voir les réponses de Heidegger au formulaire de dénazification, UAF B 133/34.

60. UAF B 133/34.

61. Lettre de Heidegger à Jaspers datée du 8 avril 1950, *op. cit.*, p. 182-183.

62. Rapport sur les résultats des discussions de la commission d'épuration du 11 et 13 décembre 1945, rapport daté du 19 décembre 1945 (rapporteur Constantin von Dietze), UAF B 34/31-2, p. 13 et suiv.

63. Voir la présentation des faits par Hermann Heidegger dans sa critique de la biographie de son père écrite par Hugo Ott. Hermann écrit que son père fut poussé à accepter le poste de recteur par von Möllendorf qui habitait en face dans la rue Rötebuckweg. La femme de Heidegger s'y serait opposée. Heidegger lui-même se serait rendu à la séance du sénat de l'université dans l'esprit de refuser la proposition, et il aurait cédé aux pressions de ses collègues (voir Hermann Heidegger, « Der Wirtschaftshistoriker und die Wahrheit. Notwendige Bemerkungen zu den Veröffentlichungen Hugo Otts über Martin Heidegger », in *Heidegger Studies* [1997], p. 181).

64. Lettre de Heidegger au rectorat de l'université Albert-Ludwig datée du 4 novembre 1945, p. 1, UAF B3 Nr. 522.

65. Lettre de Heidegger au rectorat de l'université Albert-Ludwig datée du 4 novembre 1945, p. 3, UAF B3 Nr. 522.

66. Martin Heidegger, *Écrits politiques 1933-1966*, Paris, Gallimard, 1995, p. 99-110.

67. *Ibid.*

68. Ces exemples sont tirés de la compilation de documents de cette époque publiée par Hermann Heidegger, Martin Heidegger, *Gesamtausgabe, I. Abt. : Veröffentlichte Schriften*, Francfort, 2000, vol. 16, voir également Guido Schneeberger, *Nachlese zu Heidegger. Dokumente zu seinem Leben und Denken*, Bern, 1962.

69. Voir « Schlageterfeier der Freiburger Universität, Bericht der Zeitung *Der Alemanne, Kampfblatt der Nationalsozialisen Oberbadens* », Folge 145, 27 mai 1933, cité *in* Schneeberger, *op. cit.*, p. 47 et suiv. ; voir également Paul Hühnerfeld, *In Sachen Heidegger. Versuch über ein deutsches Genie*, Hambourg, 1959, p. 102.

70. Heidegger, « Abschrift eines Telegramms an den Rektor der Universität Frankfurt a. M. Ernst Krieck », UAF B24 Nr. 1277.

71. Le « Protocole des sages de Sion », fiction entièrement forgée qui parle d'un prétendu complot juif mondial, parut pour la première fois en France dans les années 1890, il réapparut en 1905 en Russie, rédigé cette fois par les services secrets russes, puis il fut publié de nouveau à Berlin en 1919 par un éditeur antisémite. En 1924, le document fut démasqué comme un faux. Il n'en servit pas moins à la propagation de l'antisémitisme.

72. Karl Jaspers, *op. cit.*, p. 100 et suiv.

73. *Ibid.*, p. 101 et suiv.

74. Martin Heidegger, *Der Wille zur Mach als Kunst, Gesamtausgabe, II. Abt., Vorlesungen 1919-1944*, Francfort, 1988, vol. 43, p. 26. La critique de Heidegger se réfère vraisemblablement au manuscrit du livre de Jaspers sur Nietzsche publié en 1936. Karl Jaspers,

Nietzsche. Einführung in das Verständnis seines Philosophierens, Berlin, 1936.

75. Karl Jaspers, *Notizen zu Martin Heidegger*, H. Saner (éd.), Munich et Zurich, 1978, p. 41.

76. Heidegger, *Telegram an Reichskanzlei Berlin vom 20. Mai 1933*, copie, UAF B34/31 2.

77. Lettre de Heidegger à von Dietze datée du 15 décembre 1945, p. 1 et suiv., UAF B 24 Nr. 1277.

78. Ernst Baeumler fut l'un des principaux philosophes du national-socialisme, il fut nommé à partir de 1934 directeur de la section économique dans le « bureau Rosenberg ».

79. Lettre de Heidegger à von Dietze datée du 15 décembre 1945, p. 1 et suiv., UAF B 24 Nr. 1277.

80. *Ibid.*

81. *Ibid.*

82. Dans les pages qui suivent, il est question de l'action de Heidegger sous le régime nazi sur la base des sources suivantes : 1. les sources originales de l'époque nazie elle-même ; 2. les sources secondaires de l'époque de la commission d'épuration de 1945 qui traita du cas Heidegger et fit des recommandations sur l'attitude qu'il convenait d'adopter à son égard, la commission mentionne des faits établis indirectement tout comme des témoignages de collègues de Heidegger ; 3. d'autres sources comme les souvenirs de Hermann Heidegger, de Karl Löwith et d'autres de ses élèves.

83. Voir Martin Heidegger, « Stellungsnahme zur Beurlaubung der Kollegen von Hevesy und Fraenkel », in *Gesamtausgabe, I. Abt., Veröffentlichte Schriften 1910-1976*, Francfort, 2000, p. 144 et suiv.

84. Voir la lettre de Jaspers au recteur Oehlkers datée du 22 décembre 1945, UAF B 24/1277.

85. Voir la correspondance entre Heidegger et Blochmann entre le mois d'avril 1933 et la fin du mois d'octobre, Martin Heidegger, *Correspondance avec Karl Jaspers suivi de Correspondance avec Elisabeth Blochmann*, Paris, Gallimard, 1996, p. 282-305.

86. Martin Heidegger, « Empfehlung für Dr. Kristeller », *op. cit.*, p. 89.

87. Rapport sur les résultats des discussions de la commission d'épuration du 11 et 13 décembre 1945, *op. cit.*, p. 14.

88. Lettre de Martin Heidegger datée du 16 décembre 1933, copie établie à partir d'une copie de la lettre, insérée dans les documents de la commission d'épuration de 1945, UAF B 34/31-3, voir également Hugo Ott, *Martin Heidegger. Éléments pour une biographie*, Paris, Payot, 1990, p. 196.

89. Note à la main de von Dietze à G. Ritter datée du 21 juin 1949 sur la copie du rapport de Heidegger du 16 décembre 1933, UAF B 34/31-3.

90. Lettre de Jaspers à Oehlkers, *op. cit.*

91. Comme Hans Saner le rapporte, Jaspers n'avait en effet jamais vu le rapport original. Marianne Weber, une parente de Baumgarten, lui avait montré une copie du rapport. Baumgarten lui-même fournit de nouveau à Jaspers un document officiel de l'époque qui résumait le rapport de Heidegger, sans doute en raison du rapport que Jaspers écrivit sur Heidegger et qu'il envoya à la « commission d'épuration » de l'université de Fribourg. Cela explique donc les écarts de formulation entre le résumé et l'original (voir Heidegger, *Correspondance avec Jaspers*, note 6 à la lettre jamais envoyée du 3 janvier 1948, p. 422).

92. Rapport sur les résultats des discussions de la commission d'épuration du 11 et 13 décembre 1945, *op. cit.*, p. 12.

93. Martin Heidegger, « Aufruf des Rektors der Universität Fribourg », *Freiburger Studenten Zeitung*, 3 novembre 1933, Victor Farias, *Heidegger et le nazisme*, Lagrasse, Verdier, 1987, p. 129-130.

94. Rapport sur les résultats des discussions de la commission d'épuration du 11 et 13 décembre 1945, *op. cit.*, p. 12.

95. *Ibid.*, p. 13.

96. Martin Heidegger, « Vorschläge von Ergänzungsbestimmungen zur neuen Badischen Hochschulverfassung vom 18.12.1933 », in *Gesamtausgabe, I. Abt.*, vol. 16, p. 222.

97. Karl Löwith, *Ma vie en Allemagne avant et après 1933*, Paris, Hachette, 1988, p. 61-62.

98. Martin Heidegger, *Brief an das Akademische Rektorat vom 4.11.1945*, UAF B 24 Nr. 1277.

99. Dans les premières années du régime national-socialiste, les étudiants juifs étaient encore autorisés à étudier. Ces noms apparaissent sur les reçus de paiement pour le semestre, UAF B 17/923.

100. Akten der Universität Marburg, Priv.-Doz., Dr K. Löwith, StA MR Acc 1966/10.

101. Löwith avait été réformé du service militaire avec une rente d'invalide à 40 %. Un de ses poumons avait été durablement endommagé. Une partie de sa poitrine avait été atrophiée à la suite d'une blessure qu'il s'était faite sur le front italien.

102. À ce propos, Hermann Heidegger dans sa critique de la biographie d'Ott mentionne la scène suivante : « ma mère porta, à la demande de l'ambassadeur von Hassell, l'insigne du Parti sur son costume de laine anglais pour ne pas être prise pour une Anglaise. À l'époque du conflit en Abyssinie, les Anglais étaient mal vus et mal-traités à Rome. Je ne connais pas de photographie où Martin Heidegger porte les insignes du Parti (noir, blanc, jaune avec une croix gammée). Quand il fut recteur, il porta un temps une petite broche (l'aigle de la majesté avec la croix gammée). Je ne me souviens pas qu'il ait jamais porté à Rome ou ailleurs les insignes du Parti. » (Hermann Heidegger, *op. cit.*, p. 184.) Ou bien la mémoire de Löwith a mis sur le même plan Heidegger et sa femme, en ce qui

concerne les insignes du Parti, ou bien Heidegger portait « une petite broche dorée (l'aigle de la majesté avec la croix gammée) » que Löwith identifia par erreur avec les insignes du Parti. Par contre sa femme portait bien les insignes du Parti.

103. Karl Löwith, *Heidegger – Denker in dürftiger Zeit* dans *Sämtliche Schriften*, Stuttgart, 1984, vol. 8.

104. Henrich Schlier, « Denken im Nachdenken », *in* Günther Neske, *Errinerung an Martin Heidegger*, Pfulligen, 1977, p. 221.

105. « Les préparatifs de ce congrès ont commencé il y a plus d'un an et demi. J'ai envoyé il y a un an et demi au ministère de l'Éducation l'invitation personnelle que j'ai reçue du président du colloque. J'ai fait remarquer à la même occasion que ce colloque en l'honneur du 300ᵉ anniversaire de Descartes serait sûrement une démonstration de force de la conception libérale-démocratique du savoir et qu'il conviendrait de mettre sur pied au plus tôt une délégation allemande efficace et bien préparée » (lettre de Martin Heidegger au recteur de l'université de Fribourg datée du 14 juin 1937, UAF B 24/1277).

106. UAF B 24/1277.

107. UAH, Personalakten, PA 4369 Jaspers, Karl.

108. Lettre de Martin Heidegger au recteur de l'université de Fribourg datée du 16 octobre 1942, UAF B 24 Nr. 1277.

109. Meyer's Lexikon, Leipzig, 1938, vol. 8, p. 994 (art. Heidegger), cité *in* Schneeberger, *op. cit.*, p. 263.

110. Antonia Grunenberg, *op. cit.*, chap. 2 et 3.

111. Hans Dieter Zimmerman, *Martin und Fritz Heidegger. Philosophie und Fastnacht*, Munich, 2005, p. 34 et suiv.

112. Silvio Vietta, *Heideggers Kritik am Nationalsozialismus und an der Technik*, Tübingen, 1989, p. 20.

113. Voici l'intitulé de ces cours : *La volonté de puissance* de Nietzsche (semestre d'hiver 1936-1937), La position fondamentale de Nietzsche dans la pensée occidentale (semestre d'été 1937), La doctrine de Nietzsche de la volonté de puissance (semestre d'été 1939), Nietzsche II (second trimestre 1940). Je m'appuie ici sur les listes d'inscription des étudiants de ces années-là dans les actes de la trésorerie de l'université de Fribourg, UAF B 17/923.

114. Silvio Vietta, *op. cit.*, p. 36.

115. *Ibid.*, p. 37.

116. *Ibid.*, p. 58.

117. *Ibid.*, p. 61, 63.

118. Martin Heidegger, *Chemins qui ne mènent nulle part*, Paris, Gallimard, 1962, p. 322.

119. Hannah Arendt, *Rahel Varnhagen. La vie d'une Juive allemande à l'époque du Romantisme*, Paris, Tierce, 1986, p. 257-258.

120. Elisabeth Young-Bruehl, *op. cit.*, p. 152.

121. Salomon Adler-Rudel, *Jüdische Selbsthilfe unter dem Naziregime 1933-1939*, Tübingen, 1974, p. 15.

122. *Ibid.*, p. 97 et suiv.
123. *Ibid.*, p. 98.
124. Salomon Adler-Rüdel, *Ostjuden in Deutschland 1880-1940*, Tübingen, 1959 ; Id., *Jüdische Selbsthilfe* ; Robert Weltsch, « Vorwort », *op. cit.*, p. XIV.
125. Lotte Köhler, « Notizen aus meinem Kalender Hannah Arendt betreffend », manuscrit au Archiv des Hannah Arendt-Zentrums, p. 4.
126. Elisabeth Young-Bruehl, *op. cit.*, p. 152 et suiv.
127. *Ibid.*, p. 196.
128. Heinrich Blücher, *Lebenslauf von 1956*, Archiv des Hannah Arendt-Zentrums.
129. Elisabeth Young-Bruehl, *op. cit.*, p. 200.
130. Dans la description de Lisa Fittko de son travail d'aide à la fuite, il y a quelques remarques sur la fuite d'Arendt du camp de Gurs, Lisa Fittko, *Mein Weg über die Pyrenäen. Errinerungen 1940/1941*, Munich et Vienne, 1985, p. 62, 85.
131. Lettre d'Arendt à Adler-Rüdel datée du 2 avril 1941. La correspondance entre Arendt et Adler-Rüdel se trouve au Central Zionist Archive à Jérusalem. Une copie de cette correspondance se trouve au Archiv des Hannah Arendt-Zentrums. Katja Tenenbaum l'a mise sur le site web *Hannah Arendt net*.
132. Lettre d'Adler-Rüdel à Arendt datée du 6 mars 1941, Archiv des Hannah Arendt-Zentrums.
133. Lettre d'Adler-Rüdel à Arendt datée du 2 mai 1941, Archiv des Hannah Arendt-Zentrums.
134. Lettre d'Adler-Rüdel à Arendt datée du 20 mai 1941, Archiv des Hannah Arendt-Zentrums.

CHAPITRE IV. Heidegger *absconditus*,
ou la découverte de l'Amérique

1. Voir Christina Heine Teixeira, « Watersaal Lissabon 1940-1941 », *in* John Spalek et Konrad Feilchenfeld (éd.), *Deutschsprachige Exilliteratur seit 1933*, Bern et Munich, 2002, vol. 3, p. 477 et 480.
2. Lewis A. Coser, *Refugee Scholars in America. Their Impact and Their Experience*, New Haven et Londres, 1984, p. 200 ; cette citation est tirée de Franz Neumann, « The Social Sciences », *in* W. Rex Crawford (éd.), *The Cultural Migration*, Philadelphia, 1953, p. 4-26.
3. Günther Anders, « Lebenserlaubnis », *in* Egon Schwarz et Mathias Wegner (éd.), *Verbannung. Aufzeichnungen deutscher Schriftsteller im Exil*, Hambourg, 1964, p. 175 et suiv.
4. Ernst Bloch, « Zerstörte Sprache – zerstörte Kultur », in *op. cit.*, p. 187.

5. Elisabeth Young-Bruehl, *Hannah Arendt*, Paris, Anthropos, 1986, p. 224 et suiv.

6. *Ibid.*, p. 240 et suiv.

7. Lettre d'Arendt à Adler-Rüdel datée du 23 février 1943, Archiv des Hannah Arendt-Zentrums.

8. Elisabeth Young-Bruehl, *op. cit.*, p. 241.

9. Lettre d'Arendt à Gurian datée du 24 septembre 1942, Archiv des Hannah Arendt-Zentrums, Cont. Nr. 10.7.

10. Alfred Kazin, *A New York Jew*, New York, 1978, p. 195.

11. *Ibid.*, p. 196 et suiv.

12. *Ibid.*, p. 196.

13. On trouve quelques traces de cette influence dans les « Carnets de pensée » d'Arendt où l'on peut lire à l'occasion de développements conceptuels le nom de « Heinrich » ou la paraphrase de ses propos, voir Hannah Arendt, *Denktagebuch, 1950 bis 1973*, U. Ludz et I. Nordmann (éd.), Munich et Zurich, 2002, p. 13 et suiv., 181, 354, 406, 416, 797, 801.

14. Alfred Kazin, *op. cit.*, p. 197.

15. L'influence de Blücher est ici manifeste, car celui-ci a travaillé sur la question du totalitarisme, voir Heinrich Blücher, *Perpetual Motion. Some Texts of the Political Structure of Nazism*, Archiv des Hannah Arendt-Zentrums. L'influence allait bien sûr dans les deux sens, voir Toshio Terajima, « Heinrich Blücher : A Hidden Source of Hannah Arendt's Political Thought », *Ningenkagaku Rongshu* 27 (1996), p. 39 et suiv.

16. Alfred Kazin, *op. cit.*, p. 191.

17. Hans Jonas, *Erkenntnis und Verantwortung. Gespräch mit Ingo Hermann*, Göttingen, 1991, p. 77.

18. Le terme anglo-saxon « liberal » désigne la gauche (*NdT*).

19. Alan Wald, « Notes from Interviews with Dwight MacDonald, 1973 », *in* Michael Wreszin (éd.), *Interviews with Dwight MacDonald*, Jackson Mississippi, 2003, p. 107.

20. William Barrett, *The Truants. Adventures Among the Intellectuals*, New York, 1982, p. 11.

21. Carol Gelderman (éd.), *Conversations with Mary McCarthy*, Londres, 1991, p. 14.

22. Michael Wreszin, *op. cit.*, p. 129.

23. Lettre d'Arendt à Gurian datée du 10 décembre 1941, Archiv des Hannah Arendt-Zentrums, Cont. Nr. 10.7.

24. Lettre d'Arendt à Gurian datée du 21 mars 1942, Archiv des Hannah Arendt-Zentrums, cont. Nr. 10.7.

25. Arendt fait visiblement allusion à Franz Neumann, « Analyse der Machtstrukturen des Nationalsozialismus », *in* Neumann, *Behemoth*, Oxford, 1942.

26. En français dans le texte.

27. Lettre d'Arendt à Gurian datée du 27 mars 1942, Archiv des Hannah Arendts-Zentrums, cont. Nr. 10.7.

28. Lettre d'Arendt à Adler-Rüdel datée du 23 février 1943.

29. Voir la lettre d'Arendt à Erich Cohn-Bendit sur la question des minorités, Archiv des Hannah Arendt-Zentrums, cont. Nr. 79-13.

30. Voir Lützeler, « Nachwort des Herausgebers », *in* Hannah Arendt et Hermann Broch, *Briefwechsel 1946 bis 1951*, P. M. Lützeler (éd.), Francfort, 1996, p. 228.

31. *Op. cit.*, p. 228.

32. Lettre d'Arendt à Blumenfeld datée du 17 juillet 1946, Hannah Arendt et Kurt Blumenfeld, *Correspondance 1933-1963*, Paris, Desclée de Brouwer, 1998, p. 61.

33. Hannah Arendt et Hermann Broch, *op. cit.*, p. 51.

34. *Ibid.*, p. 121.

35. La lettre de justification que Heidegger écrivit au mois d'octobre 1945 à la faculté de philosophie de l'université de Fribourg – à laquelle Broch fait visiblement allusion – ne fut publiée que plusieurs décennies après la fin de la guerre sous le titre « Le rectorat 1933/1934. Faits et pensées », il s'agit ici probablement d'une transcription ou d'une copie de la lettre mêlée à d'autres informations transmises par les professeurs de Fribourg et de Heidelberg (Jaspers).

36. Hermann Broch, « Brief an Erich von Kahler », *in* Broch, *Kommentierte Werkausgabe*, P. M. Lützeler (éd.), Francfort, 1981, vol. 13/3, p. 169.

37. Voir la lettre de Broch à Arendt datée du 28 juin 1949, *in* Arendt et Broch, *op. cit.*, p. 127 ; lettre de Broch à Egon Vietta datée du 22 mai 1948 où il critique sévèrement les poèmes et aphorismes de Heidegger (voir la lettre de Broch à Arendt datée du 22 novembre 1949, in *op. cit.*, p. 135, n. 3).

38. Hannah Arendt, « Die jüdische Armee – Beginn einer jüdischen Politik ? », *Aufbau*, 14 novembre 1941, repris dans Hannah Arendt, *Vor Antisemitismus ist man nur noch auf dem Monde sicher. Beiträge für die deutsch-jüdische Emigrantenzeitung Aufbau 1941-1945*, M. L. Knotte (éd.), Munich et Zurich, 2000, p. 20.

39. Lettre d'Arendt à Gurian datée du 13 juillet 1942, Archiv des Hannah Arendt-Zentrums, Cont. Nr. 10.7.

40. Voir lettre d'Arendt à Erich Cohn-Bendit datée du mois de janvier 1940, Archiv des Hannah Arendt-Zentrums, Cont. Nr. 79.

41. Elisabeth Young-Bruehl, *op. cit.*, p. 240.

42. Hannah Arendt et Josef Maier, « Jungjüdische Gruppe lädt zu ihrem ersten Treffen », Archiv des Hannah Arendt-Zentrums, Cont. Nr. 79-13.

43. *Ibid.*

44. Kurt Blumenfeld, « Diskussionsbeitrag », *in* « Die Protokolle

der Jungjüdischen Gruppe, Nr. 3, Sitzung vom 7. April 1942 », S. II., Archiv des Hannah Arendt-Zentrums, Cont. 79.13.

45. Hannah Arendt, « Diskussionsbeitrag », *op. cit.*

46. Lettre d'Arendt à Judah Magnes datée du 3 octobre 1948, Archiv des Hannah Arendt-Zentrums, Cont. Nr. 12.8.

47. Hannah Arendt, « Zionisme reconsidered », *Menorah Journal* 23 (1945), p. 173, pour la traduction, voir Arendt, *Auschwitz et Jérusalem*, Paris, Deuxtemps Tierce, 1991, p. 97-135.

48. *Ibid.*, p. 130-132.

49. Lettre d'Arendt à Blumenfeld datée du 4 janvier 1946, *op. cit.*, p. 51.

50. Kurt Blumenfeld, *Im kampf um den Zionismus, Briefe*, M. Sambursky et J. Ginat (éd.), Stuttgart, 1976, p. 197.

51. Il s'agit vraisemblablement de sa lettre amicale du 4 janvier 1946, Arendt et Blumenfeld, *op. cit.*, p. 50-52.

52. Lettre de Blumenfeld à Martin Rosenblüth datée du 17 janvier 1946, Blumenfeld, *op. cit.*, p. 197.

53. Lettre de Scholem à Arendt datée du 28 janvier 1946, Gershom Scholem, *Briefe*, I. Schedletzky (éd.), Munich, 1994, p. 301 et suiv.

54. Il s'agit du *Menorah Journal* qui publia l'article d'Arendt dans son deuxième numéro.

55. Lettre d'Arendt à Gurian datée du 8 novembre 1944, Archiv des Hannah Arendt-Zentrums, Cont. Nr. 10.7.

56. Lettre d'Arendt à Blumenfeld datée du 17 janvier 1946, *op. cit.*, p. 60.

57. Lettre d'Arendt à Blumenfeld datée du 1er avril 1951, *op. cit.*, p. 75.

58. Lettre d'Arendt à Gurian datée du 30 avril ou du 1er mai 1943, Archiv des Hannah Arendt-Zentrums, Cont. 10.7.

59. Lettre d'Arendt à Gurian datée du 4 août 1943, Archiv des Hannah Arendt-Zentrums, Cont. 10.7.

60. Lettre d'Arendt à Gurian datée du 2 février 1944, Archiv des Hannah Arendt-Zentrums, Cont. 10.7.

61. Lettre d'Arendt à Gurian datée du 17 décembre 1946, Archiv des Hannah Arendt-Zentrums, Cont. 10.7.

62. William Barrett, *op. cit.*, p. 99.

63. Hannah Arendt, « French Existentialism », *The Nation*, 162 (23 février 1946).

64. Lettre d'Arendt à Gurian datée du 10 janvier 1943, Archiv des Hannah Arendt-Zentrums, Cont. Nr. 10.7.

65. Karl Jaspers, *Die Schuldfrage. Von der Politischen Haftung Deutschlands*, Munich et Zurich, 1987, p. 8.

66. Hannah Arendt, « Organized Guilt and Universal Responsability », *Jewish Frontier* (janvier 1945).

67. Hannah Arendt, « Approches to the "German problem" », *Partisan Review* 12 (1945).

68. Elisabeth Young-Bruehl, *op. cit.*, p. 220.

69. Dwight MacDonald, « The Responsability of Peoples », *Politics* (mars 1945), p. 90.

70. *Ibid.*, p. 92.

71. Lettre de Blücher à Arendt datée du 15 juillet 1946, Hannah Arendt et Heinrich Blücher, *Correspondance 1936-1968*, Paris, Calmann-Lévy, 1999, p. 134-135.

72. Hannah Arendt, « Collective Responsibility : Discussion of the paper of Joel Feinberg, Rockefeller University », American Philosophical Society, 27 décembre 1968, Washington D.C.

73. Lettre de Jaspers à Arendt datée du 9 juin 1946, Hannah Arendt et Karl Jaspers, *Correspondance 1926-1969*, Paris, Payot, 1995, p. 85.

74. Lettre d'Arendt à Jaspers datée du 9 juillet 1946, *op. cit.*, p. 91-92.

75. *Ibid.*, p. 92.

76. Anne Weil lui avait écrit dans une lettre datée du 30 décembre 1945 qu'elle avait entendu dire que Heidegger avait écrit à de nombreux collègues français. Il précisait dans ces lettres qu'il n'avait pas pu imprimer le moindre texte durant la période nazie et qu'il n'avait soutenu le national-socialisme qu'au tout début. Heidegger essayait visiblement de profiter de la « mode existentialiste ». Il prétendait également avoir « sauvé » des professeurs allemands (lettre de Weil à Arendt datée du 30 décembre 1945, Archiv des Hannah Arendt-Zentrums, Cont. Nr. 15.7).

77. Hannah Arendt, *La Philosophie de l'existence*, Paris, Payot, 2000, p. 128.

78. « Une autre question qui mérite d'être soulevée est si la philosophie de Heidegger n'a pas dans l'ensemble été prise trop au sérieux du simple fait qu'elle aborde les sujets les plus sérieux. Quoi qu'il en soit, Heidegger a tout fait pour que nous le prenions au sérieux. Chacun sait qu'en 1933 il a fait une entrée sensationnelle dans le parti nazi – chose qui l'a vraiment singularisé et distingué des autres universitaires de son calibre. En tant que recteur de l'université de Fribourg, il interdit d'enseignement Husserl son ancien maître et ami qui lui avait ouvert les portes de l'Université en lui léguant sa chaire : car Husserl était juif. À la fin, on rapporte qu'il se serait mis à la disposition des autorités d'occupation française pour la rééducation du peuple allemand.

Devant l'évidente comédie d'un tel itinéraire et la non moins évidente réalité du bas niveau de conscience politique dans les universités allemandes, on a naturellement tendance à laisser tomber toute cette affaire. Et pourtant, c'est bien ici que ce comportement se trouve en exact parallélisme avec le romantisme allemand, à tel point qu'on peut difficilement douter que ce soit là une coïncidence accidentelle... » (Arendt, « What is Existenz Philosophie ? », *Partisan Review* 13 (1946), p. 46).

79. Hannah Arendt, *La Philosophie de l'existence*, op. cit., p. 134-135.

80. Voir la correspondance entre Arendt et Father John Oesterreicher, Archiv des Hannah Arendt-Zentrums, Cont. 59.

81. Lettre d'Arendt à Calvin Schrag datée du 31 décembre 1955, Archiv des Hannah Arendt-Zentrums, Cont. 13.11.

82. Hannah Arendt, *op. cit.*, p. 141.

83. William Barrett, *op. cit.*, p. 99.

84. *Ibid.*, p. 104.

85. *Ibid.*, p. 103.

86. Carol Gelderman (éd.), *Conversations with Mary McCarthy*, Jackson et Londres, 1991, p. 42 et suiv.

87. *Ibid.*, p. 42.

88. Elisabeth Young-Bruehl, *op. cit.*, p. 257-258.

89. *Ibid.*, p. 258.

90. Bernard Lazare, *Job's Dungheap*, New York, 1948.

91. Elisabeth Young-Bruehl, *op. cit.*, p. 250.

92. Lettre d'Arendt à Gurian datée du 29 janvier 1946, Archiv des Hannah Arendt-Zentrums, Cont. Nr. 10.7.

93. Elisabeth Young-Bruehl, *op. cit.*, p. 251.

94. Lettre d'Arendt à Gurian datée du 4 mai 1945, Archiv des Hannah Arendt-Zentrums, Cont. Nr. 10.7., Bl. 2.

CHAPITRE V. Rupture de la tradition et nouveau commencement, Arendt et Heidegger en contrepoint

1. Il s'agit de Paul Tillich qui entretenait une relation amoureuse avec Hilde Fränkel.

2. Lettre d'Arendt à Hilde Fränkel datée du 10 février 1950, Archiv des Hannah Arendt-Zentrums, Cont. Nr. 9.6. Arendt ne put malheureusement pas lui raconter ce « vrai roman dans ses derniers développements ». Hilde Fränkel mourut avant le retour de Hannah Arendt de son voyage en Europe qui dura du mois de novembre 1949 au mois de mars 1950.

3. Hannah Arendt obtint la nationalité américaine en 1951.

4. Hannah Arendt, « The Aftermath of Nazi-Rule : Report from Germany », *Commentary*, 10 (1950).

5. *Ibid.*

6. *Ibid.*

7. *Ibid.*

8. Lettre d'Arendt à Blücher datée du 14 février 1950, Hannah

Arendt et Heinrich Blücher, *Correspondance 1936-1968*, Paris, Stock, 1999, p. 194.

9. Voir les actes personnels d'Ernst Grumach aux Archiv der Berlin-Brandenburgischen Akademie der Wissenschaften.

10. Il s'agit des lettres de Heidegger à Jaspers, voir Martin Heidegger, *Correspondance avec Karl Jaspers*, Paris, Gallimard, 1996.

11. Lettre d'Arendt à Blücher datée du 3 janvier 1950, *op. cit.*, p. 173.

12. Martin Heidegger, « *Ma chère petite âme* », *Lettres de Martin Heidegger à sa femme Elfride 1915-1970*, Paris, Seuil, 2007, p. 312.

13. Hermann Heidegger a attiré l'attention dans ce contexte sur le fait que Lampe et Eucken étaient coauteurs d'un « rapport sur le financement de la guerre » qui portait le titre « Les ressources du financement de la guerre, moyens inappropriés et financement ». Ce rapport fut déposé le 9 décembre 1939 et fut considéré « comme une affaire secrète du Reich » (Hermann Heidegger, « Der Wirtschafts-historiker und die Wahrheit », *Heidegger Studies*, 13, p. 189).

14. Hugo Ott, *Martin Heidegger. Éléments pour une biographie*, Paris, Payot, 1988, p. 323.

15. *Ibid.*, p. 254.

16. Adolf Lampe, « Aktennotiz über die Besprechung mit Herrn Prof. Martin Heidegger am Mittwoch, den 25.7.45 », UAF Akten Heidegger, B3, 522, p. 3, cité *in* Ott, *op. cit.*, p. 327.

17. Lampe, *op. cit.*, p. 2.

18. Lampe, *op. cit.*, p. 3.

19. Lettre de Böhm au recteur de l'université, Jansen, datée du 9 octobre 1945, cité *in* Ott, *op. cit.*, p. 333-334.

20. Lettre de Heidegger à la faculté de philosophie de l'université de Fribourg datée du 10 octobre 1945, UAF Akten Heidegger, B3, 522. Dans cette lettre, Heidegger indique que le gouvernement militaire français l'avait déchargé de toute faute.

21. Lettre d'Adolf Lampe au recteur de l'université de Fribourg, datée du 8 octobre 1945, UAF Akten Heidegger B24, 1277.

22. Constantin von Dietze, « Bericht über das Ergebnis der Verhandlungen im Bereiningungsausschuss vom 11. u. 13.12.45 », UAF B34/31-1 et B34/31-2, p. 14.

23. Hugo Ott, *op. cit.*, p. 352.

24. Lettre de Heidegger au recteur de l'université de Fribourg, datée du 4 novembre 1945, UAF Akten Heidegger, B24, 1277, p. 1.

25. *Ibid.*, p. 3.

26. *Ibid.*

27. *Ibid.*

28. Lettre de Heidegger à von Dietze datée du 15 décembre 1945, UAF B34/31-1, Handakte v. Dietze, p. 2.

29. Lettre de Jaspers à Oehlkers datée du 22 décembre 1945, UAF B24, 1277, citée *in* Ott, *op. cit.*, p. 343.

30. *Ibid.*, p. 344.

31. Lettre d'Eucken à la Commission d'épuration de l'université de Fribourg datée du 3 janvier 1946, UAF B34/31-3, p. 4 et suiv.

32. Lettre de Heidegger datée du 17 janvier 1946 (adressée probablement à von Dietze), UAF B34/31-3.

33. Lettre de Max Müller au P. Alois Naber datée du 2 février 1947, *in* Martin Heidegger, *Briefe an Max Müller und andere Dokumente*, H. Waborski et A. Bösl (éd.), Fribourg et Munich, 2003, p. 81.

34. Lettre du Commissaire de la République à Monsieur le ministre du Culte et de l'Enseignement de Bade datée du 3 septembre 1949.

35. Voir les lettres de Heidegger à sa femme Elfride du 17 février au 8 mars 1946, Heidegger, *op. cit.*, p. 314-320.

36. Lettre de Heidegger à Elfride datée du 15 mars 1946, *op. cit.*, p. 320-321.

37. Martin Heidegger, « Lettre sur l'humanisme », in *Question III et IV*, Paris, Gallimard, 2008.

38. Antonia Grunenberg, *Die Lust an der Schuld. Von der Macht der Vergangenheit über die Gegenwart*, Berlin, 2001.

39. Martin Heidegger, *op. cit.*, p. 72.

40. *Ibid.*, p. 74-75.

41. *Ibid.*, p. 75.

42. *Ibid.*

43. Lettre de Voegelin à Schütz datée du 20 mai 1950, Alfred Schütz et Eric Voegelin, *Eine Freundschaft, die ein Leben ausgehalten hat. Briefwechsel 1938-1959*, Constance, 2004, p. 375.

44. Lettre de Jaspers à Heidegger datée du 6 février 1949, *op. cit.*, p. 153.

45. *Ibid.*, p. 154.

46. Lettre de Heidegger à Jaspers datée du 22 juin 1949, *op. cit.*, p. 155.

47. *Ibid.*, p. 156.

48. Lettre de Heidegger à Jaspers datée du 5 juillet 1949, *op. cit.*, p. 157.

49. *Ibid.*

50. *Ibid.*, p. 158.

51. Lettre de Jaspers à Heidegger datée du 10 juillet 1949, *op. cit.*, p. 160.

52. *Ibid.*

53. Lettre de Jaspers à Heidegger datée du 17 août 1949, *op. cit.*, p. 167.

54. Lettre d'Arendt à Blücher datée du 18 décembre 1949, *op. cit.*, p. 164.

55. Lettre de Heidegger à Jaspers datée du 7 mars 1950, *op. cit.*, p. 179.

56. *Ibid.*

57. Lettre de Jaspers à Arendt datée du 9 mars 1966, *op. cit.*, p. 832.

58. Lettre de Jaspers à Heidegger datée du 19 mars 1950, *op. cit.*, p. 180.

59. Lettre de Heidegger à Jaspers datée du 8 avril 1950, *op. cit.*, p. 182-183.

60. *Ibid.*, p. 183-184.

61. *Ibid.*, p. 184.

62. Lettre de Jaspers à Heidegger datée du 9 mars 1952, *op. cit.*, p. 191.

63. *Ibid.*, p. 191-192.

64. Lettre de Heidegger à Arendt datée de février 1950, *op. cit.*, p. 75.

65. Lettre d'Arendt à Blücher datée du 8 février 1950, *op. cit.*, p. 188-189.

66. Lettre de Heidegger à Arendt datée du 8 février 1950, *op. cit.*, p. 76.

67. Lettre d'Elfride à Martin Heidegger datée du 28 juin 1956, *op. cit.*, p. 406.

68. Lettre d'Arendt à Elfride Heidegger datée du 10 février 1950, *op. cit.*, p. 80.

69. Lettre d'Arendt à Heidegger datée du 9 février 1950, *op. cit.*, p. 78.

70. Lettre d'Arendt à Heidegger datée du 22 avril 1928, *op. cit.*, p. 68.

71. Lettre d'Arendt à Elfride Heidegger datée du 10 février 1950, *op. cit.*, p. 80.

72. Lettre de Martin Heidegger à Elfride datée du 14 février 1950, *op. cit.*, p. 345.

73. Cinq poèmes de Heidegger à Arendt, février 1950, *in* Arendt et Heidegger, *Lettres et autres documents (1925-1975)*, Paris, Gallimard, 2001, p. 81-82.

74. Lettre d'Arendt à Blücher datée du 8 février 1950, *op. cit.*, p. 189.

75. Lettre d'Arendt à Blücher datée du 9 février 1950, *op. cit.*, p. 190.

76. Lettre de Blücher à Arendt datée du 22 février 1950, *op. cit.*, p. 201.

77. Lettre de Blücher à Arendt datée du 8 mars 1950, *op. cit.*, p. 206.

78. Lettre d'Arendt à Jaspers datée du 29 septembre 1949, *op. cit.*, p. 213.

79. Lettre d'Arendt à Blumenfeld datée du 1er avril 1951, *op. cit.*, p. 75-76.

80. Lettre d'Arendt à Heidegger datée du 8 mai 1954, p. 143.

81. Lettre d'Arendt à Blücher datée du 25 mai 1958, *op. cit.*, p. 429.

82. Et Heidegger le mérite bien.

83. Lettre de Blücher à Arendt datée du 1er juin 1958, *op. cit.*, p. 431.

84. Voir lettre d'Arendt à Blücher datée du 15 juin 1958, *op. cit.*, p. 437.

85. Hannah Arendt, *Denktagebuch, 1950 bis 1973*, U. Ludz et Ingeborg Nordmann (éd.), Munich et Zurich, 2000, vol. 1, p. 266.

86. Lettre d'Arendt à Blücher datée du 1er mai 1952, *op. cit.*, p. 233.

87. Elisabeth Young-Bruehl, *op. cit.*

88. Löwith avait quitté en 1952 la *New School for Social Research* à New York pour Heidelberg où il avait reçu un poste de professeur de philosophie.

89. Lettre d'Arendt à Blücher datée du 18 juillet 1952, *op. cit.*, p. 281.

90. Lettre d'Arendt à Sternberger datée du 24 novembre 1953, DLA, Sternberger Nachlass, 6913 et GS 13.

91. Lettre de Sternberger à Arendt datée du 17 novembre 1953, *op. cit.*

92. Lettre d'Arendt à Sternberger datée du 28 novembre 1953, *op. cit.*

93. Lettre de Sternberger à Arendt datée du 6 décembre 1953, Archiv des Hannah Arendt-Zentrums, Cont. Nr. 14.8.

94. Lettre d'Arendt à Blücher datée du 28 novembre 1955, *op. cit.*, p. 393.

95. Lettre d'Arendt à Blumenfeld datée du 16 décembre 1957, *op. cit.*, p. 256.

96. Lettre d'Arendt à Gurian datée du 4 mars 1942, Archiv des Hannah Arendt-Zentrums, Cont. Nr. 10.7. Arendt écrit cette phrase dans un passage où elle critique l'identification que fait Gurian entre le libéralisme et les Lumières.

97. Sur les différences entre l'édition américaine, l'édition anglaise et l'édition allemande, voir Ursula Ludz, « Hannah Arendt und ihr Totalitarismusbuch », *in* Antonia Grunenberg (éd.), *Totalitäre Herrschaft und republikanische Demokratie. Fünfzig Jahre The Origins of Totalitarianism von Hannah Arendt*, Francfort, 2003.

98. Arendt n'était pas satisfaite du titre de son livre. Elle voulut tout d'abord lui donner le titre suivant : *Les éléments de la honte : antisémitisme – impérialisme – racisme*. Elle envisagea d'autres titres, mais n'en trouva aucun qui la satisfasse pleinement. Le titre de l'édition anglaise *The Burden of Our Time* (Le fardeau de notre époque) était celui qui lui plaisait le plus. Elle n'était pas satisfaite du titre de l'édition américaine *The Origins of Totalitarianism*, comme elle le fit savoir plusieurs fois après sa publication. Selon elle, il y avait dans ce titre

un penchant trop marqué vers une compréhension déterministe du totalitarisme. Le titre allemand *Elemente und Ursprünge totaler Herrschaft* (Éléments et origines du totalitarisme) mettait plus l'accent sur le caractère inachevé de l'approche du phénomène par Arendt (voir Young-Bruehl, *op. cit.*, p. 262).

99. Lettre de Wilhelm Humboldt à sa femme Caroline von Humboldt datée du 30 avril 1816, *Wilhelm von Humboldt und Caroline in ihren Briefen*, Osnabrück, 1968, vol. 5, p. 236.

100. 1884 fut une année décisive dans la colonisation de l'Afrique. De nombreuses conquêtes et prises de territoires eurent lieu qui aboutirent à plusieurs conférences diplomatiques entre les puissances coloniales.

101. Hannah Arendt, *Les Origines du totalitarisme. Eichmann à Jérusalem*, P. Bouretz (éd.), Paris, Gallimard, 2002, p. 189.

102. *Ibid.*, p. 400 et suiv.

103. *Ibid.*, p. 457.

104. *Ibid.*, p. 813-838.

105. *Ibid.*, p. 801 et suiv.

106. *Ibid.*, p. 654.

107. *Ibid.*, p. 835-837.

108. *Ibid.*, p. 838.

109. Lettre de Kleist à Wilhelmine von Zenge datée du 16 août 1800, Heinrich Kleist, *Sämtliche Briefe*, D. Heimböckel (éd.), Stuttgart, 1999, p. 73.

110. Lettre de Blücher à Arendt datée de la mi-septembre 1955, *op. cit.*, p. 366.

111. Hannah Arendt, *La Nature du totalitarisme*, Paris, Payot, 1990, p. 36.

112. Il s'agit ici d'Arendt qui avait publié en 1951 *Les Origines du totalitarisme*.

113. Cette information que Schütz avait acquise par ouï-dire était erronée, le camp de Gurs n'était pas un camp de concentration, mais un camp d'internement.

114. Lettre de Schütz à Voegelin datée du 4 septembre 1953, Alfred Schütz et Eric Voegelin, *Eine Freundschaft, die ein Leben ausgehalten hat. Briefwechsel 1938-1959*, Constance, 2004, p. 482.

115. Ce projet de recherche fut au début soutenu et en partie financé par la Guggenheim Foundation, par la suite, il fut interrompu pour des raisons financières. Young-Bruehl, *op. cit.*, p. 358 et suiv.

116. Voir StA MR, Akte Priv-Doz. Dr. K. Löwith Acc. 19666/10.

117. Voir les lettres du 13 juin, du 18 juillet, du 1er août 1952, *op. cit.*, p. 261-262, 281, 289.

118. Lettre de Blücher à Arendt datée du 21 juin 1952, *op. cit.*, p. 267-268.

119. Herbert Marcuse, « Theorie und Politik, Gespräch mit Jürgen

Habermas, Heinz Lubasz, Tilman Spengler », *in* Marcuse et Habermas, *Gespräche mit Herbert Marcuse*, Francfort, 1978, p. 10.

120. Herbert Marcuse, « Enttäuschung », *in* Günther Neske, *Errinerung an Martin Heidegger*, Pfullingen, 1977, p. 162.

121. Lettre de Marcuse à Heidegger datée du 28 août 1947, *Stadtmagazine TÜTE* (1989), p. 71 et suiv.

122. Lettre de Heidegger à Marcuse datée du 20 janvier 1948, *op. cit.*, p. 72 et suiv.

123. Lettre de Marcuse à Heidegger datée du 13 mai 1948, p. 73 et suiv.

124. Hans Jonas, *Erkenntnis und Verantwortung, Gespräch mit Ingo Hermann*, Göttingen, 1991, p. 38.

125. *Ibid.*, p. 68.

CHAPITRE VI. *Amor mundi* :
Penser le monde après la catastrophe

1. Lettre d'Arendt à Heidegger datée du 28 octobre 1960, Hannah Arendt et Martin Heidegger, *Lettres et autres documents 1925-1975*, Paris, Gallimard, 2001, p. 147.

2. Hannah Arendt, *Denktagebuch, 1950 bis 1973*, U. Ludz et I. Nordmann (éd.), Munich et Zurich, 2002, vol. 1, p. 39.

3. Lettre de Heidegger à Arendt datée du 10 janvier 1926, *op. cit.*, p. 57.

4. Cité dans la note à la lettre 89, *op. cit.*, p. 322.

5. Lettre de Martin Heidegger à Elfride datée du 13 novembre 1954, in « *Ma chère petite âme* », *Lettres de Martin Heidegger à sa femme Elfride 1915-1970*, Paris, Seuil, 2007, p. 393.

6. Le concept du *spiritus rector* de cet endroit, le docteur Gerhard Stroomann, était assez semblable à celui de Medard Boss en Suisse. Il reposait sur la connexion entre apprentissage intellectuel et cure psychique et corporelle. Les patients ou les curistes assistaient à des conférences d'intellectuels célèbres et étaient censés se rétablir dans un climat d'apprentissage intellectuel. Cette résidence de cure fut fondée dans les années 1920 et reprit son activité après la guerre (Rüdiger Safranski, *Heidegger et son temps*, Paris, Grasset, 1996).

7. Voir la correspondance d'Arendt avec Rudolph Berlinger, particulièrement la lettre du 7 décembre 1959, Archiv des Hannah Arendt-Zentrums, Cont. 7.10.

8. Hannah Arendt, *Denktagebuch*, *op. cit.*, vol. 1, p. 403 et suiv (juillet 1953), cité *in* Arendt et Heidegger, *op. cit.*, p. 370-371.

9. Lettre d'Arendt à Blücher datée du 31 octobre 1956, *op. cit.*, p. 412.

10. Lettre d'Arendt à Blücher datée du 14 novembre 1955, *op. cit.*, p. 389.

11. Kurt Blumenfeld la taquine sur cette histoire : « Hier est venue me voir Hanna Strauss, de New York. Elle m'a parlé avec enthousiasme d'une conversation avec toi sur la graphologie. Lorsqu'elle me dit que tu lui avais soumis deux échantillons, je déclarai : Heidegger et Walter Benjamin. "Sans doute Hannah t'en a-t-elle parlé dans une lettre", avança-t-elle. » (Lettre de Blumenfeld à Arendt datée du 21 mai 1958, Hannah Arendt et Kurt Blumenfeld, *Correspondance 1933-1963*, Paris, Desclée de Brouwer, 1998, p. 279.)

12. Hannah Arendt, *Vies politiques*, Paris, Gallimard, 1974, p. 88 et suiv.

13. *Op. cit.*, p. 86 et suiv.

14. Lettre d'Arendt à Jaspers datée du 6 août 1961, Hannah Arendt et Karl Jaspers, *Correspondance 1926-1969*, Paris, Payot, 1995, p. 602.

15. *Ibid.*

16. Lettre d'Arendt à Jaspers datée du 1er novembre 1961, *op. cit.*, p. 614-615.

17. Hannah Arendt, *Les Origines du totalitarisme*, Paris, Gallimard, 2002, p. 838.

18. Lettre d'Arendt à Heidegger datée du 8 mai 1954, *op. cit.*, p. 142-145.

19. William Barrett, *The Truants. Adventures Among the Intellectuals*, New York, 1982, p. 11.

20. Hannah Arendt, « Tradition and the Modern Age », *Partisan Review* 22 (1954), p. 53-75.

21. Martin Heidegger, *Essais et conférences*, Paris, Gallimard, 1998, p. 216.

22. *Ibid.*, p. 217.

23. Hannah Arendt, *Denktagebuch*, *op. cit.*, vol. 1, p. 195.

24. Hannah Arendt, *Condition de l'homme moderne*.

25. Hannah Arendt, *Denktagebuch*, *op. cit.*, vol. 1, p. 218.

26. Louis Menand, *The Metaphysical Club. A Story of Idea in America*, New York, 2001, p. 428.

27. *Ibid.*, p. 431. Menand ajoute plus loin : « Holmes, James, Pierce et Dewey voulaient ramener les idées, les principes et les croyances au niveau de l'homme, car ils souhaitaient éviter la violence qu'ils voyaient cachée dans les abstractions. C'était une des leçons de la Guerre civile. Le régime politique que leur philosophie était appelée à soutenir était la démocratie. Et la démocratie, telle qu'ils la comprenaient, n'était pas seulement le fait de permettre au peuple d'avoir son mot à dire. Il s'agissait aussi de permettre aux personnes qui avaient tort d'avoir leur mot à dire. Il s'agissait d'ouvrir un espace à la minorité et aux idées divergentes pour faire en sorte qu'à la fin, l'intérêt de la majorité l'emporte [...]. La pensée américaine moderne, celle associée aux noms de Holmes, James, Peirce et

Dewey, représente le triomphe intellectuel de l'unionisme » (*ibid.*, p. 440 et suiv.).

28. Hannah Arendt, *Denktagebuch*, *op. cit.*, vol. 1, p. 118 : « Heidegger a tort : l'homme n'est pas "jeté dans le monde" ; si nous sommes jetés, alors c'est sur la terre – comme les animaux. L'homme n'est pas jeté, mais conduit dans le monde, ici se produit une continuité et se manifeste une appartenance. Nous souffrons quand nous sommes jetés dans le monde » (*ibid.*, p. 549 et suiv).

29. *Ibid.*, p. 218 et suiv.

30. *Ibid.*, p. 262 et suiv.

31. *Ibid.*, p. 360.

32. *Ibid.*, p. 359.

33. Hannah Arendt, *Condition de l'homme moderne*, Paris, Press Pocket, 1993.

34. Lettre d'Arendt à Heidegger datée du 28 juillet 1970, *op. cit.*, p. 197.

35. « Dans l'intervalle, la culture des champs, elle aussi, a été prise dans le mouvement aspirant d'un mode de culture (*Bestellen*) d'un autre genre, qui *requiert* (*stellt*) la nature. Il la requiert au sens de la provocation. L'agriculture est aujourd'hui une industrie d'alimentation motorisée. L'air est requis pour la fourniture d'azote, le sol pour celle de minerais, le minerai par exemple pour celle d'uranium, celui-ci pour celle d'énergie atomique, laquelle peut être libérée pour des fins de destruction ou pour une utilisation pacifique » (Heidegger, *Essais et conférences*, p. 21). « Maintenant cet appel provocant qui rassemble l'homme [autour de la tâche] de commettre comme fonds ce qui se dévoile, nous l'appelons – l'Arraisonnement (*Gestell*). » À propos de l'arraisonnement ou du dispositif : « Il n'est rien de technique, il n'a rien d'une machine. Il est le mode suivant lequel le réel se dévoile comme fonds. Nous demandons encore : ce dévoilement a-t-il lieu quelque part au-delà de tout acte humain ? Non. Mais il n'a pas lieu non plus *dans* l'homme, ni *par* lui d'une façon déterminante » (*ibid.*, p. 32). Le dispositif ou l'arraisonnement peut empêcher l'accès originaire à l'être et au dévoilement : « Le règne de l'Arraisonnement nous menace de l'éventualité qu'à l'homme puisse être refusé de revenir à un dévoilement plus originel et d'entendre ainsi l'appel d'une vérité plus initiale » (*op. cit.*, p. 37-38).

36. Lettre d'Arendt à Heidegger datée du 8 mai 1954, *op. cit.*, p. 143.

37. Hannah Arendt, *Essai sur la révolution*, Paris, Gallimard, 1967, p. 316.

38. *Ibid.*, p. 218.

39. *Ibid.*, p. 224 et suiv.

40. *Ibid.*, p. 227 et suiv.

41. *Ibid.*, p. 238.

42. *Ibid.*, p. 228 et suiv.

43. *Ibid.*, p. 267.

44. Voir *ibid.*, p. 96.

45. Lettre de Jaspers à Arendt datée du 16 mai 1963, *op. cit.*, p. 673-674.

46. En 1941, il donna un nouveau cours et deux séminaires sur le traité de Schelling (voir Ingrid Schußler, « Nachwort der Herausgeberin », *in* Heidegger, *Schelling : Vom Wesen der Freiheit (1809), Gesamtausgabe, Abt. II, Vorlesungen*, Francfort, 1988, vol. 42, p. 288).

47. « L'être-libre humain n'est pas l'être-décidé pour le bien ou pour le mal, mais l'être-décidé pour le bien et pour le mal, ou l'être-décidé pour le mal et pour le bien. Seul un tel être-libre peut à chaque fois conduire l'homme jusqu'au tréfonds de ce *Dasein* de telle sorte qu'il lui permette en même temps de ressortir en l'unité de la volonté de l'essence ou de la non-essence (*Wesen und Unwesen*), telle qu'il l'a arrêtée. Cette volonté arrêtée est esprit, et en tant qu'esprit, l'histoire », Martin Heidegger, *Schelling Le traité de 1809 sur l'essence de la liberté humaine*, Paris, Gallimard, 1977, p. 269.

48. *Ibid.*, p. 268.

49. Martin Heideggger, *Essais et conférences, op. cit.*, p. 33-34.

50. Hannah Arendt, *Qu'est-ce que la politique ?*

51. Hannah Arendt, *Condition de l'homme moderne, op. cit.*, p. 238-246.

52. *Ibid.*, p. 76-89.

53. *Ibid.*, p. 238-246.

54. Hannah Arendt, *Denktagebuch, op. cit.*, vol. 1, p. 17.

55. Lettre de Heidegger à Arendt datée du 15 décembre 1952, *op. cit.*, p. 136.

56. Karl Löwith, *Martin Heidegger – Denker in dürftiger Zeit, Die Neue Rundschau* 1952, cahier 1, p. 1-27.

57. Lettre de Blücher à Arendt datée du 7 juin 1952, *op. cit.*, p. 259.

58. Lettre de Blücher à Arendt datée du 21 juin 1952, *op. cit.*, p. 268.

59. Voir Heidegger, « La question de la technique », *in* Martin Heidegger, *Essais et conférences, op. cit.*, p. 9-48.

60. Lettre d'Arendt à Jaspers datée du 4 octobre 1960, *op. cit.*, p. 544-545.

61. Voir la note 7 de l'introduction, Hannah Arendt et Mary McCarthy, *Correspondance 1949-1975*, C. Brightman (éd.), Paris, Stock, 1996.

62. Daniel Bell, « The Aphabet of Justice. Reflections on "Eichmann in Jerusalem" », *Partisan Review*, 30 (1963), p. 421.

63. Lettre de Blumenfeld à Arendt datée du 1er février 1957, *op. cit.*, p. 233, voir également p. 328-329, 333-335, 336-337.

64. Lettre d'Arendt à Jaspers datée du 13 avril 1961, *op. cit.*, p. 585.

65. Lettre d'Arendt à Blücher datée du 15 avril 1961, *op. cit.*, p. 474.

66. Hannah Arendt, *Eichmann à Jérusalem*, Paris, Gallimard, 2002.

67. *Ibid.*, p. 1284.

68. Lettre d'Arendt à Jaspers datée du 13 avril 1961, *op. cit.*, p. 585.

69. Lettre d'Arendt à Blücher datée du 15 avril 1961, *op. cit.*, p. 474.

70. *Ibid.*

71. Ainsi lors d'une conférence à Jérusalem en 2001, l'assistant du procureur de l'État de l'époque, l'ancien juge à la Cour suprême d'Israël, Gavriel Bach, pouvait encore tenir un discours passionné contre le concept de « banalité du mal » et son auteur, sans rencontrer la moindre opposition. Il était clair qu'à l'instar de nombreux détracteurs de ce concept, il l'identifiait à une banalisation et une minimisation des crimes.

72. Lettre d'Arendt à Jaspers datée du 4 mars 1951, *op. cit.*, p. 243.

73. Lettre d'Arendt à Gershom Scholem datée du 24 juillet 1963, *in* Arendt, *Eichmann à Jérusalem*, *op. cit.*, p. 1358.

74. Ernst Simon, « Hannah Arendt – Eine Analyse », in *Die Kontroverse. Hannah Arendt, Eichmann und die Juden*, Munich, 1964, p. 47.

75. Lettre d'Arendt à Jaspers datée du 20 octobre 1963, *op. cit.*, p. 696.

76. Voir Mary McCarthy, « The Hue and Cry », *Partisan Review*, 30 (1964), p. 82, Marie Syrkin, « More on Eichmann », *Partisan Review*, 31 (1964), p. 213 et suiv.

77. Musmanno avait dirigé le procès des *Einsatzgruppen* à Nuremberg en 1947 et était donc un spécialiste de la question. Il fut plus tard un juge à la Cour suprême de Pennsylvanie.

78. Michael Musmanno, « Der Mann mit dem unbefleckten Gewissen », in *Kontroverse*, *op. cit.*, p. 85 et suiv., et « Eine Erwiderung (an Bruno Bettelheim) », *op. cit.*, p. 114 et suiv.

79. Par exemple, Eva Reichmann, une sioniste d'Angleterre, Eva G. Reichmann, « Antwort an Hannah Arendt », *op. cit.*, p. 213 et suiv.

80. Lettre de Scholem à Arendt datée du 23 juin 1963, *in* Arendt, *Eichmann à Jérusalem*, *op. cit.*, p. 1342 et suiv.

81. Voir la postface de l'édition allemande de la correspondance Arendt-Blumenfeld, Hannah Arendt et Kurt Blumenfeld, « [...] in keinem Besitz verwurzelt », *Die Korrespondenz*, I. Nordmann et I. Pilling (éd.), Hamburg, 1995, p. 373.

82. Il s'agit des articles de Hugo Hahn, Friedrich S. Brodnitz, Robert M. W. Kempner, Nehemiah Robinson et d'Adolf Leschnitzer, voir *Kontroverse*, *op. cit.*

83. Elisabeth Young-Bruehl, *Hannah Arendt*, Paris, Anthropos, 1986, p. 468 et suiv.

84. Lionel Abel, « The Aesthetics of Evil », *Partisan Review*, 30 (1963), p. 219 et suiv.

85. Mary McCarthy, *op. cit.*

86. Dwight MacDonald, « Arguments. More on Eichmann », *Partisan Review*, 31 (1964), p. 266.

87. Daniel Bell, *op. cit.*

88. Le biographe de Kazin Solotaroff raconte qu'après avoir écouté un moment l'interminable liste d'attaques contre Arendt, Kazin s'était levé, s'était approché du podium et avait dit : « Ça suffit Irving. Cette litanie scandaleuse doit cesser. » Il avait ensuite dit quelques mots sur les qualités remarquables d'Arendt en tant que penseur et était parti. Par la suite, l'excitation était retombée et le front des accusateurs s'était rapidement dissous (Ted Solotaroff, « Introduction », *in* Alfred Kazin, *Kazin's America. Critical and Personal Writings*, T. Solotaroff (éd.), New York, 2003, p. XXXVII). Elisabeth Young-Bruehl raconte que Kazin était intervenu à la fin du débat et que Lionel Abel l'avait insultée (Young-Bruehl, *op. cit.*, p. 472-473).

89. Kazin Solotaroff, *op. cit.*, p. XXXVII et suiv.

90. Lettre d'Arendt à Jaspers datée du 9 août 1963, *op. cit.*, p. 688.

91. Golo Mann, « Der verdrehte Eichmann », in *Kontroverse*, *op. cit.*, p. 190 et suiv.

92. Lettre de Piper à Arendt datée du 11 janvier 1963, Archiv des Hannah Arendt-Zentrums.

93. Hannah Arendt, « Seule demeure la langue maternelle », *Esprit* (1980), p. 33.

94. Voir également Hannah Arendt, *Denktagebuch, op. cit.*, p. 621 et suiv.

95. Arendt publia deux essais décisifs sur la question en 1964 et 1972. Hannah Arendt, « Vérité et politique », *in* Hannah Arendt, *La Crise de la culture. Huit exercices de pensée politique*, P. Levy (éd.), p. 289-336 ; Id., « Lying and Politics : reflections on the Pentagon Papers », *New York Review of Books*, 13 (1970), p. 30-39.

96. Le thème de la responsabilité apparaît dans de nombreux articles et discours d'Arendt, notamment dans la réponse qu'elle fit à l'exposé d'un ses collègues à la *American Philosophical Society* au mois de décembre 1968 (Hannah Arendt, « Collective Responsability. Discussion of the paper of Joel Feinberg, Rockefeller University », American Philosophical Society, 27 décembre 1968, Washington D. C., Archiv des Hannah Arendt-Zentrums, Cont. 62.12).

97. Lettre de Heidegger à Arendt datée du 6 octobre 1966, *op. cit.*, p. 152.

98. Lettre d'Arendt à Heidegger daté du 19 octobre 1966, *op. cit.*, p. 153.

99. Lettre de Heidegger à Arendt du 10 août 1967, *op. cit.*, p. 154.

100. Lettre d'Arendt à Heidegger datée du 11 août 1967, *op. cit.*, p. 155.

101. Hannah Arendt, *Denktagebuch*, *op. cit.*, vol. 2, p. 696.

102. Karl Jaspers, *Notizen zu Martin Heidegger*, H. Saner (éd.), Munich et Zurich, 1978, p. 261.

103. *Ibid.*, p. 262.

104. *Ibid.*, p. 264.

105. Lettre de Heidegger à Arendt datée du 27 novembre, *op. cit.*, p. 189.

106. Hommage d'Arendt pour le quatre-vingtième anniversaire de Heidegger, *op. cit.*, p. 180.

107. *Ibid.*, p. 188.

108. Cité *in* Hugo Ott, *Martin Heidegger. Éléments pour une biographie*, Paris, Payot, 1998, p. 168.

109. Hannah Arendt et Heidegger, *op. cit.*, p. 188-189.

110. *Ibid.*, p. 189.

111. Lettre du 25 décembre 1969, *op. cit.*, p. 191.

112. Lettre d'Arendt à Heidegger datée du 27 novembre 1970, *op. cit.*, p. 201.

113. Lettre de Heidegger à Arendt datée du 26 mars 1971, *op. cit.*, p. 203.

114. Lettre d'Arendt à Heidegger datée du 20 mars 1971, *op. cit.*, p. 203.

115. Lettre de Heidegger à Arendt datée du 26 mars 1971, *op. cit.*, p. 204.

116. Lettre d'Arendt à Glenn Gray datée du 16 août 1975, Archiv des Hannah Arendt-Zentrums, Cont. Nr. 10.5. Quelques jours plus tard, elle écrit une lettre à son amie Mary McCarthy où elle exprime les mêmes sentiments (lettre d'Arendt à McCarthy datée du 22 août 1975, Hannah Arendt et Mary McCarthy, *Une correspondance 1949-1975*, C. Brightman (éd.), Paris, Stock, 1996, p. 541).

SOURCES

Abréviations

GSTAPK Berlin	Geheimes Staatsarchiv Preußischer Kultur-besitz Berlin
Sta Mr	Hessischer Staatsarchiv Marburg
UAF	Universitätsarchiv Freiburg
UAH	Universitätsarchiv Heidelberg
DLA Marbach	Deutsches Literaturarchiv Marbach
Archiv des HAZ	Archiv des Hannah Arendt-Zentrums an der Carl von Ossietzkz Universität Oldenburg
Archiv der BBAW	Archiv der Berlin-Brandenburgischen Aka-demie der Wissenschaften

Archiv des Hannah Arendt-Zentrums an der Carl von Ossietzkz Universität Oldenburg (ce fonds d'archives contient notamment une copie des papiers de Hannah Arendt entreposés à la Library of Congress).

Hannah Arendt, « Collective Responsibility. Discussion of the paper of Joel Feinberg, American Philosophical Society, December 27, 1968 », Cont. Nr. 62.12.

Hannah Arendt, *Die Schatten*, Cont. Nr. 79.16.

Briefwechsel (correspondance) Hannah Arendt – Dolf Sternberger, Cont. Nr. 14.8.

Briefwechsel Hannah Arendt – Calvin Schrag, Cont. Nr. 13.11.

Briefwechsel Hannah Arendt – Erich Cohn-Bendit, Cont. Nr. 79.13.

Briefwechsel Hannah Arendt – Glenn Gray, Cont. Nr. 10.5.

Briefwechsel Hannah Arendt – Hilde Fränkel, Cont. Nr. 9.6.

Briefwechsel Hannah Arendt – Judah Magnes, Cont. Nr. 12.8.

Briefwechsel Hannah Arendt – Rev. John M. Oesterreicher, Cont. 59.3.

Briefwechsel Hannah Arendt – Waldemar Gurian, Cont. 10.7.

Briefwechsel Hannah Arendt – Anne Weil (Mendelsohn), Cont. Nr. 15.7.
Briefwechsel Hannah Arendt – Rudolf Berlinger, Cont. 7.10.
Dokumente zu Heinrich Blücher

Archiv der Berlin-Brandenburgischen Akademie der Wissenschafte (BBAW)
Personalakte Ernst Grumach
Geheimes Staatsarchiv Preißischer Kulturbesit Berlin (GSTAPK)
Alten Königsberg : HA XX Rep 2 II (Nr. 3395, 2983, 4045, 4047, 4049, 4068, 4075, 4086, 4110, 4160, 4163, 4164).

Universitätsarchiv Freiburg
Bestände über die Arbeit des Bereinigungausschusses
B 24/1277, B 34/31/1-3,
Akten Heidegger B 3, 522, 788,
Quästurakten der Universität Freiburg, B 17/923.

Universitätsarchiv Heidelberg
Immatrikulationakten, Rep 29/603, 599, 633, 666.
Stu. Ak. (Studentische Akten) 1920/30.
Akten der Philosophischen Fakultät H-IV-102/148, 149, 150, 151, 152, 153, 157.
Promotionsakten der Philosophischen Fakultät H-IV-757/24.
Philosophische Fakultät, Personalakten Jaspers, PA 460.
Philosophische Fakultät, Personalakten Jaspers, Karl, PA 4369, 4370 (Bd. 2).
Philosophische Fakultät, Dr. Jaspers Privatdozent, Rep. 27/647.
Philosophische Fakultät, Dekanat Andreas 1927/1928.
Quästurakten Jaspers Rep. 27/648.

Deutsches Literaturarchiv Marbach
Briefwechsel Arendt – Dolf Sternberger (6913 und GS 13).

Hessisches Staatsarchiv Marburg (Sta MR)
Akten der Universität Marburg, Priv.-Doz. Dr. K. Löwith, Acc. 1966/10.
Akten der Universität Marburg betreffend Politisches, 305 a, Acc. 1959/9, Nr. 584.
Akten der Universität Marburg, Rektor und Senat, Sect. I, Lit. T Nr. 7.

Collection privée Lotte Köhler, New York
Agenda personnel.

BIBLIOGRAPHIE

ABRAHAM A SANTA CLARA, *Merks Wien !*, Th. Ebner (éd.), Leipzig, 1895.

ADLER-RUDEL, Salomon, *Jüdische Selbsthilfe unter dem Naziregime 1933-1939*, Tübingen, 1974.

ARENDT, Hannah, *Auschwitz et Jérusalem*, Paris, Deuxtemps Tierce, 1991.

ARENDT, Hannah, *Denktagebuch, 1950 bis 1973*, U. Ludz et I. Nordmann (éd.), Munich et Zurich, 2002, vol. 1-2.

ARENDT, Hannah, *Les Origines du totalitarisme. Eichmann à Jérusalem*, P. Bouretz (éd.), Paris, Gallimard, 2002.

ARENDT, Hannah, *Qu'est-ce que la philosophie de l'existence*, Paris, Payot, 2002.

ARENDT, Hannah, *La Crise de la culture. Huit exercices de pensée politique*, Paris, Gallimard, 2001.

ARENDT, Hannah, *Le Concept d'amour chez Augustin*, Paris, Payot, 1999.

ARENDT, Hannah, *Vies politiques*, Paris, Gallimard, 1974.

ARENDT, Hannah, *Essai sur la révolution*, Paris, Gallimard, 1985.

ARENDT, Hannah, *Condition de l'homme moderne*, Paris, Press Pocket, 1993.

ARENDT, Hannah, *Qu'est-ce que la politique*, Paris, Seuil, 1995.

ARENDT, Hannah, *La Vie de l'esprit*, Paris, PUF, 1993, vol. 1-2.

ARENDT, Hannah, *Rahel Varnhagen : la vie d'une Juive allemande à l'époque du Romantisme*, Paris, Press Pocket, 1994.

ARENDT, Hannah, « Seule la langue demeure » (*entretien avec Günther Gaus*), *Esprit* (juin 1980), p. 19-38.

ARENDT, Hannah, et BLÜCHER, Heinrich, *Correspondance 1936-1968*, Paris, Calmann-Lévy, 1999.

ARENDT, Hannah, et JASPERS, Karl, *Correspondance (1926-1969)*, Paris, Payot, 1995.

ARENDT, Hannah, et MCCARTHY, Mary, *Correspondance 1949-1975*, Paris, Stock, 1996.

ARENDT, Hannah, et HEIDEGGER, Martin, *Lettres et autres documents (1925-1975)*, U. Ludz (éd.), Paris, Gallimard, 2001.

ARENDT, Hannah, et BLUMENFELD, Kurt, *Correspondance 1933-1963*, Paris, Desclée de Brouwer, 1998.

ARENDT, Hannah, et BROCH, Hermann, *Briefwechsel 1946 bis 1951*, P. M. Lützeler (éd.), Francfort, 1996.

BARRET, William, *The Truants. Adventures Among the Intellectuals*, New York, 1982.

BERNSTEIN, Richard, *Hannah Arendt and the Jewish Question*, Cambridge Mass., 1996.

BIEMEL, Walter, *Martin Heidegger in Selbstzeugnissen und Bilddokumenten*, Reinbek, 1973.

BLUMENFELD, Kurt, *Erlebte Judenfrage. Vierteljahrhundert deutscher Zionismus*, Stuttgart, 1962.

BÖCKENFÖRDE, Ernst, *Geschichte der Rechts- und Staatsphilosophie*, Tübingen, 2002.

BRAUN, H.-J., HOLZHEZ, H., et ORTH, E. W., *Über Cassirers Philosophie der symbolischen Formen*, Francfort, 1988.

BROCH, Hermann, *Kommentierte Werkausgabe*, P. M. Lützeler (éd.), Francfort, 1974-1981, vol. 1-13.

BÜCHIN, Elsbeth, et DENKER, Alfred, *Martin Heidegger und seine Heimat*, Stuttgart, 2005.

BUGGENHAGEN, Ernst Arnold, *Philosophische Autobiographie*, Meisenheim am Glan, 1975.

CLÉMENT, Catherine, *Martin et Hannah*, Paris, Calmann-Lévy, 1998.

COSER, Lewis A., *Refugee Scholars in America. Their Impact and Their Experience*, New Haven et Londres, 1984.

EGGEBRECHT, Axel, *Der halbe Weg – Zwischenbilanz einer Epoche*, Reinbeck, 1981.

EGGEBRECHT, Axel, *Volk ans Gewehr. Chronik eines Berliner Hauses 1930-1934*, Bonn et Berlin, 1980.

ETTINGER, Elzbieta, *Hannah Arendt – Martin Heidegger*, Munich, 1995.

FARIAS, Victor, *Heidegger et le nazisme*, Lagrasse, Verdier, 1987.

FITTKO, Lisa, *Mein Weg über die Pyrenäen. Errinerungen 1940/1941*, Munich, 1985.

FREUD, Sigmund, *Gesammelte Werke, Bd. 1, Werke aus den Jahren 1892-1899*, Francfort, 1972.

FRIEDMAN, Michael, *A Parting of the Ways : Carnap Cassirer and Heidegger*, Chicago, 2000.

FURET, François, *Le Passé d'une illusion : essai sur le communisme au XXᵉ siècle*, Paris, Laffont, 1995.

FÜRST, Max, *Gefilte Fisch. Eine Jugend in Königsberg*, Munich, 1993.

GADAMER, Hans-Georg, *Gesammelte Werke*, Tübingen, 1986, vol. 2.

GADAMER, Hans-Georg, *Philosophische Lehrjahre*, Francfort, 1977.

GELDERMAN, Carol (éd.), *Conversation with Mary McCarthy*, Jackson et Londres, 1991.

Gestalt und Gedanke. Ein Jahrbuch, Bayerischen Akademie der Schönen Künste, Munich, 1951.

GORDON, Peter Eli, *Rosenzweig and Heidegger. Between Judaism and German Philosophy*, Berkeley, Los Angeles et Londres, 2003.

GRUNENBERG, Antonia, *Arendt*, Fribourg, 2003.

GRUNENBERG, Antonia, *Bürger und Revolutionär. Georg Lukács 1918-1928*, Cologne, 1976.

GRUNENBERG, Antonia (éd.), *Totalitäre Herrschaft und republikanische Demokratie. Funfzig Jahre The Origins of Totalitarianism von Hannah Arendt*, S. Ahrens et B. Koch (collaborateurs), Francfort, 2003.

GRUNENBERG, Antonia, *Die Lust an der Schuld. Von der Macht der Vergangenheit über die Gegenwart*, Berlin, 2001.

HABERMAS, Jürgen, *Philosophisch-politische Profile*, Francfort, 1987.

HEIDEGGER, Martin, *Gesamtausgabe, I. Abt., Veröffentlichte Schriften 1910-1976*, Francfort, 1991, vol. 3.

HEIDEGGER, Martin, *Gesamtausgabe, I. Abt., Veröffentlichte Schriften 1910-1976*, Francfort, 1985, vol. 12.

HEIDEGGER, Martin, *Gesamtausgabe, I. Abt., Veröffentlichte Schriften 1910-1976*, Francfort, 2000, vol. 16.

HEIDEGGER, Martin, *Gesamtausgabe, II. Abt., Vorlesungen 1919-1944*, Francfort, 1988, vol. 44.

HEIDEGGER, Martin, *Kant et le problème de la métaphysique*, Paris, Gallimard, 1981.

HEIDEGGER, Martin, *Chemins qui ne mènent nulle part*, Paris, Gallimard, 1986.

HEIDEGGER, Martin, *Questions I et II*, K. Axelos, J. Beaufret, W. Biemel, L. Braun, Paris, Gallimard, 1990.

HEIDEGGER, Martin, *Être et Temps*, Paris, Authentica, 1985 (édition hors commerce).

HEIDEGGER, Martin, *Essais et conférences*, Paris, Gallimard, 1980.

HEIDEGGER, Martin, *Correspondance avec Karl Jaspers suivi de correspondance avec Elisabeth Blochmann*, W. Biemel et H. Saner (éd.), Paris, Gallimard, 1996.

HEIDEGGER, Martin, « *Ma chère petite âme* ». *Lettres de Martin Heidegger à sa femme Elfride 1915-1970*, G. Heidegger (éd.), Paris, Seuil, 2007.

HEIDEGGER, Martin, *Briefe an Max Müller und andere Dokumente*, H. Zaborski et A. Bösl (éd.), Fribourg et Munich, 2003.

HEIDEGGER, Martin, et RICKERT, Heinrich, *Briefe 1912 bis 1933*, A. Denker (éd.), Francfort, 2002.

484 / *Hannah Arendt et Martin Heidegger*

HEYM, Georg, *Dichtungen und Schriften*, K. Ludwig Schneider (éd.), Munich, 1979, vol. 1-3.

HÜNHERFELD, Paul, *In Sachen Heidegger. Versuch über ein deutsches Genie*, Hambourg, 1959.

Wilhelm Humboldt und Caroline in ihren Briefen, Osnabrück, 1968, vol. 5.

HUSSERL, Edmund, *Briefwechsel, 10 Bde., Bd. V, Die Neukantianer*, in *Husserliana Dokumente*, K. Schuhmann (éd.), Dordrecht-Boston-Londres, 1994.

HUSSERL, Edmund, *Briefwechsel, 10 Bde., Bd. V, Die Philosophenbriefe*, in *Husserliana Dokumente*, K. Schuhmann et E. Schuhmann (éd.), Dordrecht-Boston-Londres, 1994.

JACOBY, Yoram, *Jüdisches Leben in Königsberg/Pr. Im 20. Jahrhundert*, Würzbourg, 1983.

JASPERS, Karl, *La Bombe atomique et l'avenir de l'homme*, Paris, Buchet-Chastel, 1963.

JASPERS, Karl, *Erneuerung der Universität. Reden und Schriften 1945/1946*, Heidelberg, 1986.

JASPERS, Karl, *Nietzsche : introduction à sa philosophie*, Paris, Gallimard, 1978.

JASPERS, Karl, *Notizen zu Martin Heidegger* ; H. Saner (éd.), Munich et Zurich, 1978.

JASPERS, Karl, *Philosophie : Orientation dans le monde, Éclairement de l'existence, Métaphysique*, Paris, Berlin, Heidelberg, Springer-Verlag, 1989.

JASPERS, Karl, *Autobiographie philosophique*, Paris, Aubier, 1963.

JASPERS, Karl, *Philosophie und Welt, Reden und Aufsätze*, Munich, 1958.

JASPERS, Karl, *Psychologie der Weltanschauungen*, Berlin, Göttingen et Heidelberg, 1960.

JASPERS, Karl, *La Culpabilité allemande*, Paris, Éditions de Minuit, 1990.

JASPERS, Karl, *Rechenschaft und Ausblick. Redent und Aufsätze*, Munich, 1958.

JASPERS, Karl, *Schicksal und Wille. Autobiographische Schriften*, H. Saner (éd.), Munich, 1967.

JONAS, Hans, *Erkenntnis und Verantwortung. Gespräch mit Ingo Hermann*, Göttingen, 1991.

JONAS, Hans, *Le Principe responsabilité : une éthique pour la civilisation technologique*, Paris, Flammarion, 2008.

JONAS, Hans, *Wissenschaft als persönliches Erlebnis*, Göttingen, 1987.

KAEGI, Dominic, et ENNO, Rudolf (éd.), *Cassirer – Heidegger. 70 Jahre Davoser Disputation*, Hamburg, 2002.

KAZIN, Alfred, *Alfred Kazin's America. Critical and Personnal Writings*, T. Solotaroff (éd.), New York, 2003.

KAZIN, Alfred, *A New York Jew*, New York, 1978.

KLEIST, Heinrich von, *Samtliche Briefe*, D. Heimböckel (éd.), Stuttgart, 1999.

LAZARE, Bernard, *Le Fumier de Job*, Paris, Champion, 1998.

LÖWITH, Karl, *Samtliche Schriften*, Stuttgart, 1984, vol. 1-8.

LÖWITH, Karl, *Heidegger. Denker in durftiger Zeit*, Göttingen, 1960.

LÖWITH, Karl, *Ma vie en Allemagne avant et après 1933*, Paris, Hachette, 1988.

LUKÁCS, Georg, *Geschichte und Klassenbewußtsein, Frühe Schriften II*, Neuwied et Berlin, 1968, vol. 2.

LUKÁCS, Georg, *Die Theorie des Romans*, Darmstadt, 1971.

LUKÁCS, Georg, *Die Zerstörung der Vernunft*, Darmstadt et Neuwied, 1962.

MAAS, H., et RADBRUCH, G. (éd.), *Den Unvergessenen. Opfer des Wahns 1933 bis 1945*, Heidelberg, 1952.

MANTHEY, Jürgen, *Königsberg. Geschichte einer Weltburgerrepublik*, Munich, 2005.

MARCUSE, Herbert, et HABERMAS, Jürgen, *Gespräche mit Herbert Marcuse*, Francfort, 1978.

MENAND, Louis, *The Metaphysical Club. A Story of Ideas in America*, New York, 2001.

MOMMSEN, Wolfgang J., et SCHWENKTER, Wolfgang (éd.), *Max Weber und seine Zeitgenossen*, Göttingen et Zurich, 1988.

NESKER, Günther (éd.), *Errinnerung an Martin Heidegger*, Pfullingen, 1977.

NEUMANN, Franz, *Behemoth*, Oxford, 1942.

OTT, Hugo, *Martin Heidegger. Éléments pour une biographie*, Paris, Payot, 1990.

Die Kontroverse. Hannah Arendt, Eichmann und die Juden, Munich, 1964.

PAETZOLD, Heinz, *Ernst Cassirer – von Marburg nach New York. Eine philosophische Biographie*, Darmstadt, 1995.

PAPENFUSS, Dietrich, et PÜGGELER, Otto (éd.), *Zur Philosophischen Aktualität Heideggers (Symposium der Alexander von Humboldtstiftung vom 24.-28. April in Bonn-Bad Godesberg)*, Francfort, 1990, vol. 1-3.

PINTHUS, Kurt, *Menschheitdämmerung. Ein Dokument des Expressionismus*, Hamburg, 1959.

RABINBACH, Anson, *In the Shadow of Catastrophe*, Berkeley, Los Angeles et Londres, 1997.

RICKERT, Heinrich, *Die Heidelberger Tradition in der deutschen Philosophie*, Tübingen, 1931.

RICKERT, Heinrich, *Die Philosophie des Lebens. Darstellung und Kritik der philosophieschen Modeströmungen unserer Zeit*, Tübingen, 1922.

SAFRANSKI, Rüdiger, *Heidegger et son temps*, Paris, Grasset, 1996.

SANER, Hans, *Karl Jaspers in Selbstzeugnissen und Bilddokumenten*, Reinbek, 1970.

SCHILLER, Friedrich, *Sämtliche Werke in zwölf Bänden*, G. Karpeles (éd.), Stuttgart, 1875, vol. 1.

SCHLEMMER, Johann, *Die politische Verantwortung der Nichtpolitiker*, Munich, 1964.

SCHNEEBERGER, Guido, *Nachlese zu Heidegger. Dokumente zu seinem Leben und Denken*, Bern, 1962.

SCHOLEM, Gershom, *Briefe*, I. Schedletzky (éd.), Munich, 1994.

SCHÜLER-SPRINGORUM, Stefanie, *Die jüdische Minderheit in Königsberg/ Preußen, 1871-1945*, Göttingen, 1996.

SCHÜTZ, Alfred, et VOEGELIN, Eric, *Eine Freundschaft, die ein Leben ausgehalten hat. Briefwechsel 1938-1959*, Hambourg, 1964.

SCHWARTZ, Egon, et WEGNER, Matthias, *Verbannung. Aufzeichnungen deutscher Schriftsteller im Exil*, Hambourg, 1964.

SONTHEIMER, Kurt, *Hannah Arendt. Der Weg einer großen Denkerin*, Munich et Zurich, 2005.

SPALEK, John M., et FEILSCHENFELDT, Konrad (éd.), *Deutschsprachige Exilliteratur seit 1933, Bd. 3, USA, Teil 3*, Bern et Munich, 2002.

STEINER, Georges, *Martin Heidegger*, Paris, Flammarion, 1987.

TAMINIAUX, Jacques, *La Fille de Thrace et le penseur professionnel : Arendt et Heidegger*, Paris, Payot, 2006.

TAMINIAUX, Jacques, *Le Théâtre des philosophes*, Grenoble, Millon, 1995.

THOMÄ, Dieter (éd.), *Heidegger Handbuch. Leben – Werk – Wirkung*, Stuttgart et Weimar, 2005.

VIETTA, Silvio, *Heideggers Kritik am Nationalsozialismus und an der Technik*, Tübingen, 1989.

VILLA, Dana R., *Arendt and Heidegger. The Fate of the Political*, Princeton, 1996.

WEBER, Marianne, *Max Weber. Ein Lebensbild, mit einer Einleitung von Günther Roth*, Munich, 1989.

WEIß, Johannes (éd.), *Die Jemeinigkeit des Mitseins. Die Daseinsanalytik Martin Heideggers und die Kritik der soziologischen Vernunft*, Constance, 2001.

WINKLER, Heinrich August, *Von der Revolution zur Stabilisierung. Arbeiter und Arbeiterbewegung in Weimarer Republik 1918-1924*, Berlin et Bonn, 1984.

YOUNG-BRUEHL, Elisabeth, *Hannah Arendt*, Paris, Anthropos, 1986.

ZIEGLER, Theobald, *Die geistigen und sozialen Strömungen im XIX und XX Jahrhundert*, Berlin, 1916.

ZIMMERMANN, Hans Dieter, *Martin und Fritz Heidegger. Philosophie und Fastnacht*, Munich, 2005.

REMERCIEMENTS

Ce livre est le fruit de tout un monde de discussions, de lectures et de dîners. Je tiens à remercier toutes les personnes que j'ai rencontrées au cours de l'écriture de ce livre pour leur écoute et leurs stimulations.

Jerome Kohn et Lotte Köhler m'ont soutenue de loin pendant des années. Lotte Köhler a mis à ma disposition des documents originaux. Elle a lu ce que j'écrivais, m'a fait des remarques critiques et m'a beaucoup encouragée. Jerome Kohn m'a prouvé avec ses merveilleux commentaires et lettres électroniques que la culture de la correspondance n'était pas révolue. Edith Kuzweil m'a donné l'opportunité de m'entretenir un après-midi entier sur l'atmosphère intellectuelle qui régnait autour de la *Partisan Review*.

Hermann Heidegger m'a accueillie avec beaucoup d'amitié et de curiosité. Je suis reconnaissante à Elisabeth Büchin d'avoir accepté de me faire faire un tour dans la patrie de Heidegger.

Ingride Karsunke, qui a lu au fur et à mesure le livre avec les yeux d'une dramaturge, m'a fait, lors de promenades, des remarques éclairantes et m'a beaucoup encouragée. Monika Maron a découvert la formule inimitable de Kleist « à la mesure de ta capacité de conception » dans une lettre à Wilhelmine von Zange et me l'a communiquée. Claudia Schmölders m'a donné accès à sa bibliothèque et m'a généreusement fourni des informations et des indications. Silvia Bovenschen m'a écoutée attentivement et a nourri ma réflexion avec la formule suivante : « la mémoire est une machine à mensonges ». Karin Reschke s'est toujours montrée prête à écouter mes « histoires » lors des merveilleux dîners qu'elle organisait. Je tiens à remercier Claus Koch qui a bien voulu lire le manuscrit de ce livre, et Peter Merseburger pour sa conversation stimulante.

Je tiens à remercier tout particulièrement Zolta Szankay et Gustav von Campe pour avoir sans cesse questionné ma compréhension de la relation entre Heidegger et Arendt.

Je remercie Erika Stegmann pour sa collaboration très réussie et amicale. Elle a su trouver « un mari (éditeur) » à ce livre. Son mari

Erhard Klöss nous a soutenues en préparant de bons repas et en exprimant son souhait de pouvoir bientôt lire un livre passionnant.

Sans l'aide active et la collaboration amicale des employés des différentes archives utilisées, ce livre n'aurait pu voir le jour. La *Public Library of New York* et ses collaborateurs si sympathiques – de la porte d'entrée jusqu'au bureau d'information – m'ont accueillie avec un grand sens de l'hospitalité. Dans les salles de cette bibliothèque, je me suis imaginé combien les érudits allemands exilés durent être reconnaissants d'avoir à leur disposition un tel lieu d'étude. Ce remerciement va aussi aux *Universitätarchiv* de Marbourg, de Heidelberg et de Fribourg, au *Geheim Staatsarchiv Preußischer Kulturbesitz* de Berlin, au *Literaturarchiv* de Merbach, à l'*Archiv der Berlin-Brandenburgischen Akademie der Wissenschaften* et à tous leurs collaborateurs si serviables.

Les collaborateurs de l'*Archiv des Hannah Arendt-Zentrums* à l'université de Carl von Ossietzky d'Oldenbourg, Waltraud Meints-Stender, Sarah Hemmen, Olivier Bruns, Daniel Schubbe, Melanie Rücker, Heiko Reinwald, ont gentiment répondu au moindre de mes souhaits en m'aidant à réaliser l'index de ce livre. Christine Harckensee-Roth a fait une relecture critique de tout le manuscrit et m'a empêchée de m'en remettre à cette « machine à mensonges » qu'est la mémoire. Elle a su mettre dans un ordre raisonné toutes les sources que j'ai utilisées.

Je voudrais remercier tout spécialement deux auteurs dont les recherches sur Heidegger, et particulièrement sur Heidegger et Arendt, m'ont confortée dans mon propre cheminement. Il s'agit de Jacques Taminiaux, l'auteur de *La Fille de Thrace et le penseur professionnel. Arendt et Heidegger* (1992), et Dana R. Villa, l'auteur de *Arendt and Heidegger. The Fate of the Political* (1996).

Katrin Pollems-Braunfels a su en bonne lectrice pétrir et battre avec moi le texte comme une pâte. Je la remercie particulièrement pour ses efforts toujours accompagnés de bonne humeur et pour sa vigueur et son imagination qui ont permis à ce texte de voir le jour.

Je tiens enfin à remercier Markus Dockhorn et Klaus Stadler des Éditions Piper pour leur patience, leurs encouragements et leur réalisme.

TABLE

Composition et mise en pages : FACOMPO, LISIEUX

Cet ouvrage a été achevé d'imprimer en septembre 2009
dans les ateliers de Normandie Roto Impression s.a.s.
61250 Lonrai
N° d'impression : 093354
Dépôt légal : octobre 2009

Imprimé en France